探古求原

——考古杂志社成立十周年纪念学术文集

考古杂志社　编著

科学出版社

北京

内 容 简 介

　　本书是中国社会科学院考古研究所考古杂志社在成立十周年之际组织编著的纪念学术文集。文集共收录 17 篇论文,内容涉及中国古代文明起源、史前文化、青铜文化、铁器时代文化、殷代甲骨文、古代玉器、秦始皇陵、秦汉长城、古代壁画墓、古代剪刀、汉代铜镜制造业、古代木枕、汉代墓葬、新罗都城、明代墓志等方面的研究。这些研究从一个侧面反映了当今中国考古学的研究动向,并提出了诸多新观点与新认识。

　　本书可供研究考古学、历史学、博物馆学等学科的学者以及相关爱好者阅读。

图书在版编目(CIP)数据

探古求原:考古杂志社成立十周年纪念学术文集/考古杂志社
编著. —北京:科学出版社,2007
　ISBN 978-7-03-019681-1

　Ⅰ.探… Ⅱ.杂… Ⅲ.考古学—中国—文集 Ⅳ.K87-53

中国版本图书馆 CIP 数据核字(2007)第 128120 号

特约编辑:顾智界　冯浩璋　/　责任编辑:宋小军
责任印制:赵德静　　　　　/　封面设计:陈　静

科 学 出 版 社 出版

北京东黄城根北街16号
邮政编码:100717
http://www.sciencep.com

中国科学院印刷厂 印刷

科学出版社发行　各地新华书店经销

＊

2007 年 8 月第　一　版　　开本:787×1092　1/16
2007 年 8 月第一次印刷　　印张:21 3/4　插页 1
印数:1—1 500　　　　　　　字数:500 000

定价:120. 00 元
(如有印装质量问题,我社负责调换〈科印〉)

RESEARCHING INTO ANTIQUITY AND SEEKING AFTER THE ORIGINAL

A Collection of Academic Treatises
in Commemoration of the 10th
Anniversary of the Founding of
Archaeology Publications

(WITH ENGLISH ABSTRACTS)

Compiled by

Archaeology Publications

Science Press Beijing

目　录

CONTENTS

时光常存

（代前言）

白云翔　施劲松

　　光阴似箭，岁月如歌，面对书架上的考古学期刊，心中总禁不住生出如是感慨。这些期刊每一本是那样薄，但排放在一起时，竟然意味着大半个世纪的漫长岁月；每一本又是那样厚，因为它们记录了太多的内容，还因为它们凝聚着一代代考古人和办刊人的心血。每当新的期刊带着书香摆放上架时，那些字句曾经历历在目的刊期已在不知不觉间变得遥远。历史也正以这种方式一点点向前和向后延伸着。

　　这是一段丰富而难忘的历史。它记录了中国考古学的产生与发展，展现了一代又一代考古学家的学术业绩，记述了中国考古学学术期刊的发展历程，更留下了几代办刊人的足迹。

一

　　对于这段历史的开端，可以追溯到20世纪30年代。

　　就学术史而言，20世纪二三十年代是一个不平凡的时代。在那时，新思想、新理论和新知识广为传播，新学科不断出现，许多学术刊物也应运而生。中国的田野考古发掘也正是在那个时代开始的。1921年河南渑池县仰韶遗址、1926年山西夏县西阴村遗址、1927年北京周口店遗址和1928年河南安阳殷墟遗址的发掘等，催生了中国近代考古学。考古资料的出土，开创了一条研究历史的新途径和一个获取人类历史知识的新领域。中国考古学的第一个学术期刊也由此产生。1936年8月，原国立中央研究院历史语言研究所在继安阳发掘报告之后，创办了《田野考古报告》。创刊时，它被列为专刊之十三，由商务印书馆发行。该时李济任总编辑，编辑有傅斯年、董作宾、徐中舒和梁思永。

　　在《田野考古报告》的创刊号上，李济专门写下了《编辑大旨》。他指出，田野考古学在中国已经超过了尝试的阶段而成为一种新的学问；要建设一部信史，发展考古学是一种必要的初步工作。而创办刊物，则是"要稳定考古学的基础，我们必须将历年来各处田野工作辛勤积来的田野知识系统的记录下来。一方面作每一个工作的结束，一方面为后来学者作一个参考。将这些不同的记录汇集起来，再由史学家自由的比较采取，也是印行这个刊物的重要的旨趣"。此外，这篇不长的《编辑大旨》还强调了考古学与历史学的联系，以及不同区域间考古材料的比较。

　　《田野考古报告》第1册发表的是历史语言研究所考古组的调查和发掘报告，包括梁思永在赤峰等地采集的史前石器和陶片、刘燿对河南浚县大赉店史前遗址的介绍、董作宾对安阳侯家庄出土甲骨文的报道、郭宝钧对浚县辛村古墓的清理、李景聃对寿县楚墓的调查，以及吴金鼎对高井台子三种陶业的概论等。遗憾的是，随着日本军国主义侵华战争爆发，刚刚起步的中国田野考古工作及《田野考古报告》的出版都随即中断。直至1947年3月，《田野考古报告》第2册才得以出版，并更名为《中国考古学报》。在《中国考古学报》第2册和1948年出版的第3册中，继续刊出了一批考古学的田野资料和研究成果，其中有高去寻对黄河下游屈肢葬的探讨、刘燿对龙山文化和仰韶文化的分析、夏鼐对齐家期墓葬年代的改订、李济对小屯青铜器的研究、王湘对寿县史前遗址的调查、石璋如对小屯地层等的介绍、杨钟健对殷墟扭角羚的讨论、祁延霈对山东益都苏埠屯出土铜器的调查、李景聃在商邱永城和造律台的发掘等。

在新中国成立以前，《中国考古学报》共出版3册。《中国考古学报》的创办以及当时提出的一些办刊思想，对中国考古学后来的发展产生了重要影响。它所刊发的那些文章，是中国考古学最早结出的硕果。从中，我们也不难看出中国考古学在初创时期的学术重心与学术关注点。

二

新中国刚刚诞生的1949年11月，中国科学院即告成立。随后中国科学院接收原北平研究院史学研究所和原中央研究院历史语言研究所北平图书史料整理处，酝酿以此为基础建立考古研究所。在此期间，1949年12月，作为中国科学院历史语言研究所专刊之十三编辑出版了《中国考古学报》第4册。

1950年8月，中国科学院考古研究所成立（1977年改为中国社会科学院考古研究所）。当年，中国考古学学术专著系列——中国考古学专刊开始出版。以后这一系列按著作性质分为甲、乙、丙、丁四种和特刊连续不定期出版。

1951年12月《中国考古学报》第5册出版，同时成立了编辑委员会，主任委员郑振铎，常务委员梁思永，委员夏鼐、郭宝钧、黄文弼、苏秉琦。1953年12月第6册出版时，更名为《考古学报》，同时成立《考古学报》十五人的编辑委员会，主任郑振铎，委员有尹达、王振铎、向达、范文澜、梁思永、夏鼐、徐旭生、郭宝钧、黄文弼、张政烺、陈梦家、裴文中、翦伯赞、苏秉琦。该期还刊出了《考古学报》的第一份《征稿简约》，其内容包括对论著类别、文体、篇幅、图与照片、审稿和"度量衡"单位等方面的要求。从那时起直至今日，《考古学报》成为中国考古学界惟一一种大型学术刊物。

新中国成立以后不久，全国各地大规模的基本建设使考古新发现不断出现，1954年5月文化部还在北京主办了"全国基本建设工程中出土文物展"。介绍这些新发现的报道文章需要有可以迅速发表的园地。而自1952年我国开始培养考古工作的专门人材以来，年轻的考古工作者们结业或毕业后在业务上也需要继续提高。在这种情况下，时任考古研究所所长的郑振铎建议在《考古学报》之外再办一个刊物，可取名为《考古通讯》。这一建议几经酝酿，大多数意见认为已有的《考古学报》多刊登长篇考古报告和专门性研究成果，另一个由文化部文物局于1950年初创办的《文物参考资料》则主要刊登和宣传有关文物的重要政策法令，以及博物馆和图书馆的工作报道和经验介绍，对考古发现的报道则只占刊物篇幅的一部分，因而都赞成创办《考古通讯》这种专业性的刊物（夏鼐：《回顾和展望——〈考古〉二百期纪念》，《考古》1984年第5期）。1955年1月10日，由考古研究所主办的《考古通讯》正式创刊，夏鼐任主编、陈梦家任副主编。同时成立十八人的编辑委员会，郑振铎任召集人，委员有尹达、王振铎、王冶秋、向达、李文信、夏鼐、郭宝钧、黄文弼、张政烺、陈梦家、张珩、曾昭燏、冯汉骥、贾兰坡、裴文中、翦伯赞和苏秉琦。

《考古通讯》首期刊发的创刊词指出，建国以来的考古事业空前活跃，工作繁重，收获巨大，遇到的问题也非常多，"这就需要有一个定期的刊物，可以互通声气、互相学习、互相帮助，以便取得问题的解决。有了这样一个刊物，还可以多多地介绍一般的考古学的知识，介绍苏联的经验，来扩大我们的知识范围，提高我们的工作效力，并培养更多的考古工作者出来"。同时提出，"希望由于这个刊物的印行，可逐步地从普及知识而做到提高田野工作方法和室内整理方法。希望这个刊物不是刊载长篇巨著的研究，而是尽可能的多登一些考古工作者实际需用的知识，多登一些各地有关发掘、清理和调查的简讯。这个刊物的问世，对于推进中国考古事业有着责无旁贷的使命，这是要求全国考古工作者一同负担的"。同期也刊出了与《考古学报》《征稿简约》内容相似的《稿约》。

《考古通讯》的创刊词说明了创办刊物的背景与缘由，也明确了刊物的要求与目的。在以后的发展中，除"考古工作者实际需用的知识"逐渐减少外，该刊始终以刊登考古调查和发掘的简报与简讯为主。创刊时提出的使命至今未变，通过刊物来交流信息与经验、提高田野工作和室内整理方法的希望等，也依然是今天刊物的目标。

随着《考古通讯》的创办，考古研究所还于1955年正式组建了从事考古期刊编辑的专门机构——考古编辑室。从此，编辑室承担了考古研究所学术出版物的编辑任务。

在《考古学报》重新出版和《考古通讯》创刊后，两刊的刊名、刊期等多次有所调整。《考古学报》在1951年～1955年间大致每年出版1期，1956年～1959年每年出版4期，1960年～1965年每年出版2期。1951第5期的文章后还附有英文提要，以后几年的刊期也大多如此，在有一段时间甚至还附有俄文提要。《考古通讯》创刊时为双月刊，1958年改为月刊，1959年更名为《考古》，并由32开本改为16开本。从1959年开始，《考古》也增设了英文或俄文目录。

在20世纪50年代和60年代前期，全国范围内展开了大规模的建设，各地出土的考古材料非常丰富，考古事业发展迅速。《考古》和《考古学报》遵照各自的宗旨，为推动考古事业的发展发挥了重要作用。不仅如此，两刊从一开始也就形成了完全不同的风格与特点。

这一时期《考古》刊发的内容，除考古简报与简讯、综合性报告和研究论文外，还有各地考古工作概况、考古新发现、考古知识与技术、书评、书目、以苏联为主的东欧国家及第三世界国家的考古经验或介绍，以及各种政治背景下的评论文章。特别是在50年代，《考古》在报道新发现、交流信息、介绍考古知识和技术，以及开展学术讨论等方面，发挥的作用较为突出。而《考古学报》刊发的内容则始终只有调查发掘资料与研究论文两部分，基本未受政治形势变化的影响。许多我们今天耳熟能详的重要发掘成果当时都是由《考古学报》较为完整和系统地刊布的，如殷墟大司空和小屯遗址、郑州二里冈遗址和郑州商城、长安普渡村西周墓、淮安青莲岗遗址、洛阳汉魏城和隋唐城、闽侯县石山遗址、晋宁石寨山墓葬、寿县蔡侯墓、长沙楚墓、南京北阴阳营遗址、赤峰红山遗址、四川船棺葬、屯溪西周墓、万年仙人洞、燕下都等等。许多综合性或专题性的研究成果也由《考古学报》发表，其内容多涉及史前文化、商文化、甲骨文、商代和西周青铜器、战国两汉铁器、汉代简牍、古代丝织品、古代丧葬制度、中西文化交流，以及陶瓷工艺研究、金相学研究、人骨研究和动物化石研究等。

两刊的内容直接反映了当时中国考古学的发展动向和特点。在50年代，比较深入的研究更多地集中在一些传统领域，如殷墟考古、甲骨文和青铜器等，知识性的介绍和讨论所占比重较大。但从50年代末期开始，研究逐渐走向深入，考古学文化的命名等重要理论和方法问题开始提出，史前文化的分区与分期，古代社会的文化面貌、经济形态、社会性质、墓葬制度等成为研究重点，研究领域也扩大到了古代工艺、金属成分测定、人骨研究和中西交流等。1959年，《考古》还提出了要建立中国的考古学体系。

1966年，"文化大革命"开始，同全国各行各业一样，考古研究所的正常工作受到严重干扰，《考古》《考古学报》和考古学专刊的编辑出版随之停止。直到1971年6月，中国科学院院长郭沫若在故宫参观了《文化大革命期间出土文物展览》之后，请示周恩来总理将《考古学报》、《考古》和《文物》三种刊物复刊，以发表新的资料。经周总理亲自批准，《考古学报》、《考古》和《文物》终于得以复刊。"当时全国公开发行的期刊只有《红旗》一种，可见这三种刊物是得到非常的重视"（夏鼐：《回顾和展望——〈考古〉二百期纪念》，《考古》1984年第5期）。为筹备复刊工作，考古研究所从1971年下半年开始从河南干校和其他发掘工地抽调了部分同志回京，同时由夏鼐、王仲殊、安志敏组成编辑领导小组。1972年初，《考古》和《考古学报》正式重新出版，其发行量在随后几年曾一度达到每期十余万册。

"文化大革命"期间，虽然许多工作都受到严重影响，但考古发掘却没有完全停滞。从1966年到1971年，全国仍有许多新的考古资料出土，并且不乏重大发现。历数其中重要者，有史前时期的山东邹县大汶口墓葬，江苏邳县大墩子遗址，河南淅川新石器时代遗址；商时期的山东苏埠屯商代墓葬，陕西绥德和湖南宁乡青铜器；西周时期的洛阳西周墓，陕西岐山、湖北京山、甘肃灵台白草坡出土铜器；东周时期的山西侯马墓地与盟书，长沙楚墓；汉代的河北满城汉墓，江苏徐州汉墓，广西合浦汉墓，武威雷台汉墓；魏晋南北朝时期的南京东晋墓，山西大同司马金龙墓；丝绸之路上的新疆吐鲁番阿斯塔那墓地；唐宋时期的西安何家村金银器窖藏，洛阳含嘉仓，洛阳关林唐墓，西安唐墓，辽宁北票和内蒙古翁牛特旗辽墓，河北正定等地的宋辽塔基；元明时期的北京元大都，四川凤凰山明墓和北京西郊明墓等（夏鼐：《无产阶级文化大革命中的考古新发现》，《考古》1972年第1期）。1971年以后的几年间，各时代的重要发现仍不间断，比如陕西姜寨遗址的发掘，二里头宫殿的揭露，小屯南地甲骨的出土，马王堆汉墓的发现，以及西安唐代青龙寺遗址的清理等。

这些新材料急需报道，《考古》和《考古学报》的复刊正好满足了这一要求。从1972年初开始，这些资料及相关研究构成了两刊的重要内容。不仅如此，复刊还使一些重要研究成果得以发表。如在复刊后的首期，《考古学报》发表了竺可桢的《中国近五千年来气候变迁的初步研究》，《考古》则发表了第一个《放射性碳素测定年代报告》。不过，《考古学报》1972年仅出版1期，1973年～1977年每年出版2期，1978年后才恢复为季刊。而《考古》于1972年～1982年间为双月刊，1983年方才恢复为月刊。从50年代至90年代中期，《考古学报》和《考古》由编辑室编辑，由科学出版社或文物出版社出版。

1976年"文化大革命"的结束，尤其是1978年开始实行改革开放，考古事业和整个科学事业一样又迎来了春天。以往的田野资料亟待发表，新的考古发现接连不断，广大考古工作者以前所未有的热情推出科研成果。在这样的形势下，原有的"三大杂志"已远不能适应考古学日益繁荣的需要。为此，1981年考古研究所又创办了《考古学集刊》这一大型不定期连续出版物，陆续发表重要的考古资料和研究论文。

八九十年代，中国考古学进入了一个新的发展阶段，这对办刊工作也提出了新的要求。夏鼐先生在纪念《考古》创刊200期时，提出刊物要继承《考古》创刊以来的实事求是、认真负责、保证质量的编辑方针；要研究论文和田野资料并重，因考古资料的大量积累使我们有条件多做和做好专题研究和综合研究的工作，希望通过这两类文章，提高我国考古学的水平。作为编辑工作者则应"从大处着眼，从小处入手"（夏鼐：《回顾和展望——〈考古〉二百期纪念》，《考古》1984年第5期）。这一时期两刊刊载的内容也表明，考古学界开始总结过去30年的考古学，对史前文化的研究更为全面、系统和深入，诸如二里头文化和二里头遗址一类的热点问题开始形成，区系类型理论等也被提出和讨论。尤其在80年代末至90年代初，文明起源成为考古学研究的重要课题，聚落考古进一步受到重视，由考古学来重建历史和建立中国特色的考古学派等问题被广泛关注。

回顾20世纪90年代后期之前刊物的发展历程，《考古学报》、《考古》及《考古学集刊》虽各有其办刊宗旨，形成了各自的特色和风格，但它们始终坚持报道考古材料和刊发学术研究成果，忠实地为考古事业服务。即使是在五六十年代，各类时事评论和语录等占据了一定比例，但考古资料的报道并未受大的影响，学术性的考古学研究也始终没有中断。张光直就曾说过："翻检过去30年的考古学书刊，就会发现政治化的倾向始终存在。不过，概因忠实于传统的史学的独立性，在我看来，中国考古学还没有受到政治化极端的影响。资料、对资料的分析和政治术语共存于大多数考古报告和论文中，但是，在很多情况下，两者经纬分明，相互间的影响不大也不深"（张光直：《考古学与中国历史学》，《中国考古学论文集》，三联书店，1999年）。这里虽不独指《考古》与《考古学报》，但两刊的情况确如所言。在今天看来，忠于学术又可被视为30多年中两刊所保持的基本传统之一。正是在此传统下，两刊坚持报道的田野资料构成了中国考古学健康发展的基础，在两刊上提出和讨论的诸多学术问题至今仍是中国考古学的传统课题，许多当时的重要理论和思想，在今天得到了广泛运用和发展。

除期刊的编辑出版外，中国考古学专刊的编辑出版同样成果丰硕。至1997年，甲种研究性著作出版 25 部，乙种资料性著作出版 31 部，丙种通论性著作出版 4 部，丁种田野考古报告出版 52 部。它们是 20 世纪中国考古学的重要成就，也是学科赖以发展的基石。

三

时光到了 20 世纪 90 年代后期。这时中国考古学进一步迅速发展，全国各地的考古新发现层出不穷，学科建设不断完善，研究领域、理论、方法和手段日益扩展，对考古材料的认识不断深化。文物考古类期刊的编辑出版也因此而出现空前的繁荣，相关学术期刊全国已发展为 20 多种。同时，在市场经济的新形势下，学术期刊的生存和发展也受到了冲击和挑战。为更好地满足学科发展的需要和适应考古事业的新形势，考古研究所在以王立邦为书记的所党委领导下，于 1997 年 8 月以考古编辑室为基础正式组建了考古杂志社（内设机构名称为"考古研究所考古编辑室"）。杂志社的成立，旨在以马克思主义为指导，坚持"百花齐放、百家争鸣"的方针，继承和发扬优良传统，不断开拓创新，编辑出版一流的学术刊物；同时，加强同国内外学术界的联系、交流与合作，以多种刊物的整体优势更好地服务学术、繁荣学术和引导学术。

考古杂志社由白云翔任社长，下设《考古》、《考古学报》、考古学专刊三个编辑部和综合部，2001 年增设《中国考古学》（英文版）编辑部。主要负责《考古》和《考古学报》的编辑、出版、发行（自 1998 年第 1 期起），以及《考古学集刊》、《中国考古学》（英文版）和中国考古学专刊的编辑。

考古杂志社成立以来，始终坚持以马克思主义为指导，坚持"百花齐放、百家争鸣"，坚持"服务学术、繁荣学术、引导学术"的办社方针，为办好学术刊物、构建学术平台、推进学术发展进行了不懈努力。十年来办刊的总体思路是：编辑出版是中心，制度建设是保障，队伍建设是关键，学术活动是重要补充。

（一）编辑出版

考古研究所在新时期办刊的指导思想是，使刊物成为考古学界的学术园地和中国考古学的窗口，公布新资料、刊发新成果、交流新信息、探讨新理论与新方法，同时承担加强学术交流，联系中外学术界、促进考古学与自然科学及其他相关学科的结合，以及培养人才等多方面的重任。

继承与创新是考古杂志社成立以来始终坚持的工作方针。在刊物布局上，一方面原有的两个刊物保持了过去的传统与风格：《考古学报》作为考古学界惟一的大型学术期刊，仍主要刊载考古发掘的中型报告、考古学与古代史论文，以及科技考古报告和论文；《考古》主要刊登田野考古的简报与简讯、考古学研究论文、科技考古的实验报告与专题研究，以及重要的书评和学术动态等。另一方面，为适应全国文物考古类学术期刊出版的新形势和考古研究所建设"国内一流、国际知名"研究所的需要，《考古学集刊》自 2006 年第 16 集开始，调整为"以发表本所及相关研究人员撰写的考古学各领域的优秀论文为主，少量发表优秀中篇发掘报告"。同时，为了促进中外学术交流，推动中国考古学走向世界，考古研究所又于 2001 年创办了《中国考古学》（英文版）(*Chinese Archaeology*)。《中国考古学》（英文版）每年 1 卷，主要内容是上一年度的重要考古发现和研究成果。

根据以上方针、布局和刊物的自身特点，各刊都对围绕如何提高学术水平与编校质量从多方面进行了积极的努力与探索。

首先是坚持正确的办刊思路。办刊需要有明确的思路来决定刊发内容，并据此进行选题策划，对稿件加以组织安排。而刊发文章的类别与组织安排等，又体现了刊物的特点与办刊思想。对此，《考古》根据周期短、稿件类型多和组织灵活等特点，以实行栏目制为重点进行了相关探索。

《考古》栏目制始于 1996 年，当时以"调查与发掘"和"研究与探索"为常设栏目，刊发考古发掘和研究的新成果；以"新发现·新进展"、"本刊专稿"和"述评·综论"为重点栏目，组织编发考古重大发现和研究前沿课题的稿件；设立"考古与科技"以适应学科发展的新形势；利用"学术动态"与"书刊评介"评述重要的学术成果并扩大刊物的影响。栏目制编排使《考古》严谨的内容和灵活的形式相统一，增强了编辑的计划性，突出了刊物的特点。此后，根据学科的发展和刊物的定位，《考古》的栏目不断得以调整和完善。1998 年设立了"信息与交流"，及时介绍考古学的新著和各地的学术活动，并由此消除了转页和空白页。2000 年将"书刊评介"调整为"读书与思考"，刊发论文从更新的视角、更深的层次、更宽的视野去审视新著的学术价值，也为学界提供了一个讨论考古学理论与方法的园地。随着对外交流的加深，更多的国外学者开始更多地关注中国考古学，其研究同样是中国考古学的成果，而且这些研究的理论、方法、视角和学术兴趣还能给予我们很多借鉴和启示。2001 年设立"海外学者论坛"，就是为了向国内学术界推出国外学者的研究，促进学术的交流与发展。考古学的进步离不开新材料，考古研究中所有问题的产生、解答和新问题的提出，也无不以考古新发现为契机。为了及时报道具有重要学术意义和重大影响的考古新发现，2003 年又设立了"考古前沿"。至今，《考古》共设立了 15 个栏目。此外，为使刊物在形式上更为规范，也为进一步方便读者阅读，《考古》于 2000 年增设了英文提要、中文和英文关键词，于 2002 年增设了"本期要览"等。

《中国考古学》（英文版）从 2002 年出版的第 2 卷开始也实行了栏目制，以"调查与发掘"和"专题研究"为主，另有"特色报道"、"新发现"、"科技考古"、"论坛"和"信息"等。这些栏目比较全面地介绍了中国考古学的新进展，使海外学术界得以更好地了解中国考古学的近况。《考古学报》和《考古学集刊》虽因刊物特点而不设栏目，但在稿件的组织与安排上则突出材料和研究并重，并更为强调资料的系统性与研究的综合性。

其次是加强选题策划，即"从大处着眼"。有了明确的思路，就需要据此策划选题并进行组稿。在此方面，《考古》发挥了灵活的特点和栏目制的作用，主要从四个方面来组织专稿。一是利用"考古前沿"和"新发现·新进展"组发重要的考古新资料。从 2002 起，还于每年组织刊发一组"中国考古新发现专稿"。二是组发区域性专稿。在新世纪的第一年，《考古》制定并启动了编发全国各省区专稿的 5 年计划。制定这一计划的主要想法是，20世纪中国考古学取得进展和成就的基础是全国各地的考古发现和研究，新世纪中国考古学的发展同样有赖于此。因此，组发全国各省区专稿具有长远的重要意义。《考古》从2000年开始，每年通过"本刊专稿"栏目编发6个省区的综述性论文和重要的发掘简报。至2006年，共编发了27个省、区、市的专稿，对促进区域考古发挥了重要作用。此后，又针对考古材料出土较为丰富的城市或地区，进一步对长沙、济南、吐鲁番等地的重要发现进行了集中报道。今后，《考古》将继续编发此类区域性专稿。三是围绕一些重要课题或专题组织专稿，其中较为重要的有为纪念殷墟考古70周年而组发的"殷墟考古"专稿，为促进中外合作考古和及时报道相关成果而组发的两组"中外合作考古"专稿，为展示三峡地区考古工作成就而组发的"三峡考古"专稿，为深化偃师商城研究、促进商代早期都城宫室制度和年代学研究等而先后刊发的三组"偃师商城考古"专稿，为纪念二里头遗址发掘45周年而组发的"二里头遗址考古"专稿，为纪念汉长安城考古50周年而刊发的"汉长安城考古"专稿等。这类专稿对促进相关课题的研究等具有良好效果，围绕学术专题或重要课题进行选题也仍将是《考古》今后的方向。四是为配合一些重大事件组发专稿。比如为庆祝中华人民共和国成立50周年组发了纪念中国考古学50年的专稿，为纪念中国社会科学院考古研究所成立50周年刊发了成组的纪念文章，为庆祝香港回归及纪念回归2周年和10周年而分别组发了3组"香港考古"专稿。这类专稿兼具重要的政治意义和学术价值。组织编发上述各类专稿，往往是时限短、难度大、要求高、责任重，远非编发普通稿件所能相比。编辑部的同志需要进行先期调研，反复商议，沟通协调。稿件到位后进行编辑时，还需要抢时间、保质量。为了这些重要稿件的如期刊出，编辑们尽了最大努力。

《考古学报》和《考古学集刊》也进一步加强组织稿件的工作，刊发了大批考古重要成果。《考古学报》为纪念创刊70周年，于2006年第3期组织编发了纪念专号。《考古学集刊》第16集通过向所内研究人员约稿的方式，就进一步突出刊物特色进行了有益的尝试。《中国考古学》（英文版）通过全面梳理前一年度各刊物发表的文章，确定选题，然后根据刊物的要求重新组稿。

各刊物的上述选题，同样在一定程度上反映出10年来考古学的某些特点，那就是区域考古更为深入，传统课题和上世纪80年代出现的热点问题得以继续，有关文明起源、环境考古和科技考古等的分量加重，更多的新理论和新方法被运用到田野调查、发掘和综合研究中，研究的思路和视野更为开阔。

第三是努力规范编辑工作，即"从小处入手"。稿件进入编辑程序后所面临的问题，就是如何编辑加工。为此，就需要制定和完善刊物的编辑体例。体例并不仅仅是编辑工作中的技术性要求，它最终体现的是学术的规范。而刊物的学术规范，反过来又将影响学科的健康发展。因此科学、规范的体例亦成为衡量一种学术刊物的重要指标。

考古刊物所具有的特殊性，使得学术规范更为必要。特殊性之一，在于刊发内容以考古发掘简报和报告为主。如何对考古资料进行科学、完整和系统的整理和报道，这直接影响到研究水平的提高和学科的发展。对此，发掘者需考虑如何科学、完整地获取和整理资料，刊物则需考虑如何科学、准确地对资料进行报道。而后者还可对田野发掘和资料整理提出新的要求，正如《考古通讯》创刊词所言：能促成田野工作和室内整理方法的提高。特殊性之二，是考古类文章的内容决定了形式的多样性与复杂性。比如既有发掘简报和报告，也有研究论文和实验报告，涉及的学科除考古学及相关人文学科外，还有自然科学。各类文章又都有大量插图、图版、表格、数据、符号，还有很多对古代典籍的引文、外文、生僻字，金文和甲骨文等。在科技考古类的文章中还有自然科学的术语、算式和符号。特殊性之三，在于许多资料类稿件的用稿标准更多地取决于资料的学术价值而非文章的写作水平，对一些资料类稿件因此而需要作很多修改。这些特殊性极大地增加了稿件编辑的难度。而编辑体例不仅使我们在编辑稿件时有章可循，更重要的是它保证了学术的规范。

基于以上认识，各期刊和专刊都制定了各自的编辑体例，并在具体实践中不断修订。以《考古》为例，现有的编辑体例就有 6 章 100 余条。实践证明，依照科学、合理并切合实际的体例进行编辑，可有效地保证刊物的学术性与科学性，对学科建设也产生了良好作用。在按体例加工稿件的过程中，编者对学术规范的作用与意义也有了更深的理解，不仅能在技术层面上熟练编辑，而且还将许多规范和体例的内容上升到学术层面上来认识和把握。但体例并不表明工作可以简单化。相反，它对任何一方面都有严格要求。制图与图版、文字加工、版式设计、校对，每个环节都需一丝不苟。由于编辑过程中遇到的问题可能千差万别，因此详尽的体例也并不意味着任何问题都可以迎刃而解。尤其是考古类文章所具有的那些特殊性，使得编辑时需要核查每一句描述、每一个数据、每一张图表、每一条注释，遇到问题时需反复向作者核对，甚至与作者一同改稿。当那些资料最终准确无误地出版时，字里行间已再看不到编辑们曾经一遍遍加工和查对过的字句。编辑们正是以这种方式为学术事业做出了贡献。

与此同时，还有许多人也在贡献着他们的力量。期刊和专刊编辑的重要环节之一，是由考古研究所考古科技实验研究中心绘图组对每一幅图加以审核或修改。对插图的两次审改，确保了插图的质量。杂志社聘请的翻译人员，为两刊翻译英文目录、关键词和提要。杂志社综合部还负责对排版、印刷、装订、出版、发行等各环节进行管理或监督。

实践还证明，作为学术研究机构主办的学术刊物，办刊离不开研究所和学者们的指导，离不开集思广益。其中，最直接的指导来自《考古》和《考古学报》两刊编辑委员会。2001 年 1 月，《考古》、《考古学报》成立新一届编辑委员会，刘庆柱为主任、王巍和白云翔为副主任，委员有王仲殊、仇士华、朱凤瀚、任式楠、安志敏、李伯谦、李学勤、张长寿、陈星灿、袁靖、徐苹芳、高崇文、伦福儒（英国）、樋口隆康（日本）。2002 年 2 月，两刊编辑委员会召开会议审议了各刊的工作汇报和计划，提出了一系列的建议和意见。编委会提出，几种刊物应进一步突出各自的特色，做好各刊间的规划和分工；《考古》和《考古学报》应坚持原有的办刊方针，既要重视新发现和新资料，也要重视新热点和新视角。编委会还对《考古学集刊》从 16 集开始的调整，以及《中国考古学》（英文版）的创办和第一卷所取得的成绩，给予了充分肯定。

2001 年 1 月正值世纪之交，恰逢《考古》创刊 400 期。许多国内外的学者应《考古》之邀对中国考古学进行了回顾与展望（《考古学的世纪回顾与展望》，《考古》2001

年第 1 期）。学者们从多方面提出并阐述了诸多考古学的重要问题：比如关于中国考古学，讨论了中国旧石器时代考古学、新石器时代文化、史前文化源流、古代文明、北方草原地区的考古学、古代玉器，以及中国考古学今后的重要课题等；对于考古学的理论与方法，提出了考古发掘材料与传统的历史文献的关系、中国考古学的科学化、科技考古、生态学与地貌学与考古调查的结合等问题；对于中国考古学与世界考古学，阐发了中国考古学对于理解世界史前史和世界文明所具有的意义、中国考古学与欧亚考古学的关系、中外考古比较研究和中外考古学的交流等。这些关乎中国考古学重要课题和未来发展的阐述，无疑也指示出了今后刊物发展的方向。2005 年《考古》创刊 50 周年之际，学者们直接就办刊提出了宝贵的建议和殷切的希望（《新世纪的学术期刊与考古学的繁荣发展》，《考古》2005 年第 12 期）。学者们指出"（《考古》）一直坚持了创刊宣言所坚持的'推进中国考古事业'的大方向，为中国考古事业的发展做出了重要贡献"，期待着刊物能"办得更有特色，更有前瞻性"，"在新世纪中继续发挥学科中心和前沿作用"。同时希望刊物"能够继续把握考古学发展的脉络，洞察学术研究的前沿，在发表重要考古资料的基础上，可有计划地发表一些具有引导性的文章，这样，既可引导学术界对某些重要学术问题进行深入的探讨，又活跃了学术气氛。"还希望"对考古学理论、方法及学科体系等继续进行研究和探索。""站在国际考古学研究的高度，适当增加国际考古研究的新动态、最新自然科学技术在考古学上的运用成果、以及国际学术界对中国考古学相关问题的认识和研究等方面的报道刊发。"2006 年，《考古》获中国社会科学院第三届优秀期刊奖一等奖后，考古研究所组织召开了获奖座谈会（《〈考古〉荣获第三届中国社会科学院优秀期刊奖一等奖座谈会纪要》，《考古》2006 年第 12 期）。与会学者对如何更好地发挥刊物在学科发展中的作用，如何在新形势下办好学术刊物，以及如何进一步提高刊物的编校质量等，再次提出了诸多建议和意见。认真、努力吸收这些建议和意见，将有助于刊物找到进一步发展的新思路。

此外，杂志社还经常就一些具体设想征求有关部门或专家的意见。比如，自然科学的理论、方法和技术更多地运用于考古发掘与研究中，拓展了考古学的研究方法和领域，产生了许多新成果。就《考古》的"考古与科技"栏目而言，既需要更好地介绍新的理论、方法与成果，同时也需要进一步提高栏目的学术含量。为此，2003 年 6 月杂志社与考古科技实验研究中心的专家和负责人围绕如何办好"考古与科技"栏目共同商讨，明确了该栏目应主要刊发学术意义重大的综合性研究论文、应用于考古学中的自然科学的新方法，以及重要的资料和测试数据。同时，还一同就完善科技考古类文章的编写体例，以及如何与国际同类刊接轨等问题进行了探讨。对于一些组稿选题，杂志社和编辑部也经常征询所内相关研究室的意见。

刊物服务于学术，是通过服务于广大的作者和读者来实现的。因此，刊物还需要认真倾听他们的声音。2005 年夏，杂志社向考古所科研人员发送了《考古》和《考古学报》读者意见调查表，调查内容包括两刊的学术水平、编校质量、学术公正性、学术包容性，以及装帧、印刷等约 20 项指标。据调查结果，两刊所有项目的"优良"得票率均在 50％以上。《考古》"栏目设置"、"编辑规范度"，《考古学报》的"学术水平"、"资料科学性"等，"优良"得票率为90％以上。此后，杂志社又向全国的省级文物考古研究所、博物馆和设有考古院系的高校进行了类似的调查。调查得到的肯定的评价，或是建议与意见，都可以帮助我们认识到哪些方面需要坚持和发扬，哪些方面需要调整和改进。还有更多的交流发生在编者与作者和读者之间。编者与作者的沟通和讨论，也带来了相互间的了解和交流。一篇文章发表后，许多读者常把有关意见或要求转达给编辑。编辑从中可以了解到许多田野发掘和资料整理的实际情况，以及其中存在的新问题、新趋势、新思想和新要求，这也将促使我们思考如何才能使刊物更加符合考古工作的实际与需求。

除刊物外，专刊编辑部继续承担了重要考古发掘报告和学术著作的编辑任务，自1997年以来共编辑专刊20部。尤其是1996年考古研究所立项的《中国考古学》多卷本，自2002年开始启动编辑出版工作，由专刊编辑部承担其编辑。为了编好这套著作，专刊编辑部与分卷主编、作者、插图审改部门和出版社等就编辑体例、文字内容和插图等进行多方商议。2003年以来，《夏商卷》和《两周卷》已经出版，《新石器时代卷》和其他各卷也即将陆续出版。《中国考古学》多卷本的编辑出版，对促进中国考古学的发展具有里程碑的意义。

（二）制度建设

编辑出版工作需要有健全和严格的制度作为保障。在杂志社建立的与编辑出版工作直接相关的制度中，最重要的是审稿制、编辑责任制和期刊检查制。

稿件审查是办好学术刊物的关键环节。审读学术文章，需要凭借宽广的学术背景、深厚的学术积累和敏锐的学术眼光，对文章的学术价值作出客观、准确的评判，找出文章存在的问题，提出一语中的的修改意见。同时，还需要体现学术的公正性与包容性。考古研究所布局齐全的学科和雄厚的学术力量，成为刊物审稿的重要依托。依靠这些学术力量，各刊物都实行了稿件三审制，并制定了严格的稿件登记、管理、备案、送审、存档等制度。根据稿件的内容，杂志社统一将稿件分送相关专家审阅。对于涉及热点问题、重大问题或敏感问题的稿件，请不同的专家反复审读。对一些选题太专或跨学科的稿件，还经常将稿件送请所外专家审阅。为了进一步加强学术把关并保证学术公正性，从2007年3月起，《考古》、《考古学报》和《考古学集刊》还开始对论文类的稿件由原来的单向匿名审稿改为双向匿名审稿。考古研究所及所外的许多专家对每年数百篇几百万字的来稿，就其政治方向、学术价值、资料引用、文字组织等认真审阅，有的审稿人甚至在稿件上逐字逐句修改。长期以来，审稿专家们为刊物的发展做出了无私奉献和重要贡献。

为保证刊物的学术水平与编校质量，杂志社根据编辑出版工作的特点与需要，制定并逐层落实责任制。首先是实行主编负责制。《考古》、《考古学报》和《考古学集刊》由主编和副主编在总体上进行学术把关，负责解决稿件中存在的重要问题，并通读每期校样。《中国考古学》英文版的主编和副主编还负责确定每期的选题和刊发篇目。其次是在此之下设各刊的责任编辑，负责该刊每期稿件的配发、统稿，解决编辑过程中出现的具体问题。第三是每篇文章设责任编辑，负责单篇稿件的编辑校对等。《中国考古学》英文版则设有中文责任编辑和英文责任编辑。此外，卢兆荫作为杂志社的学术顾问，通阅

《考古》每期校样。多重责任制的结果是分工明晰、责任明确，可在各个环节上层层把关。

从 1996 年开始，各刊开始实行刊物检查制度，其目的在于提高编校质量、总结工作经验。每期刊物出版后，先由各编辑部就差错率、版式设计、插图和图版制作、编辑规范度等进行自查，并提出编辑过程中遇到的学术问题和技术问题进行讨论。在自查的基础上，杂志社就近期出版的各类期刊和专刊进行联检，互相交流经验，共同研讨常见问题或突出问题。讨论的内容、应注意的问题，以及一些处理办法等还形成文字记录。1997 杂志社成立后，又专门聘请编辑室的退休专家刘勋作为编辑顾问审读新出版的每一期《考古》和《考古学报》，就编校质量提出问题和建议。在 20 世纪 90 年代后期，中国社会科学院也开始实行期刊审读制度，由院聘专家对全院正式出版期刊进行审读，既指出期刊中存在的各类问题，又对选题好、编校质量高的刊物提出表扬。审读意见按季度通报全院，并反馈回研究所及杂志社，审读结果还成为院期刊评奖的重要指标。院期刊审读制度，无疑也对杂志社的编辑工作提出了更严格的要求。经努力，自实行全院期刊审读制以来，《考古》和《考古学报》因栏目设置合理、刊发文章重要，以及编校质量较高等原因，曾被多次通报表扬。院、杂志社和编辑部实行的多重期刊检查，有效保证了刊物的学术质量与编校质量，同时也提高了大家的编辑能力。

为了加强协调性，各编辑部还不定时地召开例会，通报工作近况，解决编辑问题，交换考古新发现的信息，商讨组稿约稿计划等。杂志社还制定有办公会议制度，由各部负责人共同商议重要问题，以加强杂志社内部决策的民主性和各刊物间的协调性。此外，杂志社还制定了各刊编辑出版日程，以及其他各类管理和工作纪律制度等。这些制度的建立、实施和不断完善，为刊物能够按质、按量、按计划出版提供了重要保证。

（三）队伍建设

任何一项事业，最终都要由人来完成，并且往往决定其成败。刊物编辑出版的各项任务也都要落实到每位编辑的身上，并直接影响到刊物的学术水平和编校质量。因此，编辑队伍就成了做好编辑出版工作的关键。

编辑队伍建设的基础，是配备并及时补充高素质的编辑人员。对此，考古研究所始终给予了高度重视。即使在人员编制紧缺的情况下，也尽量保证编辑人员的及时补充。1995 年以来，随着一批老同志退出编辑一线，考古研究所先后为杂志社补充了 6 名年轻编辑（其中博士 2 人，硕士 3 人，本科生 1 人），并多次借调人员到杂志社临时协助工作。正是由于考古研究所的重视和支持，保证了编辑队伍的基本稳定，为队伍建设提供了前提。

编辑队伍的业务能力，主要体现在编辑能力和学术水平两个方面。既然是编辑人员，编辑能力就是首要和最基本的。近 10 多年来，新到杂志社工作的同志都毕业于各高校的考古院系，有良好的专业基础，但对编辑工作较为生疏。为了让他们尽快适应编辑工作，杂志社选定有经验的老编辑进行一对一的指导，并让他们一开始就承担正常工作，这使新同志很快就进入角色，利于他们在实际工作中迅速成长。对于长期从事编辑工作的同志，也一样需要不断提高。编辑工作中总会不断出现各种新问题，编辑技能的提高也没有止境。

学术刊物的性质及其使命，还决定了编辑人员应当具有相应的学术水平。自两刊创办以来，历任的刊物主编、副主编均是著名学者；历届编辑委员会也均由当时考古学界知名的学者组成；编辑室人员中，也有不少是知名的考古学家和各研究领域的专家。数十年的历程，使编辑室形成了"学者办刊"的优良传统，并赋予了"学者办刊"深刻的内涵。

学术刊物要准确反映学术研究的成果、把握学术发展的动态、引导学术发展的方向，就要求办刊人具有学术积累和学术眼光，以及对学术问题的深入理解。编辑人员也只有具有了相应的学术素养和专业知识，才能够有效地进行选题与组稿，能够在编辑过程中发现和解决问题，能够更深刻地理解和真正掌握刊物的规范与体例。考古研究所主办的刊物之所以在学术界具有崇高的地位与声誉，原因之一也正是编辑室始终拥有一支学者型的编辑队伍。

为继承学者办刊的传统，考古杂志社提倡编研结合，鼓励编辑人员在做好编辑工作的前提下进行研究。2001 年杂志社承担了所级研究课题《二十世纪中国百项考古大发现》的编写，许多同志根据自己的学术专长承担了撰写任务。最后成书共 45 万字、1500 多幅图，由中国社会科学出版社于 2002 年 5 月出版。由于撰写者长期从事科研和编辑工作，因此该书较好地兼顾了学术性、知识性和可读性。这部书在一定程度上展现了杂志社的学术力量，并使许多同志得到了学术上的锻炼。2001 年，考古杂志社组织相关人员编写的《考古研究所编辑出版书刊目录索引及概要》一书正式出版（四川大学出版社），也为学术界提供了方便。10 年来，杂志社的同志还参与了中国社会科学院和考古研究所的许多重大课题，如承担并完成了《中国考古学》多卷本、《中国大百科全书·考古学》（第二版）修订本等重要学术著作部分内容的撰写。一些同志申请和承担了院、所级的研究课题，或是在完成编辑任务后按自己的学术兴趣进行个人研究。目前，在岗专职编辑人员的学术研究涉及史前考古、商周考古、汉唐考古、天文考古、古文字学等诸多领域，已出版个人学术专著 6 部，每年平均发表学术论文 10 多篇，其中一些成果获院级或所级的优秀成果奖。

在考古所的支持下，杂志社还努力为编辑人员提供对外交流的机会。对内主要是积极参加国内的重要学术活动和各类学术研讨会；对外主要是前往其他国家或地区，或进行中长期的客座研究，或出席学术会议、讲学、访问、发掘。最近十年间，编辑人员所到国家有日本、韩国、越南、丹麦、英国、法国、德国，以及我国台湾与香港地区。这些学术交流加强了刊物与学术界的联系，增强了编辑人员的学术修养，并开阔了办刊的视野。尤其是与国外的交流，不仅可以了解国外考古学的情况、学习国外考古学的知识，而且还能对国外学术界的学术规范、学术期刊的特点和水平等获得切身的体会与认识。当我们向编辑出版世界一流刊物这一目标而努力时，与国际学术界的接触与交流应具有潜在的深远意义。

如今，杂志社拥有一支人员稳定、结构合理、素质较高的编辑队伍。在专职编辑人员中，具博士学位的 2 人，在读博士研究生 1 人，具硕士学位的 2 人，大学本科毕业生

7 人，大专及高中毕业生 2 人；研究员 1 人，编审 2 人，副编审及副研究馆员 6 人，助理研究员、编辑及馆员 5 人。

（四）学术活动

考古杂志社是一个编辑出版机构，但同时又具有一定的学术力量和学术影响力，是一个具有自身特点的重要的学术平台。因此，根据杂志社的性质、特点和学科发展的动向，适当组织举办灵活多样的学术活动，既对办好刊物是一种有益的支持和补充，也有利于充分发挥刊物的桥梁和纽带作用。

1998 年 6 月在北京召开的"中国前期新石器文化学术研讨会"是考古杂志社成立后组织的第一次全国性学术活动。20 世纪 80 年代末至 90 年代初发现的一批早期新石器文化遗存，为研究前期新石器文化带来了新材料。杂志社组织研讨会，即是为了通过回顾和总结，就前期新石器文化展开进一步的探讨。来自全国 20 多个文物考古机构和大学的 60 余人出席了会议。这次研讨会表明杂志社在成立伊始即开始努力发挥学术引导作用，同时这也为以后组织大型学术活动积累了经验。

2001 年是考古杂志社举办学术活动最多的一年。

为了总结与展示 20 世纪中国的考古成就，在考古研究所领导和支持下，杂志社于 1 月~3 月组织了"中国 20 世纪 100 项考古大发现"评选活动。为保证评选的科学性、学术性和公正性，杂志社组成了评选活动秘书处，制定了评选原则与标准，在广泛讨论与审定后确定了 170 个候选项目。经由全国文物考古机构和大学的 112 位知名专家组成的"通讯评委"，以及 24 位专家组成的"评选委员会"所进行的两轮评选，最终选出了 100 项重大发现。人民日报社、中央电视台、光明日报社等 10 余家新闻机构现场采访了"评选委员会评选"过程及随后召开的新闻发布会。此次评选及其结果在学术界和社会上产生了广泛影响。此后，文化部又据此制作了"中国 20 世纪 100 项考古大发现图片展"，通过近百个中国驻外使领馆在国外巡回展出。

2001 年 10 月，杂志社在北京组织召开了"考古出版物学术规范研讨会"。组织这一会议，缘于我们认识到，建立和完善考古学学术规范对于学科的健康发展和端正学风具有极端的重要性，而考古出版物的学术规范对学科发展产生着直接的重要影响。来自全国 24 种文物考古刊物、7 个文物考古研究机构和 6 所大学文博考古院系的代表共 60 余人参加了会议。会议达到了"交流情况、研讨规范、引导学术、促进发展"的目的，并就完善考古出版物的学术规范形成了共识（《"考古出版物学术规范研讨会"共识》，《考古》2002 年第 6 期）。

在各类学术活动中，规模、学术影响和社会关注度最大的是由考古研究所和考古杂志社共同创办的考古新发现学术论坛。为加强对考古新成果的宣传与报道、建立成果交流和宣传的平台，杂志社于 2002 年 1 月首次在北京组织召开了"中国考古新发现学术报告会·2001"。会议邀请了 2001 年度 6 项重要发现的发掘者作学术报告，并广泛邀请在京的文博考古机构和新闻媒体出席。此届报告会的圆满成功，使以后每年年初举办论坛成为定制。但各届论坛又根据学科发展及学术界的需要，以及经验总结而不断调整。在名称和规模上，2004 年的第三届论坛将前两届的学术报告会更名为"中国考古新发现学术论坛"；自 2005 年的第四届论坛开始，被纳入中国社会科学院的重大系列学术活动，更名为"中国社会科学院考古学论坛"，并改由中国社会科学院主办、考古研究所和考古杂志社承办。在内容和形式上，第三至五届论坛除田野发掘项目外还增加了科技考古的内容，从第三届起设立评论专家对每场学术报告进行点评并组织深入讨论等。这些调整使得论坛的学术性不断加强，社会影响日益扩大。这一论坛正在沿着"中国最新考古信息的交流舞台、中国重大考古发现的展示舞台、中国最新考古进展的学术讲台"的方向不断向前迈进。

四

总结历史，我们感到自豪。考古研究所的编辑出版工作，已经走过 50 多年的道路，考古杂志社也已经度过了十个春秋。我们继承着前人开创的事业，在新的时代不断创造新的业绩。

目前，《考古》和《考古学报》是中国考古学的核心期刊，《考古学集刊》也正向这一目标靠近。据有关部门近年来的统计，《考古》与《考古学报》的被引用率，以及海外发行量等，在全国中文社科类期刊中均名列前茅。《中国考古学》（英文版）受到了海外学术界的欢迎和高度评价，在国外被许多大学、博物馆和研究机构订阅。

学术期刊的高水平和高质量，得到了国家和社会的充分肯定。《考古》还屡屡荣获各种奖励与称号。早在考古杂志社成立之前，1995 年 12 月在由新闻出版署主办的首届全国社科期刊评奖活动中，《考古》获'95 优秀社科学术理论期刊奖，同时获"中国社会科学院优秀期刊奖"。考古研究所为此召开了《考古》创刊 40 周年暨'95 优秀社科学术理论期刊奖学术座谈会。1998 年 1 月，《考古》被国家新闻出版署评为"全国百种重点社科期刊"，成为全国数十种考古文博类期刊中惟一入选的刊物。1999 年 9 月，《考古》获"中国社会科学院优秀期刊奖"。2001 年，《考古》被中宣部和国家新闻出版署授予"双百期刊"称号。2002 年 9 月，《考古》荣获"中国社会科学院第二届优秀期刊奖一等奖"。2003 年 1 月，《考古》获新闻出版署颁发的"第二届国家期刊奖百种重点社科期刊奖"。2006 年 2 月，《考古》获"中国社会科学院第三届优秀期刊奖一等奖"。

上述奖励与称号，是对编辑出版工作成绩的肯定，更是对刊物水平和质量的肯定。对于考古编辑室自成立以来所做出的贡献，在这里用数据说明或许胜于文字表述。截止至 2007 年上半年，《考古学报》共出版 165 期约 3000 多万字，《考古》出版 477 期约 7000 多万字，考古学专刊出版 137 部，《考古学集刊》出版 16 集，《中国考古学》（英文版）出版 6 卷。后三种出版物的字数已难以计算，但所有出版物的文字总量当以亿计。

更使我们感到骄傲的是，各种期刊和考古学专刊推出了一批又一批优秀的科研成果，同时也为一代又一代考古学家的成长"推波助澜"。虽然无具体统计，但无论是《考古学报》、《考古》和《考古学集刊》刊发的文章，还是各种考古学专刊，都有一大批论著先后获得国家和各级科研成果奖。同样虽然无法具体统计，但在《考古学报》、《考古》和

《考古学集刊》上，有很多考古学家的处女作和成名作是在这里发表的；无论是已经离去的还是当今的全国知名考古学家中，几乎没有不在这些刊物上发表过文章的学者。这些学术刊物，一直在履行着以推出成果的方式培养和造就考古学家的使命。

回首往事，我们满怀感激。考古学术期刊和专刊的编辑，始终是考古研究所以科研为中心的各项工作的重要组成部分。考古编辑室和考古杂志社的各项工作，都是在考古研究所的直接领导下展开的。各种期刊和专刊的编辑出版及其成绩，都没有离开考古研究所历届领导的关心和支持，没有离开考古研究所各部门及全体同仁的大力帮助和密切协作。作为全国性的学术期刊，各刊物又是面向全国的，是属于整个考古学界的。正如《考古》的《创刊词》所言，这个刊物的使命"是要求全国考古工作者一同负担的"。事实也正是如此。无论是有着70多年历史的《考古学报》和50多年历史的《考古》，还是年轻一些的《考古学集刊》和《中国考古学》（英文版），各个刊物能在风雨中走到今天，每一步都没有离开全国乃至海外作者的关心和支持，没有离开海内外千百万读者的关注和爱护。当然，每一篇文章、每一期刊物、每一部专刊，又都是编辑人员一字一句地审读、编辑和校对出来的，是他们年复一年、日复一日地用心血和汗水铸就的。他们当中，有的成就为知名的专家学者，但也有的终生默默无闻；有的前辈为刊物奉献了毕生的精力，有的曾经短期和长期地为刊物和专刊的编辑出版做出了贡献，而现在的编辑人员正奋斗在第一线。对于他们，对于所有这些"为他人做嫁衣"而奉献的人们，历史不会忘记，我们表示崇高的敬意。

展望未来，我们充满了信心。时代在迅猛前进，考古学在蓬勃发展。在新的时代，考古杂志社如何更好地服务学术、繁荣学术、引导学术？学术期刊如何更好地适应学科发展的需要，更好地为我国考古学界的"出成果、出人才"服务？老一辈考古学家和办刊人开创的考古学术期刊事业，怎样使之发扬光大？作为学术期刊的办刊人，我们深感任重道远。坚持以马克思主义为指导，坚持"百花齐放、百家争鸣"的方针，我们毫不动摇；坚持实事求是、忠于学术、科学严谨，我们始终不渝；坚持研究文章和田野资料并重，围绕重大学术课题和学术热点组织研究论文和报告，积极鼓励新理论、新方法、新领域的探讨和开拓，我们一如既往。就刊物的编辑出版而言，没有"最好"，只有"更好"。我们将在继承和发扬长期以来形成的学者办刊、严谨求实、精益求精等优良传统和作风的基础上，不断探索、不断开拓、不断努力、不断前进。我们有信心，在建设中国特色、中国风格、中国气派的考古学的伟大事业中，发挥学术期刊应有的作用，做出我们积极的贡献。

时光流转，往事如烟。考古杂志社编辑的各种学术期刊和专刊，与其他兄弟刊物一道，共同记录了中国考古学的发展历程，并与中国考古学一起成长。昨天已经成为历史，但那些作为精神文化产品的学术期刊和专刊，以及其中记录的关于人类历史的知识却永远流传了下来，并将流传到明天和遥远的未来，探索、记载和传承知识而形成的传统和精神也不会随时光流逝。作为考古学的办刊人，我们与全国考古人同行，与全国所有的考古学办刊人同行。

中华文明起源研究的
新动向与新进展

王　巍

关键词：文明起源　探源工程　环境　经济技术　聚落形态　社会结构

文明的起源、形成与发展是人类历史发展最为重要的组成部分。文明起源研究是人类历史研究最为重要的课题之一。中华文明是世界上几大文明中惟一未曾中断延续至今的文明，对中华文明起源的研究不仅对于中国古代历史的研究具有重要意义，而且对于人类文明史的研究也具有无可替代的重要意义。近些年来，中华文明起源的研究取得了显著的进展。本文试对该研究的新动向和新进展进行回顾和评述，不当之处，欢迎同行们批评指正。

一　中华文明起源研究的近期动向

（一）古代文明研究中心纷纷成立

20 世纪，中国学术界对文明起源的研究多是学者个人"单干"，缺乏有组织、有计划地"协同作战"。进入 21 世纪以来，这种情况有了明显的改观。为了团结全国以及国外的研究力量，深入开展中华文明起源的研究，中国社会科学院、北京大学、河南省、山西省、上海大学等单位相继成立了"古代文明研究中心"，编印学术刊物和论文集。中国社会科学院古代文明研究中心采用开放式的模式，聘请了十几个国家的 80 多位从事世界各古代文明研究的专家学者及国内 200 多位相关学科的学者作为中心的学术顾问、专家委员会委员和客座研究员，形成世界上人数最多，力量最强的研究古代文明的一支学术团队。中心成立后，于 2001 年 8 月 1 日至 3 日，在北京主办"中国古代文明的起源及早期发展国际学术研讨会"，共有来自国内外一百多位学者参加了会议。会上，与会学者就

作者简介：1954 年出生于吉林省长春市。1982 年初从吉林大学历史系考古专业毕业后进入中国社会科学院考古研究所工作。现任中国社会科学院考古研究所所长、研究员，《考古》和《考古学报》编委会副主任（1999～），《考古》主编（1999 年～），中国社会科学院研究生院历史学部主任，博士生导师，国务院学位委员会历史学科评议组成员，中国殷商文化学会副会长，亚洲史学会常务理事，美洲考古学会外籍荣誉院士，德国考古研究院通讯院士。主要研究方向为夏商周考古、中国及东亚古代文明和古代文化交流的考古学研究。

文明的定义、文明与国家的关系、文明起源研究的理论和方法，20世纪文明起源研究的经验和存在的问题，今后开展文明起源研究的方向等问题展开了热烈的讨论。中心还积极组织本中心的研究人员参加中华文明探源工程的有关项目，并与地方省市的文物考古研究机构、高校考古研究中心联合，举办了一系列的文明起源与早期发展学术研讨会。古代文明研究中心不仅定期编印《中国社会科学院古代文明研究中心通讯》，还编辑出版了60多万字的《中华文明起源研究要览》，全面反映20世纪有关中华文明起源研究成果与观点。北京大学古代文明中心也积极地开展学术活动，并出版了多部论文集。

（二）文明起源研究再掀高潮

近年来，中国考古学取得了举世瞩目的发展，全国各地有关中华文明起源与早期发展的考古发现层出不穷，特别是2004年～2005年"中华文明探源工程（第一阶段）"实施过程中，河南灵宝西坡、山西襄汾陶寺、河南登封王城岗和新密新砦以及偃师二里头等大型中心性城邑遗址及高等级墓葬等相关重要遗迹的发现，为深入开展中华文明起源与早期发展提供了极为丰富的新资料，有力地推动了文明起源研究。与此同时，中国社会科学院古代文明研究中心与各地方研究机构和大学联合召开的一系列各区域文明化进程学术研讨会，有力地促进了各个地区文明起源的研究。这些重要发现和学术活动导致了中华文明起源和早期发展研究再掀高潮，成为中国历史和考古学界最为热门的研究课题之一。

（三）自然科学技术手段被广泛应用

近十多年来，各种自然科学的技术手段被越来越广泛地应用到在考古学研究之中，使我们对于史前时期人们物质生活、精神生活和社会生活的各个方面的了解较之于以前有了很大的飞跃。研究手段的丰富，促使诸如生态环境的变化、农业和家畜饲养业的发展、青铜器、玉器、陶瓷等贵重物品制作工艺的进步及其原料产地和流通状况、古人类的饮食结构和健康状况、古代人类和动物的DNA分析等研究都已经开展，并取得了成果。它们与文明起源与早期发展的关系的研究方兴未艾，多学科结合在中华文明起源和早期发展过程研究中的作用也为越来越多的学者所认同。多学科结合在文明起源研究中的重要作用表现得最明显的就是"中华文明探源工程（第一阶段）"中"生态环境变化"和"经济技术发展"等课题所取得的成果。

（四）聚落形态研究日益受到重视

20世纪90年代前半之前，国内学术界对文明起源的研究多是通过对墓葬所反映的等级制度和贫富分化来进行的，而对通过聚落形态来研究社会结构则相对显得较为薄弱。90年代后半以来，为研究社会结构的变化，揭示早期文明的形成和发展过程，我国学者与美、加、澳等国的学者合作，在安阳殷墟所在的洹河流域、夏代和商代早期都城所在的伊洛河流域和内蒙古赤峰地区半支箭河流域及胶东地区南部两城镇一带开展了系统的聚落分布调查，新发现了大量遗址，并对龙山时期、夏代和商代遗址的数量、规模的变化有了较为清晰的了解，并对其背景和原因进行了初步的分析。聚落形态研究已经显示出其在研究文明起源和早期发展中的极端重要性和广阔的前景。越来越多的学者认识到，聚落形态研究是探索古代社会组织与结构变化的重要途径之一。但是，迄今为止，聚落形态研究还尚未在全国普及，还远远满足不了中华文明和国家起源研究的需要，尚需下大气力，对一些关键地区进行系统的聚落考古调查，并将其与其他方面的资料进行综合研究。

（五）注重各地区文明化进程的研究

目前，越来越多的学者认识到，文明起源、形成和发展是一个过程。要研究人类文明发展的规律，首先必须充分研究中华文明的发展过程，而欲达此目的，首先应当研究各个地区文明化进程，并探讨其各自的特点，进而分析其产生这些特点的背景与原因及其在中华文明形成过程中的作用。近五年，中国社会科学院古代文明研究中心与一些大学和地方研究机构合作，分别在上海、武汉、成都、济南、郑州、徐州、大连和合肥等地召开了长江下游、中游、上游，黄河中游和下游，淮河流域，辽河流域及江淮地区等九次文明化进程研讨会，与会学者达 600 多人次。这一系列研讨会有力地促进了各个地区文明化进程的研究。

（六）重视研究礼制的产生、发展及其作用

世界各地文明起源和发展的过程都有其特点。作为中国学者，揭示中华文明的特点，阐释其产生的原因，是责无旁贷的历史使命。越来越多的学者认识到，礼制是中华文明的重要特点，中华文明的形成与发展，从一定意义上说，是与礼制的形成与发展密切相关的。

（七）重视环境变化对中华文明演进过程的影响

随着环境科学的发展和环境对人类生活影响的不断彰显，环境变化对中华文明起源与早期发展的影响越来越受到学者的关注。一些从事环境研究的学者积极地参加到古代环境变化的研究之中，与考古学、历史学的学者一道，共同研究生态环境的变化对及其与中华文明起源与形成时期人类的生活乃至社会的发展的互动关系，并已取得了初步成果。

（八）发展趋势——逐步转向深层次的研究

20 世纪，国内关于文明起源研究的注意力多集中在对中华文明的要素及其起源的追溯和各地区进入文明社会的时间上，而对中华文明起源的深层次问题却较少涉及。近年来，这种情况已有所改变。一些学者致力于对中华文明起源和早期发展的过程、文明演进的道路、背景、动力、机制等进行深层次的研究，成为中华文明起源研究新进展的重要表现。

二　中华文明探源工程（第一阶段）的主要收获

在"中华文明探源工程预研究"的基础上，2004 年夏季，在李长春同志的关怀和科

技部的支持与组织下，国家"十五"重点科技攻关项目"中华文明探源工程"（第一阶段，2004 年～2005 年）的立项报告获得批准，至此，该项目正式启动。

（一）中华文明探源工程（第一阶段）概况

中华文明探源工程（第一阶段）是继国家"九五"重点科技攻关项目——"夏商周断代工程"之后，又一项由国家支持的多学科结合研究中国历史与古代文化的重大科研项目。考虑到这一项目涉及的时间和空间范围广，参与的单位和学科多，研究的内容复杂，项目的组织和实施难度较大，按照科技部的指示，首先进行了为期 3 年（2001 年～2003 年）的"中华文明探源工程预研究"。预研究结束后，科技部决定，正式启动"中华文明探源工程"。由于当时"十五"计划仅剩两年的时间，科技部同意项目承担单位的建议，将探源工程第一阶段的研究范围确定在公元前 2500 年～公元前 1500 年的中原地区。之所以考虑将中原地区作为第一阶段的研究对象，一是探源工程预研究就是选择了这一区域，有预研究的基础。更重要的是，该地区考古工作起步最早，70 多年来积累了大量的考古资料，考古学文化谱系的研究较为充分，考古学文化发展的脉络较为清晰，有关文明起源的研究基础也比较好；加之该地区是夏、商王朝的诞生地，流传下来较多的古史传说和历史文献，这些都有利于探源工程第一阶段的顺利实施。

探源工程第一阶段的正式名称是"公元前 2500 年～公元前 1500 年中原地区文明形态研究"。该项目的目标是，多学科结合，全方位多角度地研究中华文明的形成与早期发展的过程，并探索其背景与原因。本项目由科技部作为第一组织单位，中国社会科学院考古研究所为项目第一执行单位，北京大学作为第二执行单位，河南省文物考古研究所、山西省文物考古研究所、郑州市文物考古研究所、北京科技大学、郑州大学等单位参加了项目的工作。参加项目的学科包括考古学、历史文献学、天文学、古文字学、人类学、科学测年、古植物、古动物、古环境、冶金史、化学成分分析、古人类食谱分析、遥感和遗址的物理探测、天文学、科技史等多个学科。在实施过程中，各个学科相互配合，协同作战，联合攻关，探讨中原地区文明形成时期的环境背景、经济技术发展状况及其在文明形成过程中的作用、各个都邑性遗址的年代关系、中原地区文明形成期的聚落形态所反映社会结构、中原地区早期文明形态等问题。

由于只有两年的时间，探源工程第一阶段对预研究设置的课题进行了取舍，共设立了如下五个研究课题：

1. 公元前 2500 年～公元前 1500 年中原地区相关考古学文化分期谱系的精确测年；
2. 公元前 2500 年～公元前 1500 年中原地区的自然环境研究；
3. 公元前 2500 年～公元前 1500 年中原地区聚落形态所反映的社会结构研究；
4. 公元前 2500 年～公元前 1500 年中原地区经济、技术发展状况研究；
5. 综合与总结——公元前 2500 年～公元前 1500 年中原地区文明形态研究。

（二）中华文明探源工程（第一阶段）的主要收获

经过项目各承担单位、各相关学科学者的共同努力，中华文明探源工程（第一阶段）取得了丰硕的成果。

1. 文化谱系与年代测定课题：对山西襄汾陶寺、河南登封王城岗、河南新密新砦、河南偃师二里头等这一时期中原地区的中心性遗址出土的系列碳样标本进行了加速器和常规方法的碳十四精确测年，为研究这些遗址的相互关系以及当时中原地区文化与社会的发展状况提供了较为可靠的测年数据。最重要的收获是，获得了可能是夏王朝重要城邑的新砦遗址和二里头遗址的系列测年数据。公元前新砦期的年代数据为早期不早于公元前 1900 年，晚期不晚于公元前 1700 年，二里头文化一期的年代数据为公元前 1735 年～公元前 1705 年，二里头文化四期的年代数据为公元前 1565 年～公元前 1530 年。如果根据这一系的测年结果，则二里头文化一期和新砦期遗存可能都不是夏代早期遗存，夏代早期遗存可能要从早于新砦期遗存的河南龙山文化晚期中去寻找。

2. 自然环境变迁课题：对豫西晋南地区的自然环境做了较为全面的考察和分析。对从豫西的寺河南和晋南的太子滩两个地点的自然沉积剖面中采集的系列土壤样品进行了年代测定、孢粉分析和磁化率分析等方面的研究，结合对在陶寺、王城岗、新砦等遗址文化层获取的孢粉分析以及对木炭碎块进行的显微镜观察树种分析，初步认识了当时豫西晋南地区的气候特征和植被状况，初步复原了遗址所处地点的原生地貌和变化情况以及当时的自然环境和可能发生过的灾害事件，并对气候演变与文化发展和文明演进之间的关系进行了探索。初步的研究结果表明，在公元前 2500 年～公元前 2100 年期间，中原地区的气候较为温暖湿润，适合农业的发展。公元前 2000 年左右，在黄河中游地区曾有一个气候较为异常的时期，其主要表现为温度的变化尤其是降雨量的不均衡。这一研究结果不禁使我们联想起古史中关于尧舜禹时期气候异常，灾害频发的记载。目前，该地区的气候变化与文明进程之间的关系只是找到了一些线索，尚有待进一步研究。我认为，气候环境的变化对文明演进的影响主要是背景层面的，它可能不是推动中原地区文明形成和夏王朝崛起的惟一或最为重要的原因[1]。

3. 经济技术发展状况课题：应用自然科学相关学科与考古学相结合的方法，对山西陶寺、河南王城岗、新砦、二里头等四处重点遗址出土的动植物遗存、人工遗物及相关遗迹进行研究，阐明公元前 2500 年～公元前 1500 这个特定时间段里中原地区包括农耕生产，家畜饲养，陶器、玉器和青铜器制作等在内的经济技术发展状况及其与文明演进的关系。

研究成果表明，在公元前 2500 年～公元前 1500 年期间，中原地区人类社会的基本经济生产部门——农业（包括农耕生产和家畜饲养）以及最能反映当时技术水平的加工制作业（包括青铜器制作、陶器制作、石器制作、玉器加工等）都呈现出显著的变化和进步，其中尤以发生在由龙山时代向二里头文化演变过程中的变化最为明显。

在龙山时代向二里头文化演变过程中，农业生产在保持原有传统的基础上（即以粟类作物为代表的农耕生产和以家猪为代表的家畜饲养）开始较为普遍地种植水稻和饲养黄牛。与此同时，起源于西亚的小麦和绵羊也传入了中原地区，由此逐步建立起多品种农作物种植制度和多种类家畜饲养方式。这种跃进式的农业发展在当时主要生产工具——石器类型的变化上也有体现，例如与石斧、石铲等多功能生产工具相比，石刀、石镰等收割用工具所占的比重显著增加。同样是在这一时期，金属制造业在原有的砷铜冶炼技术的基础上发展出了锡（铅）青铜冶炼技术，后者很快成为我国青铜时代冶铸业的重要特色之一。这一时期，陶器制作和玉器加工的技术也有了很大发展，例如制陶可能开始采用集中烧制的方法，为陶器制造业的商品化发展提供了技术条件；原始瓷器也在这一时期开始出现。玉器加工采用了琢制、锯切割、管钻穿孔和研磨抛光等一系列比较先进的技术手段。

在二里头文化向二里冈文化（即夏代末期向商代早期）的演变过程中，经济技术也发生了一些重要的变化，例如仍然以粟和黍作为重要农作物的同时，作为优良农作物的小麦的种植规模有较大幅度提升。当地的农业种植制度逐步由依赖产量较低的粟和黍向种植包括较为高产且口感好的小麦和稻在内的多种农作物的方向转化。小麦在商代农业生产中地位的提高，是当时农业发展的一个重要的方面，它预示着中国北方旱作农业种植制度的一次较大变化即将到来。

农业的发展应该是古代文明形成的最为重要的前提条件之一。本课题的研究结果显示，在中华文明形成的关键时期，即由龙山时代向二里头文化演变的时期，中原地区的古代农业出现了显著的变化和跃进式的发展。无独有偶，在文明初期阶段对经济和社会都具有重大影响的青铜器冶炼技术也是在这一时期逐步完善的。这再次证明了社会经济的发展是促进古代文明形成的重要动因之一[2]。该课题的显著进展充分显示出多学科结合在文明起源研究中的巨大潜力。

4. 聚落形态所反映的社会结构课题：通过对陶寺、王城岗、新砦、二里头等这一时期中原地区几座都邑性遗址的考古钻探和发掘，对这些中心性遗址的修建、使用和废弃年代，布局、功能区分及其所反映的社会组织结构和王权发展程度有了不同程度的新认识。

（1）在据古史传说是尧活动中心地区的山西南部，中国社会科学院考古研究所近年在襄汾陶寺遗址新发现了距今4300年～4000年的大型城址，其中早期的城址长约1000米、宽约580米，面积为58万平方米。到了中期（约距今4100年前后），建成了长1800米、宽1500米，面积达280万平方米的巨型城址。在早期小城南部，发现了一个高等级居住区，这里发现了规模达上千平方米的大型夯土建筑基址，出土了迄今年代最早的陶制建筑材料（"瓦"）和精美的刻花墙皮。在高等级居住区以南，发现了集中于一处的10余座直径达10米左右的大型窖穴，很可能是为城内统治者控制的仓储区。在中期大城的南端，发现了以围墙围绕的区域，其内部发掘了随葬上百件精美玉器、漆器、陶器等随葬的大型墓葬和出土数十件随葬品的中型墓葬[3]。尤为引人注意的是，在大型墓的附近发现了一个平面呈大半圆形的特殊遗迹。从该半圆的圆心透过半圆形夯土墙有意留出的几道缝隙中向东望去，恰好是春分、秋分、夏至、冬至时太阳从遗址以东的塔儿山升起的位置。发掘者和天文学家都认为，这个遗迹很有可能是与观测太阳的位置确定春分、秋分、夏至、冬至等重要节气的活动有关的观测天象和举行祭祀的场所[4]，让人联想起《尚书·尧典》中关于尧"观象授时"的记载。

陶寺中期城址的规模比夏代后期的都城二里头遗址小约100多万平方米，而与全国各地发现的早于夏代的城址相比，则要大一倍乃至数倍之多，颇有鹤立鸡群之感。陶寺城址不仅规模巨大，而且城内功能分区明显。高级贵族居住区与社会下层居住区相隔绝，并已出现专门为上层贵族所掌控的仓储区和墓葬及祭祀区，表明当时的社会已经出现了相当严重的阶层分化，城内的统治集团已经掌握了军事指挥权和祭祀权，成为凌驾于社会之上的主宰，已经具有"王"的雏形。课题组认为，至迟在陶寺文化中期，已经进入到早期国家的阶段。

（2）在河南登封王城岗小城遗址，20 世纪七、八十年代曾经发现面积在 1 万平方米左右的小城。当时，发掘者提出该城有可能是文献传说记载的"禹都阳城"[5]。但是，该城址区 1 万平方米的规模使学术界普遍感到难以与禹都阳城相联系。在探源工程中，河南省文物考古研究所和北京大学联合组成的子课题组在小城的西部发现了面积约 30 万平方米、城外护城壕与小城外侧的壕沟相连的大型城址，其建造年代与小城大体同时，均为河南龙山文化晚期[6]，约公元前 2000 年左右。王城岗遗址一带过去出土的战国时期砖瓦上，有"阳城"的铭文，可知这一带战国时期曾称阳城。这次新发现的城址的位置和年代与夏禹活动的时期和地域基本吻合，规模又达到 30 万平方米，从而为寻找阳城找到了极为重要的线索。在城内发现夯土基址的线索，其规模、结构有待下一步的工作。

（3）中国社会科学院考古研究所和郑州市文物考古研究所在河南新密新砦遗址新发现了面积达 70 万平方米的大型城址。城外有护城壕。城内中部发现了面积在 1000 平方米以上的大型遗迹[7]。根据现场的观察和对其功能的分析，课题承担者推测它可能是当时的人们从事公共活动的场所。如此规模的城址和遗迹在迄今发现的同时期遗存中首屈一指。该城址的年代略晚于王城岗遗址，早于二里头遗址成为都城的年代。这个城址的发现，填补了二里头遗址之前夏代大型城邑遗址的空白，为研究夏代的历史提供了宝贵的资料。

（4）河南省偃师二里头遗址是夏代后期的都邑。自 1959 年被发现以来，中国社会科学院考古研究所的几代学者在这里进行了大量的考古工作，相继发现了大型建筑基址和贵族墓葬及铸铜作坊。但是，对该都城的布局一直缺乏总体的了解和准确的把握。近几年，这方面终于有了突破：在都邑的中部发现了宫殿较为集中的区域，其周围以宽 10 米～20 米的道路围绕；在路面上发现了迄今最早的车辙（两轮之间的距离为 1 米，应非马车）。大约在都城被使用了数十年后，在围绕宫殿区的道路内侧修建了宽 2 米，边长 300 多米，面积达 10.8 万平方米的宫城；宫城内部又修建了一批宫殿建筑。宫城的城门处修建有门楼。宫殿建筑多呈"四合院"式结构，多数宫殿的正殿坐北朝南，其两侧的厢房东西对称，可以看出已经具有中轴线理念的雏形。有些建筑为前后相连递进的院落。这一发现将我国古代宫殿（包括故宫紫禁城）建筑的中轴线贯穿，左右建筑对称、院落前后递进的布局特点出现的年代上溯至距今 3700 多年前的夏代后期。另外，在一座大型建筑的院落内，发现了数座贵族墓葬。其中的一座墓葬中，发现了用 2000 多片细小规整的绿松石片镶嵌而成、长达 60 多公分的龙形遗物。该龙形器形象逼真，造型生动，反映了高超的工艺技术[8]。二里头遗址宫城及宫殿区的重要发现入选"2004 年度中国十大考古发现"。

值得注意的是，2005 年，在宫城的南墙以南，又发现了一个由围墙围绕的区域，该区域内未发现大型建筑基址，却发现了铜器和绿松石等仅为高级权贵阶层所使用的奢侈品制作作坊。有迹象表明，这一区域极有可能是王室直接控制的手工业作坊区。探源工程实施其间二里头遗址的一些重要发现（如宫城的出现、宫殿的规模和中轴线布局理念的形成、作为等级身份主要象征物——礼器的青铜容器、玉石仪仗用具、绿松石镶嵌物品的出现及对其制作业的垄断等）表明，在夏代后期，王权的强化已经达到了前所未有的程度。特别是中国古代最早的宫城的出现、中轴线理念的形成和宫殿封闭的布局，均开后世都城及宫室制度的先河，反映出当时的城市化以及王权和国家的发展已经进入了一个新的阶段。

与此同时，课题组成员还在这几处中心性城邑周围地区进行了"拉网式"的聚落分布状况调查。新发现的遗址达174处，数量达到此前已发现遗址数量（48处）的3.6倍[9]！聚落分布调查的结果使我们可以将这些中心性城邑与周围同时存在的中小型遗址联系起来考虑当时的社会结构。

此课题的成果充分显示出对中心性城邑遗址重要区域的有计划的考古发掘和有计划的区域调查对于研究文明起源、形成和早期发展具有十分重要的意义[10]。

5. 综合与总结课题：并对目前国外学术界文明起源研究的理论和实践进行了分析和评述；对国内文明起源研究的历程进行了回顾和分析；对涉及中华文明起源与早期发展的一系列理论问题（如文明与文化、文明与国家、文明形成的标志、文明形态和发展阶段）进行了初步的探讨；为"十一五"期间全面开展中华文明探源工程制订了实施方案。

（1）国外关于文明起源理论研究现状评述：一般认为世界上有几大古老的文明起源中心，如古代中国、两河流域、古埃及、古印度、中美洲等。国际学术界对两河流域、古埃及、古印度、中美洲等地区的文明起源研究，已有大量的研究成果，提出了许多有关文明起源的理论，还有相当数量的研究个案。本专题的成果为一部专著《国外文明起源研究的理论与实践》[11]。书中对国外有关文明起源研究的理论和个案研究的成果进行了系统的梳理与分析，并对其在进行中华文明起源研究中所具有的参考作用和价值进行了评述。为学术界全面了解国外文明起源研究的理论与实践，开阔思路，借鉴其理论方法，促进中华文明起源研究的深入具有非常重要的作用。

（2）国内文明起源研究历程的回顾：中华文明起源研究已经开展了几十年，形成了上千种研究成果。本子课题的成果也是一部专著——《中华文明起源研究》[12]。书中对中华文明起源研究的理论与方法、中华文明起源的模式与特征、对中华文明起源的时间与地区，以及对中原地区、海岱地区、长江中游地区、环太湖地区、西辽河地区的文明起源研究，都进行了较为系统地回顾和总结，对中华文明起源研究的发展历程、现状和发展趋势提出了较为全面的认识，为今后全面开展中华文明探源工程提供了有益的经验。

（3）有关文明起源理论的研究：中华文明起源研究以及对中华文明起源的认识，都涉及理论问题，没有相应的理论，就难以形成成熟的研究结论。本专题对有关文明起源的一系列重要的理论问题进行了探讨，涉及的问题主要有：文明的定义、文明的构成及其相互关系、文明与国家的关系、文明起源、形成和早期发展的关系、中华文明起源与形成的时间和标志、研究文明起源研究所应采取的理念、技术路线和方法等[13]。

（4）"十一五"期间全面开展中华文明起源和早期发展研究实施方案的制定：经过中

国社会科学院考古研究所为主的 20 多位学者为期半年的共同努力，完成了"十一五"期间全面开展中华文明探源工程的实施方案的征求意见稿，经过征求在京 40 余位学者的意见并进行数次修改后，最终完成了实施方案，并提交给了科技部。方案内容包括：全面开展中华文明探源工程的重要性与必要性、前期研究基础、有利条件和存在困难、工程的宗旨与目标、实施方法与途径、研究领域与课题设置、所需经费等。

探源工程第一阶段的成果表明，以国家工程的形式，集中相关学科的精兵强将，以中心性聚落遗址的布局及其所反映的社会结构为重点，以中心性聚落遗址周围地区聚落分布的区域调查为基本手段，结合对都邑性遗址重点区域进行适当规模的考古发掘和利用各种自然科学技术手段开展气候环境和经济技术发展等课题的多学科综合研究，多角度、多层次、全方位地探讨中华文明起源、形成与早期发展，是一条切实可行的道路。在"十一五"期间，将这一成功做法推向全国，全面开展中华文明探源工程，必将取得更加丰硕的成果，中华文明起源研究将会进入一个崭新的阶段。目前，"探源工程（第二阶段 2006 年～2008 年）"已作为国家科技支撑项目正式启动。与"探源工程（第一阶段）"相比，第二阶段研究的时间范围扩展到公元前 3500 年～公元前 1500 年，空间范围扩展到黄河上、中、下游和长江中下游及辽河流域。仍然采用多学科结合的方法，从年代、环境、经济技术、社会与文化等多个角度来进行研究。

三　中华文明起源研究存在的问题和主要认识分歧

（一）中华文明起源研究中存在的主要问题

中华文明起源研究虽然取得了不小的成绩和进展，但仍存在着一些亟待解决的问题。比如，在文明起源理论方面较为薄弱。部分学者不大熟悉国外学术界有关文明起源理论的新进展；少数人用中国的资料来套用国外的某些理论，令人有削足适履之感；对于马克思恩格斯有关国家起源和人类社会发展的观点，有些人机械地照搬，有些人则简单地否定，缺乏从中华文明演进的丰富资料来构建有中国特色的文明起源研究理论体系，丰富和发展马克思主义关于国家和文明起源理论体系的意识；在有关的考古资料中，对高等级贵族墓地的发掘和对出土的精美随葬品的研究较为重视，而对聚落的发掘和研究相对薄弱，尤其是聚落群分布状况的区域调查还很不普遍。比较典型的例证是，在辽西地区，红山文化的大型积石冢、祭坛十分引人注目，但是对该地区同时期聚落遗址的状况却所知甚少。另外，在对聚落遗址尤其是一些城址的发掘和研究中，往往由于经费、人力等条件的限制，只挖几条探沟，了解了城址的年代，便停止了工作，对了解当时社会状况更为重要的城内布局几乎一无所知，从而极大地限制了这些城址在各地文明化进程乃至整个中华文明起源研究中作用的发挥。相对而言，研究者对于一些中心性城邑遗址和大型墓葬高等级的遗存较为关注，而对一般聚落和社会基层民众的生活状况关注不够，影响了全方位、多层次地认识当时社会的全貌；虽然以探源工程为代表的项目在多学科结合方面取得了一些成绩，但从全国范围来说，在文明起源研究中的多学科结合仍比较薄弱，一些已经在国际学术界较为广泛使用的新技术新方法尚未在全国范围全面应用。从总体上看，在中华文明起源、形成和早期发展的研究中，较为重视社会分化、等级制度、权力构成等制度文明的层面，对于作为文明起源形成和发展的重要基础的经济和工艺技术的发展变化、对于气候环境的变化与人类活动及文明演进关系的研究、对作为维护王权重要工具的意识形态—"礼"的形成、发展与传播及其在中华文明演进过程中所发挥的作用等重大问题的系统、深入的研究还亟待开展。

（二）对于中华文明起源、形成与早期发展研究中存在的主要认识分歧

在有关中华文明起源、形成与早期发展的一系列重要问题上，学术界存在着不同的认识，主要有以下几方面。

1. 中华文明起源的起始时间　关于中华文明的起源，苏秉琦曾提出"一万年（前）起步"的观点，就是说以农业的出现和新石器时代的开始作为文明起源的起始时期。国内多数学者则认为，文明起源应以农业取得了一定程度的发展，社会出现较为明显的阶层分化为标志。按照这一观点，中华文明起源应以公元前3500年左右为起始点。我认为，以农业的出现和发展是中华文明形成的重要基础和前提。如果把中华文明起源、形成和发展比喻作一部交响乐的话，农业的出现，应当是奏响了这一交响乐的第一个音符，新石器时代早中期文化和社会的发展，是应视作这部交响乐的序曲，而从公元前3500年开始，则进入了这部交响乐的第一乐章。

2. 古代中国进入文明社会的时间？夏代是否是中国历史上最早的国家？中国历史上的"古国"或"邦国"是否是早期国家？

国内学术界的传统观点认为，夏王朝是中国历史上最早的国家，夏代是文明社会的开始，夏、商、西周时期是中国的早期国家阶段，而夏代之前的红山文化和良渚文化等所处的社会是原始社会的末期，尚未进入文明社会。在国外，至今仍有一些学者怀疑夏王朝的存在，认为中国最早的王朝是商王朝，商代是古代中国最早的文明。近年来，随着以二里头文化为代表的夏代考古学研究的进展，越来越多的熟悉中国考古学的国外学者逐渐同意中国学者关于二里头文化为代表的遗存是夏王朝的文化遗存，夏代已经进入了文明社会的观点。这些国外学者普遍认为，夏代是中国历史上最早的国家。上个世纪八十年代以来，红山文化的"祭坛"、"大型积石冢"和"女神庙"的发现，良渚文化的极有可能与祭祀有关、面积达数千平方米的建筑基址和有近百件精美玉器等随葬品的高级贵族墓葬的发现，使学术界对这些文化遗存所反映的社会的组织结构和发展阶段的认识出现了明显分歧。国内一些学者提出，红山文化也已经进入了古国的时期，而古国是早期城邦式的原始国家[14]。有的学者明确提出，良渚文化时期的社会"已从史前的氏族组织，蜕变成了政权，进入到了国家的时期"[15]。按照这样的观点，中华文明形成于距今约五千年前。部分考古学者特别是从事历史时期（夏商周及其以后）考古学研究的学者和多数历史学者则认为，夏代是中国最早的国家，红山文化和良渚文化还没进入文明社会，应当是即将跨入文明社会门槛的前国家阶段。由此可以看出，在中国学者之间，对于"早期国家"概念的理解存在着相当大的差异，特别是对于如何从考古遗存中辨识当时的社会发展阶段存在明显的认识上的不同，从而导致了在判断红山文化、良渚文化是

否已进入文明社会、是否已经出现国家的问题上出现如此大的分歧。

3. 我国古代历史上的"古国"或"邦国"是否就是国外人类学界所流行的"酋邦"？或相当于"酋邦"的阶段？

这个问题与上一个问题是紧密相连的。按照国际学术界较为流行的观点，在部落和国家之间，存在着一个独立的发展阶段——酋邦。在这一阶段中，社会内部出现了明显的阶层分化，首长具有很大的权力和较高的权威；在不同部族之间，由于征服而出现了主从或依附关系。在最高统治者权力的强化程度、不同阶层或阶级地位差别的扩大及其制度化的程度、社会管理机构的完备程度、对资源的控制程度和再分配的机制、军队和法律等国家机器的有无等方面，酋邦与国家之间都存在着一定的差距，而它又与此前的以部落内部和部落之间基本平等为特征的部落阶段存在着很大的差别。进入酋邦阶段之后，很多地区的最高统治者的权力进一步强化，统治者对以其祖先为中心的祭祀成为整个社会祭祀的核心，重要的经济资源和生产部门以及社会主要财富的分配为最高统治者所直接控制，阶层分化进一步扩大而出现阶级，维护不同阶层和阶级地位差别的意识和规范——"礼"被逐步制度化，以官僚阶层的发展为特征的社会管理机构不断完备，出现直接为最高统治者所直接指挥的军队，本集团对附属于自己的其他势力集团的控制不断强化，于是，社会由酋邦阶段发展成为国家。与此同时，也有一些地区在进入酋邦阶段之后，社会保持了较为平衡、稳定的态势，权力和社会的管理机构并没有继续强化和发展，没有出现国家机器，因此没有发展成为国家。还有一些地区在酋邦阶段之后，由于种种原因，其文化由盛转衰，社会一度形成的金字塔结构崩溃，成为文明演进道路上的"流星"、"匆匆过客"、"死于孕妇腹中的胎儿"，为后人留下来重重谜团。国内有些学者接受"酋邦理论"，认为我国历史上的"五帝时期"或考古学上的龙山时代就相当于这一阶段，有些学者直接将这一阶段的"古国"或"邦国"称之为"酋邦"。按照这种观点，中国历史上夏、商和西周王朝相当于早期国家的阶段，而在此之前的红山文化和良渚文化等并未形成国家，当时的社会正处于"酋邦"阶段。有些学者对全世界范围内是否都经历过"酋邦"这样一个阶段表示怀疑，他们指出，在国际学术界，对酋邦理论也并非众口一词，存在着各种各样不同的意见和争论。有些学者对红山文化和良渚文化等是否就是国外人类学界所说的"酋邦"持保留态度。

我认为，对"酋邦"理论首先应当予以重视，但不应"盲从"照搬，要避免新的教条主义和"贴标签"的态度，至少不必马上套用其来解释中国的情况。应当准确地理解酋邦理论的内涵及其发展脉络，注意倾听国外学者对该理论的各种意见，特别是批评的意见，然后针对中国的实际情况来对其加以检验。不仅要注意我国夏王朝建立之前的社会组织与结构与酋邦相类似的一面，还要注意不同于世界上其他地区的独特的方面，因为这些差异和不同也许正是中华文明和中国古代国家形成的特质之所在。中国古代历史文献的丰富、考古资料的丰富、中华文明的延续性和独特性在世界上都是首屈一指的，应当鼓励中国学者从中国的实际出发，在充分吸收和借鉴国外学术界的研究成果的基础上，提炼出符合中国历史发展状况的理论和研究方法，为研究人类文明的发展进程并进而探索其规律做出中国学者应有的贡献。

4. 关于文明形成的标志　20 世纪七、八十年代,中国学者对文明形成的标志的认识,多集中于文字、青铜器、城址等,并将其称作"文明的要素"。对文明起源的研究往往成为对这些"文明要素"的追溯。但是,纵观世界各古老文明,可以看出,上述"要素"在各文明中都非缺一不可,倒是好几个文明都缺乏其中的某一项。这就带来了一个问题,到底文明形成有没有统一的标志?如果有,那么标志是什么?中国学者中,很多人根据恩格斯在《家庭私有制和国家的起源》中提出的"国家是文明社会的概括"的著名论断,提出以国家的出现作为文明形成的标志。但是,如何在没有文字明确记载的情况下,通过考古资料来判断是否出现了国家,是一个尚未形成共识的问题。这个问题既是一个理论问题,也是一个实践问题。我认为,文明可以分为文化的和社会的两个方面。文化的方面又可以分为物质的和精神的两部分。决定文明性质的,是文明的社会层面,也可称为"制度文明"或"政治文明",也就是社会的结构、官僚机构的出现、强制性权力的形成、维护统治秩序的一系列制度的建立,其最根本是国家的出现。判断国家是否出现,根据中国的资料,面积达数百万平方米达大型城邑的兴建,规模巨大的宫殿或宗庙基址的出现,规模大且随葬品丰富的显贵墓葬的出现,制作精美体现等级和权力的"礼器"的出现,应当是国家出现的最为直接的物化表征。至于青铜器制作、文字的使用等,则是中华文明在物质层面和精神层面的表现。尽管各个文明会各具特色,文化发展的表现也会有所不同,但无一例外都是以权力的强化及其结果——国家的出现作为基本特征的。因此,权力的强化和国家的出现应当是世界上各个古代文明的共同特点。对文明起源的研究,应当以对权力形成发展过程对考察为重点。判断一个社会是否进入了文明,也应当以其是否出现了国家作为基本标准。

5. 导致中华文明起源、形成和早期发展的动力是什么?　关于文明起源、形成和发展的动力,国际学术界有多种观点,主要有"生产力发展说"、"阶级斗争说"、"战争说"、"水利设施建设说"、"环境变化起因说"、"生存压力说"、"贸易说"、"资源控制说"等。那么,导致中华文明起源、形成与早期发展的动力究竟是什么?国内学术界的认识并不一致。上述各种观点在国内大都有其支持者。虽然每个学者都可以有自己的理解,但是,我认为,迄今为止,各个观点都没有超出假说的范围。应当承认,目前尚不具备科学地回答这一问题的条件。需要指出的是,中国幅员广大,各个地区的地理和气候条件差别很大,文化内涵和社会发展道路存在着不小的差异,文明演进的过程及其背景和原因往往各具特色。探索中华文明起源形成和早期发展的背景和原因,首先应当对各个地区至少是文明起源较早,史前文化和社会较为发达的地区的文明化进程(文明起源和形成的过程)及其背景和原因进行研究,进而探讨各个地区人群及其文化之间的相互关系,在此基础上,再来探讨作为一个整体的中华文明的起源、形成和早期发展的过程及其背景和原因。根据这一理念,近 5 年来,中国社会科学院古代文明研究中心和联合各地学术研究机构,召开了一系列的各地区文明化进程学术研讨会,有力地促进了这方面的研究。目前,我们对中国范围内各个地区文明演进的大体过程已经有了基本的了解,对于各个地区文明化进程的原因和背景也已有所探讨。根据现在所掌握的资料,可以看出,各个地区的文明化进程既有共性,又有个性。各地区并不是相互隔绝,而是存在着千丝万缕的联系。我们今后的任务，就是要在迄今研究的基础上，去从微观和宏观两个层面去探索中华文明的演进过程及其背景和原因。需要继续对各个地区进行深入的个案研究，更需要多学科、多角度、多层次、全方位的综合研究。还需要与世界其他古代文明进行比较，这样才能够更加深入地了解中华文明的特点以及独特的发展道路和机制，进而为人类文明演进的研究做出中国学者应有的贡献。文明起源研究是个系统工程，需要几代人坚持不懈地进行下去。我们相信，只要我们沿着探源工程（第一阶段）所开创的多学科、多角度、多层次、全方位的综合研究方向，扎扎实实、埋头苦干，此项研究一定会取得更加丰硕的成果！

注　释

〔1〕王巍：《公元前 2000 年前后我国大范围文化突变原因探析》，《考古》2004 年第 1 期。

〔2〕袁靖：《探源工程经济技术课题的主要成果发展》，《中国文物报》2006 年 11 月。

〔3〕a. 中国社会科学院考古研究所山西队等：《2002 年山西襄汾陶寺城址发掘》、《中国社会科学院古代文明研究中心通讯》第 5 期，2003 年。

　b. 中国社会科学院考古研究所山西队等：《陶寺城址发现陶寺文化中期墓葬》，《考古》2003 年第 9 期。

〔4〕a. 中国社会科学院考古研究所山西队等：《山西襄汾县陶寺城址发现陶寺文化大型建筑基址》，《考古》2004 年第 2 期。

　b. 中国社会科学院考古研究所山西队等：《2004－2005 年山西襄汾陶寺遗址发掘新进展》，《中国社会科学院古代文明研究中心通讯》第 10 期，2005 年。

　c. 席泽宗、江晓原等：《山西襄汾陶寺城址天文观测遗迹功能讨论》，《考古》2006 年第 11 期。

〔5〕河南省文物考研究所等：《登封王城岗与阳城》，文物出版社，1992 年。

〔6〕a. 方燕明：《河南登封王城岗遗址考古新发现及其意义》，《中国社会科学院古代文明研究中心通讯》第 9 期，2005 年。

　b. 北京大学文博学院等：《河南登封市王城岗遗址 2002、2004 年发掘简报》，《考古》2006 年第 9 期。

〔7〕a. 赵春青等：《河南新密新砦遗址发现城墙和大型建筑》，《中国文物报》2004 年 3 月 3 日。

　b. 中国社会科学院考古研究所等：《河南新密市新砦遗址中心区发现大型浅穴式建筑》，《考古》2006 年第 1 期。

〔8〕a. 中国社会科学院考古研究所二里头工作队：《河南偃师市二里头遗址中心区的考古新发现》，《考古》2005 年第 7 期。

　b. 许宏等：《二里头遗址聚落形态的初步考察》，《考古》2004 年第 11 期。

〔9〕中国社会科学院考古研究所二里头工作队：《河南洛阳盆地 2001－2003 年考古调查简报》，《考古》2005 年第 5 期。

〔10〕王巍：《聚落形态研究与中华文明探源》，《文物》2006 年第 5 期。

〔11〕陈淳：《国外文明起源研究的理论与实践》，待刊。

〔12〕朱乃诚：《中华文明起源研究》，福建人民出版社，2006 年。

〔13〕a. 王巍：《试论文明与国家概念的异同》，《古代文明研究》第一集，科学出版社，2005 年。

b. 王巍：《关于华夏文明形成的几个问题》，《华夏文明的形成与发展——华夏文明的形成与发展学术研讨会论文集》，大象出版社，2003 年。

c. 王巍：《中国古代国家形成论纲》，《中原地区文明化进程学术研讨会文集》，科学出版社，2006 年。

d. 王巍：《关于中华文明起源研究的几个问题》，《首届中瑞考古论坛论文集》，科学出版社，2006 年。

〔14〕苏秉琦：《中华文明起源新探》，三联书店，1999 年。

〔15〕张忠培：《良渚文化的年代和其所处社会阶段》，《文物》1995 年第 5 期。

NEW TRENDS AND ADVANCES IN THE STUDY
OF THE ORIGIN OF CHINESE CIVILIZATION

Wang Wei

Key Words：origin of civilization　project of researching into the origin of chinese Civilization　environments　economic techniques　settlement pattern social structure

In recent years, archaeological discoveries related to the origin of Chinese civilization have emerged in an endless stream, and the study of this subject has been drawn more and more attention from academic circles. As a priority item of the scientific and technical tackling of key problems in the state's 10th five-year plan, the Project of Researching into the Origin of Chinese Civilization (I) has carried out archaeological excavations in extremely important areas of central city-sites, such as Xiangfen Taosi in Shanxi and Denfeng Wangchenggang, Xinmi Xinzhai and Yanshi Erlitou in Henan, and detailed surveys on the distribution of settlements round some city-sites. Meanwhile, bringing natural science and techniques into application as one of the basic means, the Project has made multi-angle, multi-level and all-round studies into the chronological problem, ecological-environmental change, economic-technical evolution and socio-structural development of several central sites in the Central Plains from 2500 to 1500 BC, and has obtained rich accomplishments. This has forcefully promoted the progress of research on the origin of Chinese civilization, and has laid a solid foundation and accumulated valuable experience for launching in an all-round way the project of researching into the origin of Chinese civilization throughout the country in the period of the state's 11th five-year plan.

河北任邱哑叭庄
龙山文化遗存再认识

彭菊如　高天麟

关键词：河北省　任邱市　哑叭庄遗址　龙山文化晚期

哑叭庄龙山文化遗址是 20 世纪 80 年代末 90 年代初发现并发掘的，这一文化遗存从其文化面貌及其所处地域和年代，都表明这是一处重要的龙山文化遗址，它对于研究文明社会前夕周邻有关文化的关系有重要意义。这一文化遗存发现之后业已引起学者的广泛关注[1]。本文试图在学者们研究的基础上，略表一些不成熟的意见。若有不妥，请大家指正。

一　关于遗址的分期问题

《河北省任邱市哑叭庄遗址发掘报告》（以下简称《报告》)[2]，对遗址未作明确分期，只是在结语中作了如下说明："通过对器物的类型学分析，各期内部分器物亦有早晚之分，本报告中未作详细分段，但对部分器物用（式）的方式进行了早晚处理"[3]。

王青先生在 12 年前发表的《试论任邱市哑叭庄遗址的龙山文化遗存》（以下简称《试论》)[4]，则对遗址进行了分期。他强调《报告》对陶器的型式分析基本遵照了遗迹间的打破关系，同时根据《报告》提供的遗迹分布图，又列出了 9 组打破关系，然后称根据上述两基本原则，认为可以以出土较丰富的 H34、T51②、H96、H115 为代表将哑叭庄的龙山遗存划分为四段（即两期四段）。然而，《试论》列出的 4 个代表性单位只 H34 有打破关系，恰好又是 H34 打破 H46，其余 3 个单位，1 个是地层，2 个灰坑，都无打

作者简介：彭菊如，河南洛阳市人，1942 年 11 月出生，原从事教育工作，1985 年调入中国社会科学院考古研究所编辑室工作（1985 年～2001 年）。

高天麟，浙江慈溪人，1937 年 12 月出生。1955 年进入考古研究所，同年曾参加第四届全国考古工作人员训练班。1959 年秋在赵芝荃先生授意下主持二里头遗址的首次发掘，1978 年至 1987 年主持山西襄汾陶寺遗址的发掘；1991 年至 1998 年参加中美联合考古队在豫东开展的野外地质考古钻探和柘城山台寺等遗址的考古发掘。著述有《陶寺遗址七年来的发掘工作汇报》、《就大柴遗址的发掘试析东下冯类型的性质》、《二里头文化陶鬲管窥》、《关于偃师"尸乡沟"商城年代和性质》、《黄河流域新石器时代的陶鼓辨析》、《黄河流域龙山时代的陶鬲研究》、《豫东龙山文化研究》等近 40 篇论文和发掘简报。并参与了待刊的《陶寺发掘报告》的编撰和中美队《豫东发掘报告》的撰稿工作。

破或被打破关系。然而《试论》并未把 H34→H46 这组有打破关系的单位作为分期的依据，对两个单位的陶器进行比对，从中查看两者之间有无差别，而与《报告》一样，对这惟一一组可能反映遗址一期有早晚信息的打破关系，当作同一时段的打破关系，将两单位放在同一期同一段。从而表明《试论》的分期基本上也没有以打破关系为依据，而是将几个出土陶器较丰富的单位的陶器作了类型学的排列。由于离开地层学的依据，陶器排队尽管力求严密，仍难免有百密一疏之虞。《试论》的一疏就出现在他的陶器分期表中，如《报告》H34 这个单位的 H34：93A Ⅰ式大器盖，《试论》将其列为 CⅠ式器盖放在第一期第一段；而《报告》H34：92（素面罐），《试论》则将其列为Ⅱ式大口罐放在第一期第二段，（把单位错成 T46③：1。而 T46③《试论》明确指出它与 T52② 同属第一期第 2 段）。这样即出现了一个单位的标本两段互通。而这样的现象还不只一例，就以 H34：92 的素面罐来说，若《试论》是笔误写成 T46③：1，那么查《试论》分期表 T46③ 层的标本也有出现在第二期第 3 段，如《报告》T46③：5B 型子口罐，《试论》称该器为 A 型子口罐，就放在第二期第三段，这是说 T46③ 这个地层单位出土的陶器标本也是第二段和第三段互通。除上述两例外，还有一例即 H17，这个单位《报告》共刊出陶器标本 4 件，《试论》选用 3 件标本，2 件放在第一期第二段，1 件放在第二期第三段。H17：9A 型Ⅱ式器盖，《试论》依然称 A 型Ⅱ式器盖放在第一期第二段，而对于 H17：15B 型Ⅱ式器盖，《试论》同样称 B 型Ⅱ式器盖放在第二期第三段。《试论》所选用的有限的几个典型单位，经检核竟然有 3 个单位的陶器标本不是一、二段互通，便是二、三段互通。另外，在标型学的把握上似也存在一些问题。如 A 型子口罐 T46③：5《试论》放在第二期第三段，而 B 型子口罐 H57：1 放在第一期第二段，这样 A、B 两型究竟孰早？如按照习惯应是 A 型早，那么《试论》显然是文图颠倒了。其实按《试论》的分期这两个单位皆属第一期第二段。又如桥耳罐《试论》分为 3 式，Ⅰ式 H34：100（口径 17.5 厘米，高 26.5 厘米），Ⅱ式 T51②：21（口径 14 厘米，高 15.2 厘米），Ⅲ式 T65③：18（口径 15 厘米，高 47.2 厘米）。这三件标本如此排列也不无问题。首先三者的单位之间并无打破、叠压关系，三者的形制差别怎能是早晚差别而不可能是共存关系呢？再从形制来看，Ⅲ式的器高与Ⅱ式有较大差距，与Ⅰ式差 21 厘米，与Ⅱ式差 15.2 厘米，更何况Ⅰ式、Ⅱ式为素面，Ⅲ式饰篮纹，故Ⅲ式应是独立的形制，未必与Ⅰ式、Ⅱ式同类。再从Ⅰ式与Ⅱ式的形制来看，Ⅰ式为方肩，而Ⅱ式呈圆鼓腹，小平底不外凸，这种形制在豫东龙山文化中是一种稍早的特征，所以不能因为他们是桥形耳的器形，就把他们放在一起排比他们的早晚，这样往往是靠不住的。再者Ⅰ式到Ⅴ式中口罐同样是在无地层叠压或者打破关系作依据的情况下所作的排列划分。若从器物的形制来看，借助其他遗址的情况我们倒觉得Ⅲ式 T47②：2 似应早于Ⅰ式 H34：106。因为这件罐口的最大径在上腹，却又是弦断绳纹，夹砂红陶。《报告》BⅡ式罐 H29：6 似与《试论》所列Ⅲ式 T47②：2 形制接近，都可能是早于《试论》所列的Ⅰ式标本 H34：106。这样的例子还能再举若干，限于篇幅就不再列举。据此，是否可以这样说，离开地层叠压和打破关系，纯粹用标型学来排比器形演变轨迹，从中区分出早晚，这对于已被认识的文化遗址来说未尝不可，甚至是完全可行，然而对于初次揭示的文化遗址，受资料本身的局限和制约，要弄清楚其早晚还需要等待新资料的发现和补充。《试论》不待时机勉为其难地概括出那些陶器间的早晚不同阶段的演变规律和发展消长特征，以及最终归纳出第一、第二段之间变化较小，第三、第四段之间衔接较紧密，而第二、第三段之间变化较明显等，就上面指出的存在问题来看，应对其准确性和科学性提出质疑，两期四段的分期能否成立，也很成问题。

那么，哑叭庄龙山文化遗存能否进行再分期？笔者以为要进行这方面的尝试必须抓住遗址的打破关系。《报告》提供了一幅遗迹分布图，图内自然也包含有打破关系，笔者进行了逐个检核，可列出 8 组打破关系：①H34→H46（均有陶器标本刊出）。②T19H11→H43→H18→H35，其中 H11 时代不详，H43 属一期，H18 属二期，H35 属一期。这组打破关系有些唐突。H43 这个一期单位竟然会打破晚于它的二期单位，这说明遗址发掘的基础性工作也存在一定的欠缺。③H39→H48（H48 未刊标本无从比较）。④H29→H35（H29 只刊出 2 件标本）。⑤H39→H31→H40（H40 未刊出陶器标本）。⑥H3→H4（H3 未刊标本）。⑦H97→H100（H97 未刊标本，H100 只刊出 1 件标本）。⑧H70→H71（H70 只刊出 1 件标本）。上述 8 组打破关系中，只有 H34→H46、H39→H31 这 2 组还有些陶器标本可进行比较，其他多数尽管有打破关系，但由于刊出标本太少，不具备作进一步比较的条件。

H34 共刊出 17 件陶器标本，H46 刊出 7 件标本，其中 2 件为陶片纹饰，这样实际可供比较的只有 5 件。现存的关键问题是：既然 H34 打破 H46，那么两者究竟有无早晚差别，这就需要认真地比对分析，不能因 H46 出土标本少而忽略其中较早的信息，也不能因 H34 出土标本多就认为它是遗址的主要代表而忽略其时代可能较晚。为了解决这一问题，我们必须把 H34 出土陶器标本放到更广的文化范围内进行考察，或许会给我们找到些许解决问题的线索。具体来说，《报告》AⅠ式小壶（H34：91）、AⅡ式 小口壶（T51②：1）、B 型小口壶（H20：9）、小口壶（H57：2）4 件标本的桥耳（图1—1、2、3）在二里头文化中就能找到，且形制也非常接近二里头ⅣM26：3[5]（图1—7）。而其中 H20：9 小口贯耳壶（图1—3）更酷似豫东王油坊遗址出土贯耳壶（图1—6）。偃师二里头Ⅳ M26：3 这件壶下附的圈足也与《报告》H32：2 的簋有近似之处。除此之外，二里头有一异形簋 ⅢⅣ T113⑤：14（图1—5）该标本的圈足与《报告》H32：2 的簋（图1—4）似更接近，与新砦期文化簋形豆形制也略相似[6]。

H34：97 是一件编为 Aa1 式的深腹罐，它的最大腹径近中部，口沿有花边（图2—3）。花边作风在庙底沟第二期文化中亦有见，但这批标本显然与庙底沟第二期文化无涉，而与二里头文化似有一定的联系（图2—4、5）。哑叭庄龙山文化的是另一文化特征鸡冠状錾。《报告》H34：105 等 Eb 型罐有鸡冠錾（图2—1、2）。鸡冠錾庙底沟二期文化亦见有，而二里头文化更为普遍。哑叭庄的鸡冠錾与花边罐一样也不可能与庙底沟第二期文化相关只能与二里头文化相联系（图3—6~9）。可以这样说，哑叭庄的花边纹与鸡冠錾共存当不会是偶然的巧合，而有其时代的一致性，这两点特征恰好说明这个单位时间上要早于二里头文化，但它富有特点的花边纹和鸡冠錾却是后来二里头文化的显著特点，说明两者之间曾存在渗透和影响关系。因而说它是代表了哑叭庄龙山文化中较晚的单位。

除 H34 这个单位外，哑叭庄龙山文化遗址中的附加绳索纹加篮纹的作风，除与豫东

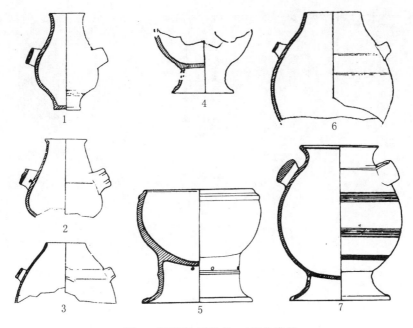

图1　哑叭庄、王油坊、二里头陶器

1. 小口壶(MH34：91)　2. 小口壶(T51②：1)　3. 小口壶(H20：9)　4. 簋
(H32：2)　5. 异形簋(ⅢT113⑤：14)　6. 贯耳壶(H3：9)　7. 短颈壶(Ⅳ
M26：3)　(1~4. 哑叭庄出土，5、7. 二里头遗址出土，6. 王油坊遗址出土)

龙山文化有近同者外，这种作风也见于二里头文化。还有一些单位出土的器形如H96：
5鸡冠錾罐（图3—3）从器形到肩腹施多组旋纹的作风都与二里头Ⅰ式矮领瓮H53：15
和Ⅲ式高领尊有近同之处，H53：13与前者的多组旋纹的作风（图4—10）与后者的器形
有某些近似。《报告》AⅡ式瓮H30：14、AⅡ式瓮H71：119、AⅡ式瓮H71：120、AⅢ
式瓮H115：11（图3—5、图4—1~3），都不同程度地与二里头文化的Ⅱ式、Ⅳ式高领
瓮的形制接近。只是口部和堆纹的多寡少有差别，偃师二里头Ⅱ·H216：18；ⅧT20⑦：
11；Ⅱ H216：17；Ⅱ·ⅤT116⑥：11（图4—4~7）当然哑叭庄的AⅡ式形制上更接近
豫东龙山文化晚期的形制。《报告》Eb型鸡冠状錾罐H4：33、H34：105（图2—1、2）与
属于二里头文化的东干沟遗址出土的Ⅰ式圆腹罐（H533：1）也略有相似之处[7]（图2—
4）。还有一点值得注意的是哑叭庄有一些标本底部开始有朝假圈足发展的趋势，有的器
身还兼饰鸡冠錾，如H96：2、H96：3、H34：100、H43：1、H42：14、H42：16、H30
：14、H71：119、H115：11、M1：7（图3—1、2、4、5；图4—1、2）。这种作风又恰
恰是二里头文化中所多见的特征（图4—7~10）。

　　现在再回头来看看H46出土的5件标本，H46：8报告称B型缸，这件标本圆唇外
卷，直领，制作比较精细，具一般龙山文化的制作工艺，它不像前面的AⅠ式、AⅡ式两
件制作显粗，唇、沿和颈部都具稍晚的特征；H46：5报告称AⅠ式器盖，这是一件盖碗，
从豫东龙山文化早晚期特征来看，碗底小、碗壁斜直者为早的特点，H46：5即具碗底小

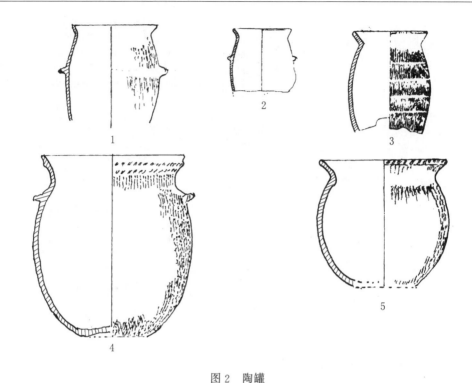

图 2   陶罐

1、2. 鸡冠耳罐（H4：33、H34：105）   3. 深腹罐（H34：97）   4. 深腹罐（H533
：1）   5. 圆腹罐（H507：1）   （1～3. 哑叭庄出土，4、5. 洛阳东干沟出土）

和碗壁斜直的特点，因此具稍早的特征。H46：3 报告称 B 型平底盆，这件盆壁内曲度较
大，形制和 A Ⅱ 式 T24③：11 略同，似也属于较早的形制和作风。H46：2《报告》称折
腹盆，这种形制的标本称盆似嫌小，称钵似较合理。折腹的特点在豫东龙山文化中属较
早的风格。这种形制的钵还有 H7：6 、H7：7、H50：26 等。H46：7 漏孔器，可能为算
架一类，无标本可比较。H46 这个单位从报告提供的资料看，至少 5 件标本中未见 1 件
有鸡冠状鋬或口沿施花边纹的器形，但笔者不敢贸然下结论，这个单位不可能出现上述
现象，因为遗址的龙山文化遗存发展延续时间未必很长，因此早晚之间的差别并不那么
明显，而可能只有一定程度的变化和差别。而综观 H34 的 16 件标本，除前述的花边口沿
和鸡冠状鋬等具有二里头文化因素这些特点外，有些标本即使在龙山文化中作比较也反
映了它的较晚的特点。如 H34 的深腹罐共有 5 件，但罐腹都是桶状，不像报告称之 B Ⅱ
式罐的 T47②B：2 和 H29：6 两件标本，后两件标本最大径都在上腹（图 5-3），这是一
般龙山文化较早时期深腹罐的共同特征。安阳后冈是这样（图 5-4），豫东龙山文化亦如
此。又如 H34：95A Ⅰ 式鬲有二个特点：一是容量大部在袋足以上的鬲部，袋足部分的容
量仅及鬲的二分之一；二是袋足呈直立状，不像龙山时代的鬲袋是足斜支撑状，而袋足
又粗又胖，所以说 H34：95 鬲是一种较为先进的鬲。形制近似的曾在新密市新砦遗址的
王湾三期文化中出过（H113：23），该件鬲的袋足部分与 H34：95 较为近似[8]（图 5-1、

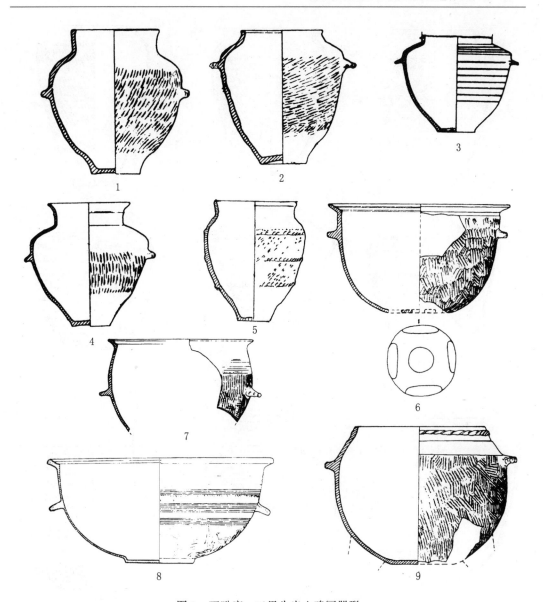

图 3　哑叭庄、二里头出土鸡冠器形

1～4. 鸡冠耳罐（H42：16、H96：3、H96：5、H96：2）　　5. 瓮（H115：11）　　6. 甑（ⅨH1：
12）　7. 盆（Ⅱ·ⅤH105：19）　8. 盆（Ⅱ·ⅤM56：1）　9. 鼎（ⅣH106：12）　（1～5. 哑叭
庄出土，6～9. 二里头遗址出土）

2）。

　　经上述比较分析，我们以为哑叭庄遗址的龙山文化遗存如果有早晚差别，只能循着
H34→H46 这个关系，尽量找出两者陶器间的差别，比较分析的结果是 H46 应是代表遗
址中稍早的单位，H34 则是代表较晚的单位。至于能否将现已刊出标本的其他单位也区
分出早晚，笔者试图这样做，但仅凭刊出的陶器线图而不直接考察标本造型、质地纹饰

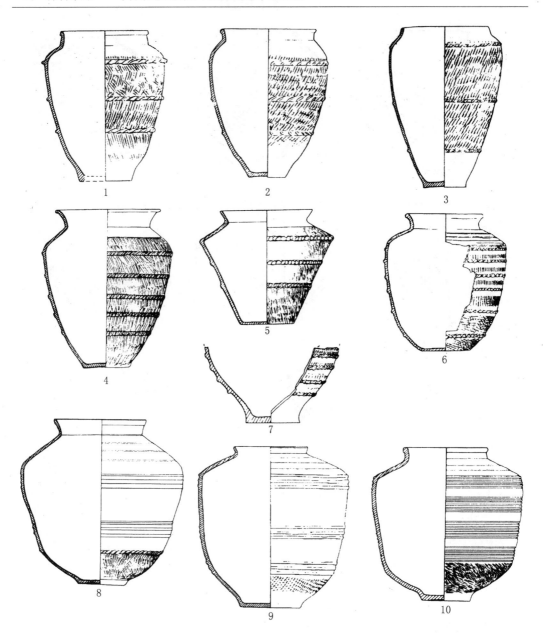

图 4 哑叭庄、二里头出土陶器

1～3. 瓮（H30：14、H71：119、H88：23）   4～7. 高领尊（Ⅱ•H216：17、Ⅱ•H216：18、Ⅱ•
ⅤT116⑥：11、Ⅱ•ⅤT20⑦：11）   8～10. 矮领瓮（Ⅱ•ⅤH105：18、Ⅱ•ⅤH157：11、ⅧH53
：15）   （1～3. 哑叭庄出土，4～10. 二里头出土）

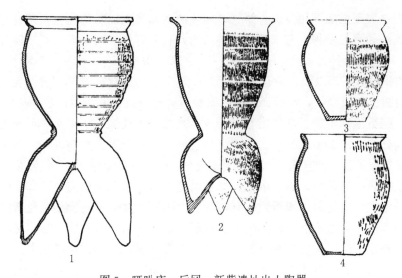

图 5　哑叭庄、后冈、新砦遗址出土陶器

1. 甗（H113：23）　2. 甗（H34：95）　3. 深腹罐（T47②B：2）　4. 深腹罐（M21：1）　（1. 新砦出土，2、3. 哑叭庄出土　4. 安阳后冈出土）

等，恐难以分准确。故不贸然将其他单位的标本区分时代早晚了。

二　哑叭庄第一期文化遗存的文化属性

哑叭庄第一期文化遗存属龙山文化范畴，对这一点认识似已趋于一致，但具体到它与龙山文化哪个系统的文化面貌更接近，对这点的认识恐怕难免有分歧，故《报告》并未涉及到哑叭庄龙山文化的谱系，而称之为龙山时代"哑叭庄"类型。哑叭庄龙山文化遗存有相当多的豫东龙山文化因素，而豫东龙山文化本身又存在称谓上的差别，有称"王油坊"类型[9]，亦有称"造律台"类型[10]。更存在考古学文化谱系的分歧，有学者认为王油坊类型属于河南龙山文化范畴[11]，而另一种观点则认为王油坊类型源自大文口文化，因此属于山东龙山文化范畴，应是山东龙山文化的一个地方类型[12]。鉴于对豫东龙山文化谱系认识的种种分歧，自然也很难避免对哑叭庄龙山文化谱系归属带来不同认识。《试论》已明确表示："王油坊类型本来就不属于中原系统，而是海岱文化系统的一部分，应属海岱龙山文化的一个地方类型"[13]。同时还认为以哑叭庄为代表的一类龙山文化遗存在河北平原并不是孤立存在的，进而把昌平雪山、蓟县围坊、丰润韩家等遗址发现的与之接近的文化遗存均称之为海岱龙山文化"哑叭庄类型[14]。

据此已不难看出对哑叭庄龙山文化的谱系的归属所存在的不同认识，而这种不同认识也完全是对豫东龙山文化谱系的不同认识的延伸。

关于哑叭庄龙山文化的文化面貌，《试论》列了一个非常清晰、内容又较详细的，与龙山时代晚期诸文化类型文化特征的比较表。通过这个比较表可以看出，哑叭庄龙山文化遗存与王油坊类型的关系最为密切，而与城子崖、尹家城、后冈类型都有较大甚至很大的差别，这表现在如下几方面。第一，陶色两者基本都以灰陶为主，都有红褐陶和褐陶，有黑皮陶和磨光黑陶，有一定数量的白陶，有夹蚌壳末陶，而与城子崖和尹家城两类型相比，陶色大致接近，但这两处不见夹蚌壳末的陶质，这一点不同必须予以重视。第二，王油坊和哑叭庄都以纹饰发达著称，纹饰有篮纹、方格纹、绳纹，并且都有旋纹、附加堆纹、旋断篮纹或绳纹，而城子崖和尹家城两类型都以素面为主，虽也有篮纹、绳纹、方格纹等，但数量远不如王油坊类型多。陶器表面有无纹饰，本来是对不同用途的陶器表面的不同处置。海岱地区的考古学文化尽管被分为多个地方类型（如汶泗流域的尹家城类型、城子崖类型、姚官庄类型、尧王城类型、杨家圈类型等[15]），但海岱龙山文化的一个共同点就是陶器素面，器表磨光。如果以此去衡量豫东龙山文化，那么它们是绝不可能为同一考古学文化的。陶器纹饰有时既可作为同一文化不同发展阶段断代因素，同时也可作为考察不同考古学文化间的内在重要因素之一。这虽不能与不同民族之间有不同服饰相提并论，但似也包含有类似的信息和因素。现在再回过来谈豫东龙山文化和哑叭庄龙山文化都有的夹蚌壳末的陶质，这说明两地先民的制陶习俗是相似的，这也许还反映了两地先民生存环境也大致接近。第三，灰坑哑叭庄与豫东龙山文化以圆形、椭圆形锅状、筒状为主的特点非常一致，与城子崖、尹家城两类型也较接近。在葬俗方面，哑叭庄以大瓮、器盖为葬具与豫东龙山文化以罐作葬具当属同一习俗，但这一习俗却不见于与其他地域毗邻的城子崖和尹家城两类型。凡此说明哑叭庄龙山文化遗存和豫东龙山文化的关系远较山东鲁西地区的城子崖和尹家城两类型关系密切，由此也说明某些持豫东龙山文化属于海岱地区龙山文化的一个地方类型的观点，显然有它的偏颇之处。如若再结合具体的陶器比较，其共性则显得尤为突出。《报告》H30∶14（图4—1）之陶瓮与豫东柘城县山台寺H77∶55的陶瓮犹如同一件器形，H30∶14口径33.6厘米，高49.2厘米，底径17.8厘米。H77∶55口径30厘米，高51.5厘米，底径18.6厘米，两者的器体大小很接近[16]。这样的瓮见于王油坊、虞城马庄等龙山文化遗址。《报告》B型缸（H46∶8）与山台寺三期五段H58∶17立领高肩瓮近同[17]。《报告》子母口缸（H51∶7）与山台寺三期六段T3（3A）∶3的子母口瓮十分接近[18]。《报告》称夹蚌罐的有A型H17∶16、B型Ⅰ式H118∶5、B型Ⅱ式夹H62∶23、H71∶122。夹蚌罐本身很具特点，不是所有的遗址都有，只是在豫东龙山文化遗址和王湾类型的某些遗址中出现，哑叭庄龙山遗址出土的大多与豫东龙山文化中晚期的特征接近[19]。《报告》图14的深腹罐在豫东龙山文化山台寺遗址也能找到形制近似者，不过山台寺深腹罐形制较哑叭庄繁复，分大中小又有不同纹饰[20]。《报告》Ⅰ式器盖H34∶9与山台寺晚期第六段出土者近同[21]，《报告》H35∶24残鬶的形制亦与山台寺接近，器底H88∶25如同山台寺、王油坊的子母口瓮的底部。带流器H57∶4当是盉嘴，亦见于山台寺。H4∶7、H118∶2漏孔器，《报告》称共5件，可能是置在甗腰的甑箅，尤其是H118∶2更像箅架。哑叭庄遗址复原陶甗较多，当是主要炊具，与山台寺中晚期情形一致。不过山台寺还有鼎和多种形制的罐。具体到甗的形制，山台寺甗上部多为胖腹盆形甑，而袋足也占不少容量，而哑叭庄的陶甗，甗甑部分略大于袋足部分，亦即上部容量要超过袋足，这可以说是一种成熟进步的现象。哑叭庄陶甗主要饰绳纹，山台寺有绳纹，也有篮纹，甚至有的甗甑部饰篮纹，袋足饰绳纹。另外，山台寺甗多折沿，哑叭庄甗多敞口。哑叭庄的陶甗与泗水尹家城的陶甗从形制到纹饰都差别明显，不能混为一谈。再有《报告》T46（3）：5、H57：3，为B型子母口罐口沿，与山台寺第三期第五段出土的也十分相近[22]。Ⅰ式折腹碗H7：6、H7：7与山台寺中期二段T1⑥E：9的碗近似[23]。陶鬲H115：10其形制一定程度上与山东禹城邢寨汪出土的直桶状鬲有近似之处[24]，不过邢寨汪出土的为素面。另外，H50：11似与豫西，晋东南出土的鬲也有近同处[25]。

此外，哑叭庄遗址出土的相当一部分生活用具和生产工具也与山台寺龙山文化出土的近同，如陶拍、陶球、陶纺轮，与山台寺遗址出土的形制很近似；陶环在山台寺也有出土；石斧、石锛、凿、石刀亦和山台寺遗址出土的接近。石铲与山台寺遗址出土的称石钺者也颇相似[26]。石镰T51②：16不见于山台寺，此种石镰的形制多见于二里头文化，如偃师二里头二期Ⅱ式石镰ⅢH232：1、三期Ⅴ式石镰ⅣH201：2，及洛阳东干沟二里头文化[27]。从石镰的形制也反映了哑叭庄龙山文化的下限已与二里头文化已相去不远，这与陶器所反映的有二里头文化因素的情况基本一致。山台寺遗址石镞和骨镞较丰富，哑叭庄好像农业工具较丰富。细石器两地共有，只是哑叭庄出土数量多，形制也比较复杂一些。蚌镰、蚌刀、蚌镞也是两地共有的，而且形制也十分接近。值得指出的是哑叭庄出土的鱼叉，有单倒齿和双倒齿，叉上有钻孔或用以系绳的刻槽，这些都和山台寺出土的有同工之妙。

由以上情况来看哑叭庄龙山文化与豫东龙山文化有着非同寻常的关系，这种关系则是近10年来才显露出来的。尽管现在资料还不算充分，更谈不上丰富，尤其缺少除灰坑外的其他遗迹。至于该文化遗存的分布面与点之间的关系，是否像有同志所论的那样，业已理清也不无问题。尽管如此，它的意义和可能产生的影响将是不可低估的。

三 哑叭庄龙山文化遗存与先商文化的关系

经第二节的讨论，哑叭庄龙山文化遗存与豫东龙山文化关系最为密切，而豫东龙山文化晚期部分已包含有豫西王湾类型新岩期文化和二里头文化的因素，从而间接表明这一文化遗存已处于龙山时代的末期，已开始迈向文明时代。

豫东龙山文化有一定的分布地域，有自身的文化发展序列，有迹象表明它有自己的文化渊源，文化发展是连贯的。这说明该地域的古文化的发展路程和豫西的洛阳平原的情况有相似之处。从已发掘的龙山文化遗址所揭示的情况来看，其文化发展水平也较高，有淮阳平粮台的龙山城址[28]，有柘城山台寺遗址的夯土台子、经过规划的排房、带井亭的水井以及埋九头整牛的祭祀坑等[29]。仅从现今有限的发掘工作所揭示的情况，就昭示了豫东龙山文化发展非同寻常。据我们观察，豫东龙山文化似曾对二里头文化产生过一定的影响。由此看来在豫东地区，在这样的古文化发展的背景下，孕育出先商文化就不是没有可能的了。

从豫东晚期龙山文化的碳十四测年来看，多个数据偏晚，开始我们曾对此表示怀疑，但从多个数据综合来看，它反映的又可能是真实的年代。柘城山台寺龙山文化第三期第五段测了 5 个数据，有 2 个明显偏晚剔除不用，其余 3 个数据分别是 ZK—2904（H28 木炭），距今 3770 年±92（公元前 1820 年±92 年），树轮校正（公元前 2181 年～公元前 1906 年）；ZK—2907（T1⑤A 木炭），距今 3750 年±97 年（公元前 1800±97 年），树轮校正公元前（2138 年～公元前 1883 年）；ZK—3224（H31 炭化谷物），距今 3717 年±41 年（经碳十三校正）（公元前 1767±41 年），树轮校正公元前 2200 年～公元前 2170 年（11.99%），公元前 2150 年～公元前 2030 年（50.3%）。上述 3 个数据大致都在公元前 2200 年～公元前 1883 年之间。这反映了豫东的晚期龙山文化业已进入夏纪年，从而也可视为先商文化的年代框架。张光直先生如此重视柘城山台寺遗址一个埋九头牛及一个鹿下颌骨的杀牲祭祀坑，并把这一现象与商文明联系在一起，这是很有见地的[30]。

此外，山台寺遗址第三期第五段中有陶甗（H43：54）的袋足[31]与二里头文化渑池郑窑遗址第二期文化遗存出土的标本（H20：16）形制酷似[32]。整个二里头文化鬲、甗较少，只是到了晚期才有些鬲、甗。那么山台寺的陶甗被二里头文化的先民所接受，这一现象至少反映了两个信息：一是时间信息，说明两者在时间上应已很接近，二是两者之间地域毗邻，关系密切。非此，一方很难远播，另一方也很难效仿。以上两点似可在一些文献记载中也有反映。如《史记·殷本纪》载：商族始祖名契，因"佐禹治水有功，帝舜乃命契……封于商，赐姓子氏"。《管子·轻重甲篇》记载："夫汤以七十里之薄（按与亳通），兼桀之天下"。《孟子·滕文公下》记载："汤居亳，与葛为邻，……汤始征，自葛载"。上述文献既反映了夏商之间密切关系，亦反映了地域毗邻。

豫东商丘是传统认识中的商文化的发祥地，因其有较充分的文献作依据。《左传》襄公九年，宋灾，士弱答晋侯问，曰"陶唐氏之火正，阏伯居商丘，祀大火，而火纪时焉，相土因之，故商主大火"。相土是商始祖契之孙，《史记》集解。索隐均谓"是始封商也"。《左传》昭元年"后帝不臧，迁阏伯于商丘主辰，商人是因，故辰为商星"。《左传》昭公十七年"宋，大辰之虚也。"《史记·殷本纪》"汤始居亳，从先王居"。集解引皇甫谧曰："梁国谷熟为南亳即汤都也"。正义称"商丘，宋州也，汤即位，都南亳，后徙西亳也"，河南偃师为西亳。《史记·宋世家》载："武王崩，官、蔡乃与武庚作乱，周公既承成王命诛武庚，杀官叔，放蔡叔，乃封微子开代殷后，奉其先祀……国于宋"。从上述文献可知，从先王相土到成汤立国，再到微子封于宋，都以商丘为都。但由于该地区考古工作相对滞后，有限的工作投入于艰难的自然环境中，所能提供的证据自然受到极大的限制。在这种情况下对商丘是否曾是先商文化的发祥地产生疑窦也在情理之中。但随着汤都偃师商城的确立，以及商丘宋城及鹿邑太清宫商末周初有可能是微子墓的发现，上述文献的可信度又会随之上升。另外，张光直先生对先商文化在豫东商丘的传统说法十分重视，他认为董作宾先生在《殷历谱》中将帝辛十年到十一年东征人方的路程，用沿途占卜的记录，排列成序，是对研究殷商地理的一大贡献。这次征伐的路线，经过了商城，也经过了亳都，这是将商代的"商"放在商丘的最有力的证据[33]。

哑叭庄龙山文化遗存与先商文化的关系，韩建业先生早在 9 年前在《先商文化探源》一文中即认为，"京、津、塘所在冀东北地区哑叭庄类型龙山遗存恰好始于龙山后期正与契的时代相合"，并引《左传·昭公元年》、《左传·襄公九年》关于阏伯居商丘的记载。之后虽又引了丁山先生的说法，"此阏伯始居相土继居的商，应即昭明所迁之商，而决非周代宋人所居的商丘"，但在文末韩先生则又认为哑叭庄龙山遗存尤与造律台类型面貌相似，这或许说明帝喾的确与商之形成有关。"总结起来看，商始祖帝喾一族大约生活在豫东鲁西南一带，到龙山后期之交，其一支北迁入冀东北京、津、塘地区，与来自西北的戎狄族融合，形成以契为首领的商族和哑叭庄龙山文化遗存为代表的早期先商文化"[34]。韩先生的上述观点对先商文化源于豫东说者是个宽慰！

现在看来传统的先商文化起源于豫东说，尽管在郑亳说提出之后似乎有些沉寂，但随着豫东考古工作的深入，尤其是对豫东龙山文化的面貌有更多了解后，对该地区的考古学文化和历史文献的对应关系也将会有更多的认识。现在有两点可喜的现象，即豫东龙山文化晚期不仅在年代上与新砦期以及与二里头文化较接近，并且有些器形也相酷似，说明两者关系密切，这反映了豫东龙山文化对它的西境以外所产生的影响；另外在它的东北方向出现了哑叭庄龙山文化这样的与豫东龙山文化关系殊为密切的遗存，这十分有力地说明豫东地区在龙山文化及其稍后阶段，它的文化发展水平该是相当高的，该地区在夏商时期的重要性已慢慢显露出来。这就是说，探索先商文化尽管途径曲折，但最终恐怕还脱离不了豫东。这就是我们前面所指出的豫东古文化发展的背景是能孕育出先商文化的。相信再过一段时期，商文化起源于豫东的传统说法会得到突破和证实。

注　释

〔1〕a. 王青：《试论任邱市哑叭庄遗址的龙山文化遗存》，《中原文物》1995 年第 4 期。

b. 韩建业：《先商文化探源》，《中原文物》1998 年第 2 期。

〔2〕河北省文物研究所、沧州地区文物管理委员会：《任邱市哑叭庄遗址发掘报告》，《文物春秋》1992 年增刊。

〔3〕同注〔2〕。

〔4〕同注〔1〕a。

〔5〕中国社会科学院考古研究所：《偃师二里头》，中国大百科全书出版社，1999 年。

〔6〕北京大学古代文明研究中心、郑州市文物考古研究所：《河南省新密市新砦遗址 2000 年发掘简报》13 页图二一，3，《文物》2004 年第 3 期。

〔7〕中国社会科学院考古研究所：《洛阳发掘报告》图 55－4，北京燕山出版社出版，1989 年。

〔8〕同注〔6〕图八，7。

〔9〕李仰松：《从河南龙山文化的几类类型谈夏文化的若干问题》，《中国考古学会第一次年会论文集》，文物出版社，1979 年。

〔10〕李伯谦：《试论造律台类型》，《文物》1983 年第 3 期。

〔11〕同注〔9〕。

〔12〕a. 栾丰实：《龙山文化王油坊类型初论》，《考古》1992 年第 10 期。

b. 郑清森：《试论豫东地区龙山文化及其源流》，《中原文物》1995 年第 3 期。

〔13〕同注〔1〕a。

〔14〕同注〔1〕a。

〔15〕见注〔1〕a 文之注释（29）。

〔16〕中国社会科学院考古研究所、美国哈佛大学皮保德博物馆联合考古队：柘城山台寺待刊发掘资料。

〔17〕同注〔16〕。

〔18〕同注〔16〕。

〔19〕a. 中国社会科学院考古研究所洛阳工作队、商丘地区文管会：《1997年河南永城王油坊遗址发掘概况》，《考古》1978年第1期。

b. 中国社会科学院考古研究所河南二队、商丘地区文管会：《河南永城王油坊遗址发掘报告》，图二三，12、21，《考古学集刊》第5集，1987年。

〔20〕同注〔16〕。

〔21〕同注〔16〕。

〔22〕同注〔16〕。

〔23〕同注〔16〕。

〔24〕德州地区文物工作队：《山东禹城县邢寨汪遗址的调查与试掘》图版壹，2，《考古》1983年第11期。

〔25〕中国社会科学院考古研究所山西工作队：《山西垣曲龙王崖遗址的两次发掘》图八，2，《考古》1986年第2期。

〔26〕同注〔16〕。

〔27〕同注〔7〕图五一，5、7。

〔28〕河南省文物研究所、周口地区文化局文物科：《河南淮阳平粮台龙山文化城址试掘简报》，《文物》1983年第3期。

〔29〕张长寿、张光直：《河南商丘地区殷商文明调查发掘初步报告》图版壹，2，《考古》1997年第4期。

〔30〕a. 3个数据分别录自碳素测年报告（二四，三一）《考古》1997年第7期，2005年第7期。

b. 同注〔29〕。

〔31〕高天麟：《豫东龙山文化研究》248页图七，6《新世纪的中国考古学——王仲殊先生八十华诞纪念文集》，科学出版社，2005年。

〔32〕河南省文物研究所、渑池县文化馆：《渑池县郑窑遗址发掘报告》图一一，20，《华夏考古》1987年2期。

〔33〕张光直：《商名试释》，《中国商文化国际学术讨论论文集》，中国大百科全书出版社出版，1998年。

〔34〕韩建业：《先商文化探源》，《中原文物》1998年第2期。

RESTUDY OF THE LONGSHAN CULTURE REMAINS AT YABAZHUANG IN RENQIU，HEBEI

Peng Juru and GaoTianlin

Key Words：Hebei Province   Renqiu City   Yabazhuang site   late Longshan culture

The present paper consists of three parts. The first part discusses the periodization in the excavation report and puts forward a new chronological division on the basis of stratigraphic evidence.

The second part deals with the cultural attribution of the Longshan culture remains at Yabazhuang. It argues that these remains belong to the eastern Henan Longshan，an archaeological culture with a unique aspect of its own.

In the third part，the authors express appreciation for the thesis *On the Origin of the Pre-dynastic Shang Culture* and assign the Longshan culture remains at Yabazhuang to the early pre-dynastic Shang culture. They believe that research on the pre-dynastic Shang culture in eastern Henan，which has calmed down for a period of time，may be enlivened again with the deepening of archaeological work in eastern Henan and the discovery of Yabazhuang-type remains in adjacent areas.

吴城遗址与商代江南

施劲松

关键词：吴城遗址　布局　陶瓷器生产中心　商代江南

吴城遗址位于江西樟树市赣江支流萧江南岸的低丘上。它于1973年在因兴修水库进行的考古调查中被发现，随后被确认为长江以南的第一个年代明确的青铜文化遗址。因此前人们对江南青铜时代的文化面貌知之甚少，因而吴城遗址一经发现，其重要性便得以彰显。自1973年至2002年，在吴城遗址共进行了10次考古发掘，这在逐步揭示出一座商代城址的同时，也确立了一种江南地区的新的考古学文化——吴城文化。

与吴城遗址的发掘相随，江南的其他相关遗址也时有发现。围绕吴城遗址和这些相关发现，学术界进行了不懈的探讨与研究。在20世纪70年代，讨论主要集中于吴城遗址的性质、年代、分期，以及出土的陶瓷器、青铜兵器和陶文等，由此对吴城遗址有了初步了解，并大致确立了江南地区青铜文化的分期标尺。80年代，研究的重点在于吴城文化的性质、年代、类型和族属，以及吴城文化的青铜冶铸技术和印纹陶等。这些研究加深了人们对江南地区青铜文化及其同中原文化相互关系的认识。1989年在距吴城遗址不远的新干大洋洲发现一座商代大墓，极大地丰富了吴城文化的内涵，也加深了人们对吴城文化的理解。因此，90年代及以后的许多讨论围绕新干大墓而展开，其结果是出现了更多的比较研究，吴城文化也开始被放到整个商时期的青铜文化体系中加以考察。以此为契机，人们开始进而探索长江中游的青铜文明。

吴城遗址的发掘历经30年，每次发掘后均只发表有发掘简报，而据此难以对吴城遗址作全面、具体的考察。2005年出版的《吴城——1973～2002年考古发掘报告》[1]，整理报道了吴城遗址10次发掘的全部成果，并提出了对遗址的系统认识。如此，以报告为基础而对吴城遗址乃至江南地区商时期的青铜文化作进一步考察便成为可能。

作者简介：1968年出生于云南省昭通市。1993年毕业于四川大学历史系考古专业并获历史学硕士学位，1996年毕业于中国社会科学院研究生院考古系并获历史学博士学位，同年至中国社会科学院考古研究所编辑室工作。先后从事《考古学报》和《考古》的编辑工作。1998年任编辑室学术秘书和《考古》编辑部主任，1999年任编辑室副主任，1999年～2000年在丹麦哥本哈根大学考古学系进行客座研究，2001年主持编辑室日常工作，2003年任《考古》副主编，2005年任编辑室主任、研究员。研究方向为商周考古，发表有专著《长江流域青铜器研究》，以及《差异、视角与商代考古学》、《三星堆器物坑的再审视》等学术论文。

一 吴城遗址的主要遗迹

据发掘报告，目前所知的吴城城址平面呈圆角方形，四周有城垣和城壕。在城内有四个顶部平坦的低丘，北为高地岭，东为黄家岭，南为河背岭，西为大蒜院岭，高程57米～59米。城内东南部和西部为洼地，城北高地岭北坡下地势较平，城址中心部位为四个低丘之间的凹地，与低丘高程相差10米左右。城址面积61.3万平方米，被划出9个发掘区，从西北角开始大致依顺时针分为Ⅰ至Ⅸ区。历年来在城址上发现的重要遗迹有城垣、城壕、房址、水井、灰坑、陶窑、冶炼遗迹和墓葬。

（一）城垣、城门与城壕

据历次的调查和发掘，城垣周长2960米，其中北垣长1000米，东垣长666米，南垣长740米，西垣长554米。1974年，1995年，2001年～2002年曾三次发掘城垣和城壕。据西垣的发掘可知，城垣经两个时期建成。第一期城垣主要利用自然土坎并用堆筑方式建成窄而矮的墙体；第二期城垣主要是在前期城垣的内侧开挖基槽，并以前期城垣为基础加宽加高墙体。发掘处的城垣底宽21米，面宽8米，残高3米多。

城垣上有缺口，报告依其位置、形状、结构和宽度等推断它们为城门，依次为北门、东北门、东门、东南水门、南门和西门。除东北门和南门宽26米外，其余各门宽15米。东、南、西、北和东北5个缺口的两侧有门垛，东南缺口因地势低洼而被认为是水门（图1）。

但在城垣的北部、东北部、西北部、西部和西南部还有另外5个豁口，从城址平面图上并不易看出豁口与被认为是城门的缺口之间的差别。

城壕的开挖与第二期城垣的修建时间相同，壕口宽6.5米，底宽1.3米，深3.1米。壕沟内除使用时期的堆积外，还有废弃时与废弃后的堆积。在废弃时的堆积中出土有16个人头骨，经判断死者多为20岁～40岁的青壮年，有2个头骨上带伤痕。发掘报告将此视为战争遗迹，并由此认为战争导致了吴城的废弃。

另外，在城垣和城壕之间还有一条口宽1.3米，深0.5米的沟槽，其开口层位与城壕相同。报告认为其功能为排水和防止城垣水土流失。

（二）房址

历次发掘仅在吴城发现2座并不完整的房址，房基均为半地穴式圆角长方形，门向东或东南，有门道，墙壁中有立柱，墙壁和地面经焙烧。地面上出土陶质生活用具。其中一间房址有中心柱和灶台。房址边长仅2米～3米，面积均很小。

（三）水井

共发现3座，口分别为圆形、椭圆形和方形。深者6米以上，但也有浅仅1米多的，是否为井似可存疑。井内均出陶片。

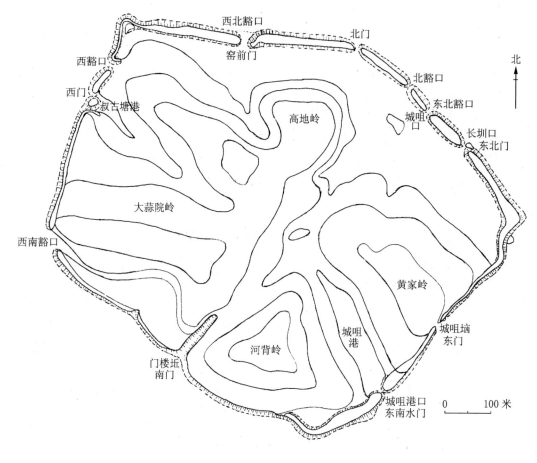

图 1　吴城城垣形制图

（引自《吴城》图二〇"吴城城垣形制图"）

（四）窖穴和灰坑

发现窖穴 1 座，椭圆形口，底部坚硬，有焙烧痕迹。出土陶片、石器和石范等。灰坑 63 座，有椭圆形坑 32 座，圆形坑 13 座，方形坑 2 座，不规则形坑 16 座。坑内均有陶片、石器等物，其中 10 座出土石范，1 座出土铜器残片。

（五）陶窑

共发现 14 座，其中 6 座为圆角三角形，5 座为圆角方形，2 座为圆形，1 座为长方形。窑内出土原始瓷片和陶片，器形以罐为主。

（六）冶铸遗迹

在城址内有 7 处圆形、不规则形坑和条状灰沟，出土较多的石范及铜块、炼渣、木炭等。因其包含物可能与青铜冶炼有关，故报告将这些坑和灰沟归为冶铸遗迹。这类遗迹中也含有生活用器和工具，包括陶鬲、罐、尊、豆、鼎、缸和石刀等，它们与墓葬出土的遗物相比略有差异，主要表现为陶鼎很少而陶缸较多。由于这些遗迹形制不规则，出土大量生活用器，因此它们并不一定直接与青铜冶炼相关。

（七）"祭祀遗迹"

吴城遗址的"祭祀遗迹"是第 6 和第 7 次发掘中清理出来的，包括红土台地、道路、建筑基址、红土台座和柱洞群（图 2）。

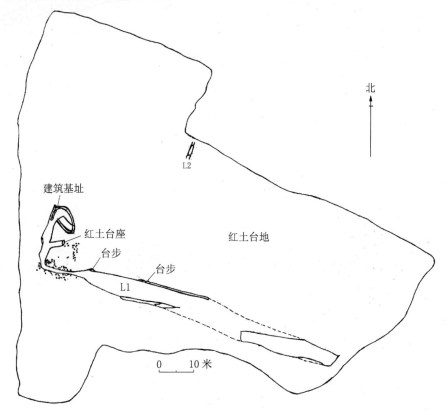

图 2　吴城"祭祀遗迹"平面图

（据《吴城》图四〇"祭祀场所平面图"绘制）

红土台地位于城址中部，系在一原始岗地上挖高补低后形成。其平面略呈 T 形，高出四周地表 1 米～1.5 米，面积约 6500 平方米。台地西端为建筑基址和红土台座，南侧有道路，西南角有密布的柱洞。

道路有 2 条。其中 L1 位于台地南部，长 91 米，宽 1 米～6 米，大致为东西向。路基由陶片、鹅卵石、黏土、灰烬土和红烧土构成，路面为较硬的混合型黏土。道路的中间一段被破坏。在西端，路向北折与建筑基址相连，转折处的路两侧有大量柱洞。L2 位于台地北部，清理出的一段长3米多，宽1米～2.2米，大致为南北向，路面由零星的鹅卵石和陶片铺成。据报告介绍，L1开口于第2A层下，L2开口于第2层下，因此两条路的层位似不相同。报告也指出L2与"祭祀广场"并非共存遗存。

建筑基址在L1西端。按报告描述，其平面为圆角长方形，面积30平方米，门向西南。室内东南角的地面上铺筑有一个土台，台面上有一层白膏泥，在土台近南墙处还有一椭圆形红土台墩（图3）。

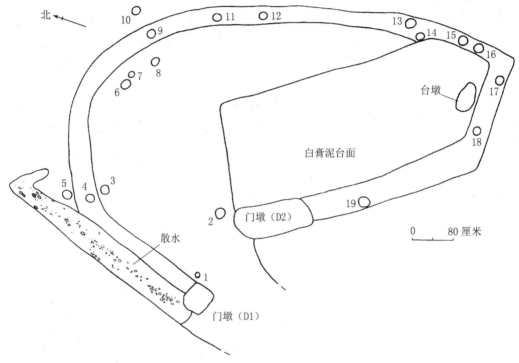

图3 吴城"祭祀遗迹"建筑基址平面图
（据《吴城》图四二"建筑基址平面图"绘制）

在建筑基址以南5米处有一个红土台座，南北长1.6米，宽0.55米，高0.15米，与L1相连。

报告认为以上遗迹为"祭祀遗迹"，其中红土台地为"祭祀广场"，建筑基址为"议事厅"或"祖庙"，红土台座为举行祭祀时"群巫之长"站立的台座，道路两侧的柱洞排列规整者或与长廊有关，无规律者"应有区域标志的作用或是象征、代表宗族的标志之旗杆的遗存，或两者兼具之"。

这组遗迹位于城址中央，台地略高，道路和柱洞等遗迹较为清楚，因而应是一组重要现象。不过，建筑基址和红土台座开口于第1E层下，与道路并非同时期建筑。而建筑基址的形制也不十分清楚，尤其是从图版照片上看，柱洞的分布规律并不明显，在柱洞2和3之间还有其他柱洞，柱洞4和9之间则有很大空距。此外，在照片上基址内部东南角的土台明显叠压在墙基上，看不出建房后又在室内一角筑土台的情形。除时代和形制等不甚清楚外，更重要的是上述现象无一可以说明这是一组祭祀遗迹。

（八）墓葬

在吴城城址内发现 12 座墓葬，除 1 座瓮棺葬外均是竖穴土坑墓。在形制清楚的 7 座墓葬中，东北－西南向者 3 座，东西向、西北－东南向者各 2 座。10 座墓出随葬品，均为陶器。其中 10 座墓出罐，9 座墓出鬲，可见鬲和罐是基本组合。此外，5 座墓出豆，出鼎和瓮的墓各 4 座。个别墓葬还出尊、盆、盘、甗、盂、器盖、刀、纺轮等。

在城址外也有墓葬。在城南的正塘山发现 8 座竖穴土坑墓，形制清楚的墓葬中，有 3 座为西北－东南向，1 座为东西向。有 7 座墓随葬陶鬲和罐，出瓮和尊的墓各 3 座，个别墓出鼎、盆、器盖和纺轮。其中有一座墓还出铜斝、锛、凿，另一座墓出铜片。在城北的律坪后山发现 2 座东西向竖穴土坑墓，均出陶鬲和罐，一墓出盘、一墓出瓮。在城东北的黄明弓山发现 1 座竖穴土坑墓，随葬陶鬲、罐、豆、瓮、器盖。

由此可见，吴城遗址的墓葬主要集中在城址内和城南正塘山。各地的墓葬大致相同，但仔细比较，城址内外的墓葬也有一定区别，比如正塘山墓葬没有东北－西南向者，随葬包括容器在内的青铜器。陶瓷器虽然都以鬲和罐为主，但正塘山墓葬仅 1 墓出鼎，不见豆。

二　吴城遗址的分期与布局

吴城遗址的第一个发掘简报曾将遗址分为三期[2]，其后李伯谦先生又进一步综合了三期的文化特征[3]，为吴城遗址的分期研究奠定了基础。吴城的发掘报告根据多组地层关系和器物组合、器形演变等，在原有分期的基础上将吴城遗址的第一期细分为早、晚两段，第二期分为早、中、晚三段，第三期分为早、晚两段。报告的分期与过去的分期相比并无大的变化，但更为细致。依此分期结果，我们再来看上述遗迹在不同时期的情况。

（一）第一期遗迹

在各类遗迹中，属于第一期的只有最早堆筑的早期城垣和 2 个灰坑。但当时城垣是否闭合则不太清楚。灰坑均位于高地岭的东南坡下（图 4）。

（二）第二期遗迹

第二期时重修了城垣，开挖了壕沟。城内的遗迹明显增多，有房址、水井、灰坑、陶窑、冶铸遗迹、"祭祀遗迹"和墓葬（图 5）。

吴城遗址的 2 座房址都属第二期，均分布于高地岭东坡上。

第二期的井有 2 口，分别属早段与中段，均分布于高地岭北坡上。

灰坑有 21 个，早段 6 个、中段 4 个、晚段 11 个，主要集中在高地岭和黄家岭附近。其中高地岭北坡上 3 个，东坡下 3 个，南坡上 2 个，高地岭与黄家岭间的凹地上有 2 个；黄家岭东北坡下有 1 个，西南坡上有 6 个。另外在河背岭南坡上有 3 个。在城址西北角

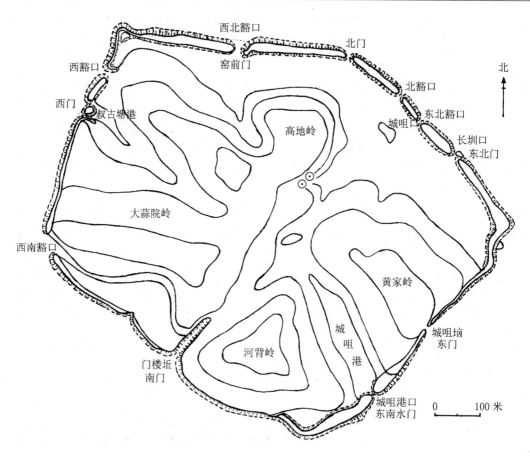

图 4　吴城遗址一期遗迹分布示意图
（据《吴城》图二〇 "吴城城垣形制图" 绘制）
⊙灰坑

的Ⅰ区也有1个灰坑，但具体位置不详。黄家岭的灰坑时代均为晚段，西南坡上的3个坑中出土有石范。

吴城遗址出土的14座陶窑均属于第二期，其中有10座大致分三组集中分布于高地岭的西北坡上，1座位于高地岭东南坡上，1座位于大蒜院岭北坡，2座位于河背岭东坡。

7处冶铸遗迹也都属于第二期，除1处为早段外，其余均为晚段。有4处位于高地岭东坡下（其中3处紧挨在一起），另外3处也集中在高地岭东坡下。

被认为是 "祭祀遗迹" 的建筑遗迹位于高地岭和黄家岭之间的凹地内。

墓葬仅有1座瓮棺葬，属于早段，位于高地岭北坡上。

（三）第三期遗迹

第三期的遗迹只有井、灰坑、窖穴和墓葬（图6）。

井只有1口，为第三期早段，位于黄家岭北坡。

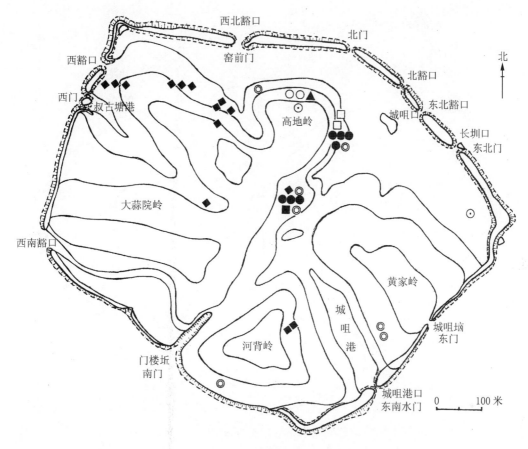

图 5　吴城遗址二期遗迹平面分布示意图
（据《吴城》图二〇"吴城城垣形制图"绘制）

□房址　■建筑遗迹　○水井　⊙灰坑　◎组成灰坑（2～3 个）　◆陶窑　●冶铸遗迹　▲墓葬

　　灰坑共 40 座，其中三期早段 29 个，晚段 11 个。灰坑的分布范围比第二期广，并主要集中在黄家岭和河背岭。其中在黄家岭西南坡上有 7 个，东北坡上 6 个，东坡上 4 个。在河背岭项上有 15 个，南坡 1 个。另外在大蒜院岭顶部发现 3 个，在高地岭的东坡下和北坡上分别发现 1 个和 2 个，在城西北的 I 区发现 1 个，具体位置不详。值得注意的是，除河背岭的 1 个灰坑外，黄家岭周围的灰坑中有 5 个出土石范。

　　窖穴 1 座，位于黄家岭东北坡，出石范。

　　墓葬共 11 座，其中 2 座位于城西北的 I 区，1 座位于黄家岭北部一带的 V 区（报告墓葬登记表中为 VII 区，则为河背岭一带），具体位置均不明。其他墓葬的分布为：黄家岭东北坡 1 座，西南坡 2 座，黄家岭和大蒜院岭之间 1 座，大蒜院岭 4 座（其中 1 座位于岭顶部，另 3 座具体位置不详）。这些墓中有 7 座属于第三期早段，4 座为晚段。

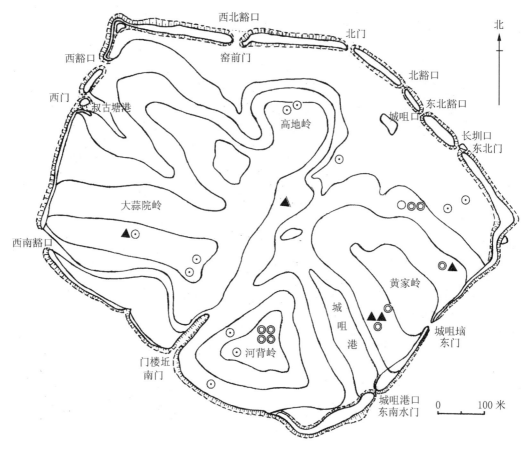

图6　吴城遗址三期遗迹分布示意图

（据《吴城》图二〇"吴城城垣形制图"绘制）

〇水井　⊙灰坑　◎组成灰坑（2~3个）　▲墓葬

（四）吴城遗址的布局

吴城遗址的各区基本都已进行过发掘，遗址和各遗迹单位的分期也比较确定，因而可进一步分析吴城遗址各期的遗迹分布。因很多遗迹只能判别期而不能确定段，因此我们也只能根据期来看吴城的布局。

从目前的发现看，吴城一期的遗迹很少。现在并不清楚在第一期时是否已修筑了整个城垣，可确定的一期遗迹只有高地岭东南坡下的2个灰坑。

吴城二期的遗迹多集中在高地岭的三面山坡上。其中最明显的是陶窑，主要位于高地岭的西北坡上，说明那里可能是陶瓷器生产区。冶铸遗迹也明显集中于高地岭的东坡和东南坡下，尽管它们并不一定同冶铸直接相关，但有可能这一带确有过青铜冶铸活动。房址和井都很少，墓葬仅1座瓮棺葬，据此难以判定该时期吴城的居住区和墓葬区。"祭祀遗迹"是第二期的重要现象，但缺乏判明性质的证据。在这组位于城址中心的遗迹中，道路、柱洞等较为明确，因此不排除它们是一组重要居址的可能性。灰坑则主要集中在高地岭和黄家岭周围。相对而言，第二期应是吴城最为兴盛的时期。

第二期时，在城南的正塘山开始出现墓葬，但目前仅发现 2 座。其中 1 座出土青铜容器，与吴城的其他墓葬不同，因而正塘山墓葬与城址的关系似还值得进一步分析。

第三期的遗迹种类明显减少，只有灰坑（包括 1 座窖穴）、墓葬和 1 口井。井、窖穴和大多数灰坑都分布在黄家岭，但也有不少灰坑位于河背岭。值得注意的是，第二期晚段和第三期出土石范的 10 个灰坑和窖穴中，有 9 个位于黄家岭。此外，仅有的 1 个出土炭渣和铜器残片的灰坑也在此处。若非偶然，也许这能成为寻找冶铸遗址的线索。第三期城内开始出现竖穴土坑墓，墓葬主要位于高地岭、大蒜院岭和黄家岭，但看不出有明显的墓葬区。城外正塘山的墓葬也有所增多，共发现 6 座，那里或许是吴城的一个墓地。另外在黄明弓后山和律坪后山也发现 3 座墓。城外墓葬明显少鼎、无豆，与城内墓葬有一定区别。

综上所述，第一期时人们在城内留下的遗迹有限，但人们最早可能是在高地岭一带活动。第二期的遗迹明显增多，一个突出特点是窑址和冶铸遗迹相对而言比较丰富，分布较为集中。因此，第二期时人们可能主要在吴城从事手工业生产。活动地域依然主要在高地岭周围，黄家岭、河背岭和大蒜院岭还不是主要活动区。在黄家岭发现的灰坑基本上都属于第二期晚段，似乎指示出人们在较晚时才在该处活动。第三期的遗迹类型表明，当时在城内进行生产活动的迹象已消失，人们已不再在城内烧陶和冶铸，仅有的灰坑和墓葬表明城址似乎不再具备第二期时的功能。但第三期的遗迹遍及全城，并以黄家岭和河背岭一带较为集中，说明人们的活动中心已南移，黄家岭一带应是最晚的活动区域。

需要说明的是，一方面虽然发掘面积相对于整个城址而言还很有限，依据目前发现的遗迹而得出的认识自然具有阶段性。但另一方面，发掘地点基本上已遍布全城，因此以上分析结果应可大致说明吴城各类遗迹的分布规律和城址的发展概况。也正因为在城内四个低丘的顶部及其四周坡地，以及在城中心的洼地上都进行过发掘，但却至今仍未发现宫殿类大型建筑、高等级墓葬和青铜铸造作坊等，因此它们在吴城存在的可能性值得考虑。

三　吴城遗址与其他相关遗址的关系

在吴城遗址发现了来自不同区域、不同文化的因素，这使人们对吴城文化的面貌和性质产生了不同看法，比如，或是将其视为受商文化影响并包含一定商文化因素的地方性文化，或是把它看作是具有当地特征的商文化类型。这些问题又进一步关乎吴城遗址与其他相关遗址的关系，以及吴城在商代江南所处的地位。

吴城发掘报告通过细致的分析，将吴城的器物群分为六组。其中甲组以夹砂和泥质灰陶为主，也有硬陶、釉陶和原始瓷器，代表性器物有鬲、甗、甑、盆、深腹罐、直腹罐、大口尊、爵、斝、伞状器盖等。这组器物具有浓厚的商文化作风。乙组器物中硬陶、釉陶和原始瓷占较大比例，代表性器物以折肩的罐、瓮、尊为主，并包括鸟形捉手器盖、覆钵状器盖、马鞍形石刀等，它们是当地发展起来的器物。丙组以夹砂红陶和灰陶为主，最具特色的器物为大口缸，可能来自商文化的盘龙城类型。丁组以夹砂红陶和黄陶为主，主要器形有鼎、釜、瓿形器等，应为赣西和湘东地区的文化因素。戊组器物中硬陶所占比例较大，代表性器物有瓿形器、长颈罐、溜肩瓮等，应属赣东地区的万年类型，并与相邻的浙西和浙东北地区的商代文化相关。己组器物以灰色或褐灰色硬陶为主，以带把或带系的平底钵等最具特色，应是宁镇地区湖熟文化的因素。

在不同时期，各种文化因素的构成并不相同。在吴城第一期早段，文化因素包括了甲、乙、丙、丁四组，晚段出现了戊组。因甲、乙两组占主导地位，表明吴城文化的来源应与商文化相关。第二期早段时新出现了己组，但乙组开始居主导地位，这种情况一直延续至第三期晚段。

由此可见，吴城城址和吴城文化的出现可能与商文化的影响相关，只是这一文化很快就显示出浓郁的地域性，吴城也因此而成为一个汇聚了不同文化因素的区域性中心。而要更好地理解吴城城址在江南的出现、发展及其地位，就有必要将它与同时期的重要遗存作进一步的比较和分析。这些遗存主要包括新干大墓、郑州商城、湖北盘龙城、新干牛城和瑞昌铜岭矿冶遗址。

（一）新干大墓

首先需要分析的是1989年发现的江西新干大洋洲商代大墓[4]。这座位于沙丘上的墓葬面积约40平方米，在此范围内发现有棺椁痕迹，并出土475件青铜器、754件玉器和139件陶器、硬陶器和原始瓷器。自墓葬被发现后，学术界对它的认识就存在分歧。比如对于遗存的性质，有墓葬说和祭祀遗存说，后者又进一步分为巫沙祭祀说、沉浮祭祀说和社祀说。关于其时代则有二里冈上层说、殷墟一期说、殷墟早中期说、殷墟三四期说、商末周初说、西周中期说和春秋早期说等。对于族属则有越人说、戈人说、句吴说、虎方说和商人说等[5]。尽管存在不同认识，但因新干大墓距吴城遗址不远，墓中出土的大批陶瓷器与吴城遗址，尤其是与吴城第二期的同类器物接近，因而人们便自然将它与吴城相联系。早在大墓发现之初就有学者提出，从新干大墓的内涵看，它和吴城的关系便如同殷墟侯家庄与小屯的关系[6]。新干大墓与典型的商墓相比所呈现出的差异和地方性，也使人们将这座大墓归入吴城文化。

对新干大墓本身的认识，一种主要的观点是：遗存为墓葬，墓中的青铜器时代约为二里冈上层至殷墟早中期，墓葬时代相当于殷墟中期，文化面貌以地方性文化为主，但又明显体现出商文化的影响[7]。至今看来，这种认识以及对结论所进行的论证依然是合理的。不过，对于新干大墓与吴城遗址的关系却还需分析。

从出土遗物，尤其是从陶器和原始瓷器看，吴城遗址和新干大墓的文化面貌存在相当大的共性，据此可将新干大墓归入吴城文化。至于大墓与吴城的关系，却需要再考虑。首先，新干大墓出土遗物的规格和由此显示出的墓葬等级都很高，这也表明这一文化已相当发达。但如前所述，在吴城遗址缺乏大型建筑或其他相应规格的遗迹，也未发现其他高等级墓葬。无论城址内外，房址和墓葬数量很少而且简陋。相对于新干大墓出土的丰富遗物，吴城遗址出土的青铜器数量有限，更缺乏大型铜器和精美玉器。其次，在吴城发现的有限的青铜器中，尊、罍和鸟首形器盖都不见于新干大墓，浅腹空足的圆鼎与新干大墓的圆鼎也不相同，青铜兵器同样存在差异。反之，新干大墓中出土的大多数青铜器，其器类和最具特色的燕尾纹等在吴城并没有发现。第三，新干大墓出土的大批青铜器与中原铜器有所不同而具有明显的自身特色，学术界一般也由此认为这些青铜器是在当地铸造的。若是如此，则铜器的产地应是像吴城这样的相距不远的都邑。但在吴城却没有发现铸造铜器的陶范和作坊。最后，从吴城的时代看，居住在那里的统治者应不止一代。但像新干大墓这种规模的墓葬仅发现一座，其出土遗物数量极为丰富，青铜器时代跨度也很大，似乎包括了流传数代的财富，墓主的身份因此而令人费解。

如果我们将吴城视为吴城文化的都邑，将新干大墓视为吴城统治者的墓葬，那么就需要对上述问题作出合理解释。

（二）郑州商城遗址

吴城遗址的第一期早段相当于二里冈上层，这正是一个商文化以郑州商城为中心向四周大规模扩张的时期。商文化向长江流域扩张的结果之一，就是湖北黄陂盘龙城的出现。此时商文化显然也到达了江南的赣江流域，吴城遗址一期早段时占据主导地位的甲组文化因素即为证明。

当时的郑州商城面积达 25 平方公里，城址中部环绕城墙，南部有外城墙。内城墙为平地夯筑，外城墙挖有基础槽，均为分段水平版筑。内城的北部和东北部有宫殿区，在那里已发现数十处大型夯土基址以及蓄水池、输水管道等贮水设施。城的南、西、北部有生产铜器、骨器和陶器的手工业作坊，在内城外还发现众多的房基、窖穴、墓葬和祭祀坑等。墓葬多为小型墓，有少数中型墓，均为单人竖穴土坑墓。一些墓葬带腰坑并殉狗，随葬品以陶鬲、罍、簋、豆为主，兼有爵、盆、瓮等。也有部分墓葬随葬铜器、玉器、骨器和石器等。在郑州商城，出土了大量的青铜器、原始瓷器、金器、玉器、象牙器等贵重物品。

以郑州商城为中心的文化所具有的辐射力曾达到了一个空前广阔的范围，从而使该时期许多地区的考古发现都能与它相联。吴城遗址与郑州商城的联系，主要在于吴城出土的甲组陶器最终应源于郑州商城。但就城址的规模、形态、内涵和修筑技术等而言，两者并无可比性，这表明两地的社会结构和社会形态有所差异，也说明商州商城所体现出的一系列筑城观念并没对吴城的兴建产生影响。而即使是显示两者联系的器物，即吴城具有商文化作风的甲组陶器，也有学者指出其中"几乎每一类都可在商文化中找到同类的，但细加比较，又无一件完全相同，有的是形制上稍有变化，有的是形制基本一样但质地、纹饰却是常见的硬陶、釉陶、原始瓷和几何印纹陶"[8]。由此可见，吴城遗址的甲组陶器也仅具商文化作风，而不是从中原直接流传而来的商文化陶器。

但从新干大墓看，墓中出土的相当于二里冈时期或稍晚的铜器，如铜方鼎、扁足鼎、锥足鼎、柱足鼎、分裆鬲，以及三足卣等，都与在郑州商城发现的同类器相同或相近，显示出新干大墓和郑州商城的关系更为直接和紧密。

（三）盘龙城遗址

长江中游的盘龙城遗址与吴城遗址位置相邻，时代相近，并都与商文化南下有关。为此，不少研究将这两座城相联系。比如有学者比较了盘龙城和吴城，认为盘龙城的布局与郑州商城有很大差异而军事色彩浓厚，因而它不是严格意义的"城市"，而只是商人为掠夺资源而建的戍城；而吴城城内可分为宫殿区、中心祭祀区、居民生活区、手工业作坊区和墓葬区，布局与郑州极为相似，已具备城市雏形，是虎方的政治、经济和文化中心[9]。因吴城出土的陶大口缸等在盘龙城有大量发现，吴城发掘报告又认为吴城丙组文化因素来源于盘龙城。还有研究将吴城文化作为商文化的一个类型，并进而认为盘龙城的衰落和吴城的兴起可能是相互关联的事件，即晚商时期盘龙城的人口向南迁徙至吴城地区，或是吴城人摧毁了盘龙城[10]。

无论盘龙城与吴城是否存在或存在着怎样的联系，其二者对于认识商代江南的青铜文化及其与商文化的关系均具有重要意义。为说明这些问题，有必要先对盘龙城的发现作简要梳理。

盘龙城城址平面近方形，城墙夯筑，四面墙的中部有宽3米左右的城门，门两侧基部有方石。墙外有城壕，在已发掘的壕沟内发现有木构设施。城垣和城壕的修筑与使用年代为二里冈上层一期晚段，在二里冈上层二期晚段之后废弃。

城内东北部经平整加高的台地是城内的最高处，在那里发现了一批大型夯土基址，包括前后平行排列于一条南北向中轴线上的两座基址，长分别近40和30米，其始建和废弃年代与城垣相同。城的西南处发现1座出青铜器的墓葬。

盘龙城外，有许多同时期的重要遗址。其中，城址南部的王家嘴遗址发现10个灰坑，3座陶窑，3座带石础的建筑基址和带灰土面的居址，2个出青铜器、玉器、石器和陶瓷器的祭祀坑，及1座随葬青铜容器的墓葬。该地在建城前已有规模较大的作坊，建城后成为平民居住区。

在城东的李家嘴遗址，发现30个灰坑和4座墓葬。其中最大的一座墓带棺椁，有殉狗的腰坑，墓内有4具人骨架，70多件随葬品中含50件青铜器。其他部分墓葬也有腰坑并出青铜器。该地在建城前已有人类活动，建城后成为贵族墓地。

在城北的杨家湾遗址发现3个出土陶器、玉石器等的窖穴，1座出铜器、玉石器和陶器的祭祀坑。3座房址均为面积不大的有梁架和柱础石的平地建筑。11座墓葬多随葬青铜器，部分墓带殉狗腰坑、棺椁，棺底及青铜器上有朱砂。另有1条含熔渣和零星铜片的灰沟，推断可能与铸造作坊有关。

在城东北的杨家嘴遗址，发现房基2座，柱洞和柱础遗迹各1处，灰坑2个，含铜渣、铜片、坩埚、陶缸等的灰沟1处。墓葬10座，部分墓有二层台、腰坑，出铜器，墓底和随葬器物上有朱砂。

在城西的楼子湾遗址，发现建筑遗迹1处，灰坑2个，10座墓葬多有二层台和腰坑，随葬铜器。

以上情况显示出在二里冈上层文化扩张以前，二里头文化和早期商文化已影响到了这里，遗址的规模在二里冈时期进一步扩大，并开始建城。

盘龙城具备了城垣、城壕、宫殿，城外有诸多居址、作坊、墓葬等。据此有学者推定盘龙城为郭城[11]。由此可见，盘龙城的形制、布局和筑造技术均与郑州商城相似。

据发掘报告，盘龙城的 37 座墓分为四类。第一类主要分布在李家嘴和杨家湾，墓室规模较大，有棺椁，椁板上有雕花或彩绘。青铜礼器的组合较完备，以酒器为主，有的墓多达四五套。青铜兵器和工具数量很多，有铜鼎和玉戈等大型礼器。墓中有人牲和殉人，多殉狗。第二类墓面积稍小，有棺椁、二层台、腰坑，铜礼器为第一类墓的半数。第三类墓面积更小，有的墓无椁，但有二层台和殉狗或放置玉戈的腰坑，青铜礼器又少一半，并以觚、爵、斝为主。第四类墓面积为 1 平方米左右，有的仅有棺，无腰坑，但殉狗，随葬品以陶器为主。上述四类墓虽然规模不等，但葬俗均与商墓相同。

从盘龙城出土的遗物看，青铜礼器共有 12 种，最早出现于二里头文化四期偏晚到二里冈下层一期偏早的有斝、爵、鬲，以后有鼎、甗、簋、觚、卣、盉、盘、尊，到二里冈上层二期晚段出现了罍。比较器类、形制和纹饰，它们均为商式铜器。只是盘龙城的铜盉和菱形纹不见于郑州。

陶器以夹砂陶为主，其次为泥质陶，有少量硬陶。从早到晚，夹砂陶和硬陶逐步增加而泥质陶减少。陶器也被分为了四组。甲组以夹砂和泥质灰陶为主，有罐、鬲、甗、斝、爵、杯、盆、豆、壶、瓮、大口尊和罍等，它们与郑州出土的器物十分类似。乙组以夹砂红陶和灰陶为主，次为泥质灰陶和黑陶，器形有罐、壶、瓿、碗、缸、坩埚、筒形器等，其中的大口缸在盘龙城出土遗物中所占比例最大。乙组陶器被认为是代表了当地的土著文化。丙组以砂红陶居多，次为夹砂和泥质灰陶，器类有鬲、甗、斝、器盖等，其中部分器物与江西万年商代墓葬和江苏湖熟文化中的器物相近。丁组以硬陶为主，有瓮、尊和罐，与万年和吴城出土的器物近似。四组陶器中，甲组数量最多，次为乙组，丁组只占少量，丙组最少。而在甲组陶器中，尽管个别器类的陶质、制法、形态和纹饰与郑州商城的陶器有一定差别，但以相同点为主。

从上述各方面看，盘龙城与郑州商城的发现具有明显的共性。而这种物质层面上的共性，所体现的是两地在技术和观念、知识体系和价值观上的一致性。由此可以认为，盘龙城应为商人所建。从盘龙城所处的地理位置和长江中游的其他考古发现看，一般认为该城的设立是商人为了获取和控制那一带的铜矿资源。冶炼遗迹和大量大口缸的发现，表明铜矿可能是在冶炼后再运输到郑州商城。而盘龙城在作为一个资源控制与运输中心的同时，又进一步对长江中游的其他文化产生了影响。

由此不难看出，具有土著文化背景的吴城与作为商文化一个类型的盘龙城有着明显的差异，这种差异似乎可以排除吴城是盘龙城的后续发展的可能性。当然，这并不排斥两地间的交流，吴城的丙组陶器和盘龙城的丁组陶器都说明了这一点。另外，如果盘龙城的衰落与吴城的兴起在客观上导致了长江中游文化中心的转移，那么在此意义上，也可将两者的兴废理解为相互关联的事件。

在赣北发现有吴城文化的其他遗址，其中的九江龙王岭遗址出土有早于吴城遗址的陶鬲、盆等，其时代相当于二里冈下层晚段[12]。最近的研究将龙王岭遗址一期划为吴城文化第一期，而将吴城遗址第一期划为吴城文化第二期，与后者相当的还有龙王岭遗址第二期和德安石灰山遗址[13]。这些遗址可为我们探讨商文化因素进入吴城的路线提供更多的线索。

新干大墓与盘龙城的比较也有助于理解商代江南的文化格局。新干大墓位于沙丘上，除棺椁痕迹外并无二层台、腰坑、殉人和殉狗等。与盘龙城墓葬相比，两者在埋葬环境、墓葬结构、埋葬习俗等方面都不相同。出土遗物也有显著差别。比如，盘龙城的12种青铜容器中，数量最多的斝、爵、觚，以及盉、尊和簋等，都不见于新干大墓，而新干大墓出土的10种青铜容器中，瓿、壶、豆和瓒又不见于盘龙城。在其他类别的青铜器中，盘龙城还出土钺、戣、斧、锯、鱼钩、菱形器等，新干大墓则出铙、镈、人头像、双尾虎、勾戟，以及犁铧、耒、耜、铲、镰、铚、手斧形器等多种农具和工具。即使是两地都有的器类，差异仍然明显。比如在新干大墓中数量和形制最丰富的是鼎，并以方鼎和扁足鼎最突出。但盘龙城则不然，那里并无方鼎，扁足鼎也很少。

上述差别并不仅是因为新干大墓具有地方特点，还在于新干大墓中的商文化因素更接近郑州商城和殷墟而非盘龙城。这进一步表明，吴城虽然是在商文化影响下出现的区域性中心，但商文化的影响可能来自郑州商城而非盘龙城。因此，盘龙城、吴城和新干大墓的文化面貌以及它们同郑州商城的关系，或可说明长江中游的青铜文化在商文化影响下所历经的不同的进程[14]。

（四）牛城遗址

倘若吴城城址的性质还不够明确，吴城遗址与新干大墓的联系也还存在缺环，那么一个尚待发掘的遗址——牛城，或可为解答这些问题带来新的希望。牛城遗址位于新干县赣江东岸丘陵的岗地上，西北距吴城20公里，距新干大墓约3公里。吴城发掘报告认为，吴城在第三期晚段后的一场大规模战争中被毁，战争的缘起即是牛城的兴起及其对吴城的征服。吴城因战争而衰落并丧失其原有地位，牛城取而代之成为商末至西周时期该地区新的政治和礼仪中心。至于新干出土的青铜器群，亦与这次政治礼仪中心的更替有极大关系。

最近的研究也开始关注牛城。如认为从地理位置上看，将新干大墓和牛城遗址相联系可能更为合理，同时对吴城与牛城的关系作出两种推测：一是吴城王国的统治者先以赣江西岸的吴城为中心都城，因某种原因又于吴城二期时在赣江东岸营造了牛城并迁移了统治中心，但在后者成为中心都城后，吴城并未废弃而仍然是吴城王国的中心城邑；二是吴城和牛城是吴城文化圈内不同政治实体的统治中心，两座规模相近的城邑并存成为两个政治实体对峙于赣江两岸的写照[15]。

新干牛城过去被称为牛头城，并被认为是西周时期的遗址[16]。1976年在牛城附近的中棱还出土过成批的青铜器[17]。近年对牛城遗址的调查与试掘表明，该城址呈不规则的长方形，分内外二城。内城面积约20万平方米，外城约50万平方米。城垣大体建于商代晚期，延续使用至西周时期[18]。对中棱出土的那批铜器也有了新的看法，即铜器的时代并不是最初判定的西周，而是含有很多更早的因素，部分器物在形制和合金成分等方面还与新干大墓的铜器存在一定差别[19]。

吴城与牛城均位于吴城文化的中心区域,现有的调查与试掘认为两座城址曾经共存。因此,牛城可能并不仅仅是了解吴城废弃的线索,而是将对吴城遗址的性质,吴城、牛城和新干大墓的关系,以及吴城文化的面貌等带来更多新认识,这些认识可能会超出目前的种种推测,其引发的问题也将远多于它所解答的问题。但牛城所具有的重要性还只是潜在的,在进行正式发掘以前不必对其年代和性质作过多推测,也不宜将对吴城遗址的认识乃至将商代江南的文明图景建立在推测之上。

(五) 瑞昌铜岭矿冶遗址

吴城与盘龙城在长江中游的出现,都与商文化对该地区不同程度与不同方式的影响相关。商人南下,据信是为获取长江中下游丰富的铜矿资源。这一区域发现的古代铜矿主要有江西瑞昌铜岭、湖北大冶铜绿山和阳新港下。其中开采时代与盘龙城和吴城相当的是瑞昌铜岭。在铜岭矿冶遗址已揭示出约 7 万平方米的采矿区、17 万平方米的 3 个冶炼区,发现了工棚遗迹和约 30 万吨的炼渣,开采时代从二里冈上层时期延续到东周[20]。铜岭的矿石经冶炼后可能被运抵商朝的都城,但矿山由何人直接控制和开采却不甚清楚,对此有两种意见。一种意见认为铜岭铜矿为商人开发,不过持此观点的学者将盘龙城和吴城视为商文化的两个类型,并认为两个城址是商王朝用于控制铜矿的两个据点[21]。另一种意见认为铜岭由吴城人发现和开采,并将铜岭的一系列开采技术视为吴城文化的成就[22]。而对铜岭矿冶遗址进行的专门研究则显示,该遗址出土的早期遗物在郑州二里冈、藁城台西、盘龙城和吴城都有可供比较的类似器物[23]。如此看来,铜岭矿冶遗址究竟与哪一个城址关系更密切,或者是否先后分别为盘龙城和吴城所控制,目前似乎都还难以确定。

四　吴城遗址的性质与意义

随着对吴城城址的确认和对吴城文化研究的深入,吴城文化已进入了方国阶段、吴城是方国都邑的观点已不再让人陌生。

将吴城视为都邑,大致出于两方面的考虑。一是吴城文化因出现城址、青铜器、陶文或刻符等而被认为已具备早期国家的形态,新干大墓的发现进一步强化了这一认识。如此,吴城作为吴城文化中心区惟一经发掘的城址自然就应是都邑。二是认为吴城城内出现了宫殿区、居住区、祭祀区、铸铜区和制陶区等,其自身具备了都邑的形态。

若从吴城文化已出现早期国家这一角度来判定吴城为都邑,那么首先需要论证的是早期国家是否已经形成。对此,仅以城址、青铜器和陶文等的存在来加以说明已远远不够,而是应对赣江流域商时期的社会形态和结构等进行专门的、更为全面深入的研究,同时也需要对牛城遗址等有更多了解。而在这类研究中,即使是吴城本身的材料也难以用来说明当时已出现阶层分化,或是分层社会业已形成。

如果是从吴城本身的形态来获得结论,那么通过前文对吴城遗址的考察和相关对比便不难看出，吴城与郑州商城和盘龙城都有很大区别。即使我们充分考虑到吴城文化与商文化、方国与王国所存在的差异，吴城也缺乏作为都邑所应当具有的共同和基本的要素。

首先，在吴城没有发现大型的宫殿类建筑和可以确认的礼仪性建筑。城址中心的建筑遗迹当然也有可能确为祭祀遗存，但这一可能性恰是缘于尚无任何证据能说明其性质。

其次，城内的功能分区并不明确。除第二期的窑址外，各期的居址、作坊、墓葬等都很有限。

第三，城内虽然出土有冶炼遗迹，但并未发现确切的青铜铸造作坊。而青铜铸造业作为一种专控行业，其作坊只可能存在于都邑中，青铜铸造遗址也因此而成为衡量一座城邑是否是都邑的重要指标之一。

第四，吴城文化、尤其是新干大墓出土的青铜器的产地并不明确。大量的青铜容器无疑由陶范铸造，但在吴城只发现石范而无陶范。吴城遗址最早的发掘简报中曾提及有少量石范能辨明是铸造容器的[24]，但范的具体情况以及它们用于铸造何种容器等都不明确。以后又有研究指出吴城文化中一些曾被认为是石质的铸范应为泥范[25]。新干大墓的报告曾报道墓中出土1件陶锛范，吴城遗址的发掘报告中也提到2件陶范和一些可能与冶铸相关的陶铸件，其中可辨认的1件为凿范。但至少至目前为止，在吴城并未发现确凿的陶质容器范。也正是如此，吴城文化的青铜冶铸技术被认为是石范铸造，而这也因吴城遗址出土有与部分青铜兵器和工具相一致的石范而得到证明。不惟吴城，在许多周边地区的同时期的普通遗址中，铸造工具和兵器的石范也广为发现，这说明石范铸造技术可能并不受专控，也不为都邑所独有。

进一步而言，缺乏陶范和与铸造作坊不仅关系到对吴城遗址性质的认定，更影响到我们对包括吴城文化在内的区域性文化的面貌以及它们与商王朝关系的理解。由于在周边地区出土大量二里冈和殷商时期的青铜容器而又仅见石范，陶范只发现于商王朝的都城，因此有学者提出了一个关于二里冈时期青铜礼器生产和分配形态以及在此基础上形成的二里冈国家的政治经济模式。该模式假设各地的二里冈风格的青铜礼器基本上出自同一个产地，其生产和分配由都城垄断。通过对青铜礼器生产和冶铸技术的专控，最低级的聚落经由边缘地区的地区性中心向二里冈国家的核心地区和都城提供包括金属资源在内的贡物，都城则将专控的青铜礼器等具有神圣性质的贵重物品分配到最低一级的地区性中心。这种生产和流通的模式构成了二里冈早期国家的经济主干，满足了人们的经济需求，并支持了等级制度的运行[26]。这一模式与青铜器和铸范的发现相吻合，并可以充分利用聚落、青铜器等考古材料来理解二里冈早期国家的政治经济结构。但若用该模式来看待吴城文化，那就意味着吴城和新干出土的铜器可能产于郑州和殷墟，即它们可能是商王朝为了获取资源和控制赣江流域而分配至吴城，但这却与人们对赣江流域青铜文化面貌和发展水平的现有认识相冲突。同时，郑州和殷墟并未出土铸造地方性铜器的陶范，这也难以证明地方性铜器均出自都城。因此，这个问题的解决既有待于新的考古材料，同时也需要构建更为完善的理论模式。

与都邑要素的缺失形成对比的是吴城二期时集中分布的陶窑。这些窑址集中于城内，与郑州商城和盘龙城的陶窑分布在城外的情况有所不同。另外，在吴城还出土了大量原始瓷器，它们是吴城文化技术含量较高、流传较广的代表性器物。这些发现说明吴城可能是一个重要的陶瓷器生产地。有学者认为吴城可能是当时原始瓷器的生产中心[27]；或是通过窑炉技术等方面的考察，提出吴城是殷商时期原始瓷器的制作中心[28]。不过这些观点并不排斥吴城是都邑的认识，即吴城这个都邑同时也是瓷器的生产中心。但吴城第一期没有发现重要遗迹，第三期仅有灰坑和墓葬，只有第二期的陶窑是吴城数量最多、保存最好的遗迹，而这又是近 30 年来对吴城各个地点进行 10 次发掘所得到的结果。由此可见吴城的功能可能更为单一，也只有"陶瓷器生产中心"的认识才与现有资料更为吻合。但即使是这种认识，我们也还有必要进一步考虑当时的社会能否会有如此单一的生产某种产品的中心。就吴城陶窑的数量和规模而言，即便与郑州和盘龙城的同类发现相比也显得突出。从吴城遗址、新干大墓和吴城文化区出土原始瓷器的数量和质量看，当时江南的陶瓷器生产比较发达，大规模的生产也可能导致生产中心的形成。而假若我们将新干大墓归入吴城文化，那么这座墓确可表明吴城文化是个较为发达的文化，在这样的社会背景下也可能出现专门的烧制陶瓷器的中心。

其实，不论吴城是方国的都邑、区域性文化中心还是瓷器生产中心，都不影响它的重要地位和学术意义。首先，正是吴城遗址的发现和吴城文化的确立，首次揭示出了商代江南的文化概貌。其次，吴城遗址的发掘与研究，为江南地区青铜文化的时代和类型划分确立了标尺。第三，吴城的许多文化因素分布于广阔的江南，部分因素甚至可能流传至北方商文化的中心区；与此同时，其他地区、其他文化的诸多因素也汇聚到了吴城。正是这种吸纳和辐射体现了吴城作为江南一个中心城址的地位。第四，继吴城之后，在赣江流域又发现了包括新干大墓在内的许多重要遗存，这些发现改变了人们对长江流域乃至整个商代文明图景的原有认识，并足以促使我们重新审视传统的历史观。

吴城遗址的重要性也说明，一项考古发现的意义体现于多个方面。在学术层面上，考古发现的重要性并非只取决于其类别或性质，而且还在于它所带来的新认识，在于它能使未知成为可知，在于它能开显今后研究的方向。

吴城的发掘持续了近 30 年。今后若继续发掘，必然还会有新的发现，对此我们满怀期待。因为，吴城遗址是吴城文化研究的关键，对这一重要遗址的合理认识关系到我们对江南乃至整个商代文明图景的构建。

注　释

〔1〕江西省文物考古研究所、樟树市博物馆：《吴城——1973～2002 年考古发掘报告》，科学出版社，2005 年。

〔2〕江西省博物馆、清江县博物馆、北京大学历史系考古专业：《江西清江吴城商代遗址发掘简报》，《文物》1975 年第 7 期。

〔3〕李伯谦：《试论吴城文化》，《文物集刊》，1881 年第 3 辑。

〔4〕江西省博物馆、江西省文物考古研究所、新干县博物馆：《新干商代大墓》，文物出版社，1997 年。

〔5〕a. 彭明瀚：《新干大洋洲商墓的发现与研究》，《商代江南——江西新干大洋洲出土文物辑粹》，中国社会科学出版社，2006年。

b. 孙华：《关于新干大墓的几个问题》，《商代江南——江西新干大洋洲出土文物辑粹》，中国社会科学出版社，2006年。

〔6〕李学勤：《发现新干商墓的重要意义》，《中国文物报》1990年11月29日。

〔7〕同注〔4〕。

〔8〕同注〔3〕。

〔9〕彭明瀚：《盘龙城与吴城比较研究》，《江汉考古》1995年第2期。

〔10〕Li Liu and Xingcan Chen, *State Formation in Early China*, p. 126. London, Gerald Duckworth & Co. Ltd., 2003.

〔11〕杜金鹏：《盘龙城商代宫殿基址讨论》，《考古学报》2005年第2期。

〔12〕江西省文物考古研究所等：《九江县龙王岭遗址试掘》，《东南文化》1991年第6期。

〔13〕彭明瀚：《吴城文化研究》第40页，文物出版社，2005年。

〔14〕施劲松：《从新干大墓看长江中游的青铜文明》，《商代江南——江西新干大洋洲出土文物辑粹》，中国社会科学出版社，2006年。

〔15〕同注〔5〕b。

〔16〕彭适凡：《赣鄱地区西周时期古文化的探索》，《文物》1990年第9期。

〔17〕彭适凡：《江西新干县的西周墓》，《文物》1983年第6期

〔18〕江西省考古研究所、樟树市博物馆：《吴城——1973~2002年考古发掘报告》第422页，科学出版社，2005年。

〔19〕李朝远：《江西新干中稜青铜器的再认识》，《长江流域青铜文化研究》，科学出版社，2002年。

〔20〕江西省文物考古研究所、瑞昌市博物馆：《瑞昌市铜岭铜矿遗址发掘报告》，《铜岭古铜矿遗址发现与研究》，江西科学技术出版社，1987年。

〔21〕a. 刘诗中、卢本珊：《江西铜岭铜矿遗址的发掘与研究》，《考古学报》1998年第4期。

b. Li Liu and Xingcan Chen, *State Formation in Early China*, p. 116, London, Gerald Duckworth & Co. Ltd., 2003.

〔22〕同注〔13〕。第112页~120页。

〔23〕同注〔2〕。

〔24〕江西省博物馆、清江县博物馆、北京大学历史系考古专业：《江西清江吴城商代遗址发掘简报》，《文物》1975年第7期。

〔25〕孙华：《商代长江中游地区考古的新认识——读〈新干商代大墓〉》，《南方文物》2000年第1期

〔26〕Li Liu and Xingcan Chen, *State Formation in Early China*, London, Gerald Duckworth & Co. Ltd., 2003.

〔27〕陈铁梅：《中子活化分析对商时期原始瓷产地的研究》，《考古》1997年第7期。

〔28〕周广明：《吴城遗址原始瓷分析》，《吴城——1973~2002年考古发掘报告》，科学出版社，2005年。

WUCHENG SITE AND SHANG PERIOD SOUTH CHINA

Shi Jingsong

Key Words: Wucheng site　layout　center of ceramic production　Shang period
South China

The Wucheng site discovered in Jiangxi in the 1970s is one of the most important Shang sites in South China. Through ten seasons of excavation there in the past 30 years, archaeologists have revealed city walls, a moat, house-foundations, wells, ash-pits, pottery-firing kilns, smelting vestiges and tombs. Analyses of these remains in periodization and layout suggest that this site is lacking in the basic elements necessary for its identification as a ruined capital. Comparative studies of the Wucheng vestiges with the large tomb at Xingan, the Shang city-site at Zhengzhou, the Panlong city-site at Huangpi, the Niucheng city-site at Xingan and the mining and smelting site at Tongling in Ruichang help not only to understand the pattern of bronze cultures in South China of the Shang period, but also to reveal that Wucheng may have been merely a single-function center of producing ceramics. The importance of the Wucheng site consists in its representation of a previously unknown culture and its reflection of a cultural picture in Shang period South China.

殷代占卜书契制度研究

冯 时

关键词：殷代 甲骨文 占卜制度 书契制度

目前发现的甲骨文，是殷周两代人契刻或书写在龟甲及兽骨上的文字。这些文字虽不乏用毛笔朱书或墨书的作品，但绝大多数都是以利刀契刻而成的，所以甲骨文又叫契文，是历史上有名的"刀笔文字"。这些文字早已脱离了文字初创时期的幼稚状态，书契者深谙"违而不犯，和而不同"的美学理念，结体和谐，章法多变，用笔流畅，刀法纯熟，文字虽显朴拙，却韵味无穷，终成一代法书，具有极高的审美意趣和艺术价值。

文字的书写或契刻若能及于玄妙的境界，那么很明显，书写者或契刻者对于文字的掌握与运用必然达到了精熟的程度。这样的基本素养不仅直接决定着甲骨文法书的艺术水平，而且更关系到殷代占卜书契制度的建立。

《礼记·表记》："殷人尊神，率民以事神，先鬼而后礼。……周人尊礼尚施，事鬼敬神而远之。……昔三代明王，皆事天地之神明，无非卜筮之用，不敢以其私亵事上帝。"与神灵的沟通，其形式之一就是占卜，因此占卜成为殷周社会举足轻重的重要活动。占卜活动往往需要书契卜辞，卜辞的书契到底由何人所为，他们与作龟命龟之人又是一种怎样的关系，这样的书契制度具有何种传续形式，其对不同时期甲骨文的书迹特点究竟会产生什么影响，凡此都是甲骨学研究所无法回避的问题。

一 贞人与书契人

贞人当然是占卜命龟的执行者，但他们是否同时又是卜辞的书契者，学术界则还存在争议。董作宾认为，卜辞中书名的贞人即是史官，他们同时又是相关占卜刻辞的书契

作者简介：1958 年 10 月生于北京市，1982 年毕业于北京大学历史系考古专业，同年供职于中国社会科学院考古研究所，1984 年调入编辑室工作。现任该所暨中国社会科学院研究生院考古系教授，《考古学报》副主编，中国社会科学院古代文明研究中心专家委员会委员，中国古文字研究会理事，中国郭沫若研究会理事。主要从事古文字学与天文考古学研究。出版《星汉流年——中国天文考古录》（1996年）、《中国天文考古学》（2001 年、2007 年）、《出土古代天文学文献研究》（2001 年）、《中国古代的天文与人文》（2006 年）、《古文字与古史新论》（2007 年）等著作 7 部，发表论文百余篇，主编《金文文献集成》（2005 年～2006 年）。

者，因此，不同贞人的卜辞事实上就是不同史官的手迹，它们反映了这些史官各自的书法风格。董作宾同时还给予甲骨文五个不同时期书法特点的评判，即第一期雄伟，第二期谨饬，第三期颓靡，第四期劲峭，第五期严整[1]。这样的认识与甲骨文反映的实际情况显然存在矛盾。我们姑且暂置贞人的身份不论，但就其数量而言，很多问题便难以解释。武丁时期的贞人，董作宾所定共25位[2]，陈梦家所定为73位，其中属于王卜辞的贞人数量即有40位[3]，因此我们不能想象，即使同一位殷王时期允许同时存在如此众多的史官，那么这数十位贞人的书法也肯定不可能都具有同一种"雄伟"的风格。事实上，同一版甲骨上并存数位贞人的卜辞的现象是十分常见的，但这些由不同贞人占卜的卜辞记录，其书法风格却多表现出惊人的一致，这意味着具有相同书风却属于不同贞人的卜辞肯定不会是这些贞人为追求同一种书法风格而相互模仿的作品，相反则只可能出于同一位契手。

或许我们比较一些卜辞实例更易于澄清相关事实。《合集》2940版属争、内两位贞人的占卜记录，书风端凝瑰丽，峻整精致，文字结体匀称谨饬，方正古朴，用笔周到扎实，毫无草率之意，具有"宾组"刻辞雄健工稳的典型风格。此版卜辞虽为二人命龟，但书迹绝同（图1）。

"宾组"刻辞虽气势雄伟，挺峭峻厉，但书风却并不单一，至少尚有趋圆与趋方两个流派，两种书风通过贞人"殸"字的不同写法便可见一斑。《合集》11497（正）版为争、殸两位贞人的占卜记录，《合集》3297（正）版乃永、争、宾、殸四位贞人的占卜记录（图2），《合补》2591版也集争、宾、殸、古四位贞人的卜辞于一骨（图3），其书风笔画圆整，刀法轻灵，双刀大字尤显特点，结字浑润，宽博阔绰，规矩整齐，用笔圆劲流畅，自然舒展，具有天真烂漫的质实之气，不仅同版不同贞人的卜辞记录书法酷肖，甚至各版之间的文字风格也别无二致。

"宾组"刻辞的另一类风格以趋方为特征。《合集》3061（正）版为争、殸、宾三位贞人的占卜记录（图4），《合集》6834版乃商王与争、殸两位贞人的占卜记录，《合集》536版则属争、殸、内三位贞人的占卜记录，其书风体势方整，古茂雄强，用笔方折朴拙，刀法坚实稳健，气势横溢。虽分别由商王及不同的贞人命龟，但书风无别。

很明显，这些具有相同书风的卜辞虽属不同贞人的命龟记录，但却不宜视为不同贞人的书契作品，而应反映了少数几位契手的书契工作。事实上，如果我们以一种书迹特点去追寻贞人，那么我们会发现，很多贞人的卜辞，其书法风格是没有差异的。譬如在"何组"卜辞中，《合集》31337版为贞人何所卜（图5—1），《合集》31373版为贞人狄所卜（图5—2），《合集》31369版为贞人狄、彭所卜（图5—3），但三位贞人的卜辞书风却完全一致，而且通过所书"旬"字的独特结体，更可明这些不同贞人的刻辞实同出于一人之手。与这种情况相反的是，同一位贞人的书迹有时又可以相差甚远，甚至风格万千[4]，然而如果认为这种现象只是体现着某位贞人书风的变化，那么我们其实又很难寻找到这种变化的基本脉络。譬如属于"宾组"卜辞的著名的大龟四版中的三版（《甲编》2121、2122＋2106、2124）至少保留了争、允、宾、古、𡥀五位贞人的占卜记录，但却具有极其近似的书风，这种书风与典型的"宾组"书风不同，而表现出新的展蠖取势，甚至在"出组"和"何组"卜辞中仍然能够感受到它的影响。证据显示，尽管卜辞所属的贞人不

图1 "宾组"刻辞拓本（《合集》2940）

图 2　"宾组"刻辞影本（《合集》3297 正）

同，但其书法风格却多无差异，而相同贞人的卜辞常常也会表现出完全不同的书迹。因此，卜辞书风的变化既有同时代风格的差异，也有不同时代风格的延续。这意味着在占卜活动中，可能只由少数几位书契者承担了为不同贞人的占卜结果统一书契刻辞的工作，尽管某些书契者可能同时又是命龟的贞人，但大部分贞人却并不负责书契卜辞。因此，甲骨的占卜与卜辞的书刻这两项工作基本上应该分别由不同的人员负责，贞人与书契人原则上是需要加以区分的。

陈梦家曾经根据《周礼》所载龟人、菙氏、卜师、大卜和占人的不同职司，认为殷人的卜事程序存在分工[5]。而日本学者松丸道雄更明确指出，贞人与书契者并不是同一位人物，书契者的数量比贞人的数量要少得多，而字形以及书法风格的演变，实际只不过是为殷王室服务的极少数契刻人员由世代交替所带来的习惯和技巧产生的变化而已[6]。这种将贞人与书契人分别看待的做法，已为愈来愈多的学者所接受。事实上，这将使我

图 3　"宾组"刻辞拓本（《合补》2591）

们以一种更为客观的态度去看待甲骨文的书法风格与其时代的关系，因为同一种书法风格既可以是某位书契者的风格，也可能是由于师法的传续而形成的某一门派的风格；同样，如果同一时期供职于朝的并不止一位书契者，那么我们实际也很难期望这些不同的书契者可以表现出相同的书风；况且不同的书风如果不能认为体现着不同书契者的书法风格的话，或许也可以考虑为同一位书契者早晚风格的变化。因此，将契手与占卜者加以区别对待的做法是颇有意义的，它不仅对甲骨文书法特点的认识大有影响，而且更重要的是将直接关系到甲骨文的分期与断代研究。

从中国古代占卜书契的传统分析，殷代占卜制度中的书契者应该就是当时的史官，这种认识当然与董作宾将贞人全部视为史官的看法不同。《周礼·春官·占人》："凡卜筮，君占体，大夫占色，史占墨，卜人占坼。凡卜筮既事，则系币以比其命。"郑玄《注》："杜子春云：'系币者，以帛书其占，系之于龟也。'玄谓既卜筮，史必书其命龟之事及兆于策，系其礼神之币，而合藏焉。"郑玄虽破杜子春书帛系龟之说，然仍属后世制度。依循周制，史官则参与占卜，如周初之史佚。而殷代参与占卜者，核心则为殷王，至于众贞人之身份，情况则比较复杂，可为推考者固有卜官。

1. 丙寅卜，㱿贞：卜竹曰"其侑于丁，牢"？王曰："弜畴，翌丁卯率，若。"
　　己巳卜，㱿贞，凸曰"入"？王曰："入。"允入。　　　《合集》23805
2. 壬午卜，中贞：曰"其狇"？九月。

图 4 "宾组"刻辞拓本（《合集》3061 正）

图 5 "何组"刻辞拓本

1.《合集》31337　2.《合集》31373　3.《合集》31369

丁亥卜，大贞：卜曰"其侑汎升岁自上甲，王乞☒"？ 　　《英藏》1924

3. 己巳王☒饗？卜曰："☒。"王占曰："吉。" 　　《合集》24117

4. ☒子王卜☒？多卜曰：☒若果☒。 　　《合集》24144

四条卜辞皆属"出组"刻辞。"卜竹"为人名，"竹"为氏，"卜"为官名[7]。学者或以"卜"乃以技为氏[8]，然与辞2、辞3之"卜曰"及辞4之"多卜曰"对观，其为官名甚明。辞2于贞人大贞问之后的"卜曰"乃是大转述卜官的话，类似的例子还见于卜辞。

5. 乙亥卜，自贞：王曰"有孕，嘉"？扶曰："嘉。" 　　《合集》21072

6. 壬午卜，王贞：甾曰"方于甲午征，申其☒"？ 　　《续存》2.583

两条卜辞同为"自组"刻辞，甾与扶同属"自组"贞人，其中辞5以殷王的命龟之辞由贞人自所转述，辞6则以贞人甾的命龟之辞由殷王转述。殷王在辞5中的位置与辞1作为卜官的卜竹完全相同，而在辞6中则显然行使着贞人的职事，其例与辞1、辞2的形式一致，故"卜"为卜官甚明。

卜竹至少在武丁到祖庚时于王朝供职[9]。卜辞云：

7. 丁丑卜，竹争大贞：令翌以子商臣于薵？ 　　《前》2.37.7

8. 己酉卜，竹，侑晢？允。 　　《英藏》1822

两辞皆为"宾组"卜辞。竹为贞人可明。辞7竹与贞人争、大三人并卜[10]，其中争、大二字合文，大为"出组"贞人，当也供职于武丁时代。这种数人并卜的情况于殷周之世也时有所见。

9. 癸未卜，争䞢贞：旬亡祸？ 　　《粹》1424

争与䞢同为"宾组"贞人，二人并卜。郭沫若以为："此争与䞢二人共卜，《书·洛诰》：'我二人共贞。'则是成王周公同卜。此外䞢与丙及方（时案：即内及宾）均有同卜之例。"[11]殷代并卜之例还有一些，然学者或以为仅限于䞢一人而已[12]，似有遗漏[13]。据此可知，竹至少应为武丁至祖庚时代的贞人，身份为卜官。陈梦家认为，作为命龟者的贞人与管理卜事的卜官既不相同，又有联系，而某些卜官也兼为命龟者[14]。

殷王作为群巫之长，既可作龟，又可命龟，并且担负着卜问决疑的重要角色，地位至高无上，但这些工作有时是可以由臣僚代行的。在这方面，作龟与命龟的工作常由贞人执行，而卜问决疑的最后审断有时也会由少数卜官或其他臣僚代劳。

10. ☒入商？左卜占曰："弜入商。"甲申盏夕至，宁，用三大牢。 　　《屯南》930

11. 己亥〔卜〕，☒贞：王☒寤？右占〔曰〕："兹唯祖辛鸣。" 　　《合集》27253

12. 丙寅卜，甾：王告取儿？甾占曰："若，往。" 　　《合集》20534

辞10为"历组"卜辞，辞11为"何组"卜辞，辞12为"自组"卜辞。"右占曰"与"左卜占曰"对读，可明"右"当为"右卜"之省，是为职官。左卜、右卜代王占断，其与辞5与辞12所记贞人扶和甾代王行事一样，也可证明某些贞人具有卜官的权职，而殷代的所谓贞人应该包括卜官[15]。

"宾组"和"出组"卜辞的个别前辞还有于"卜"字与贞人之间重书一"卜"字的现象，如：

13. ☒午卜，卜宾贞：王惠妇好令征夷？

　　　乙未卜，宾贞：王惠妇好▢？　　　《佚》527

14. 壬午卜，卜即贞：其饮？　　　《通·别二》5

15. 丙寅卜，卜出贞：翌丁卯岔益䁂？　　　《合集》26764

16. 丙寅卜，出贞：翌丁卯岔益䁂？　　　《合集》26763

17. 丙寅卜，出贞：翌丁卯岔益䁂？六月。　　　《合集》26765

辞14之"卜即"，郭沫若以为此重出之"卜"字盖贞人即之官职，则"卜""贞"之间一字为卜人或大卜[16]。学者或从之[17]。然辞13首言"卜宾"，乙未卜事则不书"卜"，故商承祚认为"卜宾"之"卜"为衍文[18]。而辞15至17为成套卜辞，唯辞15前辞作"卜出"，其他相同的文例则皆不书"卜"，故学者或以为此重出之"卜"字皆为衍文[19]。当然，将这些重出的"卜"字视为衍文固然可以获得卜辞衍文材料的支持[20]，但是否还存在不同解释的余地，或许也不是没有可能，如果卜辞中那些大量的"卜"字并不重出的前辞可以看作一种重文的省略形式，那么这种现象在卜辞中却是经常出现的。关于这个问题，学者曾有精详的讨论[21]。兹仅举数例以明之。

18. 乙亥卜，侑十牢十伐大甲申？　　　《粹》477

19. 辛卯卜，侑祖乙未？　　　《美》30

20. 己巳卜，侑伐祖乙亥？　　　《屯南》2104

21. 癸丑子卜，来丁酉至伊尹？
　　己子卜，屮劲？　　　《菁》11.18

22. 于二父己、父庚舌？　　　《合集》27417

23. 辛卯卜，亘贞：父乙耂王占曰："父耂唯不值。"
　　贞：父乙弗耂王？　　　《丙》53

24. 癸丑卜，設贞：旬亡祸？王占曰："有祟。"五日丁子阱囚。　　　《合集》17076

25. 癸丑卜，設贞：旬亡祸？王占曰："有〔祟。"五〕日丁巳子阱囚。

　　　　　　　　　　　　　　　　　　　　　　　《合集》17077 正

辞18"大甲申"省略"甲"，当为"大甲甲申"。辞19、20"祖乙未"、"祖乙亥"皆省略了"乙"字，当作"祖乙乙未"、"祖乙乙亥"。辞21为"子组"卜辞，"己子卜"省略"子"字，卜辞"子"、"巳"同形，当为"己巳子卜"。辞22"于二父己"省略了"父"字，当为"于二父父己"。辞23"父乙耂王占曰"省略"王"字，当作"父乙耂王？王占曰"。辞24、25为同文卜辞，对读可知，辞24"五日丁子阱囚"省略了"子"字。凡此皆涉上文重复而省，从而构成一种不加重文符号的省略形式。因此，如果"干支卜，某贞"的前辞形式允许考虑为"干支卜，卜某贞"的省略形式，而不将"卜某"之"卜"作为衍文看待的话，那么贞人的身份显然就都只能解释为卜官。诚然，这种理解不仅涉及到众多的省略事例，而且也似乎掩盖了贞人身份的复杂性。

　　卜官可以作为命龟者，但贞人却并不一定都是卜官。辞1与卜竹同版互见的冎为"出组"贞人，径以氏相称，而并未像卜竹一样冠以官名。冎与卜竹的这种称谓的差异如果不能认为是省略官名的话，那便意味着冎其实与卜竹的身份有所不同。正像辞2于丁亥的卜事以贞人大转述卜官的话以命龟，而于壬午的卜事，贞人中所转述的话由于未见官名而不能准确地知晓其身份一样。事实上在其他卜辞中，屰的身份可以明确知道为小臣，而同样作为"出组"贞人的中，在"宾组"卜辞中的身份也是小臣。其他贞人当然也有作为小臣的记录。

26. 癸亥卜，彭贞：其侑于丁、妣己？在十月又二。小臣屰立（涖）。　　《甲》2647

27. ☑毁？小臣屰立（涖）。　　《甲》2781

28. □戌卜，彭贞：其侑桒于河桒上甲？在十月又二。小臣［屰立（涖）］。

　　□□［卜］，彭［贞］：☑桒馘☑父辛？　　《甲》2622

29. 丙子，小臣中☑。　　《前》4.27.6

30. ☑十三自咼廿屯，小臣中示。系。　　《前》7.7.2

31. 丁巳卜，惠小臣口以匄于中室？　　《甲》624

32. 惠小臣口？　　《南明》760

辞26至辞28同为"何组"卜辞，辞26同版见有"父辛"，当为廪辛，故卜辞时代应为武乙朝[22]，而屰自祖甲经廪辛、康丁而至武乙，历任四朝，盖因廪辛、康丁二王在位不久。陈梦家则定此"父辛"为祖庚祖甲二王的兄弟[23]，未敢信从。然其以此小臣屰可能即祖甲之贞人屰，近是。唯小臣屰乃四朝元老，其在祖甲朝或许尚不具有小臣的身份。辞29、30为"宾组"卜辞，小臣中应即"出组"之贞人中。辞31、32为"何组"卜辞，小臣口也即同组之贞人口[24]。这些小臣参与占卜则是明确的。

小臣预卜，或近宗伯之职。辞26至辞28皆言小臣屰立，"立"均读为"涖"。《周礼·春官·大宗伯》："凡祀大神，享大鬼，祭大示，帅执事而卜日，宿，眂涤濯，涖玉鬯，省牲镬，奉玉齍，诏大号，治其大礼，诏相王之大礼。"郑玄《注》："故书'涖'作'立'。郑司农读为'涖'。涖，视也。"又《大卜》郑玄《注》："大事，宗伯涖卜。"故卜辞"小臣屰涖"盖犹《周礼》之宗伯涖卜。

辞6作为"自组"贞人的畓也有可能考虑为小臣。"宾组"卜辞云：

33. 癸巳卜，㱿贞：旬亡祸？王占曰："乃兹亦有祟。"若称。甲午王往逐兕，小臣畓车马硪骉王车，子央亦坠。　　《通》735

郭沫若以"小臣畓"连称，谓畓即小臣之名[25]。当然我们更倾向于以"畓"为动词。尽管如此，这并不影响畓的地位的显赫。辞12显示，畓有代王占断的资格，足见其在占卜活动中作用之重要，甚至像卜问决疑一类为殷王独享的特权，也可由畓、扶等臣僚或某些卜官代行。

殷代的小臣地位尊崇，如汤臣伊尹。春秋叔夷钟铭云："成汤有严在帝所。溥受天命，遍伐夏祀，贯厥灵师，伊少（小）臣唯辅，咸有九州，处禹之土。"小臣伊尹，卜辞称其官为尹，已尊至百官之长，自与其他小臣不同。甲桥刻辞又云：

34. 臣大入一。　　《丙》33

此辞同版见有"父乙"称谓，当属武丁时代，但大为"出组"贞人，知其供职于武丁至祖甲时期。大的身份为臣，与小臣一样，都属于地位较高的职官[26]。

35. 王臣占曰："☑途首，若。"　　《乙编》6386

此辞同版又有"王占曰"，王臣代王占断，参与占卜，地位显然高于一般的臣僚。学者甚至以为王臣之职位更高于小臣[27]。但此类王臣由于未录私名，故其是否也曾充任命龟之人尚不清楚。

同样属于殷王臣僚的贞人，有时是注明职官的。

36. 丁巳，邑示五屯。工掃。　　《天》42

掃为"宾组"贞人，职官为工。《尚书·酒诰》述殷制云："越在内服，百僚庶尹惟亚惟服宗工，越百姓里居。"西周令簋铭云："舍三事命，眔卿事寮，眔诸尹，眔里君，眔百工，眔诸侯侯甸男。"此"百工"即《酒诰》之"宗工"，于卜辞又称"多工"。

37. □戌卜，☑共众☑宗工？　　《合集》19

38. 庚☑贞：共☑宗工？　　《合集》20

39. 甲寅［卜］，吏贞：多工亡尤？　　《粹》1284

40. 癸未卜，有祸百工？　　《屯南》2525

郑玄《周礼注》："百工，司空事官之属。于天地四时之职，亦处其一也。司空掌营城郭，建都邑，立社稷宗庙，造宫室车服器械，监百工者。"百工事关宗庙社稷之营造，故可称"宗工"，而殷之宗工或即百工之长。曾运乾《尚书正读》谓："宗工，宗人也。"恐与司典宗事之宗人不同。吴闿生《尚书大义》："宗工，长官也。"近是。故殷之宗工或即后世司工（空）之职。《尚书·洛诰序》："召公既相宅，周公往营成周，使来告卜。"经云："予惟乙卯，朝至于洛师。我卜河朔黎水，我乃卜涧水东，瀍水西，惟洛食。我又卜瀍水东，亦惟洛食。伻来，以图及献卜。"是古营造必卜，殷卜辞也屡见此类卜事。故掃为工官，其参与占卜命龟。是殷代之贞人，除卜官、小臣外，更有工官。

殷代五种记事刻辞中常有贞人署名的情况[28]，其中甲桥刻辞和背甲刻辞多有"某入"的贡纳记录，而骨臼刻辞不言"入"，但言"示"，乃至送之物，不当列为贡纳的范围。盖因占龟围环境而生，非黄河流域所盛产，颇显珍稀，殷王用于占卜，未能完全自给，故享贡纳之利。而殷代北方多牛，则无需劳远贡献[29]。《周礼·天官·大宰》："以九贡致邦国之用：……六曰货贡。"郑玄《注》："货贡，金玉龟贝也。"此诸侯邦国岁之常贡。《周礼·秋官·大行人》："又其外方五百里谓之要服，六岁壹见，其贡货物。"郑玄《注》："货物，龟贝也。"此六服之朝贡。《尚书·禹贡》："九江纳锡大龟。"即属此货贡之列。又《周礼·秋官·小行人》："令诸侯春入贡，秋献功，王亲受之，各以其国之籍礼之。"是《周礼》以岁贡、朝贡虽王亲受之，但其事却由大宰、大行人、小行人所掌。殷代这些典事贡纳致献的人员大部分都曾充为贞人，其中可能有与《周礼》上述职事类似的职官。

在占卜活动中，殷王有时既是作龟施卜者，又是命龟贞告者，同时还是卜问决疑的审断者。卜辞云：

41. 庚戌王卜曰贞：余其宾□衣，亡□？　　《明续》3153

42. 己巳王卜曰［贞］：翌庚午☑？　　《明续》3400

43. 癸丑卜，王曰贞：翌甲寅乞酚劦自上甲衣至于毓，余一人亡祸，兹一品祀？在九月，遘示癸夐，彘。　　《英》1923

44. 癸亥王卜贞：旬亡祸？王占曰："吉。"　　《合集》39393

前三条为"出组"卜辞，辞44为"黄组"卜辞。通过对三种不同的前辞形式的对比可以看出，殷王或作龟、命龟并施，而据辞44可知，他同时还要做最终的占断。《周礼·春官·大卜》："凡国大贞，卜立君，卜大封，则眂高作龟。大祭祀，则眂高命龟。"郑玄《注》："作龟，谓以火灼之，以作其兆也。命龟，告龟以所卜之事。不亲作龟者，大祭祀轻于大贞也。"又《卜师》："凡卜事，眂高，扬火以作龟，致其墨。凡卜，辨龟之上下左右阴阳，以授命龟者而诏相之。"郑玄《注》："所卜者当各用其龟也。大祭祀、丧事，大卜命龟，则大贞小宗伯命龟，其他卜师命龟，卜人作龟。诏相，告以其辞及威仪。"贾公彦《疏》："辞谓命龟之辞。"又《占人》："占人掌占龟，以八筮占八颂，以八卦占筮之八故，以眂吉凶。"殷王集作龟、命龟、占龟于一身，是兼大卜、卜师、占人之职，其于卜事或亲力亲为，全以占事之轻重而定，地位自无可比拟。

　　殷代贞人为占卜命龟者，除卜官、小臣、王臣、臣、工与殷王之外，可能还包括其他一些职官。郑玄《卜师注》以为，大祭祀、丧事乃由大卜命龟，大贞则小宗伯命龟，其他则卜师命龟。殷代的占卜制度是否划分得如此细致，尚待研究。然从殷王参与命龟的事实可以看出，殷代占卜的命龟之人显然不会只有卜官。学者以贞人实即卜人[30]，或以为史官，或以为其中之某些人当为侯伯首领[31]。事实上，某些官事每每是可以相通的。古制出为侯伯，入为王官，其职兼而存之。《占人》以"史占墨"。知史官参与卜事。《周礼·春官·大史》："大祭祀，与执事卜日。"郑玄《注》："执事，大卜之属。与之者，当视墨。"孙诒让《正义》："《大宰》注说卜日执事有宗伯，此不言者，以大史是宗伯之属，故不及也。"甚是。知命龟之人不仅包括殷王、卜官和小臣等官，也应包括史官。殷代史官又有作册一职，似为后世内史之祖[32]。西周吴方彝铭云："唯二月初吉丁亥，王在周成大室。旦，王格庙。宰脒佑作册吴入门，立中庭，北向。王呼史戊册命吴司旃㫚叔金。""旃"字据孙诒让考定，即武王克殷时用以指挥诸侯的大白旗，此等旗物皆由作册司管，而作册为史官，恰与"史"字形构取于掌旗之职吻合[33]。古代史官又以占验时日为职[34]，与占卜之事相契。

　　西周的占卜制度有与殷代类似的情况。周原出土甲骨文云：

48．王卜。　　（凤雏H11：28）

46．卲曰：并囟（思）克史（使）？　　（凤雏H11：6＋32）

47．己酉劃。　　（凤雏H11：128）

48．周公贞。　　（周公庙）[35]

49．匕贞：既覣？　　（凤雏H11：13）

50．□乎（呼）宝卜曰。　　（凤雏H11：52）

"卲"或以为即"召卜"之合文，谓召公之卜[35]。"劃"则也可以理解为"彘卜"之合文，谓史佚之卜[37]。"匕"、"宝"皆为人名[38]，当臣僚之属。据此可知，西周占卜活动中之卜者及命龟者，或为周王，或为周公、召公，或为史佚，或为其他臣僚。如果说匕、宝这些类似于殷代贞人的人物，其身份可能属于卜官的话，那么周王、周召二公及史佚显然都不是专司卜事的卜官，其地位显贵。很明显，殷周两代占卜活动中的作龟与命龟者，其身份是复杂的。但无论如何，史官参与占卜则是可以肯定的事实。

　　卜辞的书契者应该就是史官，而史官参与占卜，其中某些人也有可能充当命龟的贞人，而另一些史官或许不具有这样的资格。《周礼》以书命龟之辞由占人所为，然古卜筮官实也通谓之史。《逸周书·克殷解》："史佚迁九鼎三巫。""三巫"当读为"三筮"。而史佚参与卜筮，史载益明。《左传·僖公二十八年》："曹伯之竖侯獳货筮史。"《国语·晋语四》说晋文公筮得国，云："筮史占之，皆曰不吉。"韦昭《注》："筮史，筮人。"而此《占人》"史占墨"，《礼记·玉藻》则作"史定墨"，《大史》又云："大祭祀，与执事卜日。"郑玄《注》："与之者，当视墨。"知预卜之史或有大史，或有内史。春秋时亦多使史官占卜，是卜筮官与大史为官联也[39]。

史为古之善书者，古以作册名官，义尤明显。而西周金文凡言册命事，也多以史官书记，属于《周礼》所称之内史。

趞鼎：史籀受王命书，王呼内史𦅫册赐趞。

袤鼎：史𤕌受王命书，王呼史淢册赐袤。

颂鼎：尹氏受王命书，王呼史虢生册命颂。

四十二年逨鼎：尹氏受王釐书，王呼史淢册釐逨。

四十三年逨鼎：史淢受王命书，王呼尹氏册命逨。

"尹氏"乃金文官名"内史尹"或"作册尹"之省称，或以为即史官之长，而史籀、史淢、史𤕌皆为周宣王史官，其书记册命事，明文可稽。又周初之史佚于《周书·洛诰》称"作册逸"，《逸周书·克殷解》则称"尹逸"或"史佚"，"尹"即周金文之"尹氏"，故知作册即为内史。孙诒让《周礼正义》云"尹逸盖即为内史，以其所掌职事言之则曰'作册'。（旧注）并以尹逸为大史，非也。《觐礼》及《左》襄二十年传，并以大史掌策命之事，疑内史大史亦通称。""孔广森据《国语·晋语》'文王访于辛尹'，与《左传》'辛甲为大史'，证尹佚当为内史，其说甚碻。若然，通言之，内史亦得称大史。"其说是也。《周礼·春官·内史》："凡命诸侯及孤卿大夫，则策命之。……王制禄，则赞为之，以方出之。赏赐亦如之。内史掌书王命，遂贰之。"郑玄《注》："郑司农说以《春秋传》曰'王命内史兴父策命晋侯为侯伯'。策谓以简策书王命。赞为之，为之辞也。郑司农云：'以方出之，以方版书而出之。'杜子春：'方，直谓今时牍也。'（贰），副写藏之。"贾公彦《疏》："谓王有诏敕颁之事，则当副写一通，藏之以待勘校也。"孙诒让《正义》："'内史掌书王命'者，谓王之命令施于畿内诸臣者。《玉藻》所谓'右史书言'，王命即王言也。《史记·晋世家》云：'成王削桐珪与叔虞，史佚曰：天子无戏言，言则史书之。'内史为右史。"内史掌书王命，自应包括其决疑占龟之辞。故某些王卜辞之书契当出自史官。

除史官之外，《周礼》于各官尚皆有府史之属，为掌书者。郑玄《周礼注》："府，治藏。史，掌书者。凡府史皆其官长所自辟除。"《说文·史部》："史，记事者也。"是史以记事为职，因之凡掌治文书之吏，亦通谓之史。《周礼·天官·宰夫》："掌百官府之徵令，辨其八职。……六曰史，掌官书以赞治。"郑玄《注》："赞治，若今起文书草也。"此则各官属之史职。据《周礼·春官·叙官》所载："大卜，下大夫二人；卜师，上士四人；卜人，中士八人，下士十有六人，府二人，史二人，胥四人，徒四十人。"又龟人有史二人，菙氏有史一人，占人有史二人，此史皆以起文书草为职。而占人之职掌系币之责，郑玄以为即由史书其命龟之事及兆于策，可能已是后世制度的转变。此制之原，或许则由史以命龟之事径刻于龟甲兽骨。殷代占卜机构的组织情况尚不清楚，然以《周礼》衡之，其中似也应有类似的府史，这些史可能也是部分卜辞书契的承担者。

殷周时代的卜史之官乃世卿世禄，如此才能使知识与技能得到完整的传承。西周智鼎铭云：

王若曰："智，命汝更（赓）乃祖考司卜事。"

是智世为卜官。殷遗微氏家族旂、丰、墙、疢世代于周庭为史，皆有爵禄，与府史之属乃庶人在官者不同。然府史之属无爵，虽亦得与不命之士同称士，但其官为官长所除，不命于天子国君，与世官受王册命之事大异，故地位较低。《周礼》各官组织严整，恐怕不乏后世制度比例前朝的内容，而殷周时代通晓文字的人员尚不普遍，加之世卿袭爵，可供官除的职位已很有限，所以早期的府史与《周礼》所述恐有区别。殷代各朝王卜辞的书法风格已不止一种，承担卜辞书契者的史可能既会有王朝的史官，也会有占卜机构中的史官。而武丁时期的非王卜辞就目前所见已有"午组"、"子组"、"非王无名组"和花东子卜辞数种，负责这部分卜辞的书契者应该是各小宗占卜机构中的史官。

古史为官，自幼向学，不独讽诵，尤善书道。张家山汉墓竹简《二年律令·史律》云："史，卜子年十七岁学。史、卜、祝学童学三岁，学佴将诣大史、大卜、大祝，郡史学童诣其守，皆会八月朔日试之。[试]史学童以十五篇，能讽书五千字以上，乃得为史。又以八体试之，郡移其八体课大史。"[40]文中所言"十五篇"即周宣王太史籀之《史籀篇》，"八体"则谓秦书八体，即大篆、小篆、刻符、虫书、摹印、署书、殳书和隶书。《汉书·艺文志》载《史籀》十五篇，又有《八体六技》，师古《注》引韦昭曰八体即秦之八体。六技，王应麟《汉志考证》疑即亡新六书，不可据。钱大昭《汉书辨疑》引李赓艺云："六技，当是'八篇'之伪，小学四十五篇，并此八篇，正合四十五篇之数。"说是。班固《叙论》云："汉兴，萧何草律，亦著其法，曰：'太史试学童，能讽书九千字以上，乃得为史。又以六体试之，课最者以为尚书御史史书令史。吏民上书，字或不正，辄举劾。'六体者，古文、奇字、篆书、隶书、缪篆、虫书。皆所以通知古今文字，摹印章、书幡信也。古制，书必同文，不知则阙，问诸故老，至于衰世，是非无正，人用其私。故孔子曰：'吾犹及史之阙文也，今亡矣夫！'盖伤其寖不正。"许慎《说文解字叙》云："自尔秦书有八体，一曰大篆，二曰小篆，三曰刻符，四曰虫书，五曰摹印，六曰署书，七曰殳书，八曰隶书。汉兴有草书。尉律：'学童十七以上始试，讽籀书九千字，乃得为史。又以八体试之。郡移太史，并课最者以为尚书史，书或不正，辄举劾之。'今虽有尉律不课，小学不修，莫达其说久矣。"所述相同。知诵读与书技乃共为为史者必须考核的科目。诸文所言虽为汉制，但以此例前，殷代早有作册之官，故充任史官当然也会以善书为其入官的基本条件。

二　殷史的契刻训练

文字的书契从了解基本的间架结构而致达到法书的艺术境界，必须经过长期而艰苦的训练。甲骨文书法的艺术水平暗示了承担契写卜辞的契手或史官具有极高的法书造诣，这意味着殷代的占卜制度中已经建立起了一套严格的法书学习制度，这种制度以师徒传授的方式所体现，因而决定了甲骨文书法风格的异同变化。

如果卜辞的契刻者是史官，那么对于善书的史官来说，事实上是没有必要再对他们重复进行书写的基本训练的。但问题的关键是，甲骨文并非以毛笔书就，而是以利刀契刻而成，这种全新的契刻文字的技法将使史官善书的特长无从发挥，因为善书与善刻毕竟是完全不同的事情。甲骨文的契刻工具是刻刀而非笔墨，以笔书写与以刀契刻则体现着两种截然不同的技能。很明显，史官如果要能胜任契刻卜辞的工作，就必须进行契刻的专门训练。因此，甲骨文的契刻训练其实质都应视为对已经具有相当书道能力的史官的新技能的培养。

（一）范刻与习刻

汉字的双重性既在于其实用性，也在于其艺术性。汉字在完成它作为记录语言的功能的同时，也非常注意将这些符号加工美化，使之成为特有的书法艺术形式。当然，使文字成为法书，不经过长期的刻苦磨炼是不能想像的，甲骨文大量习刻作品的发现，证明习刻的目的其实就是一种通过以契刀契刻的方式而使文字逐渐艺术化的"临池"训练。理由很简单，结体粗陋、刀法笨拙的书手是没有资格契刻卜辞的，而正式的卜辞和记事刻辞作品皆刀法圆熟，字形俊美，表明在殷代的占卜制度中，对书法审美标准的要求是极其严格的。

任何高明的契手，其艺术实践都必须经历着一个从生到熟，又从熟到巧的过程。熟手建立标准供后辈临习，或操刀示范以纠正习者的错误，后世之学书者如此，殷人所建立的书契教育制度亦是如此。《粹编》1468 版乃范刻习刻兼存之佳证（图 6），郭沫若曾对此版所见范刻与习刻的关系有着细致的观察：

> 该片原物当为牛胛骨，破碎仅存二段，而文字幸能衔接。所刻乃自甲子至癸酉之十个干支，刻而又刻者数行，中仅一行精美整齐，余则歪剌几不能成字。然於此歪剌者中，却间有二三字，与精美整齐者之一行相同。盖精美整齐者乃善书善刻者之范本，而歪剌不能成字者乃学书学刻者之摹仿也。刻鹄不成，为之师范者从旁捉刀助之，故间有二三字合乎规矩。师弟二人蔼然相对之态，恍如目前，此实为饶有趣味之发现[41]。

> 此由二片复合，与前片当同是一骨内容乃将甲子至癸酉之十日，刻而又刻者。中第四行，字细而精美整齐，盖先生刻之以为范本。其余歪斜剌劣者，盖学刻者所为。此与今世儿童习字之法无殊，足微三千年前之教育状况，甚有意味。又学刻者诸行中，亦间有精美之字，与范本无殊者，盖亦先生从旁执刀为之。如此行之辰、午、申，三行之卯、巳、辛诸字，是也[42]。

这种现象表明，卜辞契刻者的学习过程是严格而艰苦的，为师者从旁监督，耳提面命，为徒者认真临习，一丝不苟。此版正面第二行的"卯"字甚为恶劣，左旁为先刻，但契手对于以刀契刻出圆形的笔画结构还无力驾驭，故只得施以三刀，将"ϟ"刻成"Ϥ"，以方代圆[43]；然而在契刻右旁时，契者显然已经注意到这个问题，尽管奏刀不够流畅，但却已有能力以圆笔完成字的结构，至于以后契刻的"卯"字便也如此而然。这些现象不仅体现了习刻者对于结体与刀法的认真琢磨，同时更重要的是，这种敏锐的领悟力显示

图 6　范刻与习刻文字拓本（《粹》1468，左. 背面，右. 正面）

出习刻者本身已经具有了相当的书学功力，这意味着甲骨文的习刻并不是初识文字的人的契刻尝试，而是具有一定书学基础的人的契刻练习。

其实通过对某些细节的分析也可以获得一些重要的认识。此版的习刻文字虽极拙劣，显为初次试刀的新手所为,但第二、三两行的"己"字与师傅范刻的"己"字方向相反,证明习刻者显然都是识字之人[44],他们懂得字体怎样的反正关系对于字义本身并不存在影响。显然,这种对于文字取势的自由发挥是那些不能对文字的结构有相当程度的掌握的初学者所无法做到的。认识这一点非常重要,它说明甲骨文的习刻者原本都已具有一定的书法功力,这意味着习刻者应该就是当时的史官,而习刻的练习只不过是为史官提高契刻技能而设立的专门功课而已。

甲骨文中的习刻作品除见有习刻文字和卜辞之外,还有大量的表谱刻辞,包括干支表和周祭祀谱。殷人以干支记日,干支字成为甲骨文中出现频率最高的文字,契手必须熟练掌握。但正式的干支表恐怕多以玉为之,而不会刻在甲骨之上。现藏天津市艺术博物馆的商代玉版干支表残件即为此物[45],可供查核之用。而周祭又是晚殷时期的重要祀典,正式的祀谱应书于简册而通过"贡典"的仪式献于神前。显然,殷代甲骨上出现的这两类刻辞都不是实用之物,而应是为训练契手的范刻或习刻之作。

《合集》37986版向被认为是干支表的范刻作品,其实也不应排除这是一件比较成熟的习刻之作。因为与很多同时期卜辞中的干支字相比,这些文字多少还不免带有生涩稚拙的味道。即使与某些同类的干支表残版对观,其水平也算不得特别优秀,更为流畅自然的契刻作品其实并不乏见到。当然我们没有理由将这些作品统统视作为师者的范刻作品。初学者的习刻之作固然恶劣不堪,如《屯南》2661版,但随着契刻经验的积累和技法的进步,作品的质量也必然在逐渐提高,从而使习刻之作实际也存在着高下的区别。《合集》35406版为习刻的周祭祀谱,一旁还留有反复练习的两个"翌"字,这件作品也已比较成熟,它距初学者的奏刀尝试已有天壤之别。

表谱刻辞的契刻练习显然只是史官学习契刻的基本训练,当他们初步掌握了奏刀技法之后,模拟卜辞的仿刻就是接下来应该完成的又一项作业。这样的作品,学者或称为"习辞之作"[46]。《甲编》622版是一版较成熟的仿刻习辞之作,内容为:

甲子卜,王比东戈乎侯戋?

乙丑卜,王比南戈乎侯戋?

丙寅卜,王比西戈乎侯戋?

丁卯卜,王比北戈乎侯戋?

□辰卜,☑?

兕　兕　兕

屈万里认为:"原有乎侯戋之卜辞,习刻者仿其文,自拟干支,以重复刻之耳。"[47]三个"兕"字则属习字之刻。此版刻辞结字虽已讲究,但刀法尚嫌绵软,而《屯南》2576＋4403版则已显出从容之态,应是积累了一定契刻经验的仿刻之作[48]。《合集》35261(甲)版为反复练习的田猎卜辞之作(图7),由其日辰之有甲子、乙丑及壬寅、癸卯而言,为时似亘两阅月,然日日卜逐麑,亦颇足异[49],当为习刻者拟辞而习之。而《合集》所载与其同文的习刻之辞,不仅书风一致,干支也皆相连属[50],显属一手所为。《合集》19956及19957(反)两版则属习刻的祭祖卜辞(图8)。前者尚嫌幼稚,后者则已渐趋成熟。而《合集》20576(正)版则为"自组"牛胛骨刻辞,全版文字皆倒刻于骨,且卜辞干支衔接，而同日所占之事皆并列重复施刻，少者再重，多者六重，不见对贞，行款并依重刻者比肩而书（图9），与真实的卜辞大相径庭，显系习书者所为[51]。然观其文字，结体和谐，刀法自然，其先拘筋力，又遒润加之，详雅起发，收纵嬗递，已少有稚拙趑趄之气，实属颇为成熟的习辞之刻。这些仿刻作品似皆有蓝本[52]。应是契手正式参加占卜活动之前的预备训练。

学习契刻与学习识字不同，契刻的学习重点在于对刀法技巧和以刀代笔的结字特点的掌握，从而形成一种特有的契刻风格。"黄组"刻辞中众多的干支习刻都表现出相当一致的风格特征，表明契刻的学习其实就是风格的学习。事实上，由于学契者皆有范本可供临习，因此习刻者通过对范本结字特点的模仿，必然形成与范本相同的风格。这种做法犹如今日学书，临欧则欧，摹赵则赵，而不可能形成与所临之书绝无关系的书风。况且从《粹编》1468 版反映出的殷人学契所具有的严格的师承关系来看，甲骨文书法风格的传承也是十分自然的事情。《合集》27456（正）版"何组"刻辞左右骨边的文字若行云流水，但骨面中央的数条卜辞则略显幼稚，刀法也露顿挫之态，甚至将殷王行占的卜辞中的个别文字倒书，明显可以看出属于新老两位刻手或者师徒二人的作品（图10）[53]。同版卜辞的背面尚存习刻之辞，当为同一位新手所刻。但值得注意的是，这些师徒的文字虽有高下之分，然而风格却极为相近，表现出新手对于为师者书法风格的

图 7　习刻拓本（《合集》35261 甲）

承传。《合集》26907（反）版"何组"刻辞所存两条卜夕辞，居上的一条为师傅的范刻，居下的一条则为徒弟的习刻，其书风相同，一目了然。足见为徒者对于师风的继承是一丝不苟的。前人以为，古之学书皆有师传[54]，诚不误也。很明显，这种书法风格的传续

图 8 习刻拓本
1.《合集》19956 2.《合集》19957 反

现象将直接影响到甲骨文分期断代研究的方法问题。因此，师傅所做的范刻，其作用并
不仅是为提供结体和刀法的范本，而且也提供了风格的范本。同样，习刻者对于范本的
学习也不单单是对结体与刀法的模仿，而更是对一种风格的继承。其实仔细分析甲骨文
的书法风格，其间的传承因袭关系有些是十分清楚的。显然，由师传所导致的书法风格
的相同与近似不宜以殷王的时代作为断限的依据，不同师门的并存既可以使同一时期呈
现出不同的书风，而门派的延续也可以使同一种书风在不同的时期长期存在。这些复杂
的情况意味着以书迹作为甲骨文断代的标准需要我们审慎地加以对待。

殷人契刻文字的工具既有青铜刀，也有玉刀[55]。契刻的方法或施单刀，或施双刀[56]。
字体或苍劲浑古，或圆润秀丽，或方折挺峭，或曲转婀娜，其运刀如笔，游刃有余，变
化万千，技精艺绝。这些令人叹赞的技法的培养当然不会是一朝一夕的功夫，其师徒授
受的教习制度足可体味。

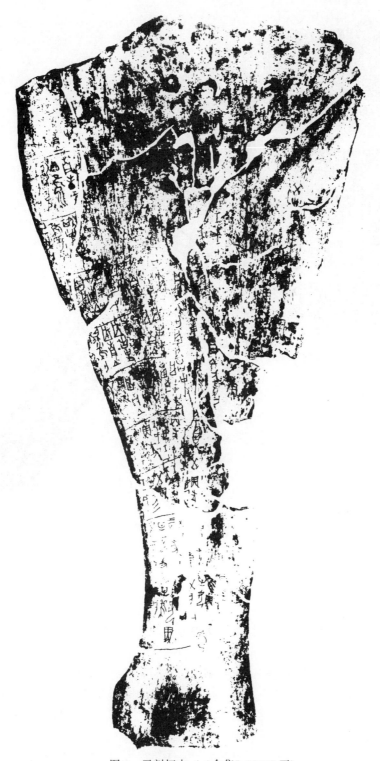

图 9　习刻拓本（《合集》20576 正）

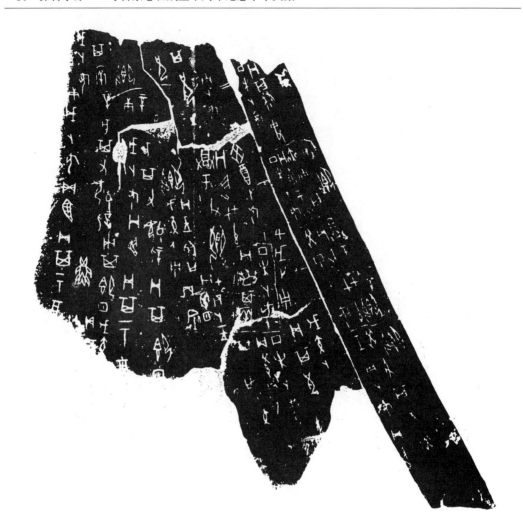

图 10　"何组"刻辞拓本（《合集》27456 正）

（二）书与画

书画同源是中国传统艺术的特点。汉字起源于象形，不仅独体之"文"是古人依类象形、随体诘屈而创作的产物，而且由这些独体之"文"所构成的复体之"字"也具有相同的特点，因此从这一观点看，书与画无疑有着共同的来源。

汉字描写物像的方式是以点画线条勾勒出物象的轮廓，因此线条不仅成为构成汉字的基本元素，同时也是绘画的基本元素。显然，书与画的同源事实上展示了古人对于客观物象的相同的表现手法，这意味着我们不仅可以通过早期文字的独特造型了解朴素的构字观念，而且也可以了解朴素的绘画手法。

商代甲骨文中的某些字与画其实很难区分，字以象形为基础，但所绘形象过于逼真的作品事实上已不啻为绘画作品。《甲编》2343＋2307 版为刘渊临缀合的一版武丁时期的

"自组"牛胛骨刻辞[57]，上面刻有数条卜辞和雄雌两只猕猴，这便是董作宾曾经讨论过的著名的"人猿图"[58]（图11）。其实猕猴的形象尽管写实，甚至雄性猕猴的特征也很鲜明，但这些作品明显已做了拟人化的处理。两只猕猴与其下的卜辞并没有直接关系，因此它可能并不是甲骨文"夒"字的更为象形的写法[59]。

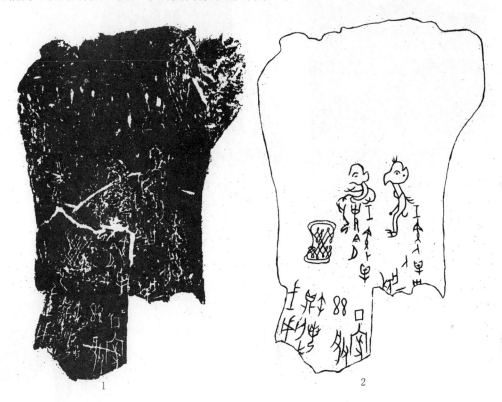

图11　习刻拓本（《甲编》2343＋2307）

1. 拓本　2. 摹本

相似的绘画作品还见于《甲编》2336 版（图 12—1），这也是武丁时期的"自组"牛胛骨刻辞。骨上的刻画除两只猕猴之外，还有一虎、一鸟和一置于火上的长毛之兽。两只猕猴均与《甲编》2343＋2307 版上母猴的形象相同，但虎与鸟的形象则已脱离写实而明显地符号化了。

我们在商代的甲骨上其实可以看到很多颇为形象的绘画作品。《甲编》2422 版在卜辞之间契刻了三个动物形象，即一虎、一鹿和一只有孕的大象，大象腹中的小象没有画出眼睛，而鹿则画在大象的腹下，其用意显然是想通过以小巧的鹿衬托出大象高大魁伟的身躯（图 12—2）。三个动物的形象十分逼真，完全没有符号化的痕迹，可以说是原始的绘画作品。

值得注意的是，殷人的这些绘画作品基本都是与习刻的文字同版共存的，这意味着它们也都应该属于习刻之作[60]，而并不是史官写字厌倦后的随意所为[61]。事实上，如果

图 12　习刻拓本
1.《甲编》2336　2.《甲编》2422

书画同源是中国传统书画艺术的突出特点的话，这一点对于作为文字的创造者和使用者
的早期先民而言，当然比我们理解得更为深刻，那么对复杂的动物形象的契刻练习就完
全有理由视为学习契刻者的一种有效的学习方法。习刻者借练习契刻的机会，通过对不
同动物形象的摹刻而锻炼其观察自然的能力，这恐怕才是甲骨上出现动物绘画的真正原
因。这方面的例子我们还可以举出《合集》19956 及 19957（反）两版"自组"习刻卜辞，
其上除习刻作品之外，都同时刻有一形象的"鹿"，而习刻内容却与鹿毫无关系（见图
8）。足见所刻的"鹿"只是契手习刻之前的试刀练习。而前举《甲编》622 版以三"兕"
字与其他习刻卜辞同版共存，也属同类情况。值得注意的是，这些习刻之作实际已经颇
成气候，所以"鹿"字自也自然生动。类似的试刀练习当然不可能有范刻可循，学习者
必须师法自然，运用平时的观察经验和书学积累，凭记忆完成作品。正因为有了这样的

训练，所以甲骨文字才显得趣味盎然，生动传神。如《花东》108 版的
"狼"字，虽寥寥数笔，但造型准确，契手将狼的极富特点的尾巴表
现得十分传神，使其形态活灵活现，大有呼之欲出之感。很明显，书
契文字达到如此神似的地步，不经过长期的观察和反复的磨炼是不
可能做到的。因此，甲骨上的绘画作品，其实都应视为学习契刻的基
本训练。

　　甲骨文中的某些动物绘画虽然并不是为记录语言而作，但这并
不能成为它们与文字无关的理由，这些图画或许正体现了原始象形
文字的基本特点，它们与文字的关系当然十分密切，就像商周金文中
作为族氏徽号的文字常常也写得十分象形一样，但我们却并不能认
为它们不属于文字[62]。其实在众多的甲骨文字之中，某些文字的象形
程度一点都不亚于绘画。《合补》1971 版的"鸣"乃像雄鸡报晓之形
（图 13）。《合集》11497（正）版的"乌"字乃乌鸦之象形（图 14）[63]，
两者的形象都十分传神。而《合集》19813 版"自组"卜辞的"马"字
俱写图画，实为文字（图 15）。故以画为文应该正体现了早期书人的
创作特点。事实上，真正的绘画作品除了乙辛时期的雕饰兽骨之外，
是不大可能出现在甲骨材料上的，而上述这些在形式上介乎文字与
绘画之间的象形作品，其实都应属于早期的图画文字，正因为汉字的
基础源于象形，因此作为学习刻辞的基本训练，摹写形象复杂的动物
形象便成为契手必不可少的功课。显然，对于了解书画同源的传统，
这当然都是极好的研究素材。

三　刻辞与书辞

　　甲骨文的内容涉及卜辞、记事刻辞、表谱刻辞及少量的习刻之
作，这些文字除极少的部分是用毛笔蘸硃或蘸墨书写的，基本上都是
用刀子在甲骨上契刻而成。书辞显示了史官原本具有的书学技能，而　图 13　"宾组"刻辞
刻辞则是他们为契刻卜辞的需要而锻炼的新技能的产物。　　　　　　　　　　拓本（《合补》1971）

　　甲骨文契与书的关系可能并不简单，少数刻辞有先书后刻的情况，因为书写的点画
较粗，而奏刀契刻则锋刃纤细，所以这些文字虽经契刻，但墨迹犹存，因此极易识别[64]。
然而在一般情况下，刻辞却并不需要以毛笔书稿，而是用利刀径刻而成。事实上我们很
少能够发现在字的契口周缘尚存墨迹或朱迹的现象。《甲编》2280 版"壬申"二字颇显幼
稚，其中"申"字缺刻末画，而未刻的末画尚残留书写的痕迹，屈万里遂援为先书后刻
的证据[65]。类似的例子其实并不多见。甲骨文字的字形大小悬殊，有些字小如蝇头，且
行密如织，这样的文字显然并不容易靠书写来完成[66]。至于周代甲骨文或微如粟米，更
非用毛笔书写所致。况且由于龟甲骨片上的胶质和磁质的原因，在上面写下极小的字几
乎不太可能[67]。因此，董作宾主张甲骨文都是先书而后刻，其中的书辞应系用毛笔写完

图14   "宾组"刻辞拓本（《合集》11497 正）

后忘记契刻的结果[68]，这种可能性恐怕并不存在。

　　甲骨文中的某些大字以双刀法刻成，比以单刀法刻出的字更接近书写的风格，其中以武丁和帝乙、帝辛时期较为多见，故而学者或以这部分文字属于先书后刻[69]。其实先书后刻的文字特点极为鲜明，《乙编》5867 版为典型的先书后刻的范例，我们看到，在契手奏刀刻过之后，笔墨的痕迹犹在，书写的笔画明显粗于刀刻的笔画，而且个别笔画书写得较长，而刀刻的笔画则相对较短[70]。相同的例证又见于《丙编》27、66 等版。这种现象说明，契手在以书稿为底而施以刀契的时候，并未遵循书辞的笔触而加大笔画，却只在粗壮的笔画间施以单

图15   "自组"刻辞拓本（《合集》19813，局部）

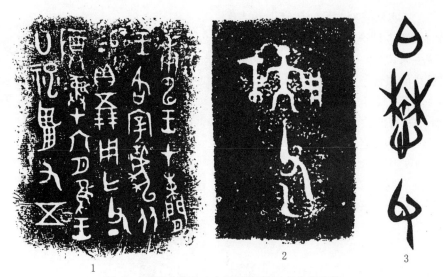

图16　商代晚期金文与西周早期墨书文字比较

1. 宰梽角铭文（帝辛朝）　2. 父乙鼎铭文（商代晚期，殷墟西区 M1573：1）

3. 白懋父簋内底墨书（西周早期，洛阳北窑 M37：2）

刻。然而这种现象在武丁和帝乙、帝辛时期的诸种大字刻辞上是绝不能看到的，即使某些大字刻辞并未以双刀契刻而致留有较细的笔画，也未见残存任何朱书或墨书的痕迹。如果将书辞与刻辞的书体进行比较，二者的差异也甚为明显[71]。殷末至西周早期的金文多呈波磔，这显然来源于毛笔的用笔特点，我们从偶尔存留的西周铜器墨书文字可以看出[72]，金文的笔意其实比较忠实地保留了毛笔的运笔特征（图16）。然而与同时期的金文相比，这些极富毛笔用笔的特点在甲骨文中是不曾出现的，且不说以单刀法契刻的文字，即使帝乙、帝辛时期那些以双刀法契刻的文字，也未见有任何毛笔的运笔特征。如《佚》426、518 两版宰丰兕骨刻辞、《甲编》3939 版兕头骨刻辞、《甲编》3940、3941两版鹿头骨刻辞及《乙编》8688 版牛距骨刻辞（图17），尽管文字结体宽博，刀法圆畅，已见刀法与笔法相互融合的趋势，然或点画纤细，契手时借刀笔力为撇捺，其趣甚浓，但

图17　"黄组"刻辞
拓本（《乙编》8688 版）

囿于刀契的局限，仍难逞姿媚，从而与金文笔意形成鲜明的区别。这种现象明确地证明，甲骨文基本上是未经书写而径刻而成的，少量以毛笔书底后再施契刻的做法，也绝不见沿毛笔丰腴的笔迹勒刻的现象，而只是以书辞作为参考而施以单刻。因此，大字刻辞虽然在风格上更接近书辞，但恐怕并不需要书稿作底。学者或通过显微镜放大观察甲骨文的契刻字迹，同样没有发现用毛笔书写的蛛丝马迹[73]。这意味着甲骨文绝大多数都是直

接刻成的。其实从篆刻艺术的角度讲，以毛笔书稿的做法也显得没有必要，因为对于有经验的刻手来说，以刀完成他们熟悉的书体是轻而易举的事情。

契手刻字的程序一般是先刻所有的直画，再补刻所有的横画。《通》6 版记录了殷历正二两历月的月名和全部干支，其中正月名"食麦"，二月名"父秅"[74]，而干支字中于第二行以下则多仅存直画，缺少横画[75]。至于契手为何只补刻了两行横画便停顿了下来，原因难以推测，但这个例证已足以显示殷人契刻文字的基本次序。

先直后横的契刻方法虽然普遍，但这显然不是殷人契刻文字的惟一做法。据学者对甲骨文缺刻笔画现象的研究，缺刻横笔者虽属主流，但缺刻直笔的现象也不是没有，尽管这种情况并不常见，当然有时还会出现缺刻整字中某一部分的情况[76]。这些缺刻现象不仅反映了甲骨文的契刻次序，而且除个别文字之外，几乎所有缺刻笔画的地方都没有留下毛笔书写的痕迹[77]，这为甲骨文并非先书后刻，而是契手奏刀径刻的事实提供了佐证。

甲骨文的书辞尽管不多，却极富特色。据学者研究，书辞虽然几乎全部书写于甲骨的背面，但是见于卜骨和卜甲的书辞却各有不同。其中卜骨书辞倒书，卜甲正书；卜骨书辞或与同版刻辞非属同时，内容无关，而卜甲书辞则与同版卜辞相关，有些甚至书刻相杂，或半书半刻；卜骨书辞多与习刻之作并见，卜甲书辞则属正式的卜辞或记事刻

图 18　商代晚期绿松石镶嵌刻辞
1.《怀特》1915　2.《佚》427
（上．正面，下．背面）

辞[78]。这些现象显示，书写于卜骨上的文字或许只是出于习刻者为契刻练习所作的书稿，而卜甲上的书辞则应是正式的占卜和记事记录，这再次证明以毛笔书写已是习刻者原本已经具有的本领。然而《乙编》27 和 66 两版都是朱书间杂契刻的卜辞，后者更有数条卜辞于字口朱痕尚存，显系书而后刻，而在先书后刻的文例中，又有个别文字书而不刻[79]。这些现象说明了什么？我们推测，这些作为正式卜辞或记事刻辞的书辞或许体现了契手从习刻阶段向从心所欲地施刻阶段的过渡，这实际是每一位契手正式承担卜事之后的必

经过程。尽管契手平素的训练已使他们从生手成长为熟手，并有资格胜任正式契刻卜辞的工作，但当真正面对用于占卜的灵甲灵骨而实际操作的时候，经验与信心恐怕比技巧更显得重要。于是为避免出现差错，确保万无一失，史官先以毛笔书稿则是比较稳妥的选择，因为即使对于老练的刻手，漏写之后的补刻也常会发生。而这些书写的卜辞，有些随后又施以刀契，有些则有意留而不刻。当然随着经验的积累，高明的刻手直接于甲骨上奏刀施刻便成为了普遍的做法。这种转变与今日之篆刻训练别无二致。

帝乙、帝辛时期某些镶嵌绿松石的记事刻辞似乎也是先书而后刻，但与上述为避免错误而先书后刻的目的不同，此类文字之所以需要先以毛笔书稿，则应是出于镶嵌的考虑。《佚》427 版兕骨刻辞及《怀特》1915 版虎骨刻辞皆为正面的镂雕图像及背面的文字镶嵌松石，属于这样的作品（图18）。我们知道，由于镶嵌工艺的特殊要求，文字的笔画需粗细均匀，字口平齐，体势整饬规矩，而观察此类镶嵌刻辞，皆点画宽博匀称，收纵嬗递圆转流畅，笔画的衔接未见断而不连的现象，特点十分鲜明。因而为完成镶嵌的工序，文字的布措也必须如其正面的兽面图像一样经过严格的设计，所以这类作品都应是先书而后刻。将其与同时期的金文对比（图19），也可看出二者的风格绝多相似，如《怀特》1915 版之"大"、"鸡"、"隹"等字的用笔特点即与卲其卣铭文的"大"、"爽"、"隹"等字极为接近。很明显，这种在契刻之前先以毛笔书稿的做法，其目的事实上并不是为尔后的契刻提供范本，而是适应着镶嵌工艺的设计要求。

图19　帝辛时期卲其卣铭文
1. 二祀卲其卣铭文　2. 四祀卲其卣铭文

卜辞契刻于龟甲或兽骨的什么位置也并非漫无标准，根据现有的资料分析，大部分卜辞契刻于龟甲或兽骨的正面，但有些则书契于背面，而就契刻于正面的卜辞而言，于龟甲或兽骨的不同位置有时也刻意表现出大小巨细的差别。《合集》11497（正）版以双刀大字契刻于左右首甲，其他位置则契刻小字（见图14）。《合集》903（正）版以双刀大字契刻于后右甲与后左甲，其余部分则为小字。《合集》6834 版以双刀大字契刻于前右甲与前左甲，其他位置则契刻小字。《合集》10408（正）版以双刀大字契刻于尾右甲，其余部位则为小字。《合集》34165 版以双刀大字契刻于牛胛骨骨面上端，其他部位则刻以小字。《合集》33986 版以大字契刻于骨面右下，其他位置则施刻小字。《合集》1075（正）版以双刀大字契刻于骨面左侧，其他文字则施以单刀。这些变化除在客观上产生了大小对比的强烈艺术效果之外，从而使大字的内容得到了强调和突显，但其契刻位置的变化，其根本原因恐怕还在于其时占卜书契制度的影响。《周礼·春官·卜师》："凡卜，辨龟之上下左右阴阳，以授命龟者而诏相之。"郑玄《注》："上，仰者也。下，俯者也。左，左倪也。右，右倪也。阴，后弇也。阳，前弇也。"吴廷华《仪礼章句》："龟之上下左右，皆以龟甲言。盖在功治之后，临卜时辨之，则即甲之上下左右阴阳耳。"是契刻卜辞之位置依卜而定，卜事关乎卜辞，制度严格。

四　甲骨文的装饰

甲骨文字于契刻之后，有些则在字口之内填以朱色、褐色或黑色颜料，使之鲜明绚烂，妍丽美观，个别则更镶嵌以绿松石，灿然夺目。

以绿松石镶嵌文字和花纹的例子如《佚》427 版的雕花残骨柶。骨柶正面镂有兽面，背面刻有文字，内容是："辛巳，王翦武丁，曩（裯）〔于〕□录（麓），隻（获）白兕。丁酉☑。"兽面及字中皆嵌以绿松石（见图 18，2）。此器似以兕骨治以为柶，以旌田功[80]，故以镶嵌之法昭明文字，以增美观。

《怀特》1915 版（即《合集》37848 版）是另一件绿松石镶嵌雕花骨柶，其正面镂有兽面及龙形图像，背面镌刻文字（见图 18，1），内容为："辛酉，王田于鸡录（麓），隻（获）大窭虎。才（在）十月。佳（唯）王三祀彡日。"此辞历日与周祭祀典合于帝辛祀谱[81]，当为帝辛之物。辞记纣王田猎获虎，故以虎骨制以为柶，以资纪念。《史记·殷本纪》谓商纣"材力过人，手格猛兽"，所言不虚。

2005 年殷墟安阳钢铁公司 11 号殷墓曾经出土帝乙、帝辛时代绿松石镶嵌的骨雕文字作品，内容为："壬午，王迻于召窜，延田于麦录（麓），隻（获）兕，亚易（锡）☑。"镶嵌工艺规整，保存状况完好，文字谨饬圆正，镶嵌绚烂夺目，精美异常[82]。

这些作品都应是先以毛笔绘就书就图像和文字，再以契刀施刻，最后磨错镶嵌而成，工艺细腻而严格。而还有一些与此类似的作品，却只以绿松石镶嵌正面的镂雕图像，并不涉及背面的文字，因而这些文字实则径以刀契。如《佚》426 与 518 两版宰丰骨刻辞，正面的兽面雕饰图案皆残留有绿松石镶嵌的痕迹[83]，但背面的文字却点画纤秀曲转，粗细不均，常断而不连，如"于"、"菉"、"隻"、"宰"、"酤"诸字（图 20），将这类文字与经镶嵌处理的文字对观（见图 17），其风格差异甚为显著。显然，这样的点画结构并不适于镶嵌的操作。

与这种镶嵌装饰工艺相比，于字中填色的做法无疑简单得多。由于经历了数千载的埋藏，尽管有些文字中所填的颜色至今仍艳丽如初，但很多甲骨上原本所填的颜料已经褪色甚至脱落，致使我们无法判断今天见到的刻字甲骨是否原来都饰有颜色。尽管如此，

图 20　《佚》426 版宰丰骨刻辞（残）
1. 正面绿松石镶嵌龙形图案　2. 背面刻辞影本
3. 背面刻辞拓本

根据现有的资料分析，可以相信殷人于字中填色的做法绝非个例，当时恐怕在文字契刻完成之后，有相当一部分刻辞都需要经过饰色的处理，这可能成为占卜制度中的一项固有程序。尤其是在武丁时代，填色装饰的做法比后期更为普遍，而龟甲填色的情况又要比牛骨常见，这或许反映了殷代相关制度的变化和不同。然而在王卜辞和非王卜辞中，这项技法都得到了广泛的应用。

字中填色在客观上可以使文字醒目而易于辨识，因为契刻施用刀凿，所刻之文字与甲骨本身并不能体现出颜色的差别，所以颜料的填饰便可以使文字突显出来。《丙编》65版刻辞正辞填墨，背辞为朱书间杂契刻，而契刻者则复填墨。这种现象表明，朱书、契刻、填色是完成刻辞的三个连贯的步骤，朱书只是为契刻提供了文字底本，这其实并不是所有契手必备的程序，而填色才是完成刻辞的最终工作。当然，使文字醒目的做法本身便具有强烈的装饰效果，这一点与殷人以绿松石镶嵌文字的做法异曲同工。

契刻之后的填色工作应是随时进行的。甲桥刻辞所记的贡龟记录显然完成于占卜活动之前。《丙编》538版正面刻辞填褐，背面占辞朱书未刻，而甲桥刻辞填朱，与卜辞不同，似为首先完成的文字。相比《丙编》354版，正面的文字、序数、兆辞皆填朱色，甚至卜兆刻纹都填饰墨色，背面的占辞也填饰朱色，只有甲桥刻辞未填饰颜色。似乎反映了殷人在后来的占卜活动中并不会顺带处理先前的刻辞。

　　文字中所填的颜色不仅有朱、褐、墨的分别，而且以色饰字的现象也非常复杂。单面刻字的甲骨，填饰颜色或通为朱色、褐色或墨色，或间饰朱、褐或朱、墨。而正背均有刻辞的甲骨，或正面刻辞填色而背辞不填，或正背刻辞均填颜色。所填颜色或相同，或相异。经初步归纳，大致可有以下十二类。

　　1. 正背刻辞均填朱。

　　2. 正背刻辞均填褐。

　　3. 正背刻辞均填墨。

　　4. 正辞填朱，背辞填褐。

　　5. 正辞填朱，背辞填墨。

　　6. 正辞填褐，背辞填朱。

　　7. 正辞填褐，背辞填墨。

　　8. 正辞填墨，背辞填褐。

　　9. 正背辞均大字填朱，小字填墨。

　　10. 正辞大字填朱，小字填褐；背辞填墨。

　　11. 正辞大字填朱，小字填褐；背辞间填朱、墨。

　　12. 正辞大字填朱，小字填褐；背辞不填。

　　字中所填的褐色可能是由朱和墨调成的，也可能是由朱色经过还原作用变成的，在没有经过化学成分的定性分析之前，尚不能断定它的成因。

　　甲骨刻辞常见大字与小字共存于一版的现象，且所填的颜色也有不同。董作宾认为，卜辞涂饰朱墨，完全是史官爱美，为了好看，并不是一定的制度[84]。陈梦家则从大字涂朱，小字填墨的现象，认为涂饰并非为了美观，而是有所区别的[85]。《丙编》207 版大字填朱，小字填墨，背辞亦然。《丙编》102、197 版大字填朱，小字填褐，背辞填墨。《丙编》1 版大字填朱，小字填褐，背辞不填。这些饰色的区别应该不会只是出于为使大字更加鲜明夺目而强调其刻辞内容重要的目的，而应体现着一定的制度背景。

　　文字设色的用意或许可以通过卜兆的设色处理间接地得到说明，因为占卜甲骨上的卜兆有时也以刀刻而成，而那些契刻的卜兆以及序数、兆辞往往同样以朱、褐、墨涂饰。兆纹所填的颜色通常都是褐色或墨色，序数和兆辞也以填饰褐色的时候为多，如果饰以朱色，那么属于它们的卜辞也一定填饰朱色。相反，填饰朱色的卜辞，其序数和兆辞却并不一定饰以相同的颜色。《丙编》276 版刻辞大字填朱，小字填褐，填朱的刻辞，其序数也填朱色，填褐的刻辞，其序数也填褐色，而界划纹、兆纹则一律填墨。这种对于甲骨各部分内容的设色处理或嫌复杂，但是对于卜兆施墨的做法却存在讨论的空间。

　　《周礼·春官·占人》："凡卜筮，君占体，大夫占色，史占墨，卜人占坼。"郑玄《注》："体，兆象也。色，兆气也。墨，兆广也。坼，兆舋也。体有吉凶，色有善恶，墨有大小，坼有微明。尊者占兆象而已，卑者以次详其馀也。卜人占坼。周公卜武王，占之曰'体，王其无害'。凡卜象吉，色善，墨大，坼明，则逢吉。"此体色墨坼皆言卜兆，而与殷代占卜制度以墨涂兆的现象相观，正与"史占墨"的做法相同。《礼记·玉藻》谓"史定墨"，《白虎通·蓍龟》

谓"士视墨"。其义俱同。《说文·土部》："墨,书墨也。"旧注以墨为龟兆所发之大画,如以墨画物之界域明显,此也即"卜"字之形象所取。古制以卜兆乃史所定者,故涂以墨,遂后世以卜兆称"墨"。《周礼·春官·卜师》:"扬火以作龟,致其墨。"郑玄《注》:"致其墨者,勃灼之,明其兆。"墨即兆也,其谓之墨者,实涂墨于兆而使之愈分明,当即郑玄所谓"明其兆"。孔颖达《礼记正义》:"凡卜必以墨画龟,求其吉兆。若卜从墨而兆广,谓之卜从;但坼是从墨而裂其旁岐细出,谓之璺坼。是大坼称为兆广,小坼称为兆璺也。"可明墨、坼之不同。《尚书》伪孔《传》:"卜必先墨画龟,然后灼之,兆顺食墨。"此乃孔颖达所本。孙诒让《周礼正义》引陈祥道云:"《卜师》:'作龟致其墨。'则后墨也。孔以为先墨画龟乃灼之,误。"又引江永云:"墨者,火灼所裂之兆,兆先以墨画而后灼也。兆之体不常,安能必其如人所画。"今以殷人占卜之物证之,知孔氏以墨画龟之说,其原本实当以墨涂饰卜兆,这项工作于灼龟之后施之,或更以刀复刻之,以明其广。古之占卜以墨大坼明则逢吉,其实墨大兼明乃可得吉,所以墨大与墨明对于趋吉避凶是同等重要的。兆广且明则吉,是殷人或刻兆,并以墨涂之,以使兆广而明。故据《周礼》"史占墨"之说可明,卜兆施刻并饰墨的目的恐即在于"逢吉"。以此例彼,卜辞饰色的做法应该也有相似的宗教意义。这个传统不仅可以追溯到新石器时代先民以硃砂涂饰文字的做法[86],而且商周时期的青铜礼器也可见于铭文与纹饰涂朱或涂墨的现象[87],甚至西汉时期作为封禅仪具的礼天玉牒,其文字也已经过涂朱的处理[88]。很明显,卜辞的饰色做法应该与这些用于通神的文字的设色方式具有相同的目的。

五　结　语

以甲骨文为代表的早期文字不仅是一种实用的文字,同时也是一种艺术的文字,如果从当时留存的诸种文字形式分析,文字的审美追求显然不是只为占卜通神的需要,而已成为殷代社会所普遍崇尚的美学观念的体现,这当然反映了殷人精神生活的丰富和品质的高尚。同时更有意义的是,法书的创作并非个别人的个人行为,它通过特有的教育形式而使相应的观念和技法得以传承,从而建立起目前我们所能知道的中国最早的书学制度。毫无疑问,殷代书家深厚的法书功力无疑得益于这种严格的书学师承制度以及个人的刻苦训练,因而在当时的社会形成了不同的书学门派和形式各异的书风,于各个不同时期表现出千差万别的风格特点。

殷代预卜者的身份是复杂的,除殷王、小臣、王臣、臣、卜官、工官以及其他一些官职之外,尚有史官,殷代的史官乃是当时的书家,他们作为占卜活动的参与者,有时也充当命龟的贞人。殷代遗物不仅留有他们用毛笔书写的文字,同时也留有他们用契刀契刻的文字。就以毛笔书写的文字而言,留存于甲骨、陶器、石器等不同材料上的文字有些则表现出相同的风格,证明它们都应出于史官之手。史官为契刻卜辞而研习契刻,这使殷周两代的书家将笔法与刀法融于一炉,在表现文字的结体和作品的章法上展现了高尚的审美情趣和精湛的处理方法。

史官以擅长书道为他们为官的基本条件之一,因而他们普遍具有良好的书学造诣。显然，甲骨文中的习刻之作都应是他们为契刻卜辞而学习的新技能的作品，而书辞对于新契手来说，无疑也具有预防错误的作用。殷代的书契学习具有严格的师徒制度，并由师法而最终形成风格，从而使甲骨文的书风与其时代呈现出错综复杂的面貌。

殷代占卜的书契制度不仅表现在对于书契的学习和师法的传承方面，同时也表现在卜辞于甲骨上的契刻位置与其大小的变化、刻辞的装饰以及与此相关的其他一些问题。这些做法看来并不是殷人随意而为或仅服务于审美的需要，而应体现着一定的制度背景。毋庸置疑，对于占卜通神的活动而言，求吉的目的比审美更具有意义。

附记：近日因与刘一曼先生合作编纂《中国书法全集·甲骨文卷》，遂撰是文。文稿草讫，曾就相关问题与刘先生切磋，并蒙订正文中罅漏，谨致谢忱。

注　释

〔1〕董作宾：《甲骨文断代研究例》，《庆祝蔡元培先生六十五岁论文集》上册，中央研究院历史语言研究所集刊外编，1933 年。

〔2〕董作宾：《甲骨学六十年》，艺文印书馆，1965 年。

〔3〕陈梦家：《殷墟卜辞综述》，科学出版社，1956 年。

〔4〕a. 严一萍：《甲骨学》第七章之四，贞人，艺文印书馆，1978 年。

　　b. 李学勤、彭裕商：《殷墟甲骨分期研究》，上海古籍出版社，1996 年。

〔5〕同注〔3〕，第 17 页。

〔6〕松丸道雄：《甲骨文字》，日本奎星會出版部，1959 年；《甲骨文における書體とは何か?》，《書道研究》1988 年 12 月號。

〔7〕同注〔3〕，第 518 页～519 页。

〔8〕金祥恒：《卜辞卜人解惑》，《中国文字》第 33 册，1969 年。

〔9〕同注〔3〕，第 182 页。

〔10〕饶宗颐：《殷代贞卜人物通考》，第 26 页～27 页，香港大学出版社，1959 年。

〔11〕郭沫若：《殷契粹编考释》，科学出版社，1965 年。

〔12〕同注〔3〕，第 175 页～176 页。

〔13〕饶宗颐：《殷代贞卜人物通考》，第 53 页～54 页，香港大学出版社，1959 年。

〔14〕同注〔3〕，第 178 页，181 页。

〔15〕《英》1117 面辞云："壬戌卜，宾贞：王占。卜曰：'子昌其唯丁娩，其唯不其嘉。'"背辞云："王曰：'其嘉。'""王曰：'不其嘉。'"遣词特别，且占辞决疑允否并存，自相矛盾，与殷卜辞通例不合。学者或以"卜曰"为卜官言（说见王宇信、杨升南主编：《甲骨学一百年》，社会科学文献出版社，1999 年；宋镇豪：《殷商王朝甲骨占卜制度的研究（续）》，《炎黄文化研究》第 7 期，炎黄春秋增刊，2000 年)，或定为伪刻（见姚孝遂主编：《殷墟甲骨刻辞类纂》下册，中华书局，1988 年)。此辞背辞文字质拙，然正辞则已近流畅，或属较为成熟的习刻之作亦未可知，姑存而不论。

〔16〕郭沫若：《卜辞通纂考释》，《郭沫若全集·考古编》第二卷，科学出版社，1983 年。

〔17〕同注〔3〕，第 182 页。

〔18〕商承祚：《殷契佚存考释》，金陵大学中国文化研究所丛刊甲种，1933 年。

〔19〕金祥恒：《卜辞卜人解惑》，《中国文字》第 33 册，1969 年。

〔20〕胡厚宣：《卜辞杂例》，《中央研究院历史语言研究所集刊》第八本第三分，1939 年。

〔21〕裘锡圭：《甲骨文中重文和合文重复偏旁的省略》、《再谈甲骨文中重文的省略》，《古文字论集》，中华书局，1992 年。

〔22〕屈万里：《殷墟文字甲编考释》，第 2622 版，历史语言研究所，1961 年。

〔23〕同注〔3〕，第 456 页。

〔24〕同注〔3〕，第 182 页、507 页。

〔25〕同注〔16〕。

〔26〕同注〔3〕，第 505 页。

〔27〕寒峰：《殷契小臣辨证》，《甲骨文与殷商史》，上海古籍出版社，1983 年。

〔28〕胡厚宣：《卜辞记事文字史官签名例》，《中央研究院历史语言研究所集刊》第十二本，1947 年。

〔29〕胡厚宣：《武丁时五种记事刻辞考》、《殷代卜龟之来源》，《甲骨学商史论丛初集》，河北教育出版社，2002 年。

〔30〕同注〔16〕，第 613 页～614 页。

〔31〕张秉权以为贞人只是一些代王发言的人，其中有些人则为侯伯首领，并不一定具备卜事的特殊技能。《甲骨文与甲骨学》，国立编译馆，1988 年。

〔32〕孙诒让：《古籀拾遗》卷下，第 7 页，中华书局，1989 年。

〔33〕冯时：《殷代史氏考》，《黄盛璋先生八秩华诞纪念文集》，中国教育文化出版社，2005 年。

〔34〕同注〔33〕。

〔35〕国家文物局：《2005 年中国重要考古发现》，文物出版社，2006 年。

〔36〕曹定云：《河北邢台市西周卜辞与邢国受封遗址——召公奭参政占卜考》，《考古》2003 年第 1 期。

〔37〕冯时：《陕西岐山周公庙出土甲骨文的初步研究》，《古代文明》（五），文物出版社，2007 年。

〔38〕a. 陕西周原考古队：《陕西岐山凤雏村发现周初甲骨文》，《文物》1979 年第 10 期。

　　b. 徐锡台：《周原出土卜辞选释》，《考古与文物》1982 年第 3 期。

〔39〕孙诒让：《周礼正义》卷四十八，中华书局，1987 年。

〔40〕张家山二四七号汉墓竹简整理小组：《张家山汉墓竹简（二四七号墓）》，文物出版社，2001 年。

〔41〕郭沫若：《殷契粹编·序》，科学出版社，1965 年。

〔42〕同注〔11〕，第 196 页。

〔43〕这种现象在素以圆笔著称的"自组"习刻作品中也常可见到，如《乙编》8686。

〔44〕高嶋谦一：《有关甲骨文的时代区分和笔迹》，《胡厚宣先生纪念文集》，科学出版社，1998 年。

〔45〕陈邦怀：《商玉版甲子表跋》，《文物》1978 年第 2 期。

〔46〕刘一曼：《殷墟兽骨刻辞初探》，《殷墟博物苑苑刊》创刊号，1989 年。

〔47〕屈万里：《殷墟文字甲编考释》，历史语言研究所，1961 年。

〔48〕姚孝遂、肖丁：《小屯南地甲骨考释》，第 202 页，中华书局，1985 年。

〔49〕同注〔11〕，第 124 页～125 页。

〔50〕林宏明：《殷墟甲骨文字缀合新例》，《古文字研究》第二十六辑，中华书局，2006 年。

〔51〕同注〔22〕，第 2902 版。

〔52〕刘一曼：《殷墟兽骨刻辞初探》，《殷墟博物苑苑刊》创刊号，1989 年。

〔53〕此骨左半原载《佚》257 及 266，唐兰缀合。曾毅公续缀右半条形骨（见《甲骨缀合编》，第 62 版，修文堂书房，1950 年），然屈万里以为两版可能为一版，惟不相连属（见《殷墟文字甲编考释》，第 2799 版，历史语言研究所，1961 年），李棪也疑之（见《北美所见甲骨选粹》，香港中文大学《中国文化研究所学报》第三卷第二期，1970 年）。但从卜辞内容相互关联的现象分析，曾毅公的缀合

应当不误。

〔54〕清王澍《论书賸语》云："古人学书，皆有师传，密相指授。"

〔55〕a. 同注〔1〕。

　　 b. 周鸿翔：《殷代刻字刀的推测》，《联合书院学报》第 6 期，1967 年～1968 年。

〔56〕董作宾：《商代龟卜之推测》，《安阳发掘报告》第一期，1929 年。

〔57〕刘渊临：《甲骨文所见的书画同源》，《中国文字》第 38 册，1970 年。

〔58〕董作宾：《殷墟文字中之"人猿图"》，《中国文字》第 2 册，1961 年。

〔59〕屈万里：《殷墟文字甲编考释》，历史语言研究所，1961 年。

〔60〕同注〔59〕。

〔61〕董作宾曾持有这样的观点，见《殷墟文字中之"人猿图"》，《中国文字》第 2 册，1961 年。

〔62〕高明：《"图形文字"即汉字古体说》，《第二届国际中国古文字学研讨会论文集》，香港中文大学中国语言及文学系，1993 年。

〔63〕冯时：《中国天文考古学》，第 151 页～153 页，社会科学文献出版社，2001 年。

〔64〕张秉权：《甲骨文与甲骨学》，国立编译馆，1988 年。

〔65〕同注〔59〕。

〔66〕同注〔3〕。

〔67〕同注〔3〕。

〔68〕a. 同注〔1〕。

　　 b. 董作宾：《殷墟文字乙编·序》，中央研究院历史语言研究所，1948 年。

〔69〕同注〔20〕。

〔70〕李宗焜：《当甲骨遇上考古——导览 YH127 坑》，历史语言研究所，2006 年。

〔71〕刘一曼：《试论殷墟甲骨书辞》，《考古》1991 年第 6 期。

〔72〕蔡运章：《洛阳北窑西周墓墨书文字略论》，《文物》1994 年第 7 期。

〔73〕艾兰：《论甲骨文的契刻》，《英国所藏甲骨集》下编上册，附录，中华书局，1986 年。

〔74〕冯时：《商代麦作考》，《东亚古物》创刊号，2005 年。

〔75〕郭沫若：《卜辞通纂》，东京文求堂石印本，1933 年。

〔76〕彭邦炯：《甲骨文字缺刻例再研究——关于甲骨文书法的新探索》，《胡厚宣先生纪念文集》，科学出版社，1998 年。

〔77〕孟世凯：《殷墟甲骨文简述》，文物出版社，1980 年。

〔78〕同注〔71〕。

〔79〕张秉权：《殷墟文字丙编考释》上辑（一），历史语言研究所，1957 年。

〔80〕同注〔18〕，第 63 页。

〔81〕a. 许进雄：《殷卜辞中五种祭祀的研究》，台湾大学文学院文史丛刊，1968 年。

　　 b. 许进雄：《怀特氏等收藏甲骨文集》，第 108 页，加拿大皇家安大略博物馆，1979 年。

〔82〕国家文物局：《2005 中国重要考古发现》，文物出版社，2006 年。

〔83〕同注〔18〕，第 62 页，第 70 页～71 页，金陵大学中国文化研究所丛刊甲种，1933 年。其中第 518 版，商承祚并未注明兽面图像是否镶嵌松石。

〔84〕同注〔68〕b。

〔85〕同注〔3〕，第 15 页～16 页。

〔86〕a. 任日新：《山东诸城县前寨遗址调查》，《文物》1974 年第 1 期。

　　 b. 中国社会科学院考古研究所：《蒙城尉迟寺——皖北新石器时代聚落遗存的发掘与研究》，第 112

页，第 119 页，科学出版社，2001 年。

〔87〕a. 河南省信阳地区文管会、河南省罗山县文化馆：《罗山天湖商周墓地》，《考古学报》1986 年第 2 期。

　b. J. Edward Kidder，*Early Chinese Bronzes in the City Art Museum of St. Louis*，1956，pp. 38～ 39 and 44～45.

　c. Xiaoneng Yang，*Reflections of Early China*，*Decor*，*Pictographs*，*and Pictorial Inscriptions*，The Nelson-Atkins Museum of Art in association with the University of Washington Press，Seattle and London，2000.

〔88〕a. 中国社会科学院考古研究所、日本奈良国立文化财研究所中日联合考古队：《汉长安城桂宫四号建筑遗址发掘简报》，《考古》2002 年第 1 期。

　b. 冯时：《新莽封禅玉牒研究》，《考古学报》2006 年第 1 期。

A STUDY OF THE DIVINATION AND INSCRIPTION-WRITING AND -ENGRAVING INSTITUTIONS IN THE YIN PERIOD

Feng Shi

Key Words：Yin period   oracle-bone inscriptions   divination institution   inscription-writing and -engraving institutions

Based on oracle-bone inscription data，the present paper studies the institution of divination and that of oracular inscription writing and engraving in the Yin period，and researches into the relationship of sculpulimancy and oracular inscription writing and engraving. The author believes that the Yin diviners were widely varied in social stratum，including the king and his subjects different in status and position，such as the *xiaochen* 小臣 (highest-rank official) and officials in charge of divination，engineering and history-recording. But the writing and engraving of divination inscriptions were undertaken by official historians alone；and those of non-king inscriptions，by such officials from lesser branches of the royal family. This division in institution much advantages today's researches on the periodization and dating of oracle-bone inscriptions. Meanwhile，this paper discusses the relationship between calligraphic exercitation and demonstration，between writing and painting and between writing and engraving，as well as the decoration of oracular inscriptions. The author points out that there was strict writing and engraving training for the then official historians and that the relevant institutions with the relationship between trainers and trainees as the tie had been established by the Yin period.

早期铁器时代内蒙古长城地带与相邻地区的文化联系

乌恩岳斯图

关键词：早期铁器时代　长城地带　文化联系

一

内蒙古长城地带早期铁器时代以毛庆沟文化、桃红巴拉文化和杨郎文化为代表，年代相当于春秋战国时期，即匈奴部落联盟形成之前。在整个欧亚大陆草原地带，正值广义的斯基泰时期（公元前 7 世纪～公元前 3 世纪）。这一时期早期游牧人活动最为活跃，迁徙、交换和征战在整个欧亚大陆草原频繁进行，促进了各地区游牧民族之间的文化交流，从而形成了相似的兵器、马具和"野兽纹"艺术，以及铜鍑等生活用具。在这一游牧世界的交往中，内蒙古长城地带的早期游牧人扮演了重要的角色，为欧亚草原早期游牧文明的形成和发展作出了应有的贡献。

近年来，随着内蒙古长城地带早期铁器时代文化遗存的不断发现，为深入研究与相邻地区考古学文化的关系问题提供了弥足珍贵的资料。如果我们将长城地带早期铁器时代文化放在欧亚东部草原这一范围内加以考察，就会发现很多值得思考的问题。根据目前的发现，欧亚东部草原地区比较重要的考古学文化有：蒙古东部和外贝加尔的晚期石板墓文化、蒙古西部的乌兰固木文化、俄罗斯图瓦地区的乌尤克文化和阿尔泰的巴泽雷克文化，以及相邻的俄罗斯叶尼塞河中游米奴辛斯克盆地的塔加尔文化等。本文拟就内蒙古长城地带早期铁器时代文化与上述文化之间的关系问题作一简略的分析。

二

（一）石板墓文化

主要分布于蒙古东部和外贝加尔地区，在我国内蒙古呼伦贝尔草原也有分布。关于

作者简介：1937 年生于内蒙古通辽市。研究生毕业，1962 年至今在中国社会科学院考古研究所学习和工作，历任科研组织处处长、常务副所长、研究员、《考古》月刊主编（1993 年～1998 年）等职。长期从事北方草原青铜时代和早期铁器时代考古的研究。著有《百川归海》、《欧亚东部草原青铜器》（合著，英文版）及《我国北方古代动物纹饰》、《殷至周初的北方青铜器》、《论匈奴考古研究中的几个问题》、《欧亚草原早期游牧文化的几点思考》等论文多篇。1997 年获德国考古学研究院通讯院士称号。

该文化的年代、性质、起源及流向等问题，历来存在不同意见，特别是对年代问题最有争议。最近，俄罗斯学者 A．Д．齐比克塔罗夫发表《蒙古和外贝加尔石板墓文化》一书，系统总结了俄蒙学者关于该文化的研究成果。他将该文化的年代断为公元前 13 世纪～公元前 6 世纪，并划分为楚鲁特期（公元前 13 世纪～公元前 8 世纪）和阿采期（公元前 8 世纪～公元前 6 世纪）[1]。但有些俄罗斯学者将该文化的年代下限断在公元前 3 世纪～公元前 2 世纪[2]。蒙古学者 Д．额尔德涅巴特尔在《蒙古四方墓、冢墓研究》一书中，对蒙古境内的石板墓进行了深入研究，并报道了一些新发现的资料[3]（图 1）。从目前发表的材料看，其年代上限断在公元前 13 世纪偏早，应断在公元前 11 世纪为宜，至于下限延续

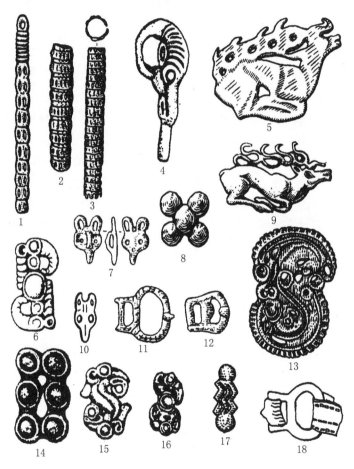

图 1　境外出土金属装饰品

1、3、17. 外贝加尔萨彦图依　2. 外贝加尔奥罗维扬车站　4、14. 阿尔泰奥伯斯基耶普列塞Ⅱ M30　5、8. 沙雷波沃塔加尔冢　6、15、16. 阿尔泰费尔索沃ⅩⅣ M307、M184、M205　7、11、12. 图瓦艾梅雷格墓地　9. 米努辛斯克边区　10. 阿尔泰尤斯特德ⅩⅡ 16 号冢　13. 外贝加尔奥嫩斯克　18. 蒙古乌兰固木墓地

到公元前 3 世纪是完全可能的。因为，晚期石板墓出土的铜带扣、双鸟形饰及骨弓弭、铁马衔、铁牌饰等，都应晚于公元前 6 世纪。而且，贝加尔湖沿岸石板墓的碳十四年代数据也有晚到公元前 5 世纪～公元前 4 世纪两个数据[4]。蒙古肯特省程赫尔曼达勒苏木乌斯特恩 1 号石板墓的碳十四年代数据为距今 2300±70 年（公元前 3 世纪～公元前 2 世纪)[5]。由此可见，石板墓文化的晚期遗存应与长城地带早期铁器时代文化的年代相当。石板墓文化墓葬出土的遗物远不及长城地带同时期文化丰富，А. Д. 齐比克塔罗夫发表的570 余座石板墓中出土随葬品的只有 247 座，而且以装饰品为主。晚期石板墓出土的遗物中，有相当一部分器物与长城地带同类器物类似（图 2）。在这些相似的器物中，除上面提到的铜带扣、双鸟形饰及骨弓弭、铁马衔、铁牌饰外，还有镜形饰、锥（针）管、扣

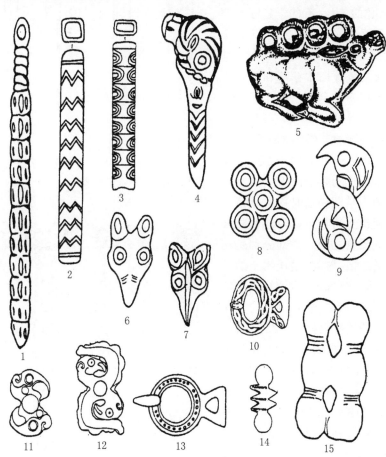

图 2　长城地带出土金属装饰品

1、4、8、12、15. 鄂尔多斯　2. 桃红巴拉 M1：36　3. 镇原县庙渠　5. 呼和浩特市　6. 桃红巴拉 M1：29　7. 毛庆沟 M66：1　9. 桃红巴拉 M1：31　10. 准格尔旗宝亥社　11. 崞县窑子 M5：3　13. 延庆县玉皇庙墓地　14. 神木县李家畔

饰、联珠形饰、螺旋形垂饰、螺旋形耳环、动物形牌饰等（图1—1～3、13、17）。这些器物在长城地带的早期铁器时代文化中均屡见不鲜，足见它们之间关系之密切。

（二）乌兰固木文化

主要分布于蒙古的西部，以乌布苏诺尔省乌兰固木市附近发掘的墓地而得名。关于该文化的年代，有的学者断为公元前5世纪～公元前3世纪[6]，有的学者则断为公元前7世纪～公元前3世纪[7]。该文化的墓葬以木椁墓和石穴墓为主，有少量的石棺墓。墓内实行多人葬。随葬品包括青铜短剑、镞、鹤嘴斧、环首刀、带扣、镜形饰、锥、动物纹牌饰、鍑等，以及铁短剑、铁鹤嘴斧、铁刀、铁带扣、残漆木器等。该文化的墓葬结构、葬俗与长城地带早期铁器时代文化存在明显区别，但出土遗物中除陶器及奖章形铜镜等少数器物之外，大部分都是长城地带的常见之物。譬如，这里出土的环首、蘑菇形首及"触角式"青铜短剑和环首铁短剑，与毛庆沟文化、桃红巴拉文化和杨郎文化的同类短剑相同。26号墓出土的典型"触角式"短剑，其柄首作双鸟头相对状，剑格呈蝴蝶形。这种类型短剑在长城地带有广泛分布，在毛庆沟[8]、公苏壕[9]、杨郎马庄[10]、庆阳李沟[11]、固原撒门村[12]、秦安县王家[13]、河川县阳洼[14]等地均有出土（图3—1～5）。另外，该文化的青铜鹤嘴斧、三棱镞、环首刀、环形带扣、有柄铜镜及铁鹤嘴斧、铁刀等（图1—18；图8—4），其形制与长城地带的同类器物非常类似。

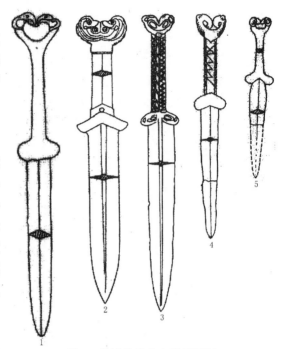

图3　长城地带出土青铜短剑

1. 公苏壕M1：5　2. 毛庆沟M59：2　3. 毛庆沟M70：3　4. 庆阳李沟　5. 中宁县倪丁村M1：3

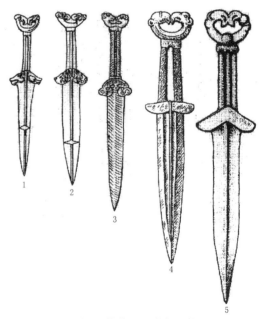

图4　境外出土青铜短剑

1. 安德罗诺瓦　2. 米努辛斯克州　3. 乌兰德雷克1号冢　4. 阿纳什　5. 阿尔泰开恩墓地2号冢

（三）乌尤克文化

分布于俄罗斯图瓦地区。有的学者
将该文化划分为初期、早期和晚期三个发展阶段。初期即阿尔然期，主要是指阿尔然王
陵，年代为青铜时代末期[15]，出土的遗物中有些器物同夏家店上层文化类似，已不在本
文讨论的范围之内。该文化的早期（公元前7世纪～公元前6世纪）和晚期（公元前5世
纪～公元前3世纪）遗存[16]，同内蒙古长城地带早期铁器时代文化的年代相当，它们之
间存在着颇多相似的文化因素。主要表现在如下几个方面。

1.兵器和工具。包括蘑菇形首、双环首和动物形首短剑、鹤嘴斧、环首刀等（图5，
图6）。艾梅利格墓地出土的柄首作双鸟头相对状短剑[17]，与毛庆沟、公苏壕、庆阳李
沟、秦安王家等墓地出土的短剑属同一个类型（图3，图4）。

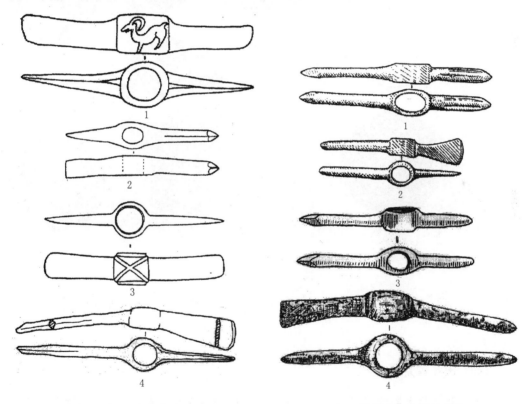

图5　长城地带出土青铜鹤嘴斧　　　　　图6　境外出土青铜鹤嘴斧
1.固原县庙渠　2.公苏壕M1：1　3.固原马庄　　1、2.艾梅雷格墓地　3.阿尔泰毕克墓地
M14：12　4.准格尔旗玉隆太　　　　4.阿尔泰巴尔布格兹Ⅰ墓地22号冢

2.马具。有双环马衔、双孔镳、环形带扣等（图1—11、12），都是内蒙古长城地带
常见之物。

3.装饰品。包括动物形柄铜镜、镜形饰、兽头形饰、铃形饰等（图1—7）。带钮镜

形饰在长城地带发现较少，只有桃红巴拉、彭阳县米塬村[18]等地有少量发现，而境外分布比较广泛。动物形柄铜镜很有特点，呼鲁斯太2号墓出土1件，镜的顶部为伫立状鹿，鹿昂首，巨角贴背[19]（图7）。类似的镜在东西伯利亚和蒙古发现几件，只是伫立状动物不是鹿而是马或盘角羊[20]（图8）。

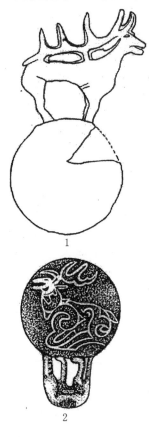

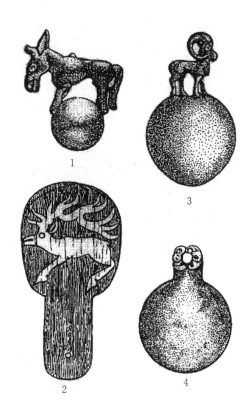

图7　长城地带出土铜镜
1.呼鲁斯太M2：16　2.鄂尔多斯

图8　境外出土铜镜
1、3.东西伯利亚　2.阿尔泰阿克－阿拉哈
4.蒙古乌兰固木墓地

（四）巴泽雷克文化

主要分布于俄罗斯戈尔诺－阿尔泰地区，以巴泽雷克谷地墓葬的发掘而得名。关于该文化的年代，通常断为公元前5世纪～公元前3世纪。该文化以其冰冻的贵族墓葬著称于世，如巴泽雷克[21]、图耶克塔[22]、巴沙达尔[23]及靠近我国新疆的乌科克高原阿克－阿拉哈3号冢[24]等大型墓葬均系木椁墓，墓内保存带有文身的干尸。木椁外葬整匹马，每座墓葬5～22匹不等。普通墓葬也流行随葬整匹马的习俗，如乌兰德雷克[25]、尤斯特德[26]、塞柳盖姆[27]等墓地中，有些墓葬的木椁外置一匹或两匹马，有的马还带有马具。因为这里的墓葬多处于封冻状态，所以墓内保存了丰富的木制品、皮革、织物、毛皮、金

属制品及人、马的尸体，可以充分揭示阿尔泰早期游牧人的生产活动和生活方式[28]。这里出土的蘑菇形首或"触角式"青铜短剑、环首刀、鹤嘴斧、环形或马镫形衔、带扣等（图4－3、5），在内蒙古长城地带早期铁器时代文化中广为流行。

特别应当指出的是，阿尔泰地区的早期游牧人具有发达的动物纹艺术，其动物纹样的内容和艺术风格与内蒙古长城地带存在着紧密的联系。这种联系主要反映在三个方面。

1. 内蒙古长城地带发现大量以虎为题材的青铜或金银牌饰和带饰，例如凉城县崞县夭子出土的虎口衔马纹青铜带饰[29]、凉城县崞县窑子出土的虎食羊纹青铜牌饰[30]、和林格尔县范家窑子出土的虎口衔兽纹青铜牌饰[31]、伊金霍洛旗石灰沟出土的虎食鹿纹银带饰[32]、东胜碾房渠出土的虎食鹿纹金带饰[33]、固原县鸦儿沟出土的虎背驴纹青铜带饰[34]、固原县马庄ⅢM3、ⅠM12和ⅢM4出土的虎食羊纹青铜带饰[35]、西吉县陈阳川村出土的虎食羊纹青铜带饰[36]、彭阳县白杨林村出土的虎食鹿纹青铜带饰[37]等（图9）。类似的虎食羊纹青铜带饰在阿尔泰地区也有出土，例如哈卡斯阿斯科兹、克拉斯诺亚尔斯克科姆楚勒村、都杰尔里格—赫希朱Ⅰ2号冢等地出土虎食羊纹青铜带饰[38]（图10－2～4、6）。另外，巴沙达尔巨冢木椁上雕刻有虎食羊的形象[39]（图10－1）。

2. 内蒙古长城地带早期游牧人艺术中出现了并非写实的怪兽形象，例如准格尔旗西沟畔2号墓出土的金饰片上装饰各种怪兽形象，包括鹿身鹰喙、马身鹰喙及兽身鹰喙怪兽形象，有的怪兽背上还配以鹰头[40]（图11－2～4、6）；杭锦旗阿鲁柴登出土金饰片上装饰伏卧状虎形象，其背部及尾端配以8个鸟头[41]（图11－5）；彭阳县白杨林村出土虎形带饰的背部装饰鹰头形象[42]（图9－8）；西吉县陈阳川村出土虎形带饰的尾端、角端、耳端及臀部均配以鹰头形象[43]（图9－5）；神木县纳林高兔出土的怪兽形金冠顶饰，其口部铸成鹰喙状，角的枝端及尾端配以鹰头形象[44]（图11－1）。这种兽身鹰喙状怪兽形象在阿尔泰早期游牧人艺术中非常流行（图12），譬如达干特利19号冢出土的木雕品，其上雕刻出兽身鹰喙形象[45]（图12－6）；图艾克塔2号冢出土的木雕品，其上雕刻出狮身鹰喙形象[46]（图12－5）；巴泽雷克2号冢出土的木雕鹿头形象，其巨角的每个枝端都配以鸟头形象[47]（图12－3）；巴泽雷克2号冢[48]和阿尔泰克—阿拉哈Ⅰ号冢[49]均保存布满文身的尸体，文身的内容以怪兽形象最为突出，即鹿形怪兽的角端和背部配以鹰头，口部则铸成鹰喙状（图12－1、2）。

3. 内蒙古长城地带出土的某些小型装饰品，诸如双鸟形饰、兽头形饰、联珠形饰等（图1－4、6、10、14～16），在阿尔泰地区均有发现。另外，和林格尔县店子乡墓地一座贵族墓葬出土1件璜形金项饰[50]。这种金项饰在长城地带广为流行，譬如北京延庆县玉皇庙M250、M174和西梁光M1[51]、河北怀来县甘子堡M1和M2[52]、滦平县梨树沟门墓地[53]均有出土（图13）。这种金项饰虽然在戈尔诺—阿尔泰尚未发现，但在毗邻的鄂毕河流域比斯克类型遗存[54]（图14－2）及外贝加尔的石板墓[55]（图14－1）中有少量发现。上述这些发现充分反映出阿尔泰和内蒙古长城地带早期游牧人之间存在着密切的交往关系。

另外，阿尔泰地区鄂毕河沿岸发现的几处遗址也很值得重视。譬如，属于斯塔罗阿雷卡文化的维尔索沃—ⅩⅣ墓地出土的青铜双鸟形饰及鄂毕普列塞—Ⅱ墓地出土的羊头

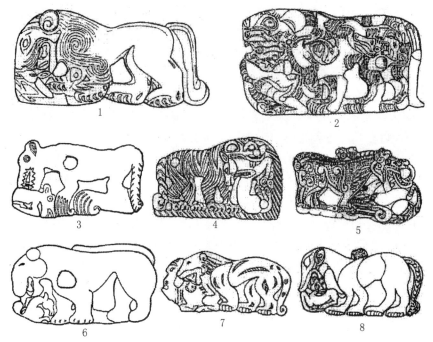

图9　长城地带出土金属带饰

1. 伊金霍洛旗石灰沟　2. 东胜碾房渠　3. 马庄ⅢM3：65　4. 凉城县崞县夭子

5、7. 西吉县陈阳川村　6. 马庄ⅠM12：5　8. 彭阳县白杨林村

图10　境外出土木雕、金属带饰

1. 阿尔泰巴沙达尔冢　2. 阿尔泰都杰尔里格－赫希朱

Ⅰ2号冢　3. 阿尔泰别列佐夫卡Ⅰ14号冢　4. 采集品

5. 米努辛斯克边区　6. 阿尔泰达干特里Ⅰ2号冢

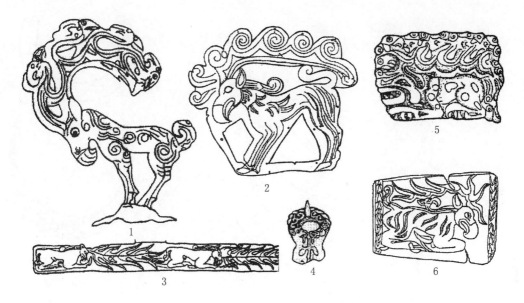

图 11　长城地带出土金属虚幻动物纹样
1. 神木县纳林高兔　2～4、6. 准格尔旗西沟畔 M2　5. 杭锦旗阿鲁柴登

图 12　境外出土木雕虚幻动物纹样
1. 阿尔泰克－阿拉哈 I 号冢　2、3. 巴泽雷克 2 号冢　4. 杰米尔－格勒墓葬
5. 阿尔泰图艾克塔 2 号冢　6. 阿尔泰达干特利 19 号冢

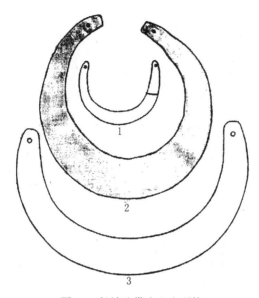

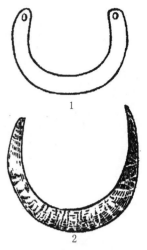

图 13　长城地带出土金项饰

1. 杯来甘子堡 M1　2. 化隆县下班主哇 M42　3. 延庆玉皇庙墓地

图 14　境外出土金项饰

1. 外贝加尔奥罗维雅内石板墓　2. 阿尔泰贝斯特良斯科耶村

形针饰、六联珠形饰、花瓣形扣饰等[56]（图 1—4、8、14），年代断为公元前 6 世纪～公元前 4 世纪。这类器物在桃红巴拉[57]、呼鲁斯太墓地[58]及鄂尔多斯地区[59]均有出土（图 2—4、8、15）。这些发现说明，除了戈尔诺－阿尔泰自治州的早期铁器时代文化同内蒙古长城地带联系密切之外，再往西北的鄂毕河流域的同时期文化，同内蒙古长城地带也存在着直接或间接的联系。

　　值得注意的是，阿尔泰地区的早期游牧人不仅同内蒙古长城地带同时期游牧人有密切的交往，而且同中原诸侯国也存在紧密联系。正如 M. П. 格里雅兹诺夫所指出的，阿尔泰部落从中国输入铜镜、漆器和丝织品。巴泽雷克 5 号冢出土的 1 件鞍垫用非常好的丝织品缝制，其上刺绣在梧桐树上啼鸣的凤凰图案。巴泽雷克 6 号冢出土山字文铜镜。他还认为，阿尔泰发现的某些器物，无疑是在中国艺术风格影响下完成的，例如两个格里丰形象的木圆盘及金片上的旋转花纹，以及笼头上的镀金十字形象等[60]。

（五）塔加尔文化

　　该文化分布于叶尼塞河中游米努辛斯克盆地的早期铁器时代文化，年代为公元前 7 世纪～公元前 1 世纪，通常划分为 4 期：巴依诺夫期（公元前 7 世纪～公元前 6 世纪）、波德格尔诺夫期（公元前 6 世纪～公元前 5 世纪）、萨拉戈什期（公元前 4 世纪～公元前 3 世纪）和杰欣期（公元前 2 世纪～公元前 1 世纪）[61]。杰欣期已属于匈奴——萨尔马提亚时期，其文化内涵具有鲜明的匈奴文化的特征，故不在本文讨论的范围之内。

　　塔加尔文化巴依诺夫期至萨拉戈什期（公元前 7 世纪～公元前 3 世纪）的文化遗物与内蒙古长城地带有颇多相似的因素。这主要表现在如下几方面。

　　1. 环首、蘑菇形首和"触角式"短剑、鹤咀斧、衔、带扣等青铜兵器和马具（图 4

—1、2、4），以及铜柄铁剑，与内蒙古长城地带出土的同类器物非常类似。

2．"野兽纹"艺术中的伏卧状鹿、虎食羊及圆雕山羊形象等[62]（图1—5、9；图10—5），在内蒙古长城地带也多有发现。由此可见，塔加尔文化的居民与长城地带的早期游牧人之间也存在着直接或间接的联系。

三

通过以上的比较，我们可以得出如下的几点认识。

1．内蒙古长城地带早期游牧文化与境外同时期文化的关系问题。

内蒙古长城地带的早期游牧文化与上述各地区之间在文化内涵方面存在着紧密的联系，这一点已为考古发现所证实。但各地区之间联系的程度则有所不同，同内蒙古长城地带关系最为密切的当属蒙古东部和外贝加尔的石板墓晚期文化。前已指出，内蒙古呼伦贝尔草原也分布有石板墓，说明该文化的分布范围已进入内蒙古地界。而且，石板墓文化晚期出土的遗物与内蒙古长城地带最为相似。蒙古西部、图瓦和阿尔泰地区早期游牧人文化与内蒙古长城地带的关系，不及石板墓文化那么密切。俄罗斯学者 Э. А. 诺芙格罗多娃曾经指出，蒙古东部和西部在青铜时代至早期铁器时代具有不同的文化传统，而且在人种方面也存在某些差别。东部为蒙古人种，西部则含有欧罗巴人种的成分[63]。表现在考古遗存方面，蒙古西部和阿尔泰地区主要流行木椁墓，前者实行多人丛葬，后者流行殉葬整匹马的习俗。出土遗物中的青铜管銎战斧、带柄铜镜、螺旋形金耳坠等，以及"野兽纹"中的某些形象等，在内蒙古长城地带所不见或非常罕见。至于塔加尔文化的内涵，显示出同中亚和斯基泰文化的关系更为密切。

2．关于这些相似文化因素的起源问题。

这是个十分复杂且争议颇多的问题。以往很多学者主张这些相似因素均源自欧亚西部草原地带，特别是斯基泰文化。但随着欧亚大陆东部地区重要的考古发现，如图瓦地区阿尔然王陵、赤峰地区夏家店上层文化大型石椁墓等青铜时代晚期文化遗存，以及内蒙古长城地带早期铁器时代文化的重要发现，促使人们重新审视欧亚草原各地区早期游牧人之间的相互关系问题。实际上，各地区不同民族之间的交往和不同文化的传播，绝不会是单方面的。那种认为欧亚草原早期游牧文化的共同因素源于一个共同中心，并由此引申出内蒙古长城地带早期游牧人的文化因素均来源于西部草原地带的理论，与考古发现的实际不相符合。因此，我们应当从考古发现的实际材料出发，进行具体的分析，力求得出符合实际的结论。

从目前的考古发现看，有一类器物及某些艺术母体确实没有源自内蒙古长城地带，举例如下。

（1）内蒙古长城地带于战国时期出现了各种圆雕动物形象的青铜杆头饰件，动物形象包括鹿、羊、马、羚羊、狻猊、鹤等（图15—2~4）。但从目前的考古发现看，在内蒙古长城地带还找不到这种器物的祖型。目前可以从两方面探求其来源问题：一方面是甘青地区的发现所提供的线索，因为属于卡约文化的青海大通县黄家寨16号墓出土圆雕鸟

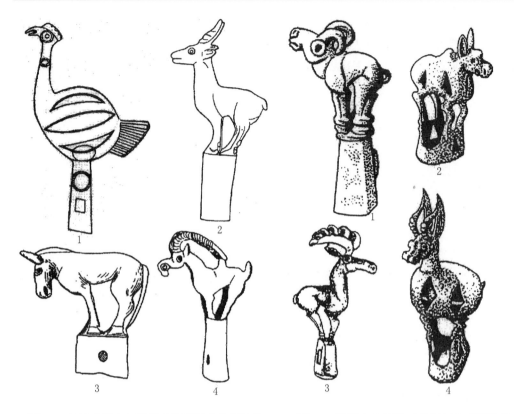

图15　长城地带出土圆雕动物形杆头青铜饰件
1. 大通黄家寨 M16∶5　2、3. 准格尔旗玉隆太
4. 鄂尔多斯

图16　境外出土圆雕动物形杆头青铜饰件
1. 图瓦阿尔然冢　2. 科苏克夫窖藏　3. 蒙古
4. 伊尔库茨克州伊利姆斯克

形杆头饰[64]（图15—1）。卡约文化的年代上限或可早到商代早期[65]，下限尚不明朗，故
该墓地的绝对年代不好确指。尽管如此，从甘青地区考古学文化的发展序列判断，该墓
地的年代早于春秋时期不会有何问题。所以这是迄今所知我国北方地区年代最早的圆雕
动物形杆头饰件。另外，在青海湟源县大华中庄卡约文化墓地 87 号墓出土圆雕鸠首形铜
杖首，顶端有牛和犬对峙的形象[66]。甘肃地区的沙井文化中也发现圆雕动物形杆头饰件，
如永登县榆树沟墓葬出土圆雕鹿形杆头饰和鸟头形杆头饰[67]，其中鹿形杆头饰的制作技
术和造型风格与内蒙古长城地带的同类器物最为接近，年代相当于春秋晚期至战国早期
（公元前 5 世纪～公元前 4 世纪）。另一方面是境外的考古发现所提供的线索。尽管境外
尚未发现像内蒙古长城地带那么丰富的圆雕动物形杆头饰件，但出现的年代则早于内蒙
古长城地带。譬如，图瓦地区阿尔然王陵出土圆雕盘角绵羊形象的杆头饰多件[68]（图16
—1），该墓葬的碳十四年代数据为公元前800±50 年，公元前820±50 年和公元前850±
50 年，据此原报告将其年代断为公元前 8 世纪～公元前 7 世纪[69]，相当于西周晚期至春
秋初期。从器物形制和艺术风格判断，内蒙古长城地带出土的器物更接近于阿尔然的标
本。另外，在东西伯利亚科苏克夫窖藏[70]、伊尔库茨克州伊利姆斯克[71]、阿尔泰什塔伯

卡村[72]及蒙古[73]等地均有出土（图16-2~4），其中苏克沃窖藏和什塔伯卡村出土圆雕动物形杆头饰件的年代断为公元前7世纪~公元前6世纪。因此，内蒙古长城地带出土这类器物的源头似应在境外寻找。

（2）内蒙古长城地带早期铁器时代文化遗存中出现了一种虚幻的动物纹样，一改前期这一地区写实性动物纹样的传统风格。这种兽身鹰喙并配以鹰头形象的怪异动物纹样，并非是内蒙古长城地带早期游牧人所固有的艺术母体，但在阿尔泰地区公元前5世纪~公元前3世纪的文化遗存中则广为流行。如前所述，所谓的"格里丰"（鹰头）形象，以及猛兽配以鹰头形象是阿尔泰艺术最为典型的风格。关于这种虚幻动物纹样的起源和传播问题，笔者在《略论怪异动物纹样及相关问题》一文中，曾提出鄂尔多斯及其邻近地区的古代艺术中，在战国晚期偏晚阶段突然出现风格迥异的怪兽形象是斯基泰——阿尔泰艺术影响的结果[74]。从双方图案的比较中不难看出，内蒙古长城地带的怪异动物纹样同前述阿尔泰艺术具有惊人的相似之处，而它出现于内蒙古长城地带的年代则晚于阿尔泰艺术。由此可以推测，内蒙古长城地带出现的虚幻的怪异动物纹样并非源自本土，而是借鉴了阿尔泰艺术的题材和风格。当然，虚幻的怪兽形象并非是阿尔泰早期游牧人的创造，因为鹰头格里丰形象出现于希腊艺术中不晚于公元前6世纪，但只是在公元前5世纪，格里丰才成为经常塑造的形象，并在游牧民族中广为传播[75]。因此，这种虚幻动物纹样的源头应该是希腊艺术，并经阿尔泰艺术传入内蒙古长城地带。

（3）内蒙古长城地带出土的镜形饰、有柄铜镜、马衔等，在境外出现的年代都早于内蒙古长城地带，而且内蒙古长城地带出土这类器物的种类和数量也都远不及境外。因此，这类器物出现于长城地带，显然是来自境外早期游牧文化影响的结果。

另一类器物则源自内蒙古长城地带本土，并对境外产生了影响，举例如下。

（1）内蒙古长城地带早期游牧人文化中普遍流行各种动物纹带饰，这类带饰以青铜为主，也有金、银或铁带饰。制作方法以透雕为主，也有浮雕。从形制上说，既有长方形边框，也有以动物躯体为边者。毛庆沟墓地出土的几种成组腰带标本，为探讨早期游牧人带饰的起源提供了难得的实物证据。关于这种带饰的起源问题，笔者在《中国北方青铜带饰》[76]和《论我国北方古代动物纹饰的渊源》[77]两篇文章中，曾提出透雕青铜带饰的祖型可上塑到春秋晚期至战国早期，其起源地应在中国北方地区寻找。田广金等在《鄂尔多斯式青铜器研究》一文中也指出，鄂尔多斯式饰牌的祖型，均在内蒙古西部发现，而且发展序列清楚[78]。俄罗斯学者 M. A. 德夫列特认为，在塔加尔文化的早期和中期遗存中，我们尚未发现透雕牌饰的原型，其起源和塔加尔野兽纹没有关系[79]，并认为鄂尔多斯艺术青铜器逐渐成为欧亚草原和山前地带古代居民仿制和借鉴的对象[80]。俄罗斯学者 B. Д. 库巴列夫在多部著作中强调指出，阿尔泰地区乌兰德雷克和尤斯特德出土的木制带饰，模仿了鄂尔多斯和外贝加尔的透雕带饰[81]。近期，笔者根据近年来的新发现，在《论中国北方早期游牧人青铜带饰的起源》一文中，详细讨论了内蒙古长城地带各种金属带饰的起源及其发展序列问题，指出内蒙古长城地带的古代居民具有用各种动物纹或几何纹带饰装饰腰带的传统习俗，而且自青铜时代晚期的夏家店上层文化至秦汉时期，这类带饰由简至繁的发展脉络是非常清楚的[82]（图17）。

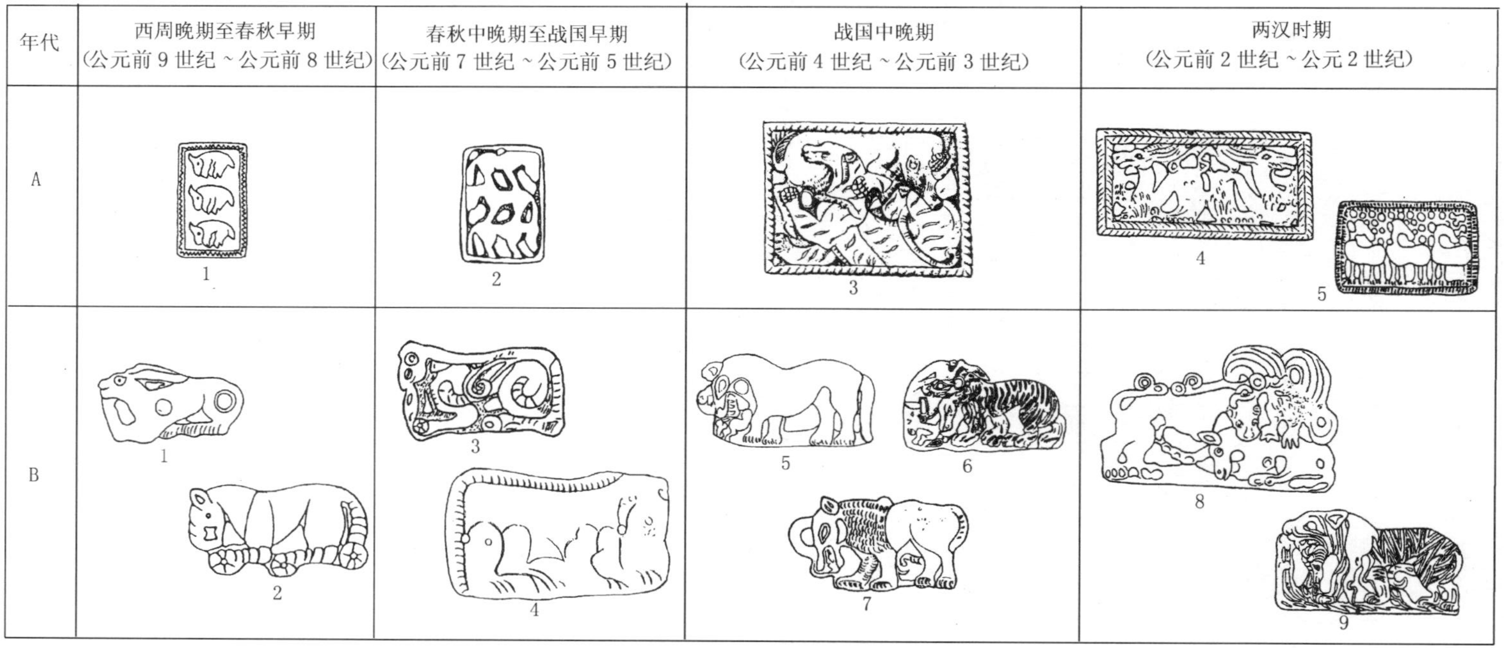

图 17 中国北方金属带饰分期图

A:1. 宁城小黑石沟 M8501 2. 杭锦旗桃红巴拉 M5 3. 准格尔旗西沟畔 M2 4. 同心县倒墩子 M19 5. 察右后旗二兰虎沟

B:1. 宁城南山根 M101 2. 宁城小黑石沟 M8501 3. 和林格尔县范家窑子 4. 凉城县毛庆沟 M5 5. 杨郎乡马庄 Ⅲ M4 6. 固原县杨郎

7. 彭阳县姚河村 8. 瑞典远东博物馆藏品 9. 内蒙古博物馆藏品 （注：A 长方形带饰，B 兽形带饰。）

　　（2）内蒙古长城地带流行的几何形饰、兽头形饰、鸟形饰、双鸟形饰等装饰品，作为腰带的组成部分与带饰伴随始终，这类器物中最早出现的是几何形饰，可以上塑至青铜时代晚期的夏家店上层文化。至春秋时期，鸟形饰、双鸟形饰、兽头形饰等装饰品大量出现于内蒙古长城地带的西部地区。如前所述，这类器物在蒙古、戈尔诺－阿尔泰及鄂毕河上游地区的早期游牧人遗存中有所发现，但无论是出土数量，还是种类都远不及内蒙古长城地带那么丰富多彩。而且，在上述这些地区与带饰一样尚未发现这类装饰品的祖型。因此，境外出土的这类器物无疑源自内蒙古长城地带。

　　（3）双鸟头相对状"触角式"短剑，俄罗斯考古文献中称之为"格里丰"短剑。前已指出，这种短剑除了内蒙古长城地带有广泛分布之外，在蒙古西部、图瓦、阿尔泰和米努辛斯克盆地也有出土。俄罗斯学者 H. Л. 奇列诺娃认为，这种类型短剑从公元前 5世纪始出现于米努辛斯克盆地的塔加尔文化之中[83]。有的学者指出，类似的短剑在斯基泰时期的欧亚地域内有广泛分布，见于公元前 6 世纪～公元前 3 世纪的很多遗存中。至于阿尔泰乌兰德雷克墓地出土的惟一 1 件此类短剑的年代断为公元前 5 世纪～公元前 4世纪。他还指出，公元前 6 世纪～公元前 5 世纪西哈萨克斯坦萨夫罗马特墓葬出土格里丰铁短剑，由此推测这一地区的类似短剑传入阿尔泰、图瓦、蒙古及米努辛斯克盆地[84]。由此可见，境外出现这种类型短剑的年代不会早于公元前 6 世纪。内蒙古长城地带经科学发掘的毛庆沟、公苏壕墓地均出土这类短剑，其中毛庆沟 M45、M58、M59、M70 及公苏壕 M1 各出土 1 件双鸟头相对状"触角式"短剑，年代断为春秋晚期或稍早（公元前 6世纪～公元前 5 世纪），与境外这种类型短剑出现的年代相当。宁夏中宁倪丁村 M1 出土的这种短剑同非常典型的青铜管銎斧共存，因为管銎斧盛行于商周时期，春秋中期以后已消失。所以丁倪村短剑的年代不晚于春秋中期，或许可以早到春秋初期（公元前 8 或7 世纪～公元前 6 世纪）[85]。因此，这种类型短剑的最早使用者应该是内蒙古长城地带的早期游牧人，并由此传入蒙古、图瓦、阿尔泰及米努辛斯克盆地。

　　（4）铜鍑是早期游牧人特有的生活用具，在欧亚大陆草原有广泛分布。关于铜鍑的起源问题，目前存在着各种不同的见解。俄罗斯学者 H. Л. 奇列诺娃在《塔加尔文化部落的起源与早期史》一书中发表属于塔加尔文化的铜鍑百余件，但基本上都是采集品。她认为塔加尔文化铜鍑的年代不会早于公元前 8 世纪末，铜鍑的发源地应当是公元前 8 世纪出现铜鍑的地区。她推测这一地区为北伊朗、南里海沿岸、外高加索和小亚部分地区[86]。但是，在她所列举的上述地区至今尚未发现早于公元前 8 世纪的铜鍑（图 18－B：1～6）。从目前的考古发现看，双耳圈足铜鍑最早出现于内蒙古长城地带。譬如，北京延庆县西拨子窖藏出土双耳圈足铜鍑，年代断为西周中、晚期（公元前 10 世纪～公元前 8世纪）[87]。陕西岐山县王家村出土的铜鍑，其年代与西拨子相当[88]。春秋早期（公元前 8世纪～公元前 7 世纪）的铜鍑，在延庆玉皇庙 18 号墓和 250 号墓各出土 1 件[89]，陕西凤翔东社采集 1 件[90]。春秋早、中期（公元前 7 世纪～公元前 6 世纪）的铜鍑，在陕西宝鸡甘峪春秋墓[91]和山西闻喜县上郭村 76M1[92]各出土 1 件。春秋中、晚期（公元前 6 世纪～公元前 5 世纪）的铜鍑，在怀来县甘子堡 M8[93]、山西临猗程村墓地[94]、侯马上马墓地[95]和山西沁水县东关[96]均有出土。内蒙古准格尔旗宝亥社墓葬出土 2 件豆形器，其中

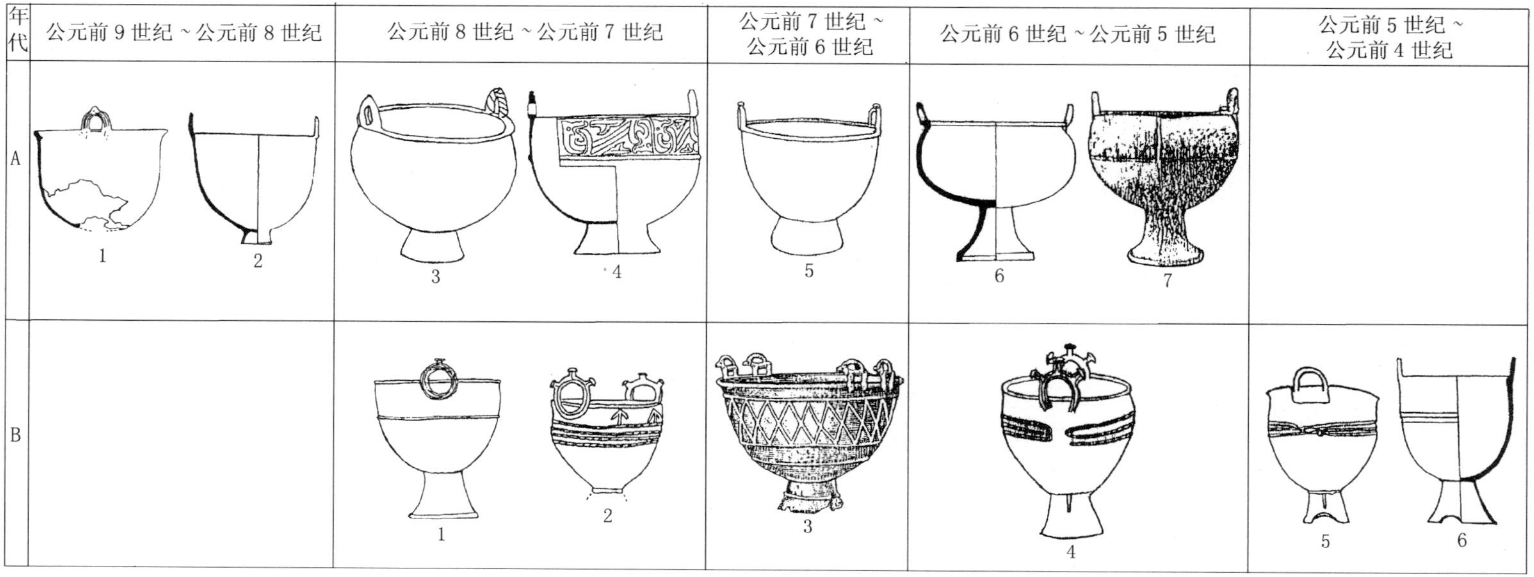

图 18　早期铜镜

A:1. 延西拨子窖藏　2. 岐山王家村窖藏　3. 延庆玉皇庙墓地　4. 凤翔东社采集　5. 宝鸡甘峪春秋墓　6. 怀米甘子堡 M8　7. 行唐李家庄墓葬
B:1. 北高加索别什塔乌采集　2. 克拉斯诺雅尔斯克边区沙拉林窖藏　3. 克拉斯诺达尔边区克列尔梅斯墓茔古冢　4. 米奴辛斯克博物馆藏品　5. 塔格谢特采集　6. 乌兰固木 M33　（注：A 长城地带，B 相邻地区。）

（1、2、4、5. н. Л. Членова，1967　3. А. И. Мелюкова，1989　6. З. А. Новгородова，1989）

1件为圈足双耳，与双耳圈足铜鍑非常类似，年代相当于春秋中、晚期[97]（图18－A：1～7）。由此可见，双耳圈足铜鍑最早出现于长城地带，这种适合游牧生活的炊具便向欧亚大陆草原早期游牧人中广为传播。至于向欧亚大陆草原传播可能存在不同的渠道，但经蒙古和外贝加尔向西传播是重要途径之一。外贝加尔阿金斯克草原[98]和塔普哈尔山[99]、蒙古乌兰固木墓地[100]，以及米努辛斯克盆地出土类似的铜鍑，就是个有力的证明（图18－B：2～6）。

（5）璜形金项饰是长城地带早期游牧人传统的装饰品。如前所述，璜形金项饰在内蒙古长城地带发现较多，除上述几处墓地之外，在河北涿鹿县倒拉嘴村墓葬发现璜形金项饰[101]。特别值得提出的是，在青海化隆县下班主哇村卡约文化墓葬中也发现2件璜形金项饰，该墓的年代属于卡约文化中期（距今3000年）（图15－1）[102]。特别应当指出的是，在山西保德林遮峪出土2件金项饰，呈半月形，两端有小孔。同出的还有中原式青铜礼器和北方系青铜器。张长寿将这批遗物的年代断为殷墟第三期[103]。可见，这种金项饰沿长城沿线分布，出现的年代可以上溯至商代晚期即早于公元前11世纪，无疑要早于欧亚草原的其他地区。应该说它的起源地当在长城地带，并对境外相邻地区的古代文化产生了影响。

3. 如何解释这些相似因素传播的途径问题。

早期铁器时代，欧亚草原大部分居民的经济生活相继进入游牧和半游牧状态。早期游牧人的最大特点是流动性大，尤其骑马术的普及更促进了各民族之间的交往。一般说来，迁徙、征战及商品交换构成游牧社会经常性的活动，随之各种文化因素得以迅速传播。但是，从考古发现的资料具体论证如何迁徙、征战及交换是相当困难的，特别是论述文献资料极其匮乏的历史阶段尤为困难。本文所讨论的这一时期（公元前7世纪～公元前3世纪），内蒙古长城地带、蒙古、外贝加尔和图瓦、阿尔泰及米努辛斯克盆地，在文化内涵方面存在着明显区别，特别是墓葬结构和葬俗及人种成分方面差异更为明显。在这种情况下，不可能用民族迁徙即一个民族驱逐另一个民族并占领其地域的观点来解释。倘若一部分异族加入到另一民族的地域，那就必然在当地土著文化的成分内突然出现不同的文化因素而逐渐融合。目前，我们还无法用上述尺度去衡量内蒙古长城地带在早期铁器时代所发生的各种现象。俄罗斯学者A. A. 科瓦列夫在《论公元前5世纪～公元前3世纪萨彦－阿尔泰与鄂尔多斯居民的联系》一文中，详细论述了萨彦－阿尔泰与鄂尔多斯古代居民之间的紧密联系，并认为在晚期斯基泰时期，在鄂尔多斯和萨彦－阿尔泰形成了一定的宗教和政治相一致的居民，显现出无论是从鄂尔多斯向萨彦－阿尔泰和西西伯利亚居民的迁移，还是在萨彦－阿尔泰传统基础上形成了特殊的鄂尔多斯亚文化[104]。

诚然，目前我们还无法说清楚内蒙古长城地带的早期游牧人群是否迁移至阿尔泰地区。但可以肯定的是，匈奴部落联盟形成以前内蒙古长城地带向北的通道是畅通的。尽管不同的部落或少数族占据着长城以北的广袤草原和山地，但他们之间的交往是非常密切的。不过，从考古资料所提供的信息判断，在整个欧亚草原地带中，内蒙古长城地带与蒙古、外贝加尔、图瓦、阿尔泰和米努辛斯克盆地构成一个关系密切的地域。这其中，内蒙古长城地带和蒙古东部、外贝加尔地区关系最为密切。这种格局早在青铜时代业已形成，至早期铁器时代得到了进一步的发展，从而为匈奴部落联盟的形成奠定了经济及政治文化的基础。

注 释

〔1〕А. Д. Цыбиктаров. Культура плиточных могил Монголии и Забайкалья. Улан-Удэ，1998.

〔2〕В. А. Могильников. Хунну Забайкалья. Степная полоса Азиатской части СССР в скифо-сарматское время. Москва，1992，стр. 273.

〔3〕Д. Эрдэнэбаатар. Монгол нутгийн дорволжинбулш，хиригсуурийн соёл. Улаанбаатар，2002.

〔4〕同注〔1〕，стр. 12，13.

〔5〕同注〔3〕，стр. 64.

〔6〕В. В. Волков. Улангомский могилник. Археология и этнография Монголии. Новосибирск，1978.

〔7〕Д. Цэбэндорж. Чандманьская культура. Археология и этнография Монголии. Новосибирск，1978.

〔8〕内蒙古文物工作队：《毛庆沟墓地》，图三〇：1～4，《鄂尔多斯式青铜器》，文物出版社，1986 年。

〔9〕田广金：《桃红巴拉墓群》图五：11，《鄂尔多斯式青铜器》，文物出版社，1986 年。

〔10〕宁夏文物考古研究所、宁夏固原博物馆：《宁夏固原杨郎青铜文化墓地》，图一六：1，《考古学报》1993 年第 1 期。

〔11〕刘得祯、许俊臣：《甘肃庆阳春秋战国墓葬的清理》，图一七：1，《考古》1988 年第 5 期。

〔12〕罗丰、韩孔乐：《宁夏固原近年发现的北方系青铜器》，图一：1，《考古》1990 年第 5 期。

〔13〕秦安县文化馆：《秦安县历年出土的北方系青铜器》，图一：1，《文物》1986 年第 2 期。

〔14〕钟侃、韩孔乐：《宁夏南部春秋战国时期的青铜文化》，图一：1，《中国考古学会第四次年会论文集》，文物出版社，1985 年。

〔15〕М. П. Грязнов. Аржан——Царский курган раннескифского времени. Ленинград，1980.

〔16〕А. М. Мандельштам. Ранние кочевники скифского периода на территории Тувы. Степная полоса Азиатской части СССР в скифо-сарматское время. Москва，1992，стр. 179.

〔17〕同注〔16〕，табл. 78，34.

〔18〕杨宁国、祁悦章：《宁夏彭阳县近年出土的北方系青铜器》，《考古》1999 年第 12 期。

〔19〕塔拉、梁京明：《呼鲁斯太匈奴墓》，图一：1，《文物》1980 年第 7 期。

〔20〕В. Д. Кубарев. Древние зеркала Алтая. Археология，этнография и антропология Евразии，3 (11) 2002，рис. 6，1，3，4.

〔21〕a. С. И. Руденко. Культура населения Центрального Алтая в скифское время. Москва，1960.

b. С. И. Руденко. Культура населения Горного Алтая в скифское время. Москва，1953.

〔22〕同注〔21〕.

〔23〕同注〔21〕.

〔24〕А. П. Деревянко，В. И. Молодин и др. Феномен алтайских мумий. Новосибирск，2000.

〔25〕В. Д. Кубарев. Курганы Уландрыка. Новосибирск，1987.

〔26〕В. Д. Кубарев. Курганы Юстыда. Новосибирск，1991.

〔27〕В. Д. Кубарев. Курганы Сайлюгема. Новосибирск，1992.

〔28〕М. П. Грязнов. Алтай и приалтайская степь. Степная полоса Азиатской части СССР в скифо-сарматское время. Москва，1992，стр. 166.

〔29〕田广金、郭素新:《鄂尔多斯式青铜器研究》,图六二:3,《鄂尔多斯式青铜器》,文物出版社,1986年。

〔30〕内蒙古文物考古研究所:《凉城崞县窑子墓地》,图一一:10,《考古学报》1989年第1期。

〔31〕李逸友:《内蒙古和林格尔县出土的铜器》,图三三:1,《文物》1959年第6期。

〔32〕伊克昭盟文物工作站:《伊金霍洛旗石灰沟发现的鄂尔多斯式文物》,图一:5,《内蒙古文物考古》1992年第1,第2期。

〔33〕伊克昭盟文物工作站:《内蒙古东胜市碾房渠发现金银器窖藏》,图二,《考古》1991年第5期。

〔34〕宁夏博物馆 钟侃:《宁夏固原县出土文物》,图一,《文物》1978年第12期。

〔35〕宁夏文物考古研究所、宁夏固原博物馆:《宁夏固原杨郎青铜文化墓地》,图一八:8;一九:12、16,《考古学报》1993年第1期。

〔36〕a. 罗丰、韩孔乐:《宁夏固原近年发现的北方系青铜器》,图一二:3,《考古》1990年第5期。

b. 延世忠、李怀仁:《宁夏西吉发现一座青铜时代墓葬》,图一:10,《考古》1992年第6期。

〔37〕同注〔36〕a,图一二:1。

〔38〕А. А. Ковалев. О связях населения Саяно-Алтая и Ордоса в V ~ Ⅲ веках до н. э. Итоги изучения скифской эпохи Алтая и сопредельных территорий. Барнаул, 1999, рис. 1, 1, 3 ~5.

〔39〕同注〔38〕,рис. 1, 1。

〔40〕伊克昭盟文物工作站、内蒙古文物工作队:《西沟畔匈奴墓》,图四:1、2;六:2,《文物》1980年7期。

〔41〕田广金、郭素新:《内蒙古阿鲁柴登发现的匈奴遗物》,图二:1,《考古》1980年第4期。

〔42〕同注〔37〕。

〔43〕同注〔36〕b,图一:10。

〔44〕戴应新、寻嘉祥:《陕西神木县出土的匈奴文物》,图版肆:1,《文物》1983年第12期。

〔45〕同注〔26〕,рис. XLV, 20.

〔46〕С. И. Руденко. Култура населения Центрального Алтая в скифское время. Москва-Ленинград, 1960, рис. 148.

〔47〕同注〔46〕,рис. 150, б.

〔48〕同注〔21〕b,рис. 82, 83.

〔49〕同注〔24〕,рис. 197.

〔50〕内蒙古文物考古研究所:《和林格尔县春秋战国时期狄人氏族墓地》,《中国考古学年鉴》(2000年),文物出版社,2002年。

〔51〕靳枫毅:《军都山山戎文化墓地葬制与主要器物特征》,图一三:2,《辽海文物学刊》1991年第1期。

〔52〕贺勇、刘建中:《河北怀来甘子堡发现的春秋墓葬》,图九:13,《文物春秋》1993年第2期。

〔53〕承德地区文物保护管理所、滦平县文物保护管理所:《河北省滦平县梨树沟门墓群清理发掘报告》,图一三:9,《文物春秋》1994年第2期。

〔54〕同注〔28〕,табл. 70, 24.

〔55〕Ю. С. Гришин. Бронзовый и ранний железный века Восточного Забайкалья. Москва, 1975, рис. 14.

〔56〕a. Я. В. Фролов. Некоторые проблемы в изучении памятников, дадируемых Ⅵ - Ⅴ вв. до н. э. в Барнаульско-Бийском Приобье. Итоги изучения скифской эпохи Алтая и сопредельных территорий. Барнаул, 1999, рис. 1, 4, 13, 16, 23.

b. Я. В. Фролов, А. Б. Шамшин. Могильники раннего железного века Фирсовского археологического микрорайона（Фирсово-Ⅲ，Ⅺ，ⅩⅣ）. Итоги изучения скифской эпохи Алтая и сопредельных территорий. Барнаул，1999，рис. *1，6，8，10～12，18*.

〔57〕同注〔9〕，图六：4、5；图七：15。

〔58〕同注〔19〕，图 3。

〔59〕同注〔29〕，图九六：13。

〔60〕同注〔28〕，рис. 173；табл. *64，24*；*65，1，7*；*67，9*.

〔61〕Э. Б. Вадецкая. Археологические памятники в степях Среднего Енисея. Ленинград，1986，стр. 101.

〔62〕Н. Л. Членова. Тагарская культура. Степная полоса Азиатской части СССР в скифо-сарматское время. Москва，1992，табл. *88，6，8，19*.

〔63〕Э. А. Новгородова. Древняя Монголия. Москва，1989，стр. 314.

〔64〕青海省文物考古研究所、吉林大学考古系：《青海大通县黄家寨墓地发掘报告》，图九：10，《考古》1994 年第 3 期。

〔65〕中国社会科学院考古研究所：《中国考古学·商周卷》第 566 页，中国社会科学出版社，2003 年。

〔66〕青海省湟源县博物馆：《青海湟源县大华中庄卡约文化墓地发掘简报，》图一七：5，《考古与文物》1985 年第 5 期。

〔67〕甘肃省博物馆文物工作队：《甘肃永登榆树沟的沙井墓地》，图版伍：1、2、4，《考古与文物》1981 年第 4 期。

〔68〕同注〔15〕，рис. *25，1～7*；*26，1，2*.

〔69〕同注〔15〕，стр. 54.

〔70〕В. Ю. Зуев，Р. Б. Исмагилов. Корсуковский клад. Южная Сибирь в древности，1995.

〔71〕Н. Л. Членова. Были ли Ленская и Ангарская тайга прародиной скифов Причерноморья и Северного Кавказа？ Российкая археология，2001，№ 4，рис. 2，5.

〔72〕同注〔28〕，табл. *69，42*.

〔73〕同注〔71〕，рис. *5，6*.

〔74〕乌恩：《略论怪异动物纹样及相关问题》，《故宫博物院院刊》1994 年第 3 期。

〔75〕Н. В. Полосьмак. Стерегущие золотогрифы. Новосибирск，1994，стр. 6.

〔76〕乌恩：《中国北方青铜透雕带饰》，《考古学报》1983 年第 1 期。

〔77〕乌恩：《论我国北方古代动物纹饰的渊源》，《考古与文物》1984 年第 4 期。

〔78〕同注〔29〕，第 194～195 页。

〔79〕М. А. Дэвлет. О происхождении минусинских ажурных поясных пластин. Скифо-сибирский звериный стиль в искусстве народов евразии. Москва，1976，стр. 219～227.

〔80〕М. А. Дэвлет. Сибирские поясные ажурные пластины. Москва，1980，стр. 18.

〔81〕同注〔26〕，стр. 87.

〔82〕乌恩：《论中国北方早期游牧人青铜带饰的起源》，《文物》2002 年第 6 期。

〔83〕同注〔62〕，стр. 214.

〔84〕同注〔25〕，стр. 57.

〔85〕宁夏回族自治区博物馆考古队：《宁夏中卫县青铜短剑墓清理简报》，图三：1，《考古》1987 年第 9 期。

〔86〕Н. Л. Членова. Происхождение и ранняя история племен тагарской культуры. Москва，1967，стр. 92～109.

〔87〕北京市文物管理处：《北京市延庆县西拨子村窖藏铜器》，图二：1，《考古》1979 年第 3 期。

〔88〕庞文龙、崔玫英：《歧山王家村出土青铜器》，图一，《文博》1989 年第 1 期。

〔89〕靳枫毅：《军都山山戎文化墓地葬制与主要器物特征》，图一三：1，《辽海文物学刊》1991 年第 1
期。

〔90〕刘莉：《铜鍑考》，图一：1，《考古与文物》1987 年第 3 期。

〔91〕高次若、王桂芝：《宝鸡县甘峪发现一座春秋早期墓葬》，图版贰：2，《文博》1988 年第 4 期。

〔92〕山西省考古研究所：《1976 年闻喜上郭村周代墓葬清理记》，图十三：1，《三晋考古》（第一辑），山
西人民出版社，1994 年。

〔93〕贺勇、刘建中：《河北怀来甘子堡发现的春秋墓葬》，图四：3，《文物春秋》1983 年第 2 期。

〔94〕赵慧民、李百勤、李春喜：《山西临猗县程村两座东周墓》，图三：3、4，《考古》1991 年第 11 期。

〔95〕a.　山西省文物管理委员会侯马工作站：《山西侯马上马村东周墓葬》，图一四：17，《考古》1963
年第 5 期。

　　　b.　山西省考古研究所：《山西侯马上马墓地发掘简报》，图一五：7，《文物》1989 年第 6 期。

〔96〕李继红：《沁水县出土的春秋战国铜器》，图七，《山西省考古学会论文集》（三），山西古籍出版社，
2000 年。

〔97〕伊克昭盟文物工作站：《内蒙古准格尔旗宝亥社发现青铜器》，图三：1，《文物》1987 年第 2 期。

〔98〕Ю. С. Гришин. Памятники неолита, бронзового и раннего железного веков Забайкалья. Москва, 1981,
рис. 35, 2.

〔99〕Н. Л. Членова. Культура плиточных могил. Степная полоса Азиатской части СССР в скифо-сарматское
время. Москва, 1992, табл. 101, 10.

〔100〕同注〔63〕，стр. 290，рис. 1.

〔101〕陈信：《河北涿鹿县发现春秋晚期墓葬》，图一：2，《文物春秋》1999 年第 6 期。

〔102〕王国道、崔兆年：《青海卡约文化出土的金器》，图五、六，《故宫博物院院刊》2003 年第 5 期。

〔103〕张长寿：《殷商时代的青铜容器》，第 291 页，《考古学报》1979 年第 3 期。

〔104〕同注〔38〕，стр. 81.

CULTURAL RELATIONS OF THE ZONE ALONG THE GREAT WALL IN INNER MONGOLIA WITH ADJACENT AREAS IN THE EARLY IRON AGE

Wuenyuesitu

Key Words: early Iron Age   zone along the Great Wall   cultural relations

Early Iron Age cultural remains of the zone along the Great Wall in Inner Mongolia have so far been discovered at Maoqinggou at the southern foot of the Yinshan Mountains, Taohongbala in Ordos, and Yanglang in southern Ningxia and eastern Gansu. These findings show typical features of the early nomadic culture with identity occurring in weaponry, harness and animal-style decorative art, though they present certain difference in tomb form and burial custom. Their date corresponds to the Spring-and-Autumn and Warring States period (*ca*. 7th—3rd centuries). In the adjacent areas beyond China's national boundaries, the related archaeological cultures include the late slabstone-tomb culture in eastern Mongolia and southern Zabaikal'ye of Russia, the Uyuk culture in Tuva, the Bazyryk culture in Altai, and the Tagar culture in the Minusinsk Basin. Chronologically they correspond roughly to the early Iron Age culture along the Great Wall in Inner Mongolia. The two sides share a lot of similar cultural elements.

Regarding the origin of these similar cultural elements, at present there remain divergent opinions in academic circles. Previously some scholars believed that all these similarities took their source from the western Eurasian Steppes. Recent important discoveries in the eastern steppes and along the Great Wall, however, made researchers restudy the interrelationship between the early nomadic cultures in various areas of the Eurasian Steppes. The popularity of horseback riding gave still greater stimulation to the growth of relations between ethnic groups. As for the way of mutual diffusion for these cultural elements, presently it is still difficult to expound in archaeology.

春秋战国时期出土玉器简述

曹　楠

关键词：春秋、战国时期　出土玉器　中原地区　关中地区　江淮地区

一

　　春秋、战国时期出土玉器的分布，大致可分为中原地区、关中地区和江淮地区。中原地区包括河南、河北、山西和山东，是晋、韩、赵、魏、燕、齐、鲁等诸侯国和方国的辖地，所出玉器数量最多。出土地点主要有河南洛阳市中州路东周墓[1]、西工区战国墓葬[2]、1983 年西工区东周墓葬[3]、1984 年～1986 年市区周墓[4]、西郊一号战国墓[5]、凯旋路南东周墓[6]、定鼎路小学东周墓葬[7]、中州中路东周墓[8]、西工区 C1M3943 战国墓[9]、洛阳市金村东周王室墓[10]，三门峡市上村岭虢国春秋墓[11]，李家村春秋墓[12]、蔡庄东周墓[13]、河李村东周墓[14]、大高庄东周墓[15]、新郑故城李家楼春秋大墓[16]，温县东周盟誓遗址[17]，辉县固围村魏国王室墓[18]。山西侯马市上马村东周墓葬[19]、虒祈墓地[20]、秦村盟誓遗址[21]、西高祭祀坑遗址[22]、侯马市区东周墓[23]，太原市金胜村晋国赵卿墓[24]，长治市分水岭韩国贵族墓[25]，长子东周墓[26]，潞城县潞河战国墓[27]，运城南相春秋墓[28]，临猗程村东周墓[29]。河北邯郸市百家村赵国墓地[30]，易县燕下都墓葬、遗址[31]，平山县中山王墓[32]，新乐县中同村战国墓[33]，临城县中羊泉东周墓[34]。山东淄博市临淄朗家庄齐国墓地[35]，沂水县刘家店子莒国墓地[36]，曲阜市鲁国故城战国墓地[37]，临沂凤凰岭东周墓[38]，昌乐岳家河周墓[39]，济南千佛山战国墓[40]，长岛王沟东周墓地[41]，长清仙人台邿国墓地[42]，海阳县嘴子前春秋墓[43]，临淄商王村战国墓地[44]，临淄淄河店二号战国墓[45]。这一地区春秋早期的玉器风格与西周晚期十分接近，春秋中、晚期玉器纹饰由简变繁，双钩和隐起的谷纹大量流行，战国时期以璧、璜、环为主体的组玉佩最为常见，缀玉幎目、玉握、玉玲等葬玉也被广泛使用。

　　关中地区是秦国的领地，玉器主要出土地点有陕西凤翔秦雍城宫殿和宗庙建筑遗

　　作者简介：1967 年生于北京怀柔。1990 年北京大学考古系毕业，获历史学学士学位。后进入中国社会科学院考古研究所从事田野考古工作，1998 年调入考古杂志社工作。现为《中国考古学》（英文版）编辑部主任。研究方向为三代玉器，发表《欧美所藏中国古代玉器》（《中国玉文化玉学论丛》，紫禁城出版社，2002 年）、《试论晋侯墓地出土的葬玉》（《考古》2001 年）等论文及译文多篇。

址[46]，凤翔秦公1号墓[47]，户县宋村春秋秦墓[48]，凤翔八旗屯秦墓[49]、八旗屯西沟道秦墓[50]、高庄秦墓[51]、西村战国秦墓[52]，咸阳黄家沟战国秦墓[53]、塔儿坡秦墓[54]，陇县边家庄五号春秋墓[55]、店子秦墓[56]，宝鸡市益门村二号春秋秦墓[57]和河南陕县东周秦墓[58]等。这一地区春秋时期玉器多为礼器，纹饰华丽，造型规整，以云雷纹玉璧最有特征。战国时期秦国玉器出土很少，主要有玦、璜、环等佩饰，形制简单，这可能是秦国玉器工艺受到战争影响而发展缓慢的结果。

江淮地区是一些宗周诸侯国和楚国的领地。这些宗周诸侯国玉器出土地点有湖北随州市擂鼓墩曾侯乙墓[59]。河南信阳市平桥西樊君夔夫人墓[60]，光山县宝相寺黄君孟夫妇墓[61]及其家族墓葬[62]，固始县侯古堆宋勾婳夫人墓[63]。湖北枣阳郭家庙曾国墓地[64]。安徽寿县蔡侯墓[65]。江苏六合程桥东周墓[66]，丹徒粮山春秋石穴墓[67]，吴县吴国玉器窖藏[68]和真山东周墓葬[69]。浙江绍兴市306号战国墓发掘简报[70]、绍兴印山越国卿大夫祝墓[71]，杭州石塘战国一号墓[72]等。这些诸侯国在春秋末、战国初年为楚国所灭，因此出土玉器都是春秋时期的标准器。玉器绝大多数是佩饰，造型优美，雕琢工艺精良，具有极高的工艺水平。楚国玉器主要出土地点有湖北江陵三座楚墓[73]，雨台山楚墓[74]，天星观1号楚墓[75]，襄阳山湾楚墓[76]，鄂城楚墓[77]，襄阳团山楚墓[78]，当阳赵家湖楚墓[79]，江陵九店楚墓[80]、望山沙冢楚墓[81]，荆州秦家山二号楚墓[82]，黄冈两座中型楚墓[83]和丹江口市吉家院楚墓[84]等。河南淅川县下寺楚令尹子庚墓[85]，和尚岭与徐家岭楚墓[86]，新蔡葛陵楚墓[87]，信阳市长台关战国楚墓[88]，叶县旧县1号墓[89]，淮阳市平粮台战国楚墓[90]和安徽长丰县杨公战国楚墓[91]，寿县楚墓[92]等。楚国玉器最早见于春秋中、晚期，受到周围临近宗周国家玉器风格影响较大，器类和纹饰都很接近，战国时期楚国玉器与中原地区玉器相似，战国晚期已经形成自身风格特点，而且影响到汉代玉器的风格。

二

春秋、战国时期玉器按用途可分为礼器、用具、装饰玉和艺术品等4类。

礼器包括祭祀用玉、盟誓用玉和葬玉。春秋、战国时期，玉璧、玉圭、玉璋仍然是主要的玉礼器。玉琮的数量很少，而且形制多不规整，已经不属主要礼器。玉璜和玉琥主要用作佩饰。此外，玉环、玉玦、玉龙等，有时也可作为事神的礼玉。至于玉戈、玉钺、玉戚、玉斧、玉矛等，都不是实用的武器，而是作为显示贵族威严的仪仗用具。春秋、战国时期玉礼器的演变，正是当时社会经济、政治制度以及意识形态变革和发展的一种反映。祭祀用玉有玉圭、玉璋、玉璧、玉璜、玉简等。陕西凤翔县秦宗庙遗址的祭祀坑中出土100多件祭祀玉，玉璧多至81件，玉璜21件[93]。河南辉县固围村1号墓旁的2号祭祀坑中出土有50支玉简册、6件玉圭、43件玉环和6件玉璜[94]。由此可见春秋、战国时期祭祀用玉的情况。盟誓用玉主要见于山西侯马市[95]和河南温县[96]的东周盟誓遗址中，器形有玉圭、玉璋、玉简等，上书盟辞与璧、璜等同埋于祭祀坑中，是盟誓时奉献给神祇或祖先的祭玉。葬玉有殓尸用的大玉璧、缀玉幎目、玉琀、玉握等。

春秋、战国时期玉制用具包括玉带钩、玉觿、玉匕、玉簪、玉扳指、玉耳杯、玉梳、玉镜架等，器形不大，都是实用器，有些玉器上有明显的使用痕迹。

　　装饰用玉是春秋、战国玉器中最精美、数量最多的部分，品种齐全，很有特色。春秋、战国时期的佩玉，数量和种类都很多，用途也不尽相同。有戴在颈部作为项饰的，有戴在手腕上作为手镯的，有作为耳饰的，有作为腿部装饰的，还有佩挂在胸腹部的玉串饰或组玉佩。出土于胸腹部的组玉佩很多，盛行于春秋晚期至战国时期，其组成部分多种多样。主要有玉人、玉牌饰、小型玉璧、玉环、玉璜、玉冲牙、玉瓶形饰、玉龙形佩、玉虎形佩、玉龙凤形佩、玉珠等，结构复杂，完整的一套玉组佩长达 1 米以上。春秋、战国时期除各级贵族普遍佩玉外，一些高级贵族身边的女婢也佩带组合较为简单的玉串饰。其他玉饰还有耳饰玦、衣服上的玉坠、片饰等。

　　春秋、战国时期的玉制艺术品主要用来观赏，数量虽然不多，但多制作精美，如河南洛阳市战国墓出土的伏兽玉人[97]和山东曲阜市鲁故城战国墓出土的玉马[98]，玉质温润细腻，抛光莹亮，是罕见的艺术珍品。

三

　　春秋、战国时期玉器装饰纹样比较丰富，主要有蟠虺纹、谷纹、涡纹、云纹、勾连纹、卧蚕纹、云雷纹、兽面纹、窃曲纹、蝉纹、束丝纹等，其中云雷纹、蝉纹、束丝纹是春秋时期的纹饰，源于西周时期的玉牌纹饰。云雷纹见于玉璧、玉璜，蝉纹饰于玉管上。其他纹饰流行于春秋、战国时期，谷纹、涡纹、云纹和勾连纹最为常见，多饰于玉璧、玉璜、玉龙、玉虎、玉管上，卧蚕纹饰于玉璜、玉龙等佩饰上，蟠虺纹和兽面纹常见于玉牌和玉璧上，窃曲纹则常见于玉牌和玉饰上。

　　春秋、战国时期玉器的主要特点表现在：1. 礼仪用玉仍然占有重要地位。礼器多见玉圭、玉璧，商代和西周以来的玉琮、玉戈、玉矛、玉斧、玉钺等礼器逐渐消失。祭祀、盟誓、丧葬用玉流行，在社会经济、政治生活以及意识形态方面占有重要地位。2. 佩玉成为春秋、战国玉器的主流。春秋、战国时期的佩玉种类繁多，用途不同，组合多变。佩玉的种类，除玉珩、玉璜、玉琚、玉冲牙等外，还有玉璧、玉环、玉龙、玉凤、玉虎、玉珠、玉管、玉人等，简单者仅一璧一璜，复杂者则有很多配件，讲究上下左右对称。3. 纹饰满而密，器物表面布满纹饰，不留空白，纹饰繁缛，一件玉器常用几种图案组成，纹饰结构抽象而精细，用线条粗细凹凸的变化，表现出不同层次，让人感觉神秘莫测、充满恐怖。

注　释

〔1〕中国科学院考古研究所：《洛阳中州路》（西工段），科学出版社，1959 年。

〔2〕洛阳市文物工作队：《洛阳市西工区 203 号战国墓清理简报》，《中原文物》1984 年第 3 期。

〔3〕中国社会科学院考古研究所洛阳唐城队：《1983 年洛阳西工区墓葬发掘简报》，《考古》1985 年第 6 期。

〔4〕中国社会科学院考古研究所洛阳唐城队：《1984——1986 年洛阳市区周墓发掘简报》，《考古》1989年第 9 期。

〔5〕中国科学院考古研究所洛阳发掘队：《洛阳西郊一号战国墓发掘记》，《考古》1959 年第 12 期。

〔6〕中国社会科学院考古研究所洛阳唐城工作队：《洛阳凯旋路南东周墓葬发掘报告》，《考古学报》2000 年第 3 期。

〔7〕中国社会科学院考古研究所洛阳唐城队：《洛阳定鼎路小学唐宋遗迹和东周墓葬发掘简报》，《考古》1997 年第 11 期。

〔8〕洛阳市文物工作队：《洛阳市中州中路东周墓》，《文物》1995 年第 8 期。

〔9〕洛阳市文物工作队：《洛阳市西工区 C1M3943 战国墓》，《文物》1999 年第 8 期。

〔10〕Williams Charles White，1936，*The Old Tombs of Luoyang*，Shanghai.

〔11〕a. 中国科学院考古研究所：《上村岭虢国墓地》，科学出版社，1959 年。

b. 河南省文物研究所、三门峡市文物工作队：《三门峡虢国墓地》，文物出版社，1999 年。

〔12〕河南省文物研究所新政工作站：《河南新郑县李家村发现春秋墓》，《考古》1983 年第 8 期。

〔13〕河南省文物研究所新郑工作站：《新郑县蔡庄东周墓葬发掘简报》，《中原文物》1987 年第 4 期。

〔14〕河南省文物研究所新郑工作站：《新郑县河李村东周墓葬发掘简报》，《中原文物》1987 年第 4 期。

〔15〕郑州市文物工作队、新郑县文物保管所：《河南新郑大高庄东周墓》，《文物》1995 年第 3 期。

〔16〕孙海波：《新郑彝器》，《河南通志文物志·吉金编·上》，1937 年。

〔17〕河南省文物研究所：《河南温县东周盟誓遗址一号坎发掘简报》，《文物》1983 年第 3 期。

〔18〕中国科学院考古研究所：《辉县发掘报告》，科学出版社，1956 年。

〔19〕a. 山西省文物管理委员会侯马工作站：《山西侯马上马村东周墓葬》，《考古》1963 年第 5 期。

b. 山西省考古研究所侯马工作站：《山西侯马上马墓地 3 号车马坑发掘简报》，《文物》1988 年第 3 期。

c. 山西省考古研究所：《山西侯马上马墓地发掘简报（1963——1986 年）》，《文物》1989 年第 6 期。

d. 山西省考古研究所：《上马墓地》，文物出版社，1994 年。

〔20〕山西省考古研究所侯马工作站：《山西侯马市虒祈墓地的发掘》，《考古》2002 年第 4 期。

〔21〕a. 同注〔19〕a。

b. 陶正刚、王克林：《侯马东周盟誓遗址》，《文物》1972 年第 4 期。

c. 山西省文物工作委员会：《"侯马盟书"的发现、发掘与整理情况》，《文物》1975 年第 5 期。

d. 山西省文物工作委员会：《侯马盟书》，文物出版社，1976 年。

〔22〕山西省考古研究所侯马工作站：《山西侯马西高东周祭祀坑遗址》，《文物》2003 年第 8 期。

〔23〕山西省考古研究所侯马工作站：《侯马市区东周墓葬、遗址发掘简报》，《文物季刊》1996 年第 3 期。

〔24〕a. 山西省考古研究所、太原市文物管理委员会：《太原金圣村 251 号春秋大墓及车马坑发掘简报》，《文物》1989 年第 6 期。

b. 山西省考古研究所、太原市文物管理委员会等：《太原晋国赵卿墓》，文物出版社，1996 年。

〔25〕a. 山西省文物管理委员会：《山西长治分水岭古墓的清理》，《考古学报》1957 年第 1 期。

b. 山西省文物管理委员会、山西省考古研究所：《山西长治分水岭战国墓第二次发掘》，《考古》1964年第 3 期。

c. 边成修：《陕西长治分水岭 126 号墓发掘简报》，《文物》1972 年第 4 期。

d. 山西省文物工作委员会晋东南工作组、山西长治市博物馆：《长治分水岭 269、270 号东周墓》，《考古学报》1974 年第 2 期。

〔26〕山西省考古研究所：《山西长子东周墓》，《考古学报》1984 年第 4 期。

〔27〕山西省考古研究所、山西省晋东南地区文化局：《山西省潞城县潞河战国墓》，《文物》1986 年第 6 期。

〔28〕王志敏、高胜才：《运城南相春秋墓清理简报》，《文物季刊》1990 年第 1 期。

〔29〕张童心、张崇宁：《临猗县程村东周墓发掘简报》，《文物季刊》1993 年第 3 期。

〔30〕河北省文化局文物工作队：《河北邯郸百家村战国墓》，《考古》1962 年第 12 期。

〔31〕河北省文物研究所：《燕下都》，文物出版社，1996 年。

〔32〕a. 河北省文物管理处：《河北省平山县战国时期中山国墓葬发掘简报》，《文物》1979 年第 1 期。

  b. 河北省文物研究所：《䉖墓——战国中山国国王之墓》，文物出版社，1996 年。

〔33〕石家庄地区文物研究所：《河北新乐市中同村战国墓》，《考古》1984 年第 11 期。

〔34〕临城县文化局：《河北临城县中羊泉东周墓》，《考古》1990 年第 8 期。

〔35〕山东省博物馆：《临淄郎家庄一号东周殉人墓》，《考古学报》1977 年第 1 期。

〔36〕山东省文物考古研究、沂水县文物管理站：《山东沂水刘家店子春秋墓发掘简报》，《文物》1984 年第 9 期。

〔37〕山东省文物考古研究所、山东省博物馆、济宁地区文物组、曲阜县文物管理委员会：《曲阜鲁国故城》，齐鲁书社，1982 年。

〔38〕山东省兖石铁路文物考古工作队：《临沂凤凰岭东周墓》，《中国考古学年鉴》（1984），文物出版社，1988 年。

〔39〕山东潍坊市博物馆、山东省昌乐县文管所：《山东昌乐岳家河周墓》，《考古学报》1990 年第 1 期。

〔40〕李晓峰、伊沛扬：《济南千佛山战国墓》，《考古》1991 年第 9 期。

〔41〕烟台市文物管理委员会：《山东长岛王沟东周墓群》，《考古学报》1993 年第 1 期。

〔42〕任相宏、方辉、崔大勇：《山东长清仙人台遗址发现邿国贵族墓地》，《中国文物报》1995 年 12 月 7 日第 1 版。

〔43〕烟台市文物管理委员会、海阳县博物馆：《山东海阳县嘴子前春秋墓的发掘》，《考古》1996 年第 9 期。

〔44〕a. 淄博市博物馆、齐故城博物馆：《临淄商王墓地》，文物出版社，1997 年。

  b. 淄博市博物馆：《山东临淄商王村一号战国墓发掘简报》，《文物》1997 年第 6 期。

〔45〕山东省文物考古研究所：《山东淄博市临淄区淄河店二号战国墓》，《考古》2000 年第 11 期。

〔46〕a. 凤翔县文化馆、陕西省文物管理委员会：《凤翔县秦宫殿试掘及其铜质建筑构件》，《考古》1976 年第 2 期。

  b. 陕西省雍城考古队：《凤翔马家庄春秋秦一号建筑遗址第一次发掘简报》，《考古与文物》1982 年第 5 期。

  c. 陕西省雍城考古队：《凤翔马家庄一号建筑群遗址发掘简报》，《文物》1985 年第 2 期。

〔47〕a. 陕西省考古研究所：《凤翔秦公大墓》，《中国考古学年鉴》（1986），文物出版社，1988 年。

  b. 陕西省考古研究所：《凤翔县南指挥村秦公 1 号大墓》，《中国考古学年鉴》（1987），文物出版社，1988 年。

〔48〕陕西省文物管理委员会秦墓发掘组：《陕西户县宋村春秋秦墓发掘简报》，《文物》1975 年第 10 期。

〔49〕陕西省雍城考古工作队：《陕西凤翔八旗屯秦国墓葬发掘简报》，《文物资料丛刊》第 3 集，1980 年。

〔50〕陕西雍城考古队：《陕西凤翔八旗屯西沟道秦墓发掘简报》，《文博》1986 年第 3 期。

〔51〕雍城考古队：《陕西凤翔高庄秦墓地发掘简报》，《考古与文物》1981 年第 1 期。

〔52〕雍城考古队：《陕西凤翔西村战国秦墓发掘简报》，《考古与文物》1986 年第 1 期。

〔53〕a. 秦都咸阳考古队：《咸阳市黄家沟战国墓发掘简报》，《考古与文物》1982 年第 6 期。

b. 陕西省考古研究所、咸阳秦都考古工作站：《咸阳市黄家沟战国秦墓》，《中国考古学年鉴》（1985），文物出版社，1985 年。

〔54〕咸阳市文物研究所：《塔儿坡秦墓》，三秦出版社，1998 年。

〔55〕陕西省考古研究所宝鸡工作站、宝鸡市考古工作队：《陕西陇县边家庄五号春秋墓发掘简报》，《文物》1988 年第 11 期。

〔56〕陕西省考古研究所：《陇县店子秦墓》，三秦出版社，1998 年。

〔57〕宝鸡市考古工作队：《宝鸡市益门村二号春秋墓发掘简报》，《文物》1993 年第 10 期。

〔58〕中国社会科学院考古研究所：《陕县东周秦汉墓》，科学出版社，1994 年。

〔59〕湖北省博物馆：《曾侯乙墓》，文物出版社，1989 年。

〔60〕a. 河南省博物馆、信阳地区文物管理委员会、信阳市文化局：《河南信阳市平桥春秋墓发掘简报》，《文物》1981 年第 1 期。

b. 信阳地区文物管理委员会、信阳市文化局：《信阳市平桥西二号春秋墓发掘报告》，《文物》1981 年第 4 期。

〔61〕河南信阳地区文物管理委员会、光山县文物管理委员会：《春秋早期黄君孟夫妇墓发掘报告》，《考古》1984 年第 4 期。

〔62〕a. 信阳地区文物管理委员会、光山县文物管理委员会：《河南光山春秋黄季佗父墓发掘简报》，《考古》1989 年第 1 期。

b. 信阳地区文物管理委员会：《光山县宝相寺春秋墓葬》，《中国考古学年鉴》（1989），文物出版社，1990 年。

〔63〕固始侯古堆一号墓发掘组：《河南固始侯古堆一号墓发掘简报》，《文物》1981 年第 1 期；河南省文物考古研究所：《固始侯古堆 1 号墓》，大象出版社，2004 年。

〔64〕襄樊市考古队、湖北省文物考古研究所、湖北孝襄高速公路考古队：《枣阳郭家庙曾国墓地》，科学出版社，2005 年。

〔65〕安徽省文物管理委员会、安徽省博物馆：《寿县蔡侯墓出土遗物》，科学出版社，1956 年。

〔66〕a. 江苏省文物管理委员会、南京博物院：《江苏六合程桥东周墓》，《考古》1965 年第 3 期。

b. 南京博物院：《江苏六合程桥二号东周墓》，《考古》1974 年第 2 期。

〔67〕刘建国：《江苏丹徒粮山春秋石穴墓——兼谈吴国的葬制及人殉》，《考古与文物》1987 年第 4 期。

〔68〕吴县文物管理委员会：《江苏吴县春秋吴国玉器窖藏》，《文物》1988 年第 11 期。

〔69〕苏州博物馆：《真山东周墓地——吴楚贵族墓地的发掘与研究》，文物出版社，1999 年。

〔70〕浙江省文物管理委员会、浙江省文物考古所、绍兴地区文化局、绍兴市文物管理委员会：《绍兴 306 号战国墓发掘简报》，《文物》1984 年第 1 期。

〔71〕浙江省文物考古研究所、绍兴县文物保护管理所：《浙江绍兴印山大墓发掘简报》，《文物》1999 年第 11 期；浙江省文物考古研究所、绍兴县文物保护管理局：《印山越王陵》，文物出版社，2002 年。

〔72〕杜正贤：《杭州石塘战国一号墓发掘简报》，《杭州考古》1994 年第 1、2 期。

〔73〕湖北省文化局文物工作队：《湖北江陵三座楚墓出土大批重要文物》，《文物》1966 年第 5 期。

〔74〕湖北省荆州地区博物馆：《江陵雨台山楚墓》，文物出版社，1984 年。

〔75〕湖北省荆州地区博物馆：《江陵天星观 1 号楚墓》，《考古学报》1982 年第 1 期。

〔76〕湖北省博物馆：《襄阳山湾东周墓发掘报告》，《江汉考古》1983 年第 2 期。

〔77〕湖北省鄂城市博物馆：《鄂城楚墓》，《考古学报》1983 年第 2 期。

〔78〕襄樊市博物馆：《湖北襄阳团山东周墓》，《考古》1991 年第 9 期。

〔79〕湖北省宜昌地区博物馆、北京大学考古系：《当阳赵家湖楚墓》，文物出版社，1992 年。

〔80〕湖北省文物考古研究所：《江陵九店东周墓》，科学出版社，1995 年。

〔81〕湖北省文物考古研究所：《江陵望山沙冢楚墓》，文物出版社，1996 年。

〔82〕湖北省荆州博物馆：《湖北省荆州秦家山二号墓清理简报》，《文物》1999 年第 4 期。

〔83〕黄冈市博物馆、黄州区博物馆：《湖北黄冈两座中型楚墓》，《考古学报》2000 年第 2 期。

〔84〕湖北省文物考古研究所、十堰市博物馆、丹江口市博物馆：《湖北丹江口市吉家院墓地的清理》，《考古》2000 年第 8 期。

〔85〕河南省文物研究所、河南省丹江库区考古发掘队、淅川县博物馆：《淅川下寺春秋楚墓》，文物出版社，1991 年。

〔86〕河南省文物考古研究所、南阳市文物考古研究所、淅川县博物馆：《淅川和尚岭与徐家岭楚墓》，大象出版社，2004 年。

〔87〕河南省文物考古研究所：《新蔡葛陵楚墓》，大象出版社，2003 年。

〔88〕河南省文物研究所：《信阳楚墓》，文物出版社，1986 年。

〔89〕河南省文物研究所、平顶山市文物管理委员会、叶县文化馆：《河南省叶县旧县 1 号墓的清理》，《华夏考古》1988 年第 3 期。

〔90〕河南省文物研究所、淮阳县文物保管所：《河南淮阳平粮台十六号楚墓发掘简报》，《文物》1984 年第 10 期。

〔91〕安徽省文物工作队：《安徽长丰杨公发掘九座战国墓》，《考古学集刊》第 2 集，中国社会科学出版社，1982 年。

〔92〕李景聃：《寿县楚墓调查报告》，《田野考古报告》第 1 册。

〔93〕同注〔46〕c。

〔94〕同注〔18〕。

〔95〕山西省文物工作委员会：《侯马盟书》，文物出版社，1976 年。

〔96〕河南省文物研究所：《河南温县东周盟誓遗址一号坎发掘简报》，《文物》1983 年第 3 期。

〔97〕同注〔5〕。

〔98〕山东省文物考古研究所、山东省博物馆、济宁地区文物组、曲阜县文物管理委员会：《曲阜鲁国故城》，文物出版社，1982 年。

A BRIEF ACCOUNT OF THE JADES UNEARTHED FROM SITES OF THE SPRING-AUTUMN AND THE WARRING STATES PERIODS

Cao Nan

Key Words: Spring-Autumn period Warring States period unearthed jades Central Plains Guanzhong area Yangtze-Huaihe valley

The distribution of the unearthed jades coming from the Spring-Autumn and the Warring States periods can be roughly divided into the Central Plains, the Guanzhong area and the Yangtze-Huaihe valley. The first region comprises Henan, Hebei, Shanxi and Shandong, i. e. the territories of the Jin, Han, Zhao, Wei, Yan, Qi and Lu states, and comes first in the number of finds. The early Spring-Autumn jades of this region are very similar to Western Zhou ones in style. In the middle and late stages of this period, decorations on jade articles underwent a changing course from the simpler to the more complex, and the contoured and veiled grain motifs prevailed to a great extent. During the Warring States period, combined pendants centered on the *bi* disc, *huang* semi-disc and ring became the most popular, and funeral jades, such as face covers, palm-held pieces and mouth-held ones, were made extensively.

The Guanzhong area belonged to the Qin State, and jade artifacts have been unearthed chiefly from ruined palaces and ancestral temples in the Qin capital Yongcheng in Fengxiang, Shaanxi. In the Spring-Autumn period, its jades were largely ritual objects gorgeous in decoration and regular in shape, with the cloud-and-thunder pattern *bi* as the most characteristic type. The Warring States period jades are rarely unearthed; the main finds are simple pendants of the *jue* penannular ring, *huang* and ring types.

The Yangtze-Huaihe valley belonged to a number of principalities and the Chu State. As the former were conquered by the latter at the turn from the Spring-Autumn to the Warring States period, the jades unearthed from there can be taken as standard objects of the Spring-Autumn period. For an overwhelming majority they are pendants elegant in shape and exquisite in workmanship. Chu State jades emerged at the earliest in the middle and late Spring-Autumn period and in style were under strong influence from surrounding principalities, as shown by the close similarity of their jades in type and decoration. In the Warring States period, Chu jades resembled their counterparts in the Central Plains.

秦始皇陵考古述评

刘庆柱

关键词：秦始皇陵　考古发现　学术问题　讨论

秦始皇陵位于西安市东约 35 公里，坐落在骊山北麓，地势自南向北倾斜，南倚骊山，北临渭水，史称"骊山园"。1961 年国务院公布为第一批全国重点文物保护单位，1987 年联合国教科文组织将秦始皇陵列入世界文化遗产名录。

有的学者将埃及胡夫金字塔、中国秦始皇陵和日本仁德天皇陵，称为世界三大古代陵墓[1]。

埃及金字塔流行于公元前 2650 年～公元前 1550 年，其中以胡夫金字塔规模最大，因此也称为"大金字塔"。胡夫金字塔原高 146.5 米（现高 137.2 米），底部平面方形，边长 230.38 米，塔身共计 250 级。金字塔以 230 万块石材砌成，总计石材重量约 570 万吨。在大金字塔的东、西、南分布有王妃的金字塔与王室人员和贵族的马斯塔巴。胡夫的儿子及继承者哈夫拉的金字塔，距其父的大金字塔 160 米。哈夫拉金字塔附近有规模宏大的上庙、下庙遗址和著名的斯芬克斯狮身人面像。门卡乌拉金字塔在哈夫拉金字塔西南 200 米，它与胡夫金字塔、哈夫拉金字塔合称为吉萨三大金字塔，成为埃及金字塔的代表[2]。

仁德天皇陵（即"百舌鸟耳原中陵"）建成于公元 5 世纪，是日本最大的前方后圆墓，陵墓封土全长 486 米，前面方形部分宽 305 米，高约 33 米，后面圆形部分直径 249 米，高约 35 米。包括壕沟在内，仁德天皇陵范围东西 656 米，南北 793 米，周长 2718 米，总面积 464124 平方米。陵墓周围有三重壕沟围绕，壕沟之外有收冢古坟、孙太夫山古坟、童佐山古坟、狐山古坟、铜龟山古坟、菰山古坟、丸保山古坟、永山古坟、茶山古坟、大安寺古坟、源右卫门寺古坟、冢徊古坟、镜冢古坟等十多座陪葬墓[3]。

作为第 15 次亚洲史学会研究大会上大多学者认为的古代世界三大陵墓之一的秦始皇陵，在时代上介于埃及金字塔与日本仁德天皇陵之间，在建筑规模与形制方面则各具

作者简介：1943 年出生于天津市。中国社会科学院学部委员、中国社会科学院考古研究所学术委员会主任。《考古学报》和《考古》编辑委员会主任（1999 年～）、《考古学报》和《考古学集刊》主编（1999 年～）、《中国考古学》（英文版）主编（2001 年～）。主要从事秦汉考古学、中国古代都城与古代帝王陵墓考古研究。参加、主持了秦咸阳城遗址、秦汉栎阳城遗址、秦阿房宫遗址、汉长安城遗址、汉宣帝杜陵陵园遗址、唐长安城青龙寺遗址及汉唐帝陵的考古调查、勘探、发掘与研究。

特色。

秦始皇陵的墓主人嬴政，公元前246年立为秦王，公元前238年亲理朝政，公元前221年统一全国，是中国历史上的第一个皇帝，所以又称"始皇帝"（公元前259年～公元前210年）。《史记·秦始皇本纪》记载："始皇初即位，穿治骊山，及并天下，天下徒送诣七十余万人。"秦始皇陵是中国历史上第一个皇帝陵，其规模之巨大、用工之众多、从葬之丰富，为中国乃至世界古代陵墓史上所罕见。在中国古代帝王陵墓发展史上，秦始皇陵也有着重要影响。

一　秦始皇陵的考古发现[4]

秦始皇陵陵区面积56.25平方公里，其中有秦始皇陵园（包括陵园内外城、门阙、封土、地宫、陵寝建筑遗址等）、陪葬坑、陪葬墓、修陵人墓地、防洪堤遗址、阻水与排水遗址、鱼池建筑遗址、石料加工场遗址等（图1）。

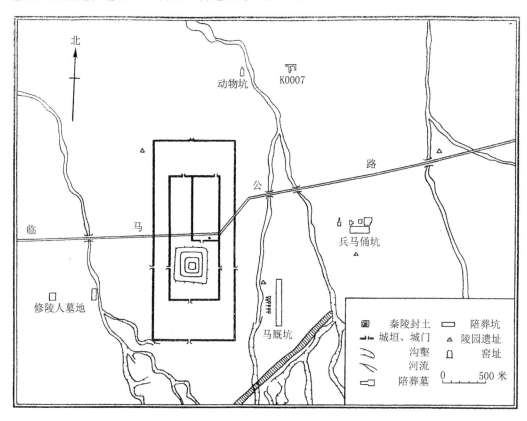

图1　秦始皇帝陵区重要遗迹分布示意图（引自《秦始皇帝陵园考古报告（2000）》插图）

（一）秦始皇陵园的考古发现

1. 秦始皇陵园内、外城的考古勘探

秦始皇陵陵园由内外两重城墙组成，内、外城平面均为南北向长方形（图 2）。内城约位于外城南北和东西居中位置。外城基本为正南北向，东城垣长 2185.914 米，西城垣长 2188.378 米，南城垣长 976.186 米，北城垣长 971.112 米，外城周长 6321.59 米，面积 212.94826 万平方米。城墙墙基宽 7.2 米，城墙遗址内外均发现了大量瓦片等原生堆积，推测陵园城墙顶部原来有覆瓦设施，城墙内外侧并有廊房一类建筑。已勘探发现外城南城墙中央辟一门，东门和西门在东城墙与西城墙的中部偏南。外城南门距内城南门420 米，其门址平面长方形，东西 68 米，南北 22.8 米。外城东门距内城东门 173 米，其门址夯土台基平面为长方形，南北 77 米，东西 22.4 米，东门应有 3 个门道。西门门址东西 78.2 米，南北 22.8 米，与内城西门东西相距 174 米。长期以来，秦始皇陵园的外城，被认为四面各有 1 座城门，但是近来秦始皇陵考古队在原来所说的外城北门遗址附近，进行了多次勘探与复查，"均没有发现与陵园其他门址相似的夯土台基和归属于北门遗址的建筑遗迹，也没有发现有关北门遗址的任何线索。"[5]这是一个涉及陵园形制的非常重要问题。

内城南北 1355 米，东西 580 米，周长 3870 米，面积 78.59 万平方米。墙基宽 8.18米，墙体宽 3.5 米，其南北两侧的廊房进深及散水宽分别为 1.45 米与 0.95 米～0.98 米。内城分为南北两部分，二者面积大小相近，内城南部与北部南北各长 670 米与 685 米，二者东西宽均为 580 米。内城北部又分为东西两部分，二者东西宽分别为 330 米与 250 米，南北长均为 670 米。内城北部的东部西边和南边各筑墙垣，分别与内城北城墙和内城南城墙连接，形成一封闭的空间，其南墙西部辟门，北门即内城北城墙东侧的北门。内城已发现 5 座城门，其中东、西、南面各 1 座，北面 2 座。内城东门门址南北 77 米，东西23 米，有 3 个门道；内城西门门址南北 77.4 米，东西 22.8 米。内城东西二门址大小相同，推测其西门可能亦应有 3 个门道，但这还需要今后的考古工作去究明。内城南门门址东西 65.4 米，南北 18.6 米。有的内城城角保存较好，可能有角楼遗存。

2. 秦始皇陵园门阙遗址考古勘探与发掘

近年来秦始皇陵园内、外城东、西门址之间进行了全面考古勘探，发现了二个形制、大小相近的建筑遗迹。

在内、外城东门之间南北两侧，各有一东西向墙垣遗迹连接内外城东城垣，形成一东西长 173 米，南北宽 113 米的封闭区域，北部墙垣宽约 2.8 米～4.8 米，南部墙垣宽 4.6米～5.4 米。在内城东门址东 81.5 米，外城东门址西 77.5 米，内外城东门之间道路南北两侧，发现"南阙"与"北阙"遗址，二阙址均为南北向，平面呈"凸"字形，阙址东西两侧曲折，呈不对称状，西侧二出、东侧三出。"南阙"遗址南北长 46.9 米，东西宽3.2 米～15.3 米，北端宽 15.3 米，南端宽 3.2 米。"北阙"遗址南北长 45.9 米，东西宽4.6 米～14.6 米，北端宽 4.6 米，南端宽 14.6 米[6]。

在内、外城西门之间南北两侧，各有一东西向墙垣遗迹连接内外城西城垣，形成一

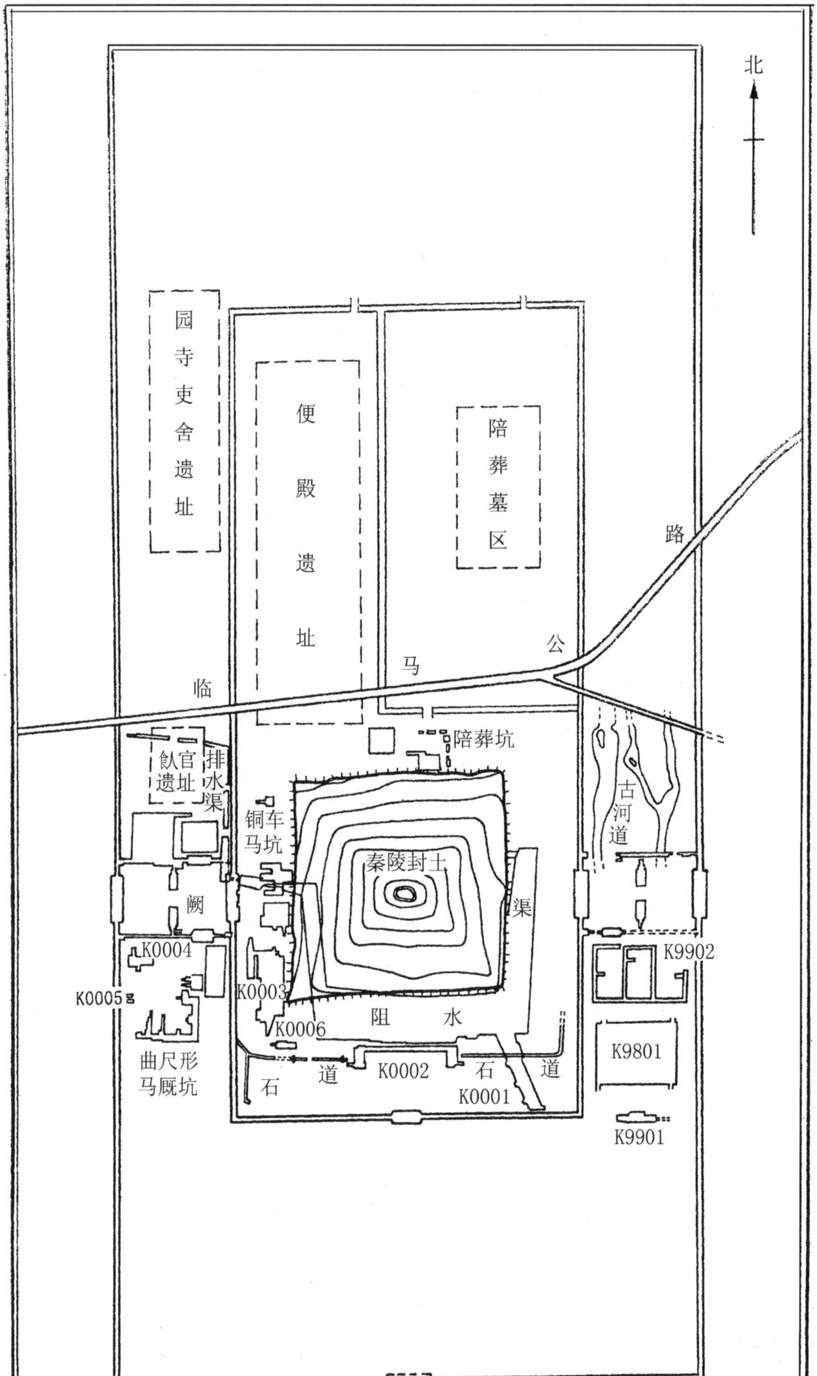

图 2 秦始皇帝陵园内外城遗迹分布示意图
（引自《秦始皇帝陵园考古报告（2000）》插图）

东西长 187 米，南北宽 118 米的封闭区域，南、北部筑墙垣。在内外城西门址约东西居中位置，内外城西门之间道路南北两侧，发现"南阙"与"北阙"遗址，二阙址南北相距 29 米，阙址均为南北向，平面呈"凸"字形，阙址东西两侧均三出。"南阙"与"北阙"大小、形制相同。以"南阙"遗址为例，南北长 46 米，主阙长 29.5 米，宽 15 米，自南向北两个子阙长分别为 8.5 米与 8 米，宽分别为 5 米与 8.5 米[7]（图 3）。

内城南、北门之外尚未发现置阙遗存，这与其后的帝陵陵园门阙制度不同，它也可能反映了陵园门阙制度初期的特点。如，文献记载汉长安城长乐宫东、西宫门之外置阙[8]，长乐宫是汉高祖在秦兴乐宫基础之上修建的，它们是否继承了兴乐宫的门阙设置制度有待进一步的探究。汉长安城皇宫——未央宫始建于西汉初年，仅于北宫门和东宫门之外置阙[9]，东阙为"朝诸侯之门。"[10]上述情况说明，秦代与西汉初年的门阙制度与后代可能有所不同。

3. 秦始皇陵封土的勘测

秦始皇陵封土位于内城南部中央。封土为覆斗形，中部有两级缓坡状台阶，形成三层阶梯状封土。

关于秦始皇陵封土底部平面大小有多种说法，而且其中有些重要数据相差甚大。如《中国大百科全书·考古学》（1986 年版）"秦始皇陵"条载：坟丘"底部方形，每边长约 350 米，现存高 43 米。"《中国大百科全书·文物、博物馆》（1993 年版）"秦始皇陵"条载：陵冢经实测"底边长 350 米，宽 345 米。"《秦始皇陵兵马俑坑·一号坑发掘报告（1974～1984）》（1988 年版）记载：秦始皇陵封土"经探测，原封土的底基近似方形，南北长 515 米，东西宽 485 米，周长 2000 米。"又记载："因长期雨水的侵蚀和平整土地的切削，现存的封土南北长 350 米，东西宽 345 米，周长 1390 米，高 76 米。"2000 年出版的《秦始皇帝陵园考古报告（1999）》称：秦始皇陵"20 世纪初，封土的底边南北长 515 米，东西宽 485 米，周长 2000 米。"又称："因历年来水土流失及平整土地，1962 年测量的封土底边南北长 350、东西宽 345 米。"显然，这里所说的"20 世纪初"的秦始皇陵封土测量情况，与日本学者足立喜六当时调查秦始皇陵的数据相近[11]，后者称秦始皇陵"陵基略呈方形，东西约一千六百尺，南北一千七百尺。"帝陵封土底部折今东西 533 米，南北 566 米。1962 年的测量数据来自陕西省文物管理委员会的勘测[12]。段清波、孙伟刚在最近发表的文章中指出：秦始皇陵的"原封土的底边南北向长 575 米，东西宽 485 米，周长 2000 米。历经两千多年的水土流失及多年来平整土地的破坏，现存封土南北长 350 米，东西宽 345 米，周长 1390 米。"[13]如果以上数据基本可靠的话，那么它们就与目前秦始皇陵园遗址的考古勘探资料存在着较大的矛盾，最新的考古钻探资料表明，秦始皇陵"陵园建成后内城南部的地貌基本上没有太大变化"，"秦陵原封土边沿一直延伸到东西内城城垣之下，其最薄处的厚度超过 3 米，从封土中心部位流失到边沿的封土的厚度不到 1 米。"[14]据此来看，所谓"两千多年的水土流失及多年来平整土地的破坏"对秦始皇陵封土规模的影响不是那样大的。因此，准确地勘测秦始皇陵封土底部平面数据，是当务之急。

关于秦始皇陵封土的高度，说法更多、差距更大。就考古实测而言，最低的是目前

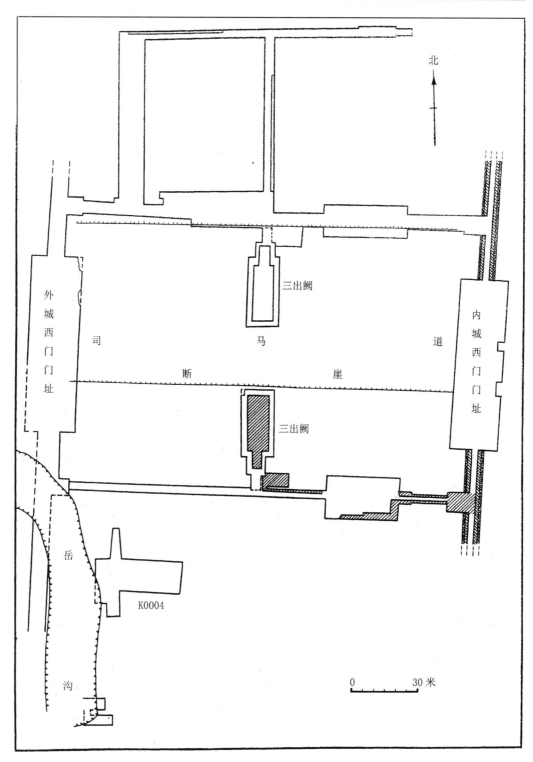

图 3　陵园西部内、外城之间建筑遗址平面图（引自《秦始皇帝陵园考古报告（2000）》插图）

从今秦始皇陵封土北部地面测量的封土，高度为 35.5 米，此外还有封土高 43 米，45.72 米，51.668 米，55.06 米，71 米，76 米等数据。至于文献记载的秦始皇陵封土高度，各种说法相差更大，将文献记载折今长度，低者仅为"坟高五丈"[15]，时代较早的《汉书·楚元王传》记载秦始皇陵封土"高五十丈"，折今 115 米[16]。

4. 秦始皇陵地宫的勘探

与秦始皇陵封土高度相对应的地宫深度，也是众说纷纭。浅者 23 米~30 米[17]，深者在 500 米~1500 米之间[18]。其间有地宫深 26 米[19]，33 米[20]，40 米~50 米[21]，48.9 米等多种说法[22]。目前经过对秦始皇陵封土东南角考古勘探达到的最大深度是 24 米[23]。近年秦始皇陵考古队与中煤航测遥感局应用研究院合作，采用遥感和地球物理探测技术，特别是高光谱遥感考古应用于秦始皇陵地宫探测。勘探者认为 2003 年的"物探勘测出地宫建筑位置、埋深、大小、形状的初步状况，大部分经过考古勘探验证的确存在。主体尚未完全坍塌；地宫中存放有大量的水银；墓室中可能存有金属制品；地宫没有发现类似东西墓道结构的南北墓道。"[24]根据其发布的数据，秦始皇陵"地宫位于封土堆顶台及其周围以下，距离地平面 35 米深，东西长 170 米，南北宽 145 米，主体和墓室均呈矩形状。墓室位于地宫中央，高 15 米。"从考古队提供的秦始皇陵区示意图还可以知道，墓室东西约 80 米，南北约 50 米。在墓室周围置宫墙，宫墙夯筑，南墙宽 16 米，北墙宽 22 米，宫墙高约 30 米。在夯筑宫墙内侧还发现了石质宫墙。探测者"发现墓室内没有进水，而且整个墓室也没有坍塌。""这次探测结果，除了东、西各一条墓道外，其余则是一些陪葬坑。"新的探测，改变了原来考古勘探的结果，即"封土东边发现了 5 条墓道，封土西边、北边也各找到 1 条。"[25]这一勘探结果与原来提出的秦始皇陵地宫有很大出入，《秦始皇帝陵园考古报告》(1999) 指出：地宫在封土之下，地宫周围以土坯构筑宫墙，宫墙南北 460 米，东西 392 米，一般宽约 4 米，高 3 米~4 米。地宫四面辟门，东部发现 5 条墓道，其余 3 面各 1 条墓道。

5. 秦始皇陵园之中的陵寝建筑遗址

内城北部、南距帝陵封土 53 米有一平面近方形建筑遗址，东西 57 米，南北 62 米，面积 3524 平方米，中间为高台殿基，周施回廊，回廊宽 3 米~5 米。廊前"门厅"南北长 15 米，东西宽 1 米，踏步以青石板铺砌。殿基之上叠铺 4 层河卵石，再覆一层细泥，地面之上铺装石板，石板面为线雕菱形纹。该建筑遗址由主殿、侧殿、回廊、门道组成，用材考究，被认为是秦始皇陵的"寝殿"建筑遗址[26]。可惜的是至今我们还没有见到其建筑遗址的平面图，因此影响了对该建筑遗址性质的深入探讨。

在上述"寝殿"基址北部，20 世纪 70 年代和 90 年代中期发掘了"便殿"遗址，根据发掘报告中的"秦始皇帝陵园内外城遗迹分布平面示意图"，其面积相当大，约占内城北部的二分之一，遗憾的是报告之中也没有发表其建筑遗址平面图。70 年代发掘的"二号建筑保存较好，南北长 19 米，东西宽 3.4 米，面积 64.4 平方米，它由主体建筑与门道两部分构成，坐西朝东。"90 年代中期发掘的"六号建筑面积最大，东西残长近 80 米，南北宽 10 米许。"像上述两座建筑遗址的平面，似乎与殿堂的平面形制差别较大，却与"廊"之类的建筑形制相近[27]。

关于上述"寝殿"、"便殿"遗址的确认,目前来看还缺少相应的历史文献依据,田野考古资料证据也存在不足,这些都有待今后继续开展田野考古工作去究明。

内外城之间西门北部,发现者认为属于"园寺吏舍"遗址,共有3组建筑,每组均呈四合院式。其中一组建筑遗址南北长200米,东西宽180米,平面如"四合院",遗址之中曾出土有"丽山飤官"、"丽山飤官右"、"丽山飤官左"等陶文的陶器。"飤官"即"食官",《后汉书·百官志》记载:"先帝陵,每陵食官令各一人。"发掘者据此推断这处建筑遗址可能是文献记载的"食官"遗址[28]。

(二) 秦始皇陵陵区与秦始皇陵相关的其他墓葬

秦始皇陵陵区范围之内现已发现各种墓葬421座,其时代绝大多数为秦代,集中分布于9处。这些墓葬分为秦始皇陵陪葬墓、殉葬墓、与秦始皇陵兵马俑坑相关秦墓和修建帝陵人员的墓葬。

1. 秦始皇陵的陪葬墓

陪葬墓计4处。

(1) 内城南部、帝陵封土西北35米,西距内城西城墙50米,有一大型"甲"字形墓,墓葬坐东朝西,为斜坡墓道的竖穴墓。墓道东西长15.8米,南北宽3米~3.5米,墓室东西长15.5米,南北宽14.5米,深6.2米。从目前已发现的秦始皇陵陪葬墓来看,这座墓是距帝陵最近的,墓主人的地位应该是十分重要的,具体的墓主人还有待考古发掘之后来判定。但是有的学者提出,这是公子高之墓[29]。

(2) 内城北部东区,始皇陵陵园内城东北部形成一个独立的小区。该区内共钻探出33座墓葬,大多坐北朝南,为南北向三行排列。墓葬形制有竖穴土圹墓14座、斜坡式墓道洞室墓8座、竖穴洞室墓2座和台阶式墓道土圹墓、斜坡式墓道土圹墓、台阶式墓道洞室墓各3座。这批陪葬墓深度一般3米~5米,浅者1.3米,深者10米。

33座陪葬墓自成一独立墓区,其南临秦始皇陵、西临主要陵寝建筑区,有的学者认为这批墓葬的主人应是秦始皇后宫从葬者[30]。

(3) 陵园西部内外城之间、西门以北30米有一组陪葬墓群,墓群周围筑墙,形成东西120米,南北60米的"墓园"。"墓园"基本东西居中处有一南北向隔墙,将"墓园"分为东西二区。东区辟北门、西区辟南门各一座。东区之内勘探发现61座墓葬,墓葬排列有序,墓向多朝北或朝西。勘探中没有发现墓葬埋葬后的遗迹或遗物,这批墓葬均为墓穴建成后并未埋葬死者的空墓;西区勘探未发现墓葬或建筑遗迹。

(4) 陵园东部内外城之间、东门以北目前发现了3座陪葬墓,值得重视的是这些陪葬墓与陵园西部内外城之间、西门以北的陪葬墓,基本对称分布于秦始皇陵封土东西两侧。鉴于陵园内外城之间、西门北部墓园西区的"空白"与东区的"空墓",陵园内外城之间、东门以北也可能还会存在有更多值得关注的遗迹现象[31]。

2. 秦始皇陵的殉葬墓

陵园之外东南部的上焦村秦墓,考古发现了18座秦代墓葬,墓群为南北向排列,墓葬之间的距离2米~15米不等,墓葬均为坐东朝西。18座墓分为斜坡墓道方形竖穴墓

（即"甲"字形墓）和竖穴墓两类。在已发掘的 8 座"甲"字形墓中，6 座墓为一棺一椁，2 座墓为一椁无棺。8 座墓中 1 座未见人骨架，7 座墓内各有一具人骨架，性别为 5 男 2 女。发掘中发现的全部人骨架各部分散放置。鉴于墓主人埋葬情况，发掘者推断这些墓葬的墓主人应为非正常死亡，当为被杀后埋葬。8 座墓葬中（18 号墓未发现人骨架），除 17 号墓主人约为 20 岁外，其余墓主人均约为 30 岁。已发掘的墓葬中出土了金箔，银蟾蜍，铜印、带钩、镜、剑、釜、匜，漆器等遗物[32]。根据这批墓葬的位置、葬具情况、墓主人年龄、人骨架保存现状和墓葬出土遗物等分析，这些墓葬的墓主人或是被秦二世所杀的秦始皇子女或宗室大臣，作为殉葬者埋葬于此。

3. 与秦始皇陵兵马俑坑相关的秦墓

与秦始皇陵兵马俑坑相关的秦墓，位于第三号兵马俑坑以西 150 米，墓葬平面"甲"字形，坐南朝北，墓道长 52 米，宽 5.5 米～11 米，墓室南北 17 米，东西 14 米，深 12 米[33]。此墓形制与秦始皇陵园内城之中、帝陵封土西北部的"甲"字形墓相同，但其规模要大于后者。如果认为后者为秦始皇的儿子公子高之墓的话，那么此墓绝非一般墓葬。鉴于该墓的位置，我认为它很可能与秦始皇兵马俑坑所象征的那批军队的首长有密切关系。

4. 秦始皇陵的修陵人墓地

《史记·秦始皇本纪》记载："始皇初即位，穿治骊山，及并天下，天下徒送诣七十余万人。"秦始皇陵修建时间之长、规模之大、用工之多，在中国古代帝王陵墓中是非常突出的，其中有相当部分修陵人由于各种各样原因，死于秦始皇陵修建之时，埋葬于修建帝陵的附近。目前发现的修建帝陵人员的墓地计 3 处[34]：

（1）赵背户村修陵人墓地，位于秦始皇陵西 1500 米，面积 8100 平方米，在该墓地东北部的东西 45 米，南北 180 米范围之内，已勘探发现墓葬 103 座，墓葬间距 0.2 米～1 米。其中的 32 座墓葬已进行了考古发掘，仅发现 1 座墓葬有以瓦片砌成的瓦棺，其余均无葬具。32 座墓葬共发现 100 具人骨架，有的一座墓多达 14 具骨架，大多数墓葬无陪葬品。100 具人骨中，女性 3 具，男性 97 具。人骨反映的死者年龄约为 6 岁～12 岁的 2 具，其余 98 具约为 20 岁～30 岁青年。32 座修陵人墓葬中发现 26 件有陶文的遗物。其中出土有瓦文的墓志 18 件，刻有 19 人的名字，从其瓦文内容来看，他们来自现在的山东、江苏、河南、河北等地[35]。

（2）秦始皇陵封土以西，五金砂轮厂东侧发现修陵人墓 220 座，墓地范围东西 50 米，南北 80 米。葬具有砖棺、瓦棺和木棺，有的墓葬还发现了陶质随葬品。

（3）姚池头村北修陵人墓地多被破坏，从仅存的墓葬可以看出，墓内人骨层层叠压。这里还曾发现过不少大型圆坑葬的修陵人墓葬。

这些修陵人的身份一般为刑徒、居赀、服徭役者、官府和民间手工业作坊的工匠与管理者[36]，因此其墓葬的大小、形制、随葬品和葬具的有无与多少等也不一样。

（三）秦始皇陵陪葬坑的考古发现

目前见诸报道的陵区已发现陪葬坑 181 座，其中分布于陵园内陪葬坑 77 座、陵园外陪葬坑 104 座[37]。

1. 秦始皇陵园之内陪葬坑的考古发现

陵园内陪葬坑分为内城之中与内外城之间两部分。

（1）秦始皇陵园内城之中陪葬坑的考古发现

内城之中的陪葬坑主要分布在地宫周围，计 16 座陪葬坑。

①地宫北侧发现 7 座陪葬坑，其中最大陪葬坑东西长 56 米，南北宽 35 米，深 8 米～10 米，面积 1960 平方米，可能属于车马坑一类的陪葬坑。其余 6 座陪葬坑均为规模较小的竖穴坑，面积在 24 平方米～158 平方米之间。

地宫东、西、南侧各发现 3 座陪葬坑。

②地宫西侧陪葬坑发现 3 座：一号坑、二号坑和三号坑。

一号坑即编号 K0003 陪葬坑，位于帝陵封土西南部，南距内城南墙 137 米，西距内城西墙 60 米，东距帝陵封土 7 米。K0003 坐南朝北，平面呈不规则长方形，南北长 157 米，东西宽 64 米。陪葬坑南部有一条斜坡门道，北部有三条斜坡门道。陪葬坑之内分为四区，第一区在陪葬坑北部，第二、三、四区东西并列于第一区之南。陪葬坑之内各区以生土隔梁分隔开，各区之内又有多少不一的夯土隔墙将其分为若干部分或过洞。根据 K0003 陪葬坑勘探中发现的大量红色细泥陶片和动物骨骼，考古工作者推测这座陪葬坑"可能属于为皇室、甚或始皇帝本人提供饮食的机构"[38]（图 4）。

二号坑位于 K0003 陪葬坑北侧、内城西门南侧，坐北朝南。南北通长 59 米（含门道），东西宽 42 米，深 8 米。南面斜坡门道长 19.8 米，宽 3 米～8 米。门道北与二号坑前廊相通。前廊南北长 32 米，东西宽 9 米。前廊西面有东西向隔墙（宽 4 米），将二号坑分为南北两部分。南部东西长 28.2 米，南北宽 10 米；北部东西长 25.3 米，南北宽 8.6 米。此外，门道西面还钻探出一个竖穴土坑，其北与二号坑相通。该坑南北长 5.8 米，东西宽 4.6 米，深 3.8 米。

三号坑位于二号坑北面，平面呈东西向"巾"字形，是享誉国内外的铜车马坑。坑东西、南北各长 55 米，距地表深 8 米。与陵园内城西门东西相对，为陵墓西墓道前面的陪葬坑。坑平面分为四区：一区在坑南部偏西处，为东西向斜坡门道，长 29 米，宽 4.8 米～5.5 米。门道西端是门口，东端与二区相连。二区为南北向长方形，长 19 米，宽 15 米。三区位于二区东端，东西长 50 米，南北宽 15 米，深 10 米～22 米，实为地宫西面墓道。四区在坑北部，呈南北向"凹"字形，由南北并排的两个东西向耳室组成。

考古工作者对三号坑进行了试掘，发现三号坑四区南部耳室的南北两壁均有夯土二层台，台宽 3.5 米。其范围东西长 19 米，南北宽 10 米。其内还有南北向隔梁 5 道（隔梁宽 0.7 米），将其分为 6 条东西排列的过洞（过洞南北长 10 米，东西宽 2.7 米，高 2.8 米）。该区盗洞内发现有铜车马的构件及粗绳纹板瓦及细绳纹砖等遗物。

三号坑二区经试掘后发现有南北并列的 5 个耳室，自南向北第三耳室东西长 8.8 米，南北宽 2.2 米。其东、西两壁有夯筑二层台，台宽 3.1 米～3.2 米。耳室内为一木椁，椁内放置两乘髹漆彩绘木车马。车马为东西向排列，面朝西。

三号坑二区第一耳室为东西向长方形竖穴土坑，坑东、西、北三壁有夯筑二层台。坑

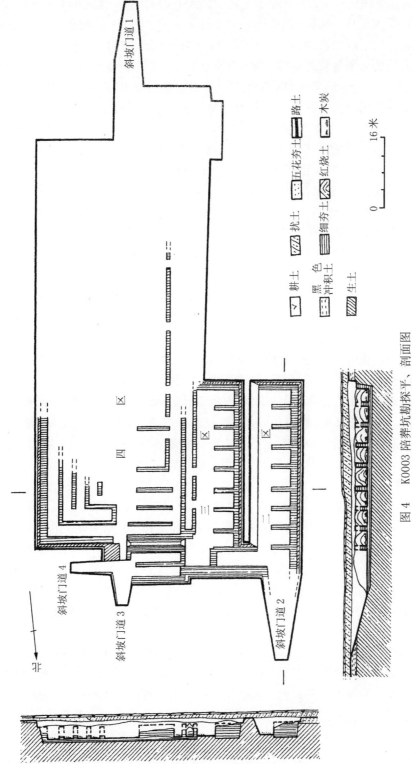

图 4　K0003 陪葬坑坑探平、剖面图

（引自《秦始皇帝陵园考古报告（2000）》插图）

斜坡门道 1

斜坡门道 4

斜坡门道 3

斜坡门道 2

四　区

三　区

二　区

一　区

北

0

16 米

耕土　　　　扰土　　　五花夯土　　路土

黑色
冲积土　　细夯土　　红烧土　　木炭

生土

上大下小，底部东西长 7 米，南北宽 2.1 米。坑内置大型木椁，椁内出土东西向排列、面朝西的两乘彩绘铜车马。铜车马的大小相当于真车马的二分之一。两乘车马均通体彩绘。车为独辕双轮，辕前端架衡，其上缚两轭。四马两服两骖，鞍具齐全。

一号铜车马为两服两骖所驾的"轺车"或立车，车马通长 2.25 米，通高 1.52 米，总重量为 1061 公斤。一号铜车上出土了铜剑（铜御官腰间所佩）、弩、箭箙、箭、盾等兵器。一号铜车马少部分为金银饰件，其余均为青铜铸件。车舆低矮，四面无遮拦，车中立有高柄伞盖，御者站立，车上配有兵器。这应为文献中所载的"立车"。立车又名高车。《晋书·舆服志》载："倚乘者谓之立车，又谓之高车"。车上有兵器，又属于兵车（戎车），这种车在皇帝的车队中用以开导、保卫或征战。

二号铜车马通长 3.17 米，通高 1.062 米，总重量 1241 公斤。车舆呈纵长方形，分为前后两厢。前箱较小，内有踞坐铜御官俑 1 件。四马两服两骖，鞍具齐全。二号铜车马出土的一条铜辔索，末端有朱书："安车第一"四字。可见该车为秦的安车。上有车盖，车舆分前后箱，四周有遮屏，窗门俱备。舆内有软垫式的厚茵，使乘车者坐、卧均舒适，应为较华贵的安车。

一号铜车马和二号铜车马结构复杂，由大量零部件组装而成，采用了铸接、焊接、铆接、套接、镶嵌、子母扣等等多种工艺方法。两乘驷马铜车以白色为地，彩绘变体龙凤纹和几何纹图案。车马造型准确，形象逼真，号称"青铜之冠"[39]。

③地宫南侧发现的陪葬坑，自西向东依次编号为 K0006、K0002 和 K0001 陪葬坑。

K0001 陪葬坑位于内城东南部，北临石道、南临内城南墙与东墙。

K0002 陪葬坑位于内城南门与帝陵封土南北居中和内城东西居中位置。K0002 平面呈"凹"字形，"凹"口朝南，东西长 194 米，南北宽 34 米～35.8 米，深 6.8 米～7.3 米。东西各有一形制、大小基本相同的主室，二主室各有一斜坡门道，东西主室之间有一东西向通道连接。斜坡门道东西长 15 米，南北宽 3.1 米～7.2 米。主室南北长 34 米～35.8 米，东西宽 15.6 米～16.2 米，深 6.8 米～7.3 米，主室之内筑有 5 条东西向夯土隔墙，形成 6 个东西向过洞。连接东西二主室的通道长 134.6 米，通道南北宽 5.6 米～7 米，深 6.8 米～7.8 米。勘探发现陪葬坑中有动物骨骼、石质器物（可能为石铠甲）残片等遗物。陪葬坑两端有石道，其东端以东 4.5 米，有一东西长 168 米石道，东至内城东墙以西 26 米，石道北折，南北长 50 米；其西端以西 8 米，有一东西长 135 米石道，然后石道分别折向西北 35 米与向南延伸 88 米。石道总长 476 米，宽 2 米～4 米，以未经加工的沙石砌筑，石道道面凹凸不平（图 5）。上述石道与 K0002 东西横置于帝陵封土与内城南墙中间，它们可能象征着一定的礼仪[40]。

K0006 陪葬坑位于帝陵封土以南 50 米，内城南墙以北 120 米，内城西墙以东 58 米。陪葬坑平面为东西向的"中"字形，东西长 47 米，南北宽 2.7 米～11.8 米，深 6.5 米，面积 144 平方米。陪葬坑由斜坡道、前室和后室三部分组成。属于地下坑道式土木结构的陪葬坑。陪葬坑四壁有生土二层台，台内壁侧砌木板，坑底为夯筑地面上平铺木板，坑顶部平架长方形棚木，其上铺盖芦席，再上填土粗夯，封土高出秦代地面。其外又有一周夯筑二层台。

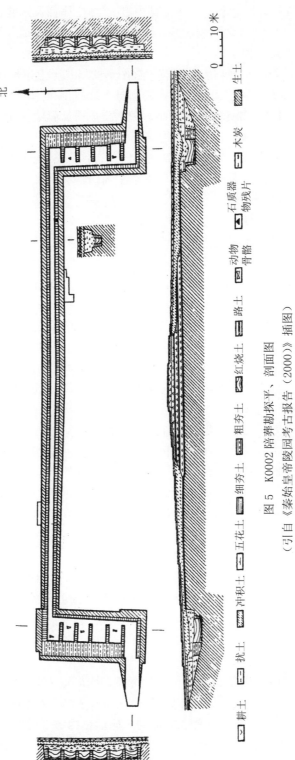

图 5　K0002 陪葬墓勘探平、剖面图

（引自《秦始皇帝陵园考古报告（2000）》插图）

□ 耕土　□ 扰土　□ 五花土　□ 细夯土　□ 粗夯土　□ 路土　□ 动物骨骼　□ 生土
□ 冲积土　□ 红烧土　□ 石质器　□ 木炭
□ 物残片

陪葬坑前室长 10.6 米，宽 4.05 米，其中出土 12 个陶俑及陶罐、铜钺、单辕双轮木车等。12 个陶俑中，除 12 号俑面朝西外，其余 11 个陶俑均面朝北。陶俑均头戴长冠，分为袖手俑和御手俑两类。袖手俑 8 个，高 1.85 米～1.9 米，头戴长冠，陶俑右侧腰带部悬挂着贴塑的削及砥石，左臂与躯干间有一椭圆形的斜孔。上述陶俑头戴双版长冠，其爵位等级应在八级左右，属于秦之上爵。陶俑身上所挂削（刮削简牍用的书刀）、砥石（磨刀之具）均属文具，左臂处的斜孔应是起着插持成册简牍的作用。由此看来，这些陶俑既不是士兵，也不是养马人，是该机构的工作人员。

陪葬坑后室埋葬有真马，为葬马区，马骨已乱。后室长 20.2 米，宽 3.9 米。发掘者根据 K0006 出土的头戴长冠陶俑及执铜钺的袖手俑，推测 K0006 陪葬坑应为象征文职人员执掌主管监狱与司法的廷尉[41]（图 6）。

（2）秦始皇陵园内外城之间陪葬坑的考古发现

内外城之间的陪葬坑主要发现于东、西侧内外城之间。

①陵园西侧内外城之间的陪葬坑　内外城之间西侧发现陪葬坑 51 座，其中有曲尺形马厩坑 1 座、珍禽异兽坑 17 座、跽坐俑坑 14 座、葬仪坑 16 座、其他陪葬坑 3 座。

曲尺形马厩坑　位于陵园内城西门以南，坑平面呈曲尺形。马厩坑是由各一条东西向和南北向隧道，以直角相接而成的地下建筑。东西向隧道长 117 米，宽 6.8 米～8.4 米；南北向隧道长 84 米，宽约 9 米。东西向的隧道自北边沿向北面伸出三条形状各异的坑道，自西向东，三条坑道分别长 40 米，31 米和 10 米。南北向隧道的北端向西和向北伸出的部分构成了曲尺形。隧道中部西边沿向西伸出一条坑道，其东西长 12 米，南北宽 4～17 米。

马厩坑所埋均为真马。在南北向隧道内置一盒状木椁，3 匹马为一组，马头向西，马均作跪卧状，其中一匹马口内还有一把铜刀。东西向隧道内除埋葬真马外，还发现 11 件大型站立俑，身着齐膝长襦，头戴高冠，双手在袖内相套。

东西向隧道向北伸出的三条坑道中，最东面一条坑道的北端发现一长方形炉台，该炉台用砖坯砌成，砖坯上饰细绳纹，炉长 1.4 米，宽 0.9 米，高 0.6 米。炉面正中有一圆形炉灶，炉口位于炉南壁正中，炉灶南 8 米之外，有大量被烧过的炭碴、灰烬。发掘工作者认为该炉是一座引火底炉，目的是焚烧陪葬坑，这是一种葬仪之形式[42]。

珍禽异兽坑　17 座坑呈南北向"一"字形排列，位于陵园西门以南 130 米处。均为东西向长方形竖穴陪葬坑。已发掘的第 32 号瓦棺坑，东西长 2.1 米，南北宽 1.3 米，深 2.4 米。坑南、北壁有生土二层台，坑内有长方形瓦棺，内有一具兽骨及一件陶钵及铜环。第 38 号坑东西长 1.8 米，南北宽 1.25 米，深 2.1 米。坑中瓦棺内亦有兽骨一具，陶钵及铜环各一件。瓦棺为盖和身两部分组成[43]。

跽坐俑坑　此种俑坑共有 14 座。位于珍禽异兽坑东侧 6 座，西侧 8 座，均呈南北向排列。各俑坑均为长方形竖穴坑，一般东西长 1.6 米～2 米，南北宽 1.2 米～1.97 米，深 1.8 米～3.6 米。已发掘的珍禽异兽坑东侧的一座俑坑内有一件跽坐俑，面向东，身高 0.68 米，身着高领右衽袍，双臂弯曲置于膝上，双手作握拳状。珍禽异兽坑西侧的坑内亦有一件跽坐俑，面向东，身高 0.73 米。14 座跽坐俑坑与 17 座珍禽异兽坑形成一整体，

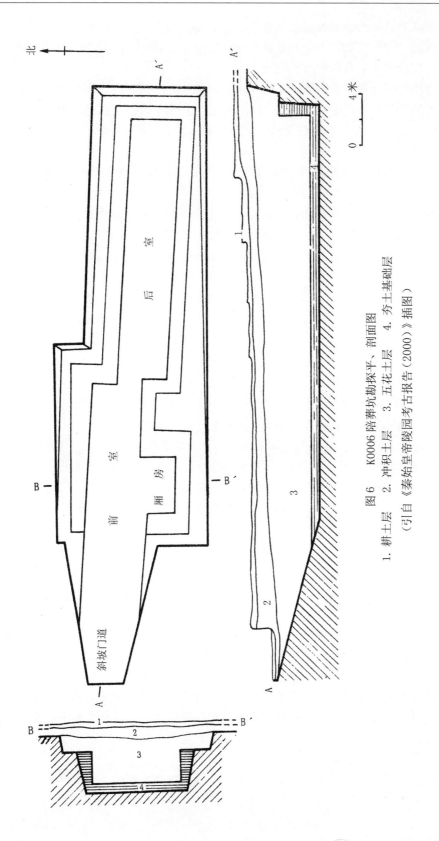

图6 K0006陪葬坑勘探平、剖面图
1. 耕土层 2. 冲积土层 3. 五花土层 4. 夯土基础层
（引自《秦始皇帝陵园考古报告（2000）》插图）

有的学者认为这是死者灵魂的游猎场[44]。

葬仪坑 位于马厩坑以东和珍禽异兽坑的南侧,共16座,均为小型竖穴坑,分为东西两行,应为象征饲马用的葬仪坑[45]。

其他陪葬坑(双门道陪葬坑、K0004、K0005)[46] 曲尺形马厩坑之北,有一座双门道朝西的陪葬坑。该坑主室东西长22米,南北宽26.4米,面积700平方米。斜坡门道长14米,宽4米,坑四壁有夯筑二层台,台宽1.8米,高2.8米。坑内因烧毁严重,故埋葬物不清。

K0004陪葬坑位于珍禽异兽坑以西、外城西门以南、曲尺形马厩坑以北,平面呈"十"字形,东西长42.3米,南北宽39.2米,由斜坡门道、隔墙、过洞、厢房、通道组成。陪葬坑中的6条隔墙将其分隔成6个过洞。K0004出土遗物有动物骨骼、残陶俑及有彩绘痕迹朽木,推断K0004可能埋葬有陶俑、动物及彩绘木质器具。

K0005陪葬坑位于曲尺形马厩坑以西、K0004以南,陪葬坑西半部遭水毁,残存部分平面为"U"形,仅存2个过洞。

②陵园东侧内外城之间陪葬坑 陵园内外城东司马道以南分布着三座大型陪葬坑,编号为K9801、K9901、K9902;东司马道及其以北分布有10座小型陪葬坑,编号为K9903~K9912。

K9801陪葬坑 位于封土东南200米,东距外城东墙25米,西距内城东墙26米。陪葬坑属于地下坑道式、多单元的土木结构建筑,平面长方形,东西长130米,南北宽100米,深5米~7米。陪葬坑有四个斜坡门道,分别位于陪葬坑南边、北边、及东、西两端。

陪葬坑内除东北部有南北向隔墙外,其余部分多为东西向隔墙与过洞。隔墙夯筑,宽1米,过洞宽3米~4米。过洞底部平铺木板,顶部置棚木,棚木之上覆蓆,蓆上覆土。

通过对K9801陪葬坑西南部75平方米的考古试掘,发现87领石甲、43顶石胄。甲胄东西成行,南北成列。出土的铠甲中,除一领为马甲外,其余均为人甲。人甲甲片可分为长方形、方形、等腰梯形、鱼鳞形和不规则形,马甲的甲片可分为长方形、弧刃形、近方形等。

陪葬坑内试掘部分所出胄片可分为两大类,第一类表面有弧度,可分八型:圆形胄片、等腰梯形胄片、覆瓦形胄片、尖尾形胄片、靴形胄片、弧形胄片、近梯形胄片、倒置靴形胄片。第二类表面无弧度,可分二型:圆形胄片,位于胄的顶部;等腰梯形胄片,位于胄侧。

上述石甲胄的甲片上有数目不等的圆形或方形穿孔,甲片是用铜丝通过穿孔编织在一起。已修复出的一顶石胄由74片石片组成,重3168克。已复原出的一领石甲由612片石片组成,重18公斤。

这批出土用铜丝编缀的石质甲胄是我国考古及世界考古学史上前所未见的考古新发现,是研究中国古代甲胄史的珍贵资料。这种石质甲胄并不是在战争中的实用品,而是作为"礼仪"或"明器"使用的。这些石质甲胄应该是军人的象征,他们所处的位置说明,其"地位"应高于秦始皇陵东部的"兵马俑"。

此外还出土了一些石质马缰构件、青铜车马器构件、铜镞、青铜镞和彩绘陶俑残块等。

发掘者根据 K9801 勘探、试掘出土的部分遗物，初步认为该陪葬坑似为象征武库一类建筑[47]。

K9901 陪葬坑　位于 K9801 南 35 米。陪葬坑平面呈"凸"字形，主室东西长 40 米，东、西端南北宽分别为 12.3 米与 16 米。坑东西两端各有一斜坡门道。西门道长 20.8 米，东、西两端宽分别为 11.4 米和 7.6 米；东门道已探出的部分长 4 米，宽 4.6 米。坑内有东西向二道隔梁将陪葬坑主室分割为三个过洞，隔墙均宽 1 米，高 2.55 米，过洞东西长 2.6 米，南北宽约 3.3 米~4 米，其底部距地表深 5.1 米。

陪葬坑内隔墙顶部和过洞顶部均覆盖一层棚木，棚木长 4.5 米~5 米，直径 0.3 米~0.4 米，棚木上面压盖一层蓆子，其上为粗夯封土。

陪葬坑内 2 号过洞的棚木上出土了一件大铜鼎。鼎重 212 公斤。此鼎是秦始皇陵截至目前为止出土体积、重量最大的一件铜鼎。此外，该坑还出土了铜镞、石甲片、车马器、铁凿、陶盆等。

该陪葬坑内出土 11 件与真人同等大小的陶俑，均出自 3 号过洞底部。从出土情况分析，陶俑均面向东，东西成行，南北三列。从已修复的 6 件陶俑，可看出这些陶俑仅腰部着短裙，其余部分肢体裸露。从陶俑的各种姿势来看，这些陶俑应是进行"角抵"表演的"百戏俑"，反映了秦代宫廷娱乐百戏（杂技）活动。棚木之上的大铜鼎，似为"百戏"之道具[48]。

K9902 陪葬坑　位于 K9801 以北 35 米处，陪葬坑平面呈"巨"字形，由 7 条坑道组成，坑道宽 6 米。最南边坑道东西长 153.4 米，向北伸出南北向东西排列坑道 4 条。最东面坑道长 38 米，其余三条各长 94 米。最西面一条坑道北端向东又伸出一条东西向坑道，中间两条南北向坑道北端连接一条东西向坑道。通过钻探资料了解到，该坑内埋有小型动物骨骼[49]。

2、秦始皇陵园之外陪葬坑的考古发现

目前发现的秦始皇陵园之外的陪葬坑，主要分布于陵园东北部、东南部和东部，东北部为动物陪葬坑和 K0007 陪葬坑，东南部为上焦村马厩坑，东部为兵马俑坑。

（1）陵园之外东北部陪葬坑

①动物陪葬坑　位于陵园外城东北角以北 750 米。陪葬坑平面呈南北向"甲"字形，由主室和斜坡道组成。主室南北长 23.5 米，东西宽 10 米，深 6 米，斜坡道长 6 米，宽 4 米。主室东西居中位置有南北向甬道，甬道东西两侧各有 4 条对称分布的隔梁，在甬道南端又有一南北向隔梁，隔梁均夯筑。陪葬坑主室被上述隔梁分割成 16 个小区域。每个区域底部均平铺木板，四壁横放立砌木板，隔梁顶部铺盖棚木，（即每个区域形成一个小椁室），主室与木门道相接处亦用木板封堵。

该坑出土了陶俑头、腿、手、袍等残块，一件铁铤铜镞和秦半两铜币等。坑内大量出土物为动物骨头，计有近似于鹤的大鸟、鸡、猪、羊、狗、獾、鱼、鳖等等[50]。

②K0007 陪葬坑　位于动物陪葬坑以东、秦始皇陵园东北 900 米，陪葬坑平面作"F"形，总面积 978 平方米。由一条斜坡门道、两条南北向过洞和一条东西向过洞组成，

属于地下坑道式土木结构建筑。陪葬坑分为三区：Ⅰ区位于陪葬坑北部，东西长60.2米，南北宽6米～6.4米，面积为322平方米，为一条东西向的过洞，其中出土了与实物等大的青铜禽类遗物46件，包括天鹅20件、鹤6件、雁20件。Ⅱ区位于陪葬坑南部居中，由斜坡门道和南北向过洞、厢房组成，其中出土陶俑15个。Ⅲ区位于陪葬坑东部，为一南北向过洞。

陪葬坑内出土了与真禽大小相同的青铜飞禽。它们可分为大小二种，大者通长0.665米，躯干最大径0.2米，颈长0.4米；小者通长0.48米，躯干最大径0.17米。青铜禽类大小不同，其脚下青铜踏板大小亦不相同。大者长0.47米，宽0.33米，小者长0.22米，宽0.12米，厚0.14米。这些青铜禽类形态各异，是秦代考古中首次发现[51]。

（2）陵园之外东南部陪葬坑

上焦村马厩坑　位于陵园外城墙南部东侧，共98座马厩坑，其分布范围南北1500米，东西400米。陪葬坑均为东西向，南北三行排列。陪葬坑分为跽坐俑坑、马坑、俑马同坑三种类型。葬马均为真马活埋，马头面西，陶俑向东。

马厩坑内发现了不少喂马用的陶器，有的陶盆里放入了谷子和草等马饲料。马头的前面或马头两侧的壁龛内立有陶俑，陶俑前放了陶灯、铁镰、铁斧、铁锸等生活和生产工具。出土陶器上的陶文有"中厩"、"宫厩"、"左厩"、"三厩"、"大厩"等，这些陶文表明该陪葬坑应为官府养马的厩苑[52]。

（3）兵马俑坑　共4座。所出兵马俑，位于始皇陵墓东司马道的延长线以北，西距秦始皇陵封土1500米。

①一号兵马俑坑　该坑东西向，平面长方形，东西230米，南北62米，深4.6米～6.5米。俑坑前后和两侧各有五个斜坡门道，门道均被立木堵住。俑坑南北面门道为挖俑坑土圹时取土、运土所用通道。俑坑西南五条门道中的二、四门道不与俑坑内相通，一、三、五门道下口各通入一条与俑坑底部高度相同的甬道西端。甬道东西12米，南北3.2米。甬道东端与俑坑内西面长廊相通。甬道为砖铺地面，俑坑东面五条门道均通向坑内东面的长廊。

俑坑内有东西向10条夯筑隔墙，墙宽2米，残高0.75米～2.4米。隔墙将俑坑分为东西向11个过洞。南、北两边的过洞各宽1.75米，高3.2米。中部9个过洞各宽3.2米，高3.2米。11个过洞底部均铺砖。过洞东、西侧均为一道南北向长廊，长57.25米，宽3.45米。俑坑南、北壁有夯筑二层台，俑坑内隔墙、南北壁二层台上搭盖着南北向棚木，棚木上覆盖着席子，席子上面为夯筑封土。

经过勘探与局部发掘，推断一号兵马俑坑内共埋藏与真人、真马大小相同的陶俑、陶马6000多件，木质战车40辆，驾车陶马160匹。现已发掘出木质战车20辆，出土各种兵器4万多件。

考古工作者把出土陶俑分成了两大类，即车兵俑和步兵俑。车兵俑又可分为军吏俑、御手俑和车右俑。军吏俑高1.96米～1.97米；御手俑分别高1.795米、1.88米和1.91米；车右俑分别高1.845米，1.935米。步兵俑分为军吏俑和一般步卒俑，军吏俑高1.775米～1.925米，步卒俑高1.765米～1.95米。

俑坑内出土陶马通长 2.09 米～2.1 米，通高 1.62 米～1.7 米，腰围 1.59 米～1.64 米，腿高 0.71 米～0.75 米。

陶俑、陶马均周身彩绘，以朱红、粉红、粉绿、粉蓝、赭色为主。

陶俑、陶马身上均有陶文，陶文内容大致分为数字和工名、地名两大类。后者有"宫"字类陶文（如宫得、宫藏、宫娭等）和带有地名的陶文（如咸阳衣、咸午等）和其他类陶文（如咏留、屈等）。

木质车辆均因种种原因保存程度很差，只能根据各辆木车各部件保存情况推断出其大致数据。每辆木车前驾四匹陶马，为两服两骖。车舆为横长方形，舆底前面双角呈圆弧形，后面双角为直角。舆左右宽为 1.4 米，前后进深为 1.1 米。车轫高度不明，只有一辆车现存车轫高 0.3 米。车轮径约为 1.34 米～1.36 米，牙高 0.1 米。每轮有 30 根车辐。车轴长约 2.5 米，径 0.07 米～0.08 米。车辕前端昂起，后端平直，通长 3.5 米。车衡长 1.4 米，径 0.03 米～0.05 米，车轫高 0.574 米，两内侧间距 0.4 米。

一号兵马俑坑内已发掘出土遗物有车马器 646 件，陶模、陶拍、陶楔等制陶工具，半两钱，青铜兵器，铁锸、铁钩、铁斧、铁铲等铁工具。

已发掘的陶俑和战车在俑坑内排列成三列横队，每列 68 个兵士俑和 204 个弓弩手组成，其后由 38 路纵队组成的主体。发掘者认为，兵马俑、战车在俑坑内的排列象征着保卫京城的宿卫军[53]。

②二号兵马俑坑　位于一号兵马俑坑东端北面 20 米，其平面为曲尺形，由斜坡门道和主室组成。俑坑东西通长 124 米，南北通长 98 米，面积 6000 平方米，深 5 米。俑坑计有 9 条斜坡门道，分布在东、西、北三面。其中东面有 4 条门道，西面有 3 条门道，北面有 2 条门道。俑坑主室内有东西向 18 条夯土隔梁，隔梁宽 2.2 米～3.2 米，将俑坑主室分割成了 18 条东西向过洞。主室内布局可分成独立的四个单元。第一单元位于俑坑主室东北角，由 4 条过洞及一周回廊组成，过洞宽 2.2 米，回廊宽 3.2 米；第二单元是俑坑主室的南部，由 8 条东西向过洞及其东西两侧的南北向回廊组成，过洞宽 3.2 米，回廊宽 3.2 米；第三单元是俑坑主室的中部，由 3 条东西向过洞及其西侧一南北向长廊组成，长廊宽 3.2 米；第四单元是俑坑主室的北部，由 3 条东西向过洞及其西侧的南北向长廊组成，长廊宽 3.2 米。俑坑内过洞和隔梁顶部盖棚木，棚木上铺席，再上置细腻坚硬的青灰泥，厚 0.02 米～0.1 米。青灰泥上面为填土，再上为现代耕土层。

二号俑坑内埋藏了木质战车 89 辆，驾车的陶马及车士（御手、车左、车右）俑、骑兵俑、步兵俑 2000 件。每辆战车前驾四马，即两服两骖。陶马与一号兵马俑坑出土陶马大小相同。

二号俑坑内出土的陶俑分为车士俑、骑兵俑和步兵俑。车士俑中有御手俑和甲士俑。步兵俑又分为跪射俑、徒手步兵俑（身高 1.8 米～1.9 米）、身披铠甲的步兵俑（有的身高 1.95 米）和跟随战车的徒兵俑。战车和陶俑在俑坑主室内的分布为第一单元中回廊内为立射陶俑，过洞内为跪射俑，二者组成了弩兵阵容；第二单元 8 个过洞中有战车 64 辆，每辆战车驾四马并配备三个车士俑，三俑均站于车后；第三单元中有战车、步兵、骑兵阵容；第四单元中均为骑兵。陶俑、战车、陶马在俑坑中的排列显示了秦代实战中的各种兵种配合作战的强大阵容。

此外，二号兵马俑坑中还出土了大量兵器（包括铜镞、铜矛、铜钺、铜剑、铠甲）和车马器（衡饰、车辖、盖弓帽、铜环、马具和马饰品等）及铜锥、铜凿、铁铲、铁锸等工具[54]。

③三号兵马俑坑[55]　位于一号兵马俑坑西端北面 25 米，二号兵马俑坑西 120 米。三号兵马俑坑平面呈东西向"凹"字形，东西长 17.6 米，南北宽 21.4 米，深 5.2 米～5.4 米。俑坑由一斜坡门道和主室组成。斜坡门道位于主室东壁南北近居中位置，其东西长 112 米，南北宽 3.7 米，底口深 5.4 米。门道通向主室的入口处有夯筑二层台，台高 3 米～3.5 米，宽 1 米～2 米。主室周围有木柱，柱顶有枋木，其上搭盖棚木，棚木上面为覆盖一层蓆，上面为夯筑封土，夯筑封土原来高出现地表 2 米～3 米。主室内地面铺砖。

三号兵马俑坑内平面布局可分为三个单元。第一单元是俑坑主室的南部，东西长 14.4 米。第二单元是俑坑主室的中部，东西长 5.8 米，南北宽 3.9 米，其东面为俑坑斜坡门道，二者相通。第三单元是俑坑主室的北部，东西长 10.4 米。

俑坑出土武士俑 68 件，木质战车 1 辆，驾车的陶马 4 匹，陶马的大小、形态与一、二号俑坑内出土的驾车陶马相同。

此外，三号兵马俑坑内还出土了兵器（铜殳、铜镞、铜标枪等）、生产工具（铜凿、大铁锤、小铁锤等）及铜车饰、带柄铜环、门楣饰品等。因坑内出土兵器以铜殳为主，故有人认为坑内武士俑为"持铜殳担任警戒职务的殳兵队"。考虑三号兵马俑坑的陶俑列队方式与一、二号兵马俑坑的不同，陪葬坑出土的战车为髹漆彩绘，车顶置华盖，乘员戴单卷长尾冠，鹿角及动物骨骼的出土，多数学者认为三号兵马俑坑是秦始皇陵东部兵马俑坑的"指挥部"或曰"军幕"，也有的学者认为三号兵马俑坑是"军祭的社宗"。

④四号陪葬坑[56]　位于一号兵马俑坑北侧，二、三号兵马俑坑之间，是一座未竣工的陪葬坑，该坑南半部被水冲毁。陪葬坑北边长 48 米，深约 4.8 米。坑内未见夯土隔梁，坑底地面未见铺砖，坑顶未见棚木及填土，坑内未见陶俑、战车和陶马。由于四号陪葬坑与一、二、三号兵马俑坑深度相近，位于其间又无打破关系，它应属于秦始皇陵东部兵马俑坑的一部分，可能是一座没有建成的兵马俑坑，有的学者甚至认为四号陪葬坑是拟建的"中军"。

在秦始皇陵区之内，近年还发现了一些与秦始皇陵相关的附属设施。如：外城以南发现的防洪堤遗迹——"五岭"遗址，其方向为西南—东北走向，西起大水沟，从陈家窑村东南向东北发展，过杨家村、李家村直到杜家村东南，全长 1700 米。现存宽 89.2 米，最高处为 8.5 米[57]。

在外城北侧 1300 米发现的"鱼池"遗址，东西长 2000 米，南北宽 500 米，面积 100 万平方米。在"鱼池"遗址东北部，发现东西长 400 米，南北宽 200 米的墙垣一周，残高 2 米～4 米，其中发现多处房屋建筑遗迹、砖瓦建筑材料、各种兵器与工具，出土有大量"左右司空"、"北司"、"宫水"等陶文的陶器，根据相关考古资料判断，这里可能为修建秦始皇陵园时的官邸建筑遗址[58]。

在陵园外城以西发现的石料加工场遗址，东西长约 1500 米，南北宽约 500 米，面积

75 万平方米。根据勘察，遗址包括石料堆放区、加工区及工作人员的管理与居住区[59]。

二　秦始皇陵考古发现涉及的几个学术问题讨论

（一）秦始皇陵园的朝向问题

古代帝王陵园等大型建筑群的布局形制，朝向是其至关重要的问题，而陵园门址的分布与形制又是探讨上述大型建筑群朝向的重要考古遗存。

秦始皇陵陵园由内外城组成，内城套于外城之中。根据目前考古发现，秦始皇陵园内外城东、西、南三面各有一门，内外城东、西、南门，分别与秦始皇陵东、西、南三面的墓道相对。内城北门有二，但是二北门与帝陵北墓道不是南北相对。近年考古勘察否定了外城北墙之上原来勘察出来的门址。依据目前考古资料，由于秦始皇陵园外城没有北门，因此其朝向不可能朝北。虽然秦始皇陵园内外城东、西、南三面均有与秦始皇陵东、西、南墓道相对的门址，但是陵园内外城的东西二门之间发现了阙址，内外城南门与内城北门均未发现阙址。从陵园内外城不同门址的门阙遗址的发现，反映出内外城不同门址的作用与功能。应该说秦始皇陵园内外城东、西门，由于其门阙遗址的发现，相对没有阙址的内外城南门与内城北门更为重要。从陵园朝向上来看，秦始皇陵园不会向南、向北。

秦始皇陵园内城之中的陪葬坑，以帝陵封土西部最多，其次是南部，再次是封土北部，内城封土东部陪葬坑最少。

陵园内外城之间，南部和北部未发现陪葬坑，陪葬坑均分布在内外城东西部的东西门以南，内外城东西门以北安排了陪葬墓。

陵园之外的陪葬坑主要分布在陵园东部、东北部和东南部，其中有陵园东部的兵马俑坑、东南部的马厩坑与东北部的动物陪葬坑、青铜水禽陪葬坑等，而修陵人墓地被安排在陵园之外的西南部。根据主要陪葬坑的分布位置，陵园司马门置门阙仅发现于东门和西门，陵墓东墓道的规模大于其他三面墓道的情况（根据原来的勘探资料），这些均反映出陵园及陵区的坐西朝东的朝向。这种朝向布局不是秦始皇陵园的首创，它是继承了秦雍城王陵区的朝向。在秦雍城王陵区，共发现大型墓葬"中"字形墓 18 座，它们可能为秦公陵墓，墓葬东西各有一条墓道，且东墓道比西墓道长，属于主墓道。发现的 3 座"甲"字形墓，只有东墓道。这些反映出秦雍城王陵区的王陵朝向是向东的。战国时代的秦芷阳陵区，是秦王陵陵区，位于秦咸阳城东部，称"东陵"，秦东陵的发现属于王陵的"亚"字形墓 2 座，均以东墓道规模最大，它们也反映出秦东陵的王陵朝向亦应为向东[60]。

秦始皇陵的帝陵与陵区朝向又直接影响了西汉帝陵、汉太上皇陵。已经勘探知道它们的陵墓均为"亚"字形墓，其东墓道规模大于其他三面的三条墓道，帝陵陵园朝向为坐西朝东[61]。

（二）关于陪葬坑问题

作为秦始皇陵外藏椁系统的陪葬坑，在中国古代帝王陵墓发展史上，从其规模、数量、种类等方面来看，均已达到顶峰。"陵墓若都邑"的理念在这里得到最为充分的体现。这一制度直接影响着西汉时代中期以前的帝陵外藏椁制度建设，汉景帝阳陵、汉昭帝平陵、汉宣帝杜陵、薄太后南陵等陪葬坑的考古发现，是其最好的证明。

秦始皇陵陪葬坑的布局，可以分为两个层次，即陵园外陪葬坑与陵园内陪葬坑。陵园外的陪葬坑，依据距离陵园远近分为两部分；陵园内陪葬坑，分为陵园内外城之间的陪葬坑与内城地宫四周的陪葬坑。

秦始皇陵园外陪葬坑主要有距离陵园较远的兵马俑坑与陵园附近的马厩坑与动物坑。

关于秦始皇陵兵马俑坑及其兵马俑的性质，长期以来学术界说法不一。兵马俑坑作为秦始皇陵陪葬坑，这是绝大多数学者们的一致看法。但是涉及关于这些兵马俑坑的性质问题，学术观点则有多种：其一为象征秦始皇的都城咸阳的卫戍部队，其二为象征为秦始皇送葬的军队，其三为"封"说，其四为"冥军"，其五为三种"卫军"。[62]第一种看法，目前"学者们一般同意它是守卫京城宿卫军的象征。"[63]如袁仲一先生提出："大型的兵马俑坑在秦始皇陵东侧，我认为似象征着屯驻在京师外边的宿卫军。"[64]这已成为现在秦始皇陵兵马俑坑研究的主流观点。第二种看法的学者主要有黄展岳、杨泓和刘庆柱。1981年，黄展岳先生撰文提出，秦始皇陵兵马俑是送葬的俑群[65]。刘庆柱在1987年出版的专著中提出："汉代有军队送葬的习俗，如著名年轻将领霍去病死后，汉武帝就'发属国玄甲军阵自长安至茂陵'，为之送葬。霍光死时，汉宣帝'发材官轻车北军五校士军阵至茂陵以送其葬'。匈奴人金日磾死后，皇帝'送以轻车介士，军阵至茂陵'，为其送葬。张安世、王凤等人都享受了死后军队送葬之仪（参见《汉书》之《霍去病传》、《金日磾传》、《霍光传》、《张安世传》、《孔光传》和《元后传》）。东汉时代继承了以前的军队送葬习俗，如'发五营轻车骑士'为邓弘送葬；吴汉死去，'发北军五校、轻车、介士送葬'；耿秉去世，'假鼓吹，五营骑士三百余人送葬'；祭遵至葬，'介士军阵送葬'；梁商及葬，皇帝'赠轻车介士'送葬；杨赐下葬时，军队送葬队伍规模空前，当时'兰台令史十人发羽林轻车骑士，前后部鼓吹，又敕骠骑将军官属司空法驾，送至旧茔'（参见《后汉书》之《邓骘传》第615页、《吴汉传》第684页、《耿秉传》第718页、《祭遵传》第742页、《梁商传》第1177页、《杨赐传》第1785页）"。"西汉时代的兵马俑陪葬于陵墓附近（如长陵陪葬墓的杨家湾汉墓陪葬坑出土的2375件兵马俑，江苏徐州狮子山楚王陵出土的2300余件兵马俑），应是承袭了秦代制度。回过头来看，我们认为秦始皇兵马俑的性质，也应该是送葬军士象征。"[66]杨泓先生在其1997年出版的著作中指出：秦始皇陵的陶俑，"只不过是用于代替活的人马，用以模拟皇帝侍从及排列成送葬的军阵。"[67]1998年，黄展岳先生再次发表文章指出："关于兵马俑坑的性质，曾有过多种推测。我认为，兵马俑坑的设置应是军队列阵为始皇送葬的模拟。至于是否要排成实战军阵行列或带有宏伟的征战寓意，还有待于兵马俑的全面发掘以后才能做出比较具体的论断。军队列阵送葬，在《汉书》、《后汉书》中屡见不鲜，咸阳杨家湾汉墓（长陵陪葬墓）、汉景帝阳陵、徐州狮子山楚王墓都有实例发现，仅规模略小於秦陵兵马俑坑而已。汉承秦制，汉代军队列阵送葬制度当亦创始于秦，秦陵兵马俑坑的发现就是例证。"[68]正如以上所述，秦始皇陵兵马俑坑不是什么都城咸阳附近"宿卫军"的模拟，从汉承秦制的西汉时代大型墓葬附近陪葬坑—兵马俑坑的发现，以及《汉书》、《后汉书》等重要历史文献相关记载来看，秦始皇陵兵马俑坑的兵马俑应该是当时为秦始皇送葬军队的象征。

关于秦始皇陵兵马俑坑性质的学术讨论，实际上涉及到历史学、考古学研究的方法论问题。对于遥远的古代历史而言，我们的研究必须以已有的科学成果为起点、支撑点，去探讨未知领域。所有科学研究都需要"假设"、"假说"，但是"假设"、"假说"的科学性，取决于其科学研究的"起点"是否准确、"支撑点"是否牢固。科学研究方法论的共识，是推进科学研究的前提条件。秦始皇陵兵马俑坑发现 30 多年来，对于其至关重要的兵马俑坑性质问题讨论，一直没有什么进展，应该主要归结于科学研究方法论的有待进一步加强。

秦始皇陵园东南部上焦村的 98 座马厩坑与陵园东北部的动物坑，似与都城的马厩、苑囿有关。

秦始皇陵园内外城之间的陪葬坑，主要是内外城东西门南部的陪葬坑。内外城西门以南的陪葬坑有珍禽异兽坑、马厩坑和跽坐俑坑，其中的珍禽异兽坑与陵园之外东北部的动物坑不同之处在于，如果说后者似为都城苑囿之一部分的话，前者可能象征宫城之中苑囿的珍禽异兽。西门南部的马厩坑均以真马陪葬，陵园之外东南部上焦村马厩坑则为明器，前者可能象征宫城马厩，后者似为都城马厩。内外城东门以南的陪葬坑有石铠甲坑（K9801）、杂技俑坑（K9901），其中石铠甲坑的规模巨大，石铠甲坑中的大量石铠甲可能象征当时秦国皇宫中的"卫戍部队"。如果这一推断不误，那么秦始皇陵园之外的兵马俑坑之兵马俑更可能是为秦始皇送葬的部队。

内城之中的地宫四周的陪葬坑，在地宫北部与西部均发现了多与出行有关的车马坑。在地宫南部发现的文吏俑坑，发掘者认为应为"廷尉"机构象征，我以为更有可能属于宫城之中的皇室官吏。

在以往的秦始皇陵陪葬坑研究中，对陪葬坑的位置似乎重视不够。我认为这是需要特别注意的，一般来说陪葬坑距离帝陵地宫越近，地位应该越为重要，与墓主的关系越为密切。

（三）关于陪葬墓问题

为去世国王陪葬的葬仪，有着相当久远的历史。在安阳殷墟武官村大墓的北墓道东西两侧埋葬 41 人，其中东侧 17 人，多为男性；西侧 24 人，多为女性。死者均为全躯，有的有葬具及青铜礼器和兵器，还有佩饰的玉器。根据死者情况分析，这些人应为墓主人生前的亲信、侍从和姬妾[69]。从历史文献记载来看，陪葬墓的真正出现，应始于西周时代，《唐大诏令集》载："诸侯列葬，周文创陈其礼。"东周时代陪葬墓制度得到进一步发展，《史记·秦本纪》记载：秦穆公去世，"从死者七十七人，秦之良臣子舆氏三人名曰奄息、仲行、针虎，亦在从死之中。"

目前考古发现的与秦始皇陵有关的墓葬有陪葬墓及其与秦始皇陵相关的墓葬。

秦始皇陵陪葬墓主要分布在陵园内城与外城之中。陵园内城之中的陪葬墓有二：一为帝陵封土附近西北部的"甲字形"墓，二为内城东北部墓园中的33座墓。前者应为秦始皇陵陪葬墓中地位最高的陪葬墓，有人认为这是公子高的墓葬；对于后者，有人提出这是秦始皇后妃的墓葬。

在秦始皇陵园内外城之中的陪葬墓，目前发现于陵园内外城东西门的北部。内外城东门以北有3座陪葬墓；内外城西门以北有一墓园，其中发现多座墓葬，但是均为"空墓"，它们应该是等待"使用"的陪葬墓。内外城东西两侧安排的两组陪葬墓，对称分布于内城东西两边。两组陪葬墓的南部，又各自安排有一组陪葬坑。通过今后的考古发掘可能会使我们进一步认识内外城东西两侧陪葬墓墓主人身份，以及其与内外城东、西门南边陪葬坑的关系。

在秦始皇陵园之外东南部上焦村考古发现的18座秦墓，时代与秦始皇陵相同，发掘者认为这是秦二世杀害反对自己的秦始皇公子、公主等人的墓葬。如果这一说法可以成立的话，秦二世不会将其作为陪葬墓入葬秦始皇陵。但是考虑这些人的特殊背景，将其埋葬在秦始皇陵园之外，使其"近"帝陵，这是一种政治上的"照顾"，与"真正意义"的帝陵陪葬墓还是不同的。

在秦始皇陵兵马俑坑三号坑西北部的"甲字形"墓，其墓葬规模比秦始皇陵园内城的"甲字形"陪葬墓还要大。从布局上来看，这座墓葬的墓主人，可能与三座兵马俑坑的关系更为密切。

秦始皇陵继承了先秦时代王陵陪葬墓传统并有所发展，在陵园之中安排了数十座陪葬墓。在陵园之外的东南部也发现、发掘了一些与秦始皇陵有关墓葬。西汉帝陵在秦始皇陵陪葬墓制度基础之上，又有了进一步发展，但是陪葬墓不再安排在陵园之中，而是置于陵园之外。这一陪葬墓制度为后代所承袭。

（四）秦始皇陵属于未建成的工程

关于秦始皇陵研究，学术界经常遇到一些十分费解的问题。究其原因可能有许多，但是有一个重要原因就是秦始皇陵是一个未建成的大型工程，这样也就导致使人们对秦始皇陵的许多问题，无法给以合理的、有说服力的解释。

秦始皇陵作为未建成的工程，可以从历史文献记载、帝陵封土现状、陪葬墓中的空墓与陪葬坑中的空坑等方面得到佐证。

文献记载秦始皇三十七年"出游"，于七月"崩于沙丘平台"，同年九月"葬始皇骊山"。由于秦始皇的突然死去，为了尽快料理其后事，当时停止了秦阿房宫前殿的建设工程，"罢其作者，覆土骊山。"这项工程实际上到秦二世二年，陈涉的农民起义军攻入秦的京畿之地时，大量的刑徒还在进行着秦始皇陵工程，因此少府章邯才提出"盗已至，众疆，今发近县不及矣。骊山徒多，请赦之，授兵以击之"[70]。鉴于上述情况，秦始皇陵的工程应该不可能按照原规划完成。这样也就出现了我们现在所发现的关于秦始皇陵的文献记载与考古发现之间的距离，以及一些未完成的"项目"。如关于秦始皇陵封土高度，目前考古测量的数据不一，从35.5米至77米不等，据说出现这一情况是因为测量基点的不同。但是，根据文献记载秦始皇陵高"五十丈"，约折今115米。显然目前测量秦始皇陵封土的高度，从最低的 30 多米，到最高的 77 米，它们与 115 米的高度都相差甚远。也有的学者认为，可能由于两千多年来的水土流失，使原来秦始皇陵封土被冲掉了几十米高的封土。我认为这种说法会遇到相关考古资料的挑战。与秦始皇陵时代相近的西汉诸帝陵，其陵墓封土基本保存完好。如汉高祖长陵、吕后陵、汉惠帝安陵、汉景帝阳陵、汉武帝茂陵、汉昭帝平陵、汉宣帝杜陵、汉元帝渭陵、汉成帝延陵、汉哀帝义陵、汉平帝康陵等，现在这些陵墓的封土，除了汉武帝茂陵封土高 46 米之外，其余诸帝陵封土高一般为 30 米左右。这与历史文献记载的西汉帝陵封土高度是一样的。西汉诸帝陵与秦始皇陵均位于今西安市附近，古今自然地理环境应该基本相同，西汉帝陵封土高度古今基本相近，秦始皇陵封土亦应如此。再有，秦始皇陵园的内外城城墙及其墙基，内城之中相关陵寝建筑遗址，有的遗迹至今仍保存在地表以上，有的距地表不深，若秦始皇陵封土两千年来被冲掉七十多米，那些内外城城墙及其墙基、陵寝建筑遗址的遗存又为什么能够保存下来？

根据 20 世纪初测量的秦始皇陵封土，其"陵基略呈方形，东西约一千六百尺（折今约 533 米），南北一千七百尺（折今约 566 米）。"[71]如果参照西汉时代帝陵封土的底部长度与高度比例推算[72]，秦始皇陵封土高度应在 115 米左右。目前出现的秦始皇陵封土高度与文献记载的差距，显然不是文献记载的失误。应该说文献记载是属实的，不过当时记载的是秦始皇陵封土建造的规划数据，后来因为国家形势的突变，规划数据无法实现了，但是作为"前期"工程的帝陵封土底部，还是按照原来的规划进行的。按照秦始皇陵封土底部的"未被"自然与人为破坏的规模，参照西汉帝陵封土的底部与高度比例，秦始皇陵封土高"五十丈"是与现存西汉帝陵的情况是一致的。

在秦始皇陵园内外城之间的西门北部，有一陪葬墓墓园，其中发现的多座陪葬墓均为"空墓"，这在以往的考古勘探、发掘中是极为罕见的。这些"空墓"应该是还没有埋葬死者的墓葬，它们可能属于"计划"之中的项目，是没有完成的工程。

在秦始皇陵园东部的兵马俑坑，现已考古发掘了一、二、三号兵马俑坑，其中发现了大量兵马俑。但是，四号坑的考古勘探使人们感到十分意外，陪葬坑中没有任何陪葬品，是一个"空坑"。这个"空坑"应该是一个还没有放置陪葬品的陪葬坑，也就是没有"完工"的项目。

综上所述，可以看出，秦始皇陵应是一个"未完工"的工程。

（五）秦始皇陵与西汉帝陵的考古学比较研究

秦汉帝陵在中国古代帝陵发展中，占据着特别重要的地位，究明它与西汉帝陵二者之间的关系，对深入认识秦汉时代帝陵陵寝制度史变化十分重要。

帝陵封土与地宫问题。秦始皇陵封土平面近方形，地宫平面亦为方形。这种封土、地宫平面形制为西汉帝陵所沿袭，西汉帝陵封土称"方上"，帝陵地宫称"方中"。秦始皇陵地宫四面均有墓道，其中东墓道的规模与数量都要大于、多于其他三面的墓道。西汉帝陵地宫四面也是各辟一个墓道，已经勘探的西汉帝陵地宫四个门道中，东墓道也是规模最大的墓道。

　　帝陵陵园问题。秦始皇陵园由内外城组成，二者平面均为长方形。内城基本分为大小相近的南北两部分，平面均近方形。帝陵封土在内城南半部居中位置，内外城与帝陵封土东、西、南面居中相对位置各辟一门。陵园内城北部辟二门，外城北部无门。内外城东西门之间有门阙建筑，门阙与内外城城门不相连。帝陵主要陵寝建筑在陵园内城之内西北部，帝陵陪葬墓主要置于内城东北部、封土西北部，还有一些陪葬墓在内外城之间的北部。

　　西汉帝陵陵园可分为两个时期，一个是汉高祖长陵和汉惠帝安陵时期，其后为汉文帝霸陵至汉平帝康陵时期。长陵和安陵均为皇帝、皇后埋葬在一个陵园之中。陵园平面基本为方形。长陵主要陵寝建筑在陵园之中。陵邑与陵园毗连。陪葬墓主要在陵园东部。汉文帝霸陵至汉平帝康陵时期，皇帝帝陵与皇后陵墓各自有一陵园，二陵园一般东西排列。陵园平面方形，四面中央各辟一门，四门各置阙，阙与门相连。寝园（包括寝殿、便殿）、陵庙在陵园之外的附近地方。陪葬墓均在陵园之外的东部或北部。从汉文帝霸陵至汉宣帝杜陵的陵邑，一般距帝陵陵园较远，但仍在帝陵陵区之中。

　　关于陪葬坑的情况，从秦始皇陵到西汉末年的帝陵，再到中古时代的唐宋帝陵，陪葬坑数量是从多到少、从有到无，陪葬坑规模是从大到小，种类是从繁到简。陪葬坑的位置是从陵园内外都有，到仅于陵园之外安置陪葬坑。

　　秦汉帝陵的上述发展变化，对以后的帝陵发展产生了重要影响。

　　附记：本文为作者2006年11月28日，应邀参加在日本举行的"2006东亚的巨大古坟学术讨论会暨亚洲史学会第15届研究大会"演讲稿。

注　释

〔1〕亚洲史学会2006年11月在日本举行的"2006东亚的巨大古坟学术讨论会暨亚洲史学会第15届研究大会"的大多日本学者和相关博物馆即把埃及金字塔、秦始皇陵和仁德天皇陵墓认定为世界古代三大陵墓。

〔2〕刘文鹏：《古代西亚北非文明》，第148页～149页，中国社会科学出版社，1999年。

〔3〕界市教育委员会：《百舌鸟古坟群》，宏和印刷株式会社，平成17年。

〔4〕a. 陕西省考古研究所、秦始皇兵马俑博物馆：《秦始皇帝陵园考古报告（1999）》，科学出版社，2000年。
　　b. 陕西省考古研究所、秦始皇兵马俑博物馆：《秦始皇帝陵园考古报告（2000）》，文物出版社，2006年。

〔5〕同注〔4〕b. 第33页。

〔6〕同注〔4〕a. 第39页～42页。

〔7〕同注〔4〕b. 第31页～33页。

〔8〕《汉书·宣帝纪》：五凤三年"三月辛丑，鸾凤又集长乐宫东阙中树上"。《汉书·刘屈氂传》：征和二年，戾太子"敺四市人凡数万众，至长乐西阙下，逢丞相军，合战五日"。

〔9〕《史记·高祖本纪》："肖丞相营作未央宫，立东阙、北阙、前殿、武库、太仓。"

〔10〕《汉书·五行志》。

〔11〕足立喜六：《长安史迹研究》，第 74 页，三秦出版社，2003 年。

〔12〕陕西省文物管理委员会：《秦始皇陵园调查简报》，《考古》1962 年第 8 期。

〔13〕段清波、孙伟刚：《秦始皇帝陵考古五年记》，《上海文博论丛》2004 年第 4 期。

〔14〕同注〔4〕b. 第 4 页，第 6 页。

〔15〕《水经注·渭水》卷八。

〔16〕同注〔4〕a. 第 15 页，第 31 页。

〔17〕袁仲一：《秦始皇陵考古纪要》，《考古与文物》1988 年第 5 页，第 6 期。

〔18〕转引自邵友程《从水文地学看秦陵地宫深度》（《文博》1990 年第 5 期）引用戴维·勒基等的《应用于考古学的非破坏性探测和层析 X 摄影学》。

〔19〕高维华、王丽玖：《秦始皇陵工程地质述评》，《文博》1990 年第 5 期。

〔20〕王学理：《秦始皇陵研究》，上海人民出版社，1994 年。

〔21〕邵友程：《从水文地学看秦陵地宫深度》，《文博》1990 年第 5 期。

〔22〕孙嘉春：《秦始皇陵之谜地学考辨》，《文博》1989 年第 5 期。

〔23〕陕西省考古研究所、秦始皇兵马俑博物馆：《秦始皇帝陵园考古报告》（1999）第 9 页，科学出版社，2000 年。

〔24〕同注〔13〕。

〔25〕《我国用高科技探测秦皇陵，解开地宫布局之谜》，《新京报》2003 年 11 月 28 日。

〔26〕张占民：《秦始皇陵北寝殿建筑群的出现与初步研究》，《考古文物研究》，三秦出版社，1996 年。

〔27〕同注〔4〕a. 第 11 页。

〔28〕a. 同注〔4〕a. 第 12 页。

　　b. 秦始皇陵考古队：《秦始皇陵西侧"丽山飤官"遗址清理简报》，《文博》1987 年第 6 期。

〔29〕同注〔4〕a. 第 25 页。

〔30〕同注〔4〕a. 第 26 页。

〔31〕同注〔4〕a. 第 26 页。

〔32〕秦俑坑考古队：《临潼上焦村秦墓清理简报》，《考古与文物》1980 年第 2 期。

〔33〕同注〔4〕a. 第 28 页。

〔34〕同注〔4〕a. 第 27 页～28 页。

〔35〕秦俑坑考古队：《始皇陵西侧赵背户刑徒墓地》，《文物》1982 年第 3 期。

〔36〕同注〔4〕a. 第 28 页。

〔37〕段清波：《帝国的梦想——秦陵还会有多少陪葬坑》，《文物天地》2002 年第 10 期。

〔38〕同注〔4〕b.。

〔39〕秦始皇兵马俑博物馆、陕西省考古研究所：《秦始皇陵铜车马发掘报告》，文物出版社，1998 年。

〔40〕同注〔4〕b. 第 10 页～12 页。

〔41〕同注〔4〕b. 第 24 页，第 62 页～90 页。

〔42〕同注〔4〕a. 第 18 页。

〔43〕同注〔39〕。

〔44〕同注〔39〕。

〔45〕同注〔39〕。

〔46〕a. 同注〔39〕。

　　b. 同注〔4〕b. 第 17 页～19 页。

〔47〕同注〔4〕a. 第 48 页～104 页。

〔48〕同注〔4〕a. 第 166 页～200 页。

〔49〕同注〔4〕a. 第 20 页。

〔50〕同注〔4〕a. 第 21 页。

〔51〕同注〔4〕b. 第 22 页～24 页。

〔52〕秦俑坑考古队：《秦始皇陵东侧马厩坑钻探清理简报》，《考古与文物》1980 年第 4 期。

〔53〕陕西省考古研究所、秦始皇兵马俑博物馆：《秦始皇兵马俑一号坑发掘报告》，文物出版社，1988
年。

〔54〕同注〔4〕a. 第 22 页～23 页。

〔55〕始皇陵秦俑坑考古队：《始皇陵东侧第三号兵马俑坑清理简报》，《文物》1979 年第 12 期。

〔56〕同注〔4〕a. 第 24 页。

〔57〕同注〔4〕b. 第 34 页～35 页。

〔58〕同注〔4〕a. 第 13 页。

〔59〕秦俑坑考古队：《临潼郑庄秦石料加工场》，《考古与文物》1981 年第 1 期。

〔60〕韩伟、程学华：《秦陵概论》，《考古学研究》，三秦出版社，1993 年。

〔61〕刘庆柱、李毓芳：《西汉十一陵》，陕西人民出版社，1987 年。

〔62〕袁仲一：《秦兵马俑坑》第 125 页，文物出版社，2003 年。

〔63〕同注〔4〕a. 第 22 页。

〔64〕袁仲一：《秦始皇陵东侧第二、三号俑坑军阵内容试探》，中国考古学会编辑《中国考古学会第一
次年会论文集》(1979 年)，文物出版社，1980 年。

〔65〕黄展岳：《中国西安、洛阳汉唐墓的调查与发掘》，《考古》1981 年第 6 期。

〔66〕a. 同注〔61〕第 205 页～206 页。
b. 刘庆柱、李毓芳著，来村多加史译：《前汉皇帝陵的研究》第 294 页～295 页，日本东京学生社，
1991 年出版。

〔67〕杨泓：《美术考古半世纪》第 309 页，文物出版社，1997 年。

〔68〕黄展岳：《秦汉陵寝》，《文物》1998 年第 4 期。

〔69〕郭宝钧：《一九五〇年春殷墟发掘报告》，《中国考古学报》第五册，1951 年。

〔70〕《史记·秦始皇本纪》。

〔71〕同注〔11〕，第 74 页。

〔72〕如西汉时代前期的汉景帝阳陵，帝陵封土底部边长约 167 米，封土高 32 米，封土高度与底部长度
之比约为 1 比 5。

COMMENTARY ON THE ARCHAEOLOGY
OF THE FIRST QIN EMPEROR MAUSOLEUM

Liu Qingzhu

Key Words: mausoleum of the First Qin Emperor   archaeological discovery   academic problem

The mausoleum of the First Qin Emperor is the burial of the first emperor in China history. The tremendous scale of its engineering, the astonishing magnitude of its building workers and the magnificence of its accompanying array are all hardly paralleled in the history of Chinese and even world mausoleum architecture. The tomb garden faces to the east and consists of an inner city and an outer one. The inner city-walls are furnished with gates on the four sides, and enclose the mausoleum in the south and the memorial surface buildings in the northwest. On the four sides of the mausoleum are tomb-passages, of which the eastern one is the largest in scale. For the outer city, gates are built on the eastern, western and southern sides. In both cities, *que* paired watch towers are erected between the eastern and western gates. Within the precinct, at nine localities, various tombs have been discovered 421, most of which date from the Qin period, including the mausoleum's accompanying burials, victim ones and builders' graves. So far, pits of funeral objects have been found 181: 77 in the tomb garden and 104 outside it. The terracotta warriors in pits must have symbolized the troops in funeral processions. Judged by the size of the barrow and the condition of accompanying tombs and funeral-object pits, the mausoleum may be an unfinished building complex, which, however, exerted important influence upon the architecture of imperial mausoleums and their memorial buildings in the Western Han period.

考古学上所见的秦汉长城遗迹

徐苹芳

关键词：秦长城　汉长城　河上故塞　光禄塞　河西塞　居延塞

中国的长城是联合国教科文组织批准的世界文化遗产。我们今天在地面上所看到的万里长城，西起嘉峪关，东至山海关，包括北京附近的八达岭、古北口和慕田峪长城，都是明代修建的。两千多年以前的秦汉时代的长城，由于年代久远，大部分已堙埋地下，有些地段在地面上虽留有遗迹，也多残断不全。秦汉长城的分布走向，文献记载很简略，后代学者只能据有关记载，作推测复原。从70年代开始，中国考古学家对秦汉长城作了大规模的实地勘察，西起新疆，东至辽宁，发现了若干段秦汉长城遗迹，这才使我们对秦汉长城的分布走向，建筑形制及其附属设施，有了比较清楚的认识，虽然在有些地段尚不甚清楚，但从宏观上来说，对秦汉长城的考古学研究，已取得了前所未有的进展。本文所述的秦汉长城遗迹，是根据考古学的发现，结合历史文献，作概括地叙述，并对一些有关的问题，稍作解释。

一　秦长城

公元前221年秦始皇统一中国，5年后，即公元前215年（秦始皇三十二年），秦始皇命蒙恬将兵30万，北击匈奴，收复河套地区，筑长城。《史记·秦始皇本纪》：

> （三十二年）始皇乃使将军蒙恬发兵三十万人，北击胡，略取河南地。三十三年……西北斥逐匈奴，自榆中并河以东，属之阴山，以为四十四县，城河上为塞。又使蒙恬渡河，取高阙、阳山、北假中，筑亭障以逐戎人。

《史记·蒙恬列传》：

作者简介：1930年出生于山东省济南市。1955年北京大学历史系考古专业毕业。曾任南开大学历史系助教，中国社会科学院考古研究所助理研究员、副研究员。历任中国社会科学院考古研究所副所长、所长。1989年～1998年任《考古》和《考古学报》主编。现任中国社会科学院考古研究所研究员，中国社会科学院研究生院博士生导师，中国考古学会理事长，国家文物局考古专家组成员，并被授予中国社会科学院荣誉学部委员称号。享受国务院颁发政特殊津贴。主要从事中国历史考古研究，侧重于中国古代城市、汉代简牍、丝绸之路的考古学研究和宋元考古学研究。曾主持北京元大都、金中都、杭州南宋临安城，以及扬州唐宋城的考古勘察发掘和研究工作。

秦已并天下，乃使蒙恬将兵三十万众，此逐戎狄，收河南，筑长城，因地形，用险制塞，起临洮，至辽东，延袤万余里。[1]

上引文献中所说的秦始皇长城，显然是三段，第一段是指自榆中沿黄河至阴山，即所谓"城河上为塞"者。第二段指从高阙至阳山、北假中之长城。第三段是"起临洮至辽东"者。这三段长城基本上把秦始皇长城都包括在内了。

在秦始皇统一以前，战国时代的许多国家，诸如齐、楚、魏、赵、燕、秦和中山国，在自己国家的边境上都筑有长城[2]。秦始皇统一后所筑之长城，一般认为是在秦、赵、燕三国北边长城的基础上修建的。但是，考古学的发现证明，并不完全如此。秦始皇新筑之长城，多向北拓展，扩大了战国以来北方的防线。

考古学上所见秦始皇长城可分为西、北、东三段。西段自甘肃临洮至内蒙古的准格尔旗，为秦昭襄王时所筑。《史记·匈奴列传》：

秦昭王时，义渠戎王与宣太后乱，有二子。宣太后诈而杀义渠戎王于甘泉，遂起兵伐残义渠。于是秦有陇西、北地、上郡，筑长城以拒胡。

秦陇西郡治狄道，在今甘肃临洮县南；秦北地郡治义渠，在今甘肃庆阳西南；上郡治肤施，在今陕西榆林东南。考古学的发现与《史记》所记之范围相符合。

根据近年的考古调查得知，秦长城起自临洮县北三十墩南坪望儿坡，东经"长城岭"、沿川子、尧甸，进入渭源县境，经庆平、七圣，过渭源县城北，而进入陇西县之德兴、福星，过"长城梁"至云田、渭阳、和平而进入通渭县境之榜罗，经文树、第三铺、北城、寺子，从董家沟进入静宁县境之田堡[3]，由陆家湾折而向北，经红寺、雷爷山、高界、原安，从李堡进入宁夏西吉县之王民[4]。再由将台、红花穿滴滴沟，经吴庄、郭庄至海堡。从海堡分内外西道长城：一道从海堡向北绕乔窐，过清水河至沙窝；另一道从海堡向东南，过清水河至沙窝。两道在沙窝合并后，进入固原县东山，经河川、城阳、长城塬至草滩、麻花圿，进入甘肃镇原县之城墙湾[5]，经甘川、寺坪、安家河，至三岔之周家店入环县。自演武、何坪绕环县县城北，至长城塬、刘阳湾而入华池县，从艾蒿掌、吊墩岭至梨树掌，进入陕西省吴旗县境[6]。从庙沟乡至长官庙、三道川，过洛河至石柏湾、薛岔，进入志丹县之黄草圿，转而向北，经李家畔再入吴旗县境，从小元始进入靖边县[7]。秦长城从靖边县进入榆林，在榆林境内明长城之西北侧，尚有遗迹，从红石桥和井界之间至乔家茆，长约25华里[8]。根据这段秦汉长城遗迹的发现，推测秦汉长城的走向是从榆林进入神木县境[9]。再从内蒙古准格尔旗之新庙，经纳林格、敖包梁、神树沟，北上坝梁，经点素包脑至黄河边上之十二连城[10]，隔河与呼和浩特市之托克托相望。

以上所述秦昭襄王时所筑之长城，秦始皇统一后仍沿用，属秦长城之西段。那么，《史记·秦始皇本纪》中所说的"自榆中并河的东，属之阴山，以为四十四县，城河上为塞"的秦始皇新筑之长城应在何处？这是我们要解释讨论的第一个问题。

秦榆中，裴骃《史记集解》引晋徐广《史记音义》云："在金城。"《汉书·地理志》金城郡下有榆中县。郦道元《水经注·河水》："又东过榆中县北"下注云："昔蒙恬为秦北逐戎人，开榆中地。按：《地理志》：金城郡之属地也，故徐广《史记音义》：榆中在金城，即阮嗣宗勤进文所谓榆中以南者也。"唐张守节《史记正义》注："榆中即今胜州榆林县也"，可能是受魏苏林云榆中在上郡之影响，误认榆中即榆溪塞。实际上，《史记·秦始皇本纪》所说自榆中至阴山之"河上塞"，就是从今甘肃兰州以东，接临洮秦昭襄王时所筑之长城，沿黄河东岸至河套的长城。这段地区尚有明长城存在，但未发现秦长城遗迹。张维华认为这段防塞，扼黄河之险，未必连贯[11]。这是我们今后要特别注意作好考古调查的地段。

第二个问题是秦长城西段之起点。《史记·匈奴列传》称秦长城"起临洮，至辽东，万余里。"张守节《史记正义》引《括地志》云：

> 秦陇西郡临洮县，即今岷州城。本秦长城首，起岷州西十二里，延袤万余里，东入辽水。

杜佑《通典》卷一七四、州郡典云：

> 岷州，今理溢乐县。春秋及七国时并属秦，蒙恬筑长城之所起也。属陇西郡，长城在今郡西二十里崆峒山，自山傍洮而东，即秦之临洮境在此矣。

李吉甫《元和郡县图志》卷三十九亦云：

> 溢乐县，本秦汉之临洮县也，属陇西郡。……州城，本秦临洮城也。……秦长城首起县西二十里。

唐人一致确认秦长城之西端起于岷州城西，但是，迄今并未在岷县发现遗迹。考古调查没有发现遗迹，并不等于古代遗迹不存在。唐贞观十六年（公元642年）魏王李泰主编的《括地志》的材料来源，可以说是充分利用了官方的材料，总括了南北朝以来地理沿革之成果；张守节作《史记正义》地理部分多依《括地志》，《括地志》对其后的《元和郡县图志》诸书有极大之影响。杜佑《通典》也是带有总结性的典籍，所描述的秦长城起点的情况，尤为具体。唐初所见之秦汉遗迹，肯定比现在多，因此，我们不能轻易否定《括地志》和《通典》等文献记载的可靠性。岷县的秦长城遗迹仍有待于进一步的考察[12]。

秦始皇长城之北段有三条。第一条从内蒙古杭锦后旗，南包河套地区，由潮格旗南经狼山、石兰计、乌拉特中后旗，自乌拉特前旗之小佘太、西斗铺至固阳，从固阳向东经太庙、武川县南，进入大青山[13]。第二条起自包头市以北乌拉特前旗乌拉特山（大青山）南麓大坝沟口[14]，进入大青山后，从土默特后旗沟门出大青山，沿山之南麓过呼和浩特市以北，经陶卜齐、旗下营至卓资以东之察右前旗黄旗海北[15]。这两条长城都是战国时代赵国武灵王时期所筑，《史记·匈奴列传》："赵武灵王亦变俗，胡服，习骑射，北破林胡、楼烦，筑长城，自代并阴山下，至高阙为塞。"赵武灵王筑此段长城应在公元前301年～公元前300年（即赵武灵王廿五、廿六年）之后[16]。秦统一后仍利用了这两条长城，特别是第一条长城，包容河套地区，是秦始皇"收河南"战果之保障。著名的战略要地高阙遗迹，在狼山南之石兰计[17]。此魏郦道元对高阙有生动的描写，《水经注·河水》：

> 东迳高阙南，《史记》：赵武灵王既袭胡服，自代并阴山下，至高阙为塞。山下有长城，长城之际，连山刺天，其山中断，两岸双阙，峨然云举（此句据王国维校本引《大事记注》改），望若阙焉，即状表目，故有高阙之名也。自阙北出荒中，阙

中有城，跨山结局，谓之高阙戍，自古迄今，常置重捍，以防塞道。汉元朔四年，卫青将十万人，败右贤王于商阙，即此处也。

第三条从内蒙古察哈尔右后旗或四子王旗，经洪格尔图的赵家房子村、商都县、化德县，过河北省的康保县，至内蒙古的太仆寺旗、正蓝旗和多伦县，经河北省丰宁围场而进入内蒙古昭乌达盟之赤峰[18]，是秦始皇统一后所建之长城。在其南尚有战国时代燕国的长城，如河北省张北县至沽源，断断续续有燕长城之遗迹。证明秦始皇统一后并未完全利用战国之旧城，这一点在赤峰以东秦长城之东段，表现尤为明显。

秦始皇长城东段自内蒙古之赤峰开始，西接北段之第三条长城，从赤峰市西北之大营子，向东沿英金河北岸，跨老哈河而东至小河沿，再向东至敖汉旗之新惠、敖吉、大甸子，穿吉林省奈曼旗，过牤牛河、南营子，而入辽宁省阜新之于寺、大五家子。在此条长城之南约 40～50 公里一线，还有一条与其平行走向的长城，始自内蒙古喀喇沁旗达拉明安山下的姜家湾，东经娄子店入赤峰境内之敖包地、冷水塘，过老哈河而入辽宁建平县，从种育场、羊草沟、烧锅营子，由小王家入敖汉旗，经克力代、贝子府稍向北偏，自王家营、大甸子进入北票，过黑城子、牤牛河而至阜新之化石戈和紫都台[19]。上述之北边长城及其沿线烽燧遗址中，屡屡发现战国秦之遗物，特别是 1963 年在赤峰蜘蛛山发现两件刻有秦始皇廿六年诏书陶量[20]，1975 年在赤峰三眼井出土一件铸有秦始皇廿六年诏书铁权[21]，进一步说明北边长城是秦始皇统一后修建使用的。南边长城沿线则出土燕国的明刀钱和饕餮纹、山形纹半瓦当，显然比北边长城时代为早，应是战国之长城。《史记·匈奴列传》云：

> 燕有贤将秦开，为质于胡，胡甚信之，归而袭破走东胡。东胡却千余里。与荆轲刺秦王舞阳者，开之孙也。燕亦筑长城，自造阳至襄平，置上谷、渔阳、右北平、辽西、辽东郡以拒胡。

此城之建筑年代、史无明文，有人认为约筑于燕王喜初年（公元前 254 年）[22]；也有人认为应筑于燕国力最强的时期，即燕昭王时期（公元前 311 年～公元前 279 年）[23]。造阳，《史记集解》引韦昭云："在上谷"，前面说过曾在河北张北县至沽源间发现燕长城遗迹，当是造阳之地，在上谷郡之北部。襄平，《史记索隐》引韦昭云："今辽东所理也，"吴卓信《汉书地理志补注》[24]引《盛京通志》云，相传今辽阳即汉襄平县，又引《大清一统志》云：襄平故城在今奉天府辽阳州治。辽东郡治地甚广，估计秦长城与燕长城合并后，经阜新、彰武、法库、开原一带，跨辽河折向东南、经新宾、宽甸至朝鲜，皆属辽东郡也。

二　汉长城

汉代初年仍维持秦时边塞，《史记·高祖本纪》记汉高帝二年（公元前 205 年）"缮治河上塞"，其防御的重点仍在秦陇西、北地、九原郡之北假、河南地。不久，汉与匈奴的关系起了重大变化。汉高帝七年（公元前 200 年）平城白登之役，汉兵大败，全面收缩北边防线，汉对匈奴和亲纳贡。但这并阻止不了匈奴对汉的掠夺。汉文帝十四年（公元前 166 年）匈奴 14 万骑入朝那（今甘肃平凉西北）、萧关（今宁夏固原东南），杀北部截尉孙卬，至彭阳（今甘肃镇原东南），烧回中宫（今陕西陇县西北），候骑至雍（今陕西凤翔）和甘泉（今陕西淳化西北甘泉山）。汉文帝后二年（公元前 162 年），匈奴杀略云中、辽东郡人民畜产，至郡万余人。汉文帝后六年（公元前 158 年），匈奴入上郡、云中，烽火通于甘泉、长安，京师震动[25]。从平城白登之役至汉武帝时期，半个多世纪以来，匈奴对汉北边的侵扰极其严重，特别是自河套南下，可以直逼京师长安，形势严峻，汉武帝不得不收缩东北上谷郡北部造阳的防线，集中力量加强危极首都安全的"河南地"防线，再次修缮秦蒙恬所筑之长城。《汉书·匈奴传》云：

> 其明年（元朔二年，公元前 127 年），卫青复出云中以西至陇西，击胡之楼烦、白羊王于河南，得胡首虏数千，牛羊百余万。于是汉遂取河南地，筑朔方；复缮故秦时蒙恬所为塞，因河为固。汉亦弃上谷之斗辟县造阳地以予胡，是岁元朔二年也。

汉武帝以前在汉代渔阳郡、右北平郡和辽西郡所筑长城遗迹，近年有所发现（见附图）。它从河北的滦平和丰宁县，过伊逊河至隆化之牌岔子沟，向东至承德之头沟、三家、志云，由三道沟入内蒙古宁城县之大营子、西泉、甸子、大城子、小城子，至喀喇沁旗之西桥、乃林，过老哈河至建平、朝阳、北票和义县。西段滦平、丰宁至隆化之志云间，多存烽隧遗址，自志云至宁城县之小城子，尚保存有石筑之墙垣。汉长城比燕、秦长城都向南收缩，这是汉代初年对匈奴退却的遗迹。

汉对匈奴的关系，经过汉武帝元狩二年和元狩四年（公元前 121 年～公元前 119 年）两次对匈奴战争的决定性胜利，改变了汉初以来的软弱被动情况，出现了"匈奴远遁，而幕南无王庭"的局面[26]。汉武帝在解决了匈奴问题之后，接着便从事开通西域的事业，设立河西四郡，筑居延塞以断匈奴与羌人的联系，并筑五原塞外之"光禄塞"，以卫北边。汉武帝以后所筑之长城，都是在这个战略这下建成的。总括起来有以下四项。

（一）缮治秦蒙恬所筑河上故塞

如前所述，汉高帝二年和汉武帝元朔二年缮治之长城，即秦蒙恬所筑之"河上塞"，是自内蒙古杭锦后旗至武川县之长城。

（二）新筑"光禄塞"

为了巩固秦蒙恬所筑之"河上塞"，武帝太初三年（公元前 102 年），令光禄勋徐自为筑五原塞外列城，《汉书·武帝纪》：

> （太初三年）夏四月，……遗光禄勋徐自为筑五原塞外列城，西北之卢朐，游击将军韩说将兵屯之。

《汉书·匈奴传》：

> （太初三年）汉使光禄徐自为出五原塞数百里，远者千里，筑城障列序至卢朐，而使游击将军韩说、长平侯卫伉屯其傍。……其秋，匈奴大入云中、定襄、五原、朔方，杀略数千人，败数二千石去，行坏光禄塞所筑亭障。……会任文击救，尽复失其所得而去。

此光禄塞至宣帝时期，仍是汉与匈奴之前沿地带，《汉书·匈奴传》云：

> （甘露三年，公元前51年）单于正月朝天子于甘泉宫。汉宠以殊礼，位在诸侯王上，赞谒称臣而不名。……留月馀，遣归国。单于自请'原留居光禄塞下，有急，保汉受降城'。

考古发现的光禄塞遗迹，有南北平行的两条，这两条的东端会合点今内蒙古武川县的哈拉合少和哈拉门独，并与上述秦长城北段第一条城相接。南面一条从武川县经达茂联合旗的新宝力格至乌拉特中后旗的新忽热，再经乌拉特后旗的宝音图而进入蒙古境内，然后转向西南，再入内蒙古额济纳旗，与汉代居延塞相接。北面一条从武川县经达茂联合旗府北面，至乌拉特中后旗的桑根达莱、巴音，自乌拉特中后旗的乌力吉进入蒙古境内，延伸至阿尔泰山中，《汉书》所谓的"西北至卢朐"，或即指此[27]。

（三）河西塞

汉武帝通西域，设河西四郡。《汉书·武帝纪》：

> （元狩二年，公元前121年）秋，匈奴昆邪王杀休屠王，并将其众，合四万余人来降。置五属国以处之，以其地为武威、酒泉郡。

> （元鼎六年，公元前111年）秋，……又遣浮沮将军公孙贺出九原，匈河将军赵破奴出令居，皆二千余里，不见虏而远。驷分武威、酒泉地，置张掖、敦煌郡，徙民以实之。

《汉书·西域传序》云：

> 自周衰，戎狄错居泾渭之北。及秦始皇攘却戎狄，筑长城，界中国，然西不过临洮。汉兴，至于孝武，事征四夷，广威德，而张骞始开西域之迹。其后骠骑将军击破匈奴右地，降浑邪、休屠王，遂空其地，始筑令居以西，初置酒泉郡、后稍发徙民充实之，分置武威、张掖、敦煌，列四郡、据两关焉。

河西四郡设置年代，《史记》、《汉书》记载分歧，近代学者研究亦无定论[28]。综合诸家意见，大体上是从元狩二年至元鼎六年（公元前121年～公元前111年），或迟至地节三年之间（公元前67年）。河西长城的建筑年代，因四郡设置年代不同而有先后。《史记·大宛列传》云：

> 而汉始筑令居以西，初置酒泉郡以通西北国。……天子发兵令（王）恢佐（赵）破奴击破（楼兰）之，……于是酒泉列亭至玉门矣。

《汉书·西域传序》亦云：

> 自贰师将军伐大宛之后，西域震惧，多遣使者来贡献，汉使西域者益得职。于是自敦煌西至盐泽，往往起序。

根据以上记载推测，武帝元狩中（公元前121年～公元前119年）筑令居至酒泉塞，元鼎至元封间（公元前116年～公元前105年）筑酒泉至玉门塞，武帝天汉中（公元前100年～公元前97年）筑敦煌至盐泽间塞[29]。

河西诸塞东起令居。令居汉属金城郡，在今甘肃永登县境内。考古学家在兰州市黄河北岸河口以北，明长城之东侧、咸水河西岸发现汉代长城遗迹。汉代长城与明代长城平行，经观音寺、龙泉寺、马家坪、永登县城[30]，沿庄浪河东岸北上，入天祝藏族自治县，越乌鞘岭，入古浪县和武威市境，过石羊河，入永昌县境，折向西北，入山丹县境，沿黑河北岸至临泽县和高台县，从酒泉市向北沿弱水至鼎新，与居延塞相接。再向西则经金塔县至嘉峪关市，沿疏勒河两岸，抵安西，从敦煌市北部经哈拉诺尔、小方盘、马圈湾至榆树泉[31]。汉之玉门关遗址在小方盘，汉之阳关遗址在南湖，两关之间只存烽台，而无长城遗迹。自令居至玉门关，汉代长城大体上在明代长城之东则和北侧平行向西，它们都起于兰州市河口黄河北岸。

通西域之交通大道在汉代长城以南，汉代长城护卫着这条国际通道，在历史上起了重要作用。敦煌以东是属于敦煌郡下的玉门都尉、中部都尉和宜禾都尉，酒泉郡下为西部都尉、北部都尉和东部都尉；敦煌玉门关以西之亭鄣，仍由敦煌郡玉门都尉管辖[32]。由敦煌至三陇沙（今库木塔格沙漠）间，再沿库鲁克塔格山南麓和孔雀河北岸之间，至库尔勒，为汉代出玉门关经楼兰至龟兹的大路，沿路筑有亭隧，遗址尚存，塞墙遗迹并不明显，或是玉门关外只列亭驿而已[33]。

（四）居延塞

为了维护河西走廊通道的安全，切断匈奴与羌人联络，武帝太初三年（公元前102年）筑居延塞。《汉书·武帝纪》：

> （太初三年）夏四月，……遣……强弩都尉路博德筑居延。

居延塞属汉张掖郡居延、肩水两都尉府。居延都尉府下有甲渠、三十井和殄北侯官；肩水都尉府下有肩水、橐驼和广地侯官。从1930年[34]和1972年~1976年[35]间考古调查得知，自甘肃金塔县之鼎新向北，沿弱水，至内蒙古额济纳旗之毛目、双城子、大湾、地湾、查科尔帖、布肯托尼、破城子、博罗松治、瓦因托尼和宗间珂玛，皆有汉代之烽隧边塞。其此端与光禄塞的南面一条长城相接。

汉武帝所经营的北边防线，经昭、宣之世的巩固，东起辽东，西经辽西、右北平、上谷、云中、五原、武威、张掖、酒泉、敦煌诸郡，完成了对整个北边的防御工程。汉长城与秦长城相比较，主要是开拓了西北边疆，秦长城的西段已退入内线，失去了边塞的作用。

附记：本文是20世纪90年代末为祝贺美国哈佛大学张光直教授70寿辰而作。英译本发表于美国波士顿大学东亚考古与历史文化国际中心编印的《东亚考古学报》(*Journal of East Asian Archaeology*, Vol. 3, 1—2, 2001)上。近年关于秦汉长城遗迹的考古学调查又有新的进展。目前，全国第三次文物普查已经开始，将会还有新的成果，补充修订，容后改正。2007年6月于北京。

注　释

〔1〕据中华书局1959年标点本。

〔2〕张维华《中国长城建置考（上编）》，中华书局，1979年。

〔3〕定西文化局长城考察组：《定西地区战国秦长城遗迹考察记》，《文物》1987年第7期第50页。

〔4〕a. 陈守忠：《甘肃境内秦长城遗迹调查及考证》，《西北史地》1984年第2期第88页。

　　b. 杨铎弼：《静宁秦长城遗址调查》，《平凉文物》1984年第1期第17页。

〔5〕宁夏回族自治区博物馆、固原县文物工作站：《宁夏境内战国、秦、汉长城遗迹》，《中国长城遗迹调查报告集》第45页，文物出版社，1981年。

〔6〕李红雄：《甘肃庆阳地区境内长城调查与探索》，《考古与文物》1990年第6期第72页。

〔7〕延安地区文化普查队：《延安地区战国秦汉长城考察简报》，《考古与文物》1990年第6期第66页。

〔8〕戴志尚、刘合心：《榆林市境内新发现一段秦汉长城遗址》，《文博》1993年第2期第82页，文物出版社，1981年。

〔9〕史念海：《黄河中游战国及秦汉时诸长城遗迹的初探》，《中国长城遗迹调查报告集》第52页，文物出版社，1981年。

〔10〕史念海：《鄂尔多斯高原东部战国时期秦长城遗迹探索记》，《中国长城遗迹调查报告集》第68页。

〔11〕张维华：《中国长城建置考（上编）》第132页～133页，中华书局，1979年。

〔12〕吴礽骧：《战国秦长城与秦始皇长城》，《西北史地》1990年2期第77页。

〔13〕盖山林、陆思贤：《内蒙古境内战国秦汉长城遗迹》，《中国考古学会第一次年会论文集》第212页，1980年。

〔14〕李红、姜涛、张海斌：《赵秦汉长城寻访录》，《包头文物资料》第二辑，第59页，文物出版社，1991年。

〔15〕盖山林、陆思贤：《阴山南麓的赵长城》，《中国长城遗迹调查报告集》第21页，文物出版社，1981年。

〔16〕见张维华：《中国长城建置考（上编）》第103页，中华书局，1979年。

〔17〕唐晓峰：《内蒙古西北部秦汉长城调查记》，《文物》1977年第5期第16页。

〔18〕a. 郑绍宗：《河北省战国、秦、汉时期古长城和城障遗址》，《中国长城遗迹调查报告集》第34页，文物出版社，1981年。

　　b. 布尼阿林：《河北省围场县燕秦长城调查报告》，《中国长城遗迹调查报告集》第40页，文物出版社，1981年。

　　c. 张汉英：《河北丰宁境内的古长城和金代界壕》，《文物春秋》1993年第1期第14页。

〔19〕a. 李庆发、张克举：《辽西地区燕秦长城调查报告》，《辽海文物学刊》1991年第2期第40页。

　　b. 项春松：《昭乌达盟燕秦长城遗址调查报告》，《中国长城遗迹调查报告集》第6页，文物出版社，1981年。

〔20〕中国社会科学院考古研究所内蒙古工作队：《赤峰蜘蛛山遗址的发掘》，《考古学报》1979年第2期第215页。

〔21〕项春松：《昭乌达盟燕秦长城遗址调查报告》，《中国长城遗迹调查报告集》第6页，文物出版社，1981年。

〔22〕王国良：《中国长城沿革考》第23页，商务印书馆1931年。

〔23〕同注〔19〕。

〔24〕《二十五史补编》本。

〔25〕以上所引见《史记》本纪和匈奴列传，《汉书》本纪和匈奴传。又可参阅《风俗通义》卷二。

〔26〕《史记·匈奴列传》。

〔27〕同注〔13〕、注〔17〕。

〔28〕参见邵台新：《汉代河西四郡的拓展》第二章第四节："河西四郡设置年代"，第74页～100页，台

北商务印书馆，1988 年。

〔29〕张维华：《中国长城建置考（上编）》第 137 页"汉边塞"部分。

〔30〕甘肃省永登县文化馆：《永登县汉代长城遗迹考察》，《文物》1990 年第 12 期第 61 页。

〔31〕a．吴礽骧：《河西汉塞》，《文物》1990 年第 12 期第 45 页。

　　b．甘肃省博物馆、敦煌县文化馆：《敦煌马圈湾汉代烽燧遗址发掘报告》，《敦煌汉简》下册附录
　　二，第 51 页～134 页，中华书局 1991 年。

　　c．甘肃省博物馆、敦煌县文化馆：《敦煌汉简释文》第 271 页～361 页，甘肃人民出版社，1991 年。

〔32〕陈梦家：《玉门关与玉门县》，《考古》1965 年第 9 期第 469 页，收入《汉简缀述》第 195 页，中华
　　书局，1989 年。

〔33〕陈梦家：《汉武边塞考略》，《汉简缀述》第 205 页，中华书局，1980 年。

〔34〕中国社会科学院考古研究所：《额济纳河流域障隧述要》，《居延汉简甲乙编》下册第 298 页～319
　　页，附录二，中华书局，1980 年。

〔35〕a．甘肃居延考古队：《居延汉代遗址的发掘和新出土的简册文物》，《文物》1978 年第 1 期第 1 页。

　　b．甘肃文物工作队：《额济纳河下游汉代烽燧遗址调查报告》，《汉简研究文集》第 62 页，甘肃人
　　民出版社，1984 年。

REMAINS OF THE QIN—HAN PERIOD
GREAT WALL KNOWN IN ARCHAEOLOGY

Xu Pingfang

Key Words：Qin Great Wall　Han Great Wall　Guanglu Fortress　fortifications in the Ordos Corridor　Juyan Fortress

Soon after he unified the whole China (211 BC), the First Qin Emperor ordered his people to rebuild the Great Wall from Lintao (present-day Minxian County, Gausu) in the west to Liaodong Prefecture in the east in order to guard against the aggression of the Xiongnu Tribes from the north. As known in archaeology, its western section from Minxian to Jungar Banner of Inner Mongolia was built before the Qin unification. Its northern section in Inner Mongolia was composed of three parts：1) from Hanggin Banner to Wuchuan County; 2) from the northern side of Baotou City to Zhuozi County; and 3) from Chahar Right Wing Rear Banner to Chifeng City. The former two parts were the survivals from the Zhao State Great Wall of the Warring States period, while the latter one came from the Yan State. The eastern section of the Qin Great Wall consisted of two lines：the northern one from Chifeng to Fuxin and the southern one from Chifeng to Beipiao. They converged at Zhangwu and extended to Kuandian.

In the Emperor Wudi's reign, in 130 BC, the Qin Great Wall began to be linked and reconstructed. In 102 BC, an outer Great Wall, i. e. the so called "Guanglu Fortress 光禄塞," was built from Wuchuan County. It was divided into two westward lines：the northern one stretching into the Altai Mountains and the southern one to the Juyan Fortress 居延塞. In order to strengthen defense against Xiongnu's invasion and open a way to the Western Regions, the Emperor Wudi established four prefectures along the Ordos Corridor and built many forts at Juyan and Dunhuang. To research into the then condition, modern archaeologists have made a great deal of exploration, including the discovery of frontier walls and forts as well as tens of thousands of inscribed wooden slips. The latter finds, as archives of troops stationed there in the Han period, have attracted great attention from international academic circles and, being rated as one of the four major academic discoveries in modern China, enjoy high praise along with the oracle-bone inscriptions from the Yin Ruins, the manuscripts from Dunhuang Mogao grottoes and the imperial archives of the Ming and Qing dynasties.

Along the Great Wall and near fortresses of the Han period, archaeologists also surveyed and excavated a number of ruined seats of border prefectures and counties and many sites of military fortifications.

中国古代墓葬壁画综述

杨　泓

关键词：中国　古代　墓葬　壁画

一

　　中国古代墓葬中开始出现壁画的时期，很可能是与中国古代墓仪制度中出现砖筑墓室同步或稍迟出现的，时间约在公元前 1 世纪的西汉中晚期。此前在先秦时期，从商殷、西周至春秋、战国，以国君为首的贵族集团的坟墓，都是先开掘带有墓道的宏大的土坑竖穴，然后在其内构筑多重椁室，主要以木材制作。在土坑的壁面上，一般没有任何装饰，只有少数例外，如曾在陕西扶风杨家堡发掘的 1 座西周墓的壁面上，发现有白色的菱形图案；又在河南洛阳小屯村北 1 号战国墓的墓圹四壁及墓道两壁，残存有红、黑、黄、白色的图案[1]，这些是在土壁上出现装饰图纹的较特殊的实例。也可以算是有关中国古代墓葬壁画时间最早的考古学资料。除此以外，在先秦时期墓葬中与葬仪有关的绘画资料，主要有葬具（如木棺）壁面绘制的漆画，以及葬仪中张挂并埋入椁室的与招魂等有关的帛画。

作者简介：1935 年 12 月 12 日生于北京市。1958 年毕业于北京大学历史系考古专门化。自 1958 年至今在中国社会科学院考古研究所（原中国科学院考古研究所）工作，先后在考古编辑室（1958 年～1988 年）、汉唐考古研究室工作，1958 年 9 月～1979 年 5 月任研究实习员，1979 年 5 月～1983 年 5 月任助理研究员，1983 年 5 月～1990 年 7 月任副研究员，1990 年 7 月开始任研究员。1998 年至今担任《文物》月刊编辑委员会委员。2005 年被聘为国家文物鉴定委员会委员。现兼任中央美术学院人文学院特聘教授。主要研究中国汉唐考古学（着重于研究魏晋南北朝考古）、中国美术考古和中国古代兵器考古。先后参加中国社会科学院考古研究所集体编著的《新中国的考古收获》（1961 年）、《新中国的考古发现和研究》（1984 年）、《中国大百科全书·考古学》（1986 年）和《考古精华——中国社会科学院考古研究所四十年纪念》（1993 年）等书的部分撰写工作。自 1958 年在《文物参考资料》（现《文物》）发表论文《高句丽壁画石墓》以来，迄今已在《考古学报》、《考古》、《文物》等刊物发表学术论文逾 300 篇。主要学术专著有《中国古兵器论丛》（1980 年；增订本，1985 年）、《美术考古半世纪——中国美术考古发现史》（1997 年）、《汉唐美术考古和佛教艺术》（2000 年）、《古代兵器通论》（2005 年）等。曾被聘为《中国军事百科全书》的《古代兵器》学科主编，主编《中国军事百科全书·古代兵器分册》（1991 年）。

先秦时期木棺上的漆画，体量较大而且绘制较为精美的要属战国早期曾侯乙墓的木棺漆画[2]。曾侯乙墓的木棺分内外两重，木棺壁都有漆画。外棺壁面所绘为龙蛇鸟兽和神怪组成的图案。内棺除图案外，在后挡绘有方窗，两侧壁各绘有双扉的格子门，在门的两侧又各绘出上下两列执戟守卫的神怪，形态各异，散发着浓郁的神奇色彩，足见绘制的画师多么富有想像力。

原在葬仪中张挂，而后于封闭墓室内平铺于椁板的帛画，目前仅发掘出 1 件，出土于湖南长沙子弹库楚墓中[3]。帛画上缘裹有一条细竹条，竹条当中系有悬挂用的棕色丝绳，表明它是丧葬仪式悬挂的旌幡类物品，下葬时平铺于椁盖板下的隔板之上。画面长方形，绘出一高冠男子侧身挺立双手执辔御龙飞行，头顶上方覆有华盖。此前还曾在长沙陈家大山楚墓也发现过另 1 件类似的帛画[4]，绘出的是侧身拱手的女子，前有升腾的长龙，上有展翅奔跑的凤鸟。它们都是目前发现的中国古代年代最早的绘画作品。

上述情况表明当中国古代没有流行砖结构的地下墓室以前，没有壁画所必需的承载体，自然墓室壁画也就缺乏得以萌发的土壤。

二

中国历史刚迈入秦汉时期的时候，埋葬制度沿袭着先秦时期的传统，仍然是竖穴土坑中以木材构筑多重棺椁。湖北、湖南等地秦和西汉初期的墓葬，都是这类承袭着楚墓传统的土圹木椁墓，但到了西汉时期的诸王墓中，更将木椁扩大为规模宏大、形制特殊的"黄肠题凑"[5]，成为墓内死者身份地位的象征。已发掘的秦墓如湖北云梦睡虎地秦墓[6]，已发掘的西汉初期墓如湖南长沙西汉象鼻嘴长沙王墓[7]、咸家湖曹嬛墓[8]、马王堆轪侯家族墓[9]等和湖北云梦西汉墓[10]。在这些墓中有的还可以看到承袭楚墓传统的帛画和彩绘漆棺，典型的墓例可举湖南长沙马王堆轪侯家族墓，在椁板上置有"T"字形的"非衣"帛画，所用四重套棺中，第二重为黑地彩绘棺，棺上绘有云气缭绕中的人物、神怪和动物；第三重为朱地彩绘棺，头挡绘双鹿和神山，足挡绘双龙穿璧，左侧有龙、虎、朱雀和神山，图案化的神山应象征"昆仑"。"T"字形的"非衣"帛画，分上下三栏构图，上为虎豹守关的天门，中为墓内死者与侍从的画像，下为两条交互的大鱼上有裸身力士，一般认为象征天上、人间和地下。"应是当时葬仪中张举悬挂的旌幡一类东西。"[11]

西汉初年，文化艺术深受楚地影响，所以从洛阳等地发现的西汉墓室壁画，同样可以看出其与楚地葬仪美术的联系。

目前有关西汉墓壁画，尚缺乏早期的标本，惟一可以举例的是河南永城芒砀山柿园汉墓主室顶部和南壁的壁画，发掘者据西汉时期梁王的世系推断所葬死者可能是梁共正王刘买（公元前 144 年～公元前 136 年在位）。室顶绘一巨龙，上有白雀，下有白虎，龙口吐长舌，舌尖卷一鱼尾怪兽。室南壁残存的壁画，绘有神山、豹、雀等图像[12]。到目前为止，在已发掘的汉代诸侯王的陵墓中，仅有这座墓中有这样少量的壁画，是一个特殊的个例。此外，广州南越王墓前室石壁和石门上绘有朱墨两色云纹图案[13]，还只能视为壁面装饰，尚不足以称为壁画。

　　西汉晚期的壁画墓，主要发现于当时的两京——长安与洛阳地区，以洛阳地区的发现较为重要。从上个世纪 60 年代《考古学报》刊出洛阳烧沟第 61 号墓的发掘报告[14]以后，陆续又发掘过卜千秋墓[15]、浅井头墓[16]等西汉晚期的壁画墓，还有一些已被破坏的墓葬遗留下来的带有绘画的空心砖[17]。这些墓都是以空心砖构筑墓室，只在墓室的顶脊或室壁上方呈三角形的顶部等地方，绘有所占面积不很大的壁画，它们又与墓中嵌砌的一些镂空的画像彩绘空心砖相互配合，共同达到装饰墓室的目的。绘画的题材，主要有天象、仙人、神兽，还有少量历史故事画。在长安地区，也有西汉晚期墓中绘有壁画，西安交通大学校园内发现的西汉墓中，室顶满绘天象[18]。西安理工大学新校区发现的西汉墓，除仙人、龙、虎、云气外，还有别处少见的骑乘射猎、屏前仕女等画面[19]。由于西汉的皇帝陵墓的墓室均未经发掘，所以还不知道是否绘有壁画。但是由已发掘的诸侯王的陵墓中，除上述梁王墓巨龙壁画外，均不曾绘有壁画，表明当时身份、地位高的人，死后墓室中不绘壁画，换言之也就是当时墓室壁画并不是身份地位的象征物。依此推测，可知西汉帝陵也应不绘壁画[20]。再看洛阳地区墓室内局部绘有壁画的空心砖墓，均属中小型墓葬，同类型的墓多有发现，形制及随葬遗物相同，但并不是都在局部绘有壁画，也说明局部加绘些壁画，并不是西汉墓仪制度中必不可缺少的内容。

　　大约在公元 1 世纪初年，也就是约在王莽当政改国号为"新"时，或再稍早一些，墓室壁画有了一些新变化。例如洛阳地区发现的新莽时期的墓葬，有洛阳金谷园[21]和尹屯[22]、偃师辛村[23]等墓。还有山西平陆枣园壁画墓[24]。除了前述西汉墓壁画中常见的天象、仙人、神兽等以外，较多地出现有描绘人世生活的画面，如偃师辛村墓中绘有门吏、庖厨、宴饮、六博等，平陆枣园墓中还绘有牛耕、坞堡等画像。

　　东汉时期的墓室壁画发现的数量多于西汉时期，分布范围也比较广泛，如果将具有敷彩的石刻画像——画像石和模印砖画——画像砖的墓葬也计算在内，那数量就更多了，本文只讨论壁面绘有彩色壁画的墓葬。目前所知在河南、河北、山西、陕西、甘肃、内蒙古、辽宁、山东、江苏等省区，都发现有东汉时期的壁画墓，比较集中的地区，是以洛阳为中心的河南地区、河北至内蒙古地区、东北的辽宁和陕甘地区。东汉早期的壁画墓发现不多，比较典型的例子是山东梁山后银山壁画墓[25]，除了流云纹中的日、月图像以外，其余画像均以墓内所葬死者生平为题材，而且许多画像旁有墨书榜题，如榜题"都亭"的重楼，楼旁又榜题"曲成侯驿"。有榜题"怒太"的执戟卫士。另有以两车前导、一车后随的车马出行队列，主车榜题"淳于□卿车马"，二导车分别榜题"游徼"和"功曹"，后随的车榜题"主簿"。表明从西汉时期壁画重天象、仙人、神兽，将重点转向表现死者生前的官位和威仪，描绘的对象由虚幻转向现实。值得注意的是，在东汉时期的王侯陵墓中，仍和西汉时期一样，都不绘制壁画，已发现的东汉时期壁画墓，所葬死者身份最高的只是相当于二千石的官员。壁画题材的重点转向描绘官员们生前的生活情景，豪华的宴饮场景、为宴会做准备的庖厨、庄园和牧养的牲畜群……，特别注重的是可以反映出官阶身份的象征性事物，主要有衙署中的属吏和出行的车马，甚至以出行车马内车从数量的增多，绘成连续画面，显示墓内死者一生从宦的经历。此外，也还绘有一些仙人神兽、祥瑞、圣贤列女的图像。在一座墓中，所绘壁画内容也各有侧重，有的主要选绘车马出行题材，如河南偃师杏园东汉墓[26]。有的主要选绘衙署中的属吏，如河北望都的 1 号和 2 号东汉墓[27]，望都 1 号墓在前室到通往后室的甬道两侧上栏，前后排列着"寺门卒"、"门亭长"、"门下小使"、"辟车五佰八人"、"贼曹"、"仁恕椽"、"门下功曹"、"门下游徼"、"门下贼曹"、"门下史"、"捶鼓椽"、"□□椽"、"主簿"、"主计史"、"小史"、"勉□谢史"、"侍阁"、"白事吏"。下栏是带有榜题的祥瑞图像。用出行车马队列变化连续绘出墓内死者升官经历的墓例，是内蒙古和林格尔东汉墓和河南荥阳苌村东汉墓[28]。在和林格尔壁画墓的壁面上连续绘出死者从"举孝廉"，经为"郎"、任"西河长史"、"行上郡属国都尉"、"繁阳令"，最后任"使持节护乌桓校尉"，并绘出护乌桓校尉的莫府及莫府所在的宁城图。在苌村东汉墓则是在壁画的车骑图中，分别注明"郎中时车"、"供北陵令时车"、"长水校尉时车"、"巴郡太守时车"、"济阳太守时车"和"齐相时车"。豪华的宴饮场景占据主要画面的，如河南密县打虎亭东汉墓[29]。到了东汉末年，除了上述绘画题材外，还出现有墓内死者正面坐像，坐在上张斗帐的床榻上，两侧绘出属吏或侍从，例如河北安平逯家庄东汉熹平五年（176 年）墓[30]。

在已发现的东汉壁画墓中，只有一座出现有绘画壁画的"画师"的图像和榜题，即是陕西旬邑县百子村东汉墓[31]。该墓壁画绘制粗劣，墓内死者榜题"邠王"，正史缺载，情况不明，是一个无关大体的地区性特殊墓例。

三

通过科学的田野考古发掘获得的汉代墓室壁画，对于汉代绘画史的探研，提供了重要的参考资料。从考古研究的角度来考察，对汉代墓室壁画研究的基础工作，是对汉代墓葬的综合研究。但是目前对汉墓的研究，还停留在类型分析和分期分区的水平，没有能提高到全面分析汉人的葬仪葬制的水平。如果不能弄清汉代的人是如何看待葬仪制度的，自然会用现代人的思维去"诊断"汉代壁画，得出的结论就可想而知了。

在 20 世纪 60 年代洛阳烧沟西汉墓室壁画被发现，和 70 年代马王堆西汉墓的"T"形帛画及画棺、洛阳卜千秋墓被发现以后，对已发现的画像内容除了考古学者所作的部分科学分析以外，还吸引了许多文史学者对有关画像进行各种推测，其中影响颇大的有两位学者，一位是郭沫若，另一位是孙作云。郭先生以文学家的罗曼蒂克精神，如他过去解读长沙楚墓女子龙凤帛画为女子祈祷善灵（凤）战胜恶灵（夔），表示生命战胜死亡，和平战胜灾难[32]，这次又将烧沟墓中壁画以怪兽为中心的宴饮场面诠释为"鸿门宴"，将墓门所绘有翼虎及女人像说成为"苛政猛于虎"，等等[33]。以他当时的社会影响，一时附合者甚众[34]，影响至今未消。孙先生在马王堆西汉墓的帛画和画棺出土后，卜千秋墓壁画发表后，都有专文论述。在这些论文里都强调了死后升仙的主题。对马王堆一号墓"T"形帛画的分析，认为"这幅画是天上与人间之间，再结合以汉代人的迷信，知道这幅画是画死者升仙图。"[35]对黑地彩绘棺上所绘图像分析一文的最后，指认头挡"仙人乐舞"下方正中露出上半身的包着头的弯腰老人，代表死者亡灵刚刚出来，因为"古人迷信灵魂上天要从这里出发"[36]。对卜千秋墓主室顶脊的壁画，他认为是以升仙为主题，依次绘有"黄蛇、日（中有飞鸟）、伏羲、墓主卜千秋夫妇、仙女、白虎、朱雀、二枭羊、二龙、持节方士、月（中有蟾蜍与桂树）、女娲。"他比较了烧沟墓和卜千秋墓壁画后，总结为"打鬼与升仙"："那座墓［指烧沟西汉墓］的壁画，主要是打鬼图（傩仪图）；这座墓［指卜千秋墓］的壁画，主要是升仙图。打鬼与升仙均为汉代地主阶级的主要迷信，二者相辅为用。打鬼是为升仙扫清道路，升仙则是打鬼的终极目的。"[37]孙先生对"打鬼"与"升仙"的论述，在学术界有较为深远的影响，我过去讲述西汉墓室壁画时，也是引述孙先生的意见[38]。按这种意见，则汉代人建造墓室和安放棺椁，似乎只是作为灵魂升仙的出发地，这显然与实际情况不符。

先秦至汉魏，时人认为升仙乃人生时所为，食药可长生，是为仙人，可往来于虚空。如魏文帝曹丕《典论》所言："望乘风云，冀与螭龙共驾，适不死之国，国即丹谿。其人浮游列缺，翱翔倒景。"[39]，但其居所并不在天上。秦始皇求仙人不死之药，求诸海上仙山[40]。神仙西王母所居，为昆仑山。且在外来宗教（最早是古印度传来的佛教，以后如西来的基督教等）在中国产生影响以前，并没有所谓天堂、地狱的概念[41]，人们并不企望去天上，而且认为那里是很危险的场所，《楚辞·招魂》："魂兮归来！君无上天些。虎豹九关，啄害下人些。一夫九首，拔木九千些。豺狼从目，往来侁侁些。悬人以娭，投之深渊些。致命于帝，然后得瞑些。归来归来，往恐危身些。"[42]同时，生人对死人颇为畏惧，希望亡灵不再干扰生人，而安居于阴宅即墓室之中。汉墓出土陶瓶或陶壶上常有铭，告知死者生死异路，不要再与生人接触，以免干扰生人。例如陕西咸阳窑店出土陶瓶朱书即为"生人有乡，死人有墓。生人前行，死人却行。死生异路，毋复相［忤］。"[43]直到魏晋时墓内朱书陶瓶（罐）上铭文仍如此，甘肃敦煌祁家湾西晋十六国时期墓中，常置朱书镇墓文陶罐，铭文多强调死生异路，如"生死各异路，千秋万岁不得相忤。""生人前行，死人却步，不得相忤。"[44]不断强调死生异路，充分说明汉晋时人对死者的畏惧之情，为使死者安居于墓室，不去干扰生人，更须将墓室安排得令亡者满意才是。

古人修墓，即为死者亡灵栖息之阴宅[45]，汉代仍然如此，有的画像石墓的纪年铭中就径直称墓为"宅"，如陕西绥德王得元墓铭："永元十二年（100年）四月八日王得元宅室"[46]。从田野考古发掘获得的汉代墓葬资料，可以看出当时人们修筑墓室，进行墓室装饰和放置随葬遗物，主要目的表现在两个方面，其一是汉代人"谓死如生"[47]，由于当时视死如视生，故阴宅模拟生时宅弟，所置物品亦尽模拟生人所需，正如《盐铁论·散不足》所说"厚资多藏，器用如生人"。葬入墓内的物品，有些为实物，有些为象征性的明器，也有些则采用图绘或模型。其二是为了显示身份或地位，或是夸耀其财富，表现在墓园和墓室的构筑，葬具的规格和装饰，随葬遗物的数量和精致，等等方面。此风至东汉时期更甚，正如王符《潜夫论·浮侈篇》所云："今者京师贵戚，必欲江南檽梓豫章之木。边远下土，亦竞放效。""今京师贵戚，郡县豪家，生不极养，死乃崇丧。或至金缕玉匣，檽梓楩枬，多埋珍宝偶人车马，造起大冢，广种松柏，庐舍祠堂，务崇华侈。"[48]

汉墓内出现壁画，一方面是由于上述汉人修造墓室主要目的所需要，另一方面又与砖构墓室特别是以小砖砌筑墓室的流行有密切关联。与汉代以前墓圹主要是长方形土坑竖穴不同，从西汉中期在黄河流域开始流行在地下横掏土洞的横穴墓圹，并在其中用大型空心砖构筑墓室，以后更改用小砖砌建墓室，其特点在于模仿现实生活中的房屋[49]。随着空心砖墓的流行，才为壁画提供了承载体，不过一般的空心砖表面都布满模印的图像和纹饰，所以能留出供绘画的空白不多，常是只有屋脊及房山的较小的部位。当以小砖构建墓室，特别是砖筑的大型多室墓流行以后，墓室内所有壁面都可用于绘制壁画，极大地扩展了墓室壁画的创作空间，这时历史已进入东汉晚期。但是光有充足的壁面可以承载壁画，只为壁画的发展提供了条件，而墓室壁画得以繁荣，还在于它顺应了汉人修造墓室的主要目的。在西汉晚期，王侯贵胄的坟墓内不绘壁画，除前述梁王陵墓的巨龙壁画为特殊的墓例外，目前已发现的王侯坟墓皆无壁画，究其原因，很可能是当时墓室壁画不受重视，墓中显示身份地位的象征物，主要是黄肠题凑、玉衣（金缕或银缕）、金印、玉饰，还有真实的车马和大量生前使用的豪华器用。明器主要是俑，特别是显示身份的数量众多的兵马俑。只有在身份并不高的空心砖墓中，开始出现小幅壁画，而且在同类型的空心砖墓中，绘有壁画的也是极少数，表明那并不是汉人葬仪中必不可少的要素。到东汉时期，随着用小砖构筑的砖室墓日益发展，墓室内壁画的数量随之增多，画面日渐增大。东汉晚期，随着东汉王朝日益没落，地方强宗豪族势力膨胀，地方官员呈现割据之势，反映在埋葬制度方面的特征之一，即是各地多墓室的大型砖墓的大量出现。虽然王侯墓中象征身份地位的仍是黄肠石、玉衣等，但在官位相当于二千石的官员的墓中，将一些死后无法带入墓内的身份地位的象征物，用壁画图像表现在墓内，例如生前衙署和衙署中的属吏，地方军事行政长官的莫府和莫府所在的城市，生前官阶的升迁以及出行的浩大的车队，还有家居的豪华宴会场景，乃至坞堡、庄园、畜群和农田，自然都不可能在死后带入墓室，只有将其图像绘于墓内壁面以为象征，这就是促使东汉晚期墓室壁画得以空前流行的原因。

谈到墓室壁画的主题和描绘出的具体图像，它并不能脱开所处社会现实的局限，更不会离开造墓的主要目的而具有更多的其他哲理，也绝不是表现艺术家个人才华的创作，只是当时的社会行为。例如在墓室顶部绘出天象，即是将无法在墓室内复制的人间宅院的天空，以图绘手法模拟成地下星空。夏鼐先生对洛阳烧沟墓中星象壁画的论文，是对汉墓壁画研究的典范，他不是用个人头脑中的"理论"去"诊断"汉墓壁画，也不去套用西洋天文学的概念，而是在分析汉朝时中国人已掌握的天文知识的基础上，去具体探研这幅西汉时绘制的星象壁画，不仅是成功的考古学研究，也对中国古代天文学史研究做出贡献[50]。同样是象征天空，汉代壁画也有另外的表现形式，并不都是如洛阳烧沟墓那样选用星宿和流云，只有太阳和月亮用象征性图像。有的是除星宿和流云外，还加入许多星宿的象征性图像，以及仙禽、异兽、羽人等图像，例如西安交通大学壁画墓、洛阳尹屯新莽墓。有的则完全以太阳、月亮和仙禽、异兽、羽人等神异图像来象征天空，从而极容易被误解，如洛阳卜千秋墓等。但如将其在墓室内的部位等与其他墓例对应分析，仍不难看出其寓意。

前已述及孙作云先生对汉代墓室壁画的解析，定出其主题就是"打鬼"和"升仙"，并得出"打鬼是为升仙扫清道路，升仙则是打鬼的终极目的"的公式，对以后的汉代墓室壁画的研究影响深远。一方面引得许多对汉墓壁画有兴趣的文史研究和美术史研究都是按"打鬼"和"升仙"的模式来进行，特别有兴趣去考证壁画中那些神异的图像，辨析那种神怪的名称叫什么，成为一些人"考据"的话题。由于这类神异的图像大都分都缺乏榜题，汉代文献中也没有系统的记述，论者只能从先秦至汉代的文献去比附，看法各异，莫衷一是，彼此论争，有人乐此不疲。对同一图像的认定不同，也就有不同的解释。如卜千秋墓室顶最西端绘有一似蛇又似鱼的怪异图像，有人认为是"黄蛇"，也有人认为是《山海经·大荒西经》的"鱼妇"，于是又可认为它的出现"往往具有灵魂复苏和生命形态转化的暗示"。[51]另一方面受到死后"升仙"模式的启发，一些人按西方天堂地狱观念，又按西方人思考问题需自己创造"理论"的模式，去"诊断"汉人的壁画。现实情况是目前我们对汉代墓葬和墓内的壁画的认识还有很大的局限性，虽然通过自20世纪50年代以来，随着中国人有能力掌握自己的文物宝藏，田野考古发掘的不断进展，揭示出越来越多的两汉壁画墓，获得了较多的全面的科学纪录。但目前掌握的资料，距离能够全面了解汉代墓室壁画的目标，还有很大差距。我们一方面期待有关汉代墓室壁画的考古新发现，另一方面应做些实际的工作，加强对已发现的汉墓的基础研究，进一步究明汉人的墓仪制度，在此基础上应能进一步对目前已知的两汉墓室壁画作科学总结，我们期待这方面的研究成果。至于对汉墓壁画的个案研究，前引夏鼐先生对洛阳汉墓壁画星象图的论文，是我们应学习的榜样，严肃认真的科学态度，复原自己祖国历史的真实面貌，这应是作为一个中国人进行研究的基本态度。

在对汉墓壁画研究中还应注意的另一倾向，就是在充分肯定汉墓壁画的发现对中国美术史特别是中国古代绘画史研究的重要作用的时候，也不应过分夸大汉墓壁画的艺术价值。因为汉墓壁画在题材方面受丧仪的局限，技法方面也仅能反映当时绘画艺术的一般情况，绝非代表汉画艺术的佳作。因为汉代人对埋葬死者的主要意图，正如魏文帝曹丕在所撰《终制》中明确的阐述，"夫葬也者，藏也，欲人之不得见也"。绘于地下墓室的壁画，亦是他人不得见之作品[52]。即使到东汉末年，死于建安六年（201年）的赵岐善画，"先自为寿藏，图季札、子产、晏婴、叔向四像居宾位，又自画其像居主位，皆为赞颂。"[53]这也并不是说他绘图后供人入墓参观。西汉晚期墓室壁画开始出现时尚不受重视已如上述，初始阶段多是按粉本描绘的神异怪物等[54]，以后随着壁画在墓仪制度中日益受到重视，到东汉晚期已成为二千石官位死者显示身份地位的象征物之一，可能会选用水平较高的画师，所以绘画技法有较大提高，也出现有按照死者生平事迹的专题创作，如和林格尔壁画墓中描绘死者由为郎、举孝廉直到相当于二千石的护乌桓校尉升迁过程的连续画面，现实生活气习较浓厚，能够脱开粉本的拘束。表明随着墓室壁画日益受重视，其艺术水平也随之有所提高，也就更能接近当时绘画艺术的水平，从而使我们能更多地了解当时绘画技法和特征。

四

到三国时期，主导中原北方的曹魏王朝的皇帝，基于社会现实的经济情况，以及曹操、曹丕父子的丧葬观念，大力倡导节葬，并且身体力行。后来司马氏建立的西晋王朝，仍遵循曹魏节葬之制。故此到三国西晋时期，原在东汉晚期中原北方盛行的墓室绘制壁画之风，一时中断[55]。只是在中央政权控制力不足的边远地区，如东北的辽东地区和西北的河西地区，仍然沿袭在墓室绘制壁画的习俗。辽东地区的魏晋时期的壁画墓，多集中发现于辽宁辽阳一带，所绘内容仍旧沿袭东汉时流行的家居宴饮、舞乐百戏、车马出行等题材。到西晋时期，壁画内容则以墓内死者正面坐帐像为主，还有出行牛车等画面，如辽阳上王家村壁画墓[56]。在西北的河西地区，不断在敦煌、酒泉等地发现魏晋乃至十六国时期墓室绘有壁画的墓葬。那一地区壁画墓具有地方特色，除有小幅的壁画以外，更多的是采用在一块砖面上绘出一小幅完整画面的"画砖"，再由分布于壁面上的多幅画砖，组合成同一主题，诸如宴乐、出行、庄园、仓储、农牧生产等。在墓室外高大的门墙上，也分布有绘有奇禽异兽的画砖，具有地域和时代特征[57]。敦煌西晋墓中，画砖所绘的题材除生活情景和神异的图像外，还有历史人物故事，如榜题"李广"的射箭骑士，自是西汉抗击匈奴的名将"飞将军"李广的写照[58]。在佛爷庙湾的西晋墓中，还有由两块画砖组合成的伯牙抚琴、子期听琴的故事画[59]。到了东晋十六国时期，辽东地区和河西地区在墓室内绘制壁画的习俗仍在延续，在辽东地区，东晋十六国时期的墓壁画墓，仍沿袭着辽阳汉魏壁画墓的传统，多发现在朝阳一带，如袁台子壁画墓[60]，绘有墓内死者坐帐像、出行牛车、骑士、庖厨等生活情景及日、月、四神等图像。北票西官营子北燕冯素弗墓，则将壁画绘于石砌椁室四壁。在河西地区，十六国时期恢复了在墓室内绘制布满整面壁面的壁画的做法。典型的墓例是酒泉丁家闸5号墓[61]，在该墓的前、后两室都绘有壁画。后室只后壁分栏绘出家中储存的日用器物和丝绢，前室则四壁和顶部满绘壁画，墓顶四披分绘云气、日、月，以及东王父、西王母、行空天马、神鹿、玉女等图像；四壁皆分上下两栏，分绘墓主宴乐、仓储庖厨、出行车辆、庄园畜圈、农耕放牧等，但在南壁绘有大树下的裸女图像，寓意不明，常引起一些人作出主观臆测。该墓的壁画一方面显露着汉魏传统的延续，另一方面又出现了新的图像组合，而且其顶部图像与约略同时的敦煌石窟藻井画有近似之处，或许反映着时代风尚，又或许显示着墓室壁画和石窟壁画粉本有互通之处。

在广大的南方和北方地域内，壁画墓的复兴已是南北朝时期。目前发现的年代较早的是北魏定都平城时期的壁画墓，典型的墓例是山西大同沙岭7号墓。壁画以正壁墓内死者夫妇在屋内帐中正面坐像为中心，两侧壁绘有盛大的乘牛车出行的队列和宴饮庖厨毡帐畜群，甬道两侧和门侧有甲胄武士和执盾力士，甬道顶绘蛇躯的伏羲女娲，中央是菱形火焰宝珠，还有许多神异的图像，如人首龙躯的神怪等杂厕其间。明显是沿袭着汉魏墓室壁画传统，很可能与河西地区的影响有关。据考证该墓下葬于太延元年（453年）[62]。除了墓室壁面的壁画以外，平城地区也发现北魏棺木上绘有彩画[63]。在南方，开始出现于东晋时期的小幅拼镶砖画，到南朝时期发展成可充满壁面的大型拼镶砖画，这是因为南方地下潮湿，难于在墓室砖壁绘制和保存壁画，所以用拼镶砖画这样的特殊艺术方法，起到与壁画相同的作用，也可以说是一种特殊的壁画。在南京、丹阳一带的南朝陵墓中，已发现多座以拼镶砖画装饰的大型砖墓，发现最早的是南京西善桥拼镶砖画墓，墓室两侧壁各嵌有长达 240 厘米、幅高 80 厘米的大幅拼镶砖画，以"竹林七贤和荣启期"的画像为题材，一壁为嵇康、阮籍、山涛、王戎，另一壁为向秀、刘灵（伶）、阮咸和荣启期[64]。以后陆续在丹阳发现鹤仙坳、金家村、吴家村等大型拼镶砖画墓[65]，在南京发现油坊村墓[66]，其中拼镶砖画保存较完整的是金家村墓，全墓共嵌大小 18 幅砖画。甬道有蹲坐吐舌的狮子和扶长刀的披铠武士，顶有日、月。墓室两壁各分上下两栏，上栏先是羽人引大龙或羽人引大虎，后是竹林七贤和荣启期；下栏由前到后是甲骑具装、持戟侍卫、持伞盖仪仗、骑马鼓吹。据考证，这些墓可能是齐或梁时的帝陵。由此可以看出，北方的北魏在建都平城时期，拓跋鲜卑虽然在吸收汉魏传统和本民族葬制的结合方面有很大进展，但是还没有形成具有时代特征的新的墓仪制度。南方的南朝，至迟在南齐时，从地面的神道石刻，到墓室壁画——拼镶砖画，已经明显摆脱了汉魏旧制，形成具有新的时代风格的墓仪制度，南朝陵墓的墓室壁画——拼镶砖画新风，很快北传，不断对北方墓室壁画的变迁产生影响。

在北魏都平城时代的晚期，也就是孝文帝太和初年，从目前所知的考古发掘材料来观察，墓仪制度虽然在各民族文化的碰撞和融合，以及汉魏文化传统和南方新风的影响下，不断改变，但似乎还没有形成定制。仅就墓室壁画来看，它并不是墓仪制度中不可缺少的环节，绘画的内容也没有一定的规范。如大同发掘的太和元年（477 年）宋绍祖墓中，在殿堂形石棺内壁绘有壁画，仅能看出后壁是两位席地踞坐的人像，其中一人弹阮咸，一人弹琴[67]。这类图像或许是受南来新风的影响。但是值得注意的是当时的帝陵中不绘壁画，已经发掘的文明皇太后永固陵中，没有绘制壁画[68]。其旁的孝文帝寿藏万年堂中，也没有壁画的踪影。表明这时帝陵仍遵汉魏旧制，不施彩绘壁画。北魏迁都洛阳以后的帝陵，已经正式发掘的只有宣武帝景陵，陵内砖筑的墓室壁面呈黑色，没有壁画[69]。表明这种在最尊贵的皇帝陵墓中不施壁画的制度，直到宣武帝逝世的延昌四年（515 年）仍然遵守。不过在以后孝明帝时所葬的诸王墓中，已发现绘有壁画，如一座早遭盗掘损毁的正光六年（525 年）清河王元怿墓中，在甬道两壁残存有身着两当手扶仪刀的侍卫图像[70]。又如孝昌二年（526 年）江阳王元乂墓，在墓室顶绘天象壁画[71]，绘出银河及星辰约 300 颗左右[72]。该墓四壁的壁画已损毁，仅存四神、雷公图像残迹。此外，孟津北陈村太昌元年（532 年）安东将军王温墓中，也残存有房屋帷帐和墓主夫妇及侍从的图像[73]。这几座墓葬于 525 年～532 年之间，也在这几年间葬于永安三年（530 年）的孝庄帝静陵中，据传也绘有壁画[74]，如传闻属实，则是在北魏末年，壁画在墓仪制度的地位开始提升，开始成为帝王陵墓中必不可少的重要内容，这有待今后新的考古发现予以证实。

当北魏分裂为东魏和西魏两个并立的政权以后，东魏将都城迁到邺（习惯称为"邺南城"），以后为北齐所取代。东魏、北齐时期的帝王贵族重臣的墓群，就分布在邺都附近的今河北磁县一带[75]。目前已发掘的大型壁画墓中，规制最高的是湾漳大墓，据发掘报告考证应为北齐文宣帝高洋的陵墓[76]。比之身份稍低的有东魏茹茹公主闾叱地连墓[77]和北齐左丞相文昭王高润墓[78]。此外是一些高官的坟墓，如东魏雍州刺史高长命墓、西荆南阳郡君赵胡仁墓，北齐比丘尼垣墓、骠骑大将军赵州刺史尧峻墓、文宣帝妃颜玉光墓、王妃比丘尼等行（李难胜）墓等。综观邺都附近的这些东魏北齐时期大墓中的墓室壁画，可以看出大致具有下述特征：其一是墓道壁画以面向墓外的巨大的龙、虎布置在最前端，衬以流云忍冬，有时附有凤鸟和神兽；其二是墓道两侧中段绘出行仪仗，湾漳墓最为盛大，闾叱地连墓出现廊屋内的列戟，湾漳墓仅存廊屋残迹，墓道地面绘莲花、忍冬、花卉图案，或认为是模拟地毯；其三是墓门上方绘正面的朱雀，辅以神兽，门侧多绘着两当、扶仪刀的门吏；其四是甬道侧壁绘侍卫人像；其五是墓室内正壁绘墓主坐帐像，旁列侍从卫士，侧壁绘牛车伞盖或男吏女侍，室顶绘天象，其下墓壁上栏分方位绘四神图像等[79]。说明当时壁画已成为墓仪制度的重要内容，也是死者身份地位的象征。有学者将其总结为"邺城规制"[80]。

　　东魏北齐时期的壁画墓除集中分布在邺都附近以外，还有两个重要的地区，一个是晋阳（今太原）附近地区，另一个是青齐（今山东）地区。晋阳地区的北齐壁画墓，基本是遵照邺城规制，但又有些地方特色，已发现的壁画墓中最重要的两座是武平元年（570年）右丞相东安王娄睿墓[81]和武平二年（571年）太尉武安王徐显秀墓[82]，壁画保存颇为完好。青齐地区的北齐壁画墓，则有较浓郁的地方特色，已发掘的最重要的墓葬是原东魏威烈将军南讨大行台都军长史崔芬墓[83]，葬于北齐天保二年（551年）。墓室以石材构筑，壁画直接绘于石壁上，虽然壁画题材仍是墓主夫妇出行和四神，但具有不同的特点，墓主夫妇出行与南朝佛教造像下的供养人行列风格近似，四神的侧后都绘有手执兵器的神人。特别是壁面划分成模拟屏风的屏面，其间绘有席地坐于树下的人物，侧后有侍者，明显是仿效自南方流行的"七贤"画像[84]。同样的模拟屏风的壁画，还出现在山东地区其余的北齐壁画墓中，如济南发掘的祝阿县令道贵墓[85]和东八里洼壁画墓[86]，表明当时青齐地区跨海与南朝有密切的文化联系。

　　在陕西、宁夏一带发掘的西魏、北周墓中，帝陵仍依汉魏旧制，并不绘制壁画，如北周武帝孝陵[87]。但在高官的墓葬中有的也绘有壁画[88]，但壁画的规模和技法都无法与东魏、北齐相比。题材的特点是在墓道诸过洞上方画门楼，楼高一重至二重，檐柱、瓦顶、鸱尾描绘分明。在甬道两壁和墓室壁面，多绘立姿的执环刀侍卫和执物女侍或伎乐。目前发现的北周壁画墓中，以宁夏固原柱国大将军原州刺史河西公李贤墓保存较为完整[89]。

　　随着东晋南朝时绘画艺术的大发展，墓室壁画的艺术水平也相应有很大提高。源于名画家作品的绘画粉本，开始用于绘制墓室壁画，如南朝帝王陵墓中的"竹林七贤和荣启期"拼镶砖画，至少已发现四处，即本文前述西善桥、鹤仙坳、金家村和吴家村四墓，各幅的整体构图与各个人物的体貌特征都基本相同，只是细部描绘有些差异，明显可以看出其中西善桥墓的一幅画面最为完整，人像也与榜题姓名相统一，而其余几幅人像与榜题出现有错位之处，看来西善桥墓的一幅所用粉本最接近原创作品，其余的在粉本流传过程中或有局部改变，或匠师制模烧砖时有所改易，或拼镶时出现误差，从而导致局部特征或人像与姓名榜题不符。而山东地区出现"七贤"壁画，也应是经海路自南方输入的粉本。粉本的流传，能促进一些新兴的艺术风格和构图技巧的迅速传播，形成更为广泛的影响。至于"竹林七贤和荣启期"的原作者是那一位画家，人们曾多有推论，但还难弄清。同样对北方一些绘画技巧颇高的墓室壁画，也有人臆测为当时某位名家手笔。如太原北齐娄叡墓壁画被发现后，有人一口咬定是画史上有名的杨子华所画[90]。但是目前在有关文献中，并没有关于东晋十六国至南北朝时期，哪怕有一位画家曾经在墓室作画的记述。当时名画家在佛寺中绘壁画的记载则较常见[91]，其原因本很简单，佛寺画像天天供大众观赏，是名利双收之举，还可彰显绘者身份，名家自会参与。幽闭地下的墓室壁画，按墓仪要求照粉本摹写即可，既无人观赏又非艺术创作，不必找名家，只画匠即可胜任。且葬期紧迫，绘好后连仔细检查都不一定，例如北齐徐显秀墓中壁画，徐显秀夫人竟绘出三只眼睛，大约是起稿时误将右眼位置画错，后来向上更正，但画工忘记将画误的那只消除掉，结果弄得今日徐夫人面上有一只左眼和两只右眼。如墓室壁画完成后经仔细验收，这类失误自然容易避免。所以在缺乏实证时就臆测某壁画为某名画家所为，在学术上极为不负责任。其实当代名画家可以引领一代画风，所以北齐晚期壁画显现出当时名家杨子华的画风，倒是完全有可能的。由于目前缺乏东晋十六国南北朝时期的绘画真迹，传世作品皆系后代辗转传摹之作，所以墓室中依照粉本绘制的壁画和拼镶砖画，为研究当时的绘画艺术提供了有用的实物资料，这是值得予以重视的。

五

公元 589 年，隋军灭陈，分裂纷争近两个世纪的古代中国重归统一。政治的统一，可以使原来分处中国南方和北方，北方东部和西部的画家，有机会聚集在隋朝的都城大兴城。但是各地艺术风格融会成具有时代特征的新风格，并不能与政治的统一同步伐，还需要时间，可惜隋在中国历史上是一个短命的王朝，文学艺术还没来得及融会成时代新风，隋王朝就覆灭了。所以今日在各地考古发掘获得的隋代墓室壁画，基本上还是沿袭着那一地区前代墓室壁画的原有风貌。在山东发现的隋墓壁画，如嘉祥英山开皇四年（584 年）徐敏行墓[92]，壁画内容大略沿袭北齐旧制，墓内室顶绘天象，门侧是扶仪刀门吏，正壁绘死者夫妇坐于壶门足的大床上，后设屏风，旁有女侍及伎乐，两侧壁是出行鞍马、牛车和侍仆。人物面相圆浑，仍显北齐壁画人物造型特征。宁夏地区的隋代壁画墓，如固原小马庄大业六年（610 年）史射勿墓[93]，墓道过洞上方绘门楼建筑，甬道绘着两当扶环首仪刀的立姿武士，墓室内壁面还残存有女伎乐立像。一切皆依北周时原州墓室壁画旧制。由于隋朝都城大兴城附近的隋代墓葬中的壁画保存不好，但是依据出土陶俑分析，既有沿袭北周的造型，又有源于北齐的造型，同一墓中的随葬俑群，是由上述两种不同造型风格合在一起组成，明显是两种文化特征的混合，还没有来得及融会为新的统一的时代风格[94]。

公元 618 年，李唐王朝取代隋朝，仍用隋都大兴城为都城，但改称"长安"。唐朝历代皇帝的陵墓都分布在长安城西北一带，许多王公大臣得以有陪葬皇陵的荣誉。唐代皇陵中最重要的陵墓都没有发掘过，惟一的一座经考古发掘的是唐代末年僖宗李儇的靖陵。不过唐僖宗逝世的公元 888 年，去唐朝覆亡不及 20 年，当时唐廷已呈风雨飘摇之势，所以他的陵墓工程草率，颇感寒酸，竟远不能与唐代国力强盛时的太子、公主墓相比，壁画绘制简略，仅有部分残存，可看到甬道中残存的侍卫武士，墓室中的侍臣，还有一些兽首袍服的十二辰画像[95]，自然无法据其推测李唐兴盛时皇帝陵墓内壁画的风貌。

　　唐朝初年的皇族勋贵的墓葬中所绘壁画，从题材到技法都仍沿袭隋朝旧貌，明显与北朝晚期墓室壁画关系密切。太宗贞观年间的壁画墓，最值得注意的是贞观四年（630年）淮安郡王李寿墓[96]和贞观十七年（643年）长乐公主墓[97]，这两座墓的墓道中的一些过洞上方，分别绘有门楼，有的是装饰华美的重楼。墓道侧壁都有列戟的戟架，以及出行仪卫和甲胄武士行列，李寿墓还有大量骑从。长乐公主墓的墓道前端还有面朝墓外的大幅龙、虎图像，墓室顶绘天象，天河如带，群星灿烂。这些都明显承袭自北朝旧制。但两墓壁画也各有独特之处，李寿墓绘有园林、马厩、仓廪乃至佛寺和道观。长乐公主墓的墓道壁画，在龙、虎之后是云辂，辂前驾双马，辂下云气拥绕，间有兽首鱼体神兽随辂遨游，显得豪华而神秘。在同一时期的壁画墓内绘出的仕女，多衣裙窄瘦，长裙高束至乳下，条纹红白相间，正是隋至初唐流行的样式。陪葬献陵的李凤墓侍女壁画，可算是典型的代表[98]。

　　经过唐高宗和武则天当政时期的发展，唐朝的中央集权的王朝统治已经稳定，社会经济和文化艺术都趋向繁荣，反映到墓室壁画方面，已形成具有时代特征的画作，在乾陵陪葬墓发掘中揭示出的懿德太子李重润墓[99]、永泰公主李仙蕙墓[100]和章怀太子李贤墓[101]内的壁画，正是标志着唐墓壁画时代特征开始形成的代表作品。带有长斜坡多天井多过洞墓道的墓室，被认为是模拟着人间的宫殿，壁画与之相配合，自列戟和阙门分内外，内为宫院，外为出行原野。或绘出步骑仪卫引导下驾马的朱红色的辂，或是出行游猎和比赛马球，还有礼官引导的外国使者。最前端还是按传统绘出身躯巨大的龙、虎。阙门以内，则是众多的宫内官吏、侍从和婢仆，或为单身像，或为群像，多是恭谨肃立的姿态，常捧执着供主人生话起居宴饮游乐的各种用具，以及花卉、牲畜，还常绘出树石虫鸟为衬景。三墓中以永泰公主墓的壁画绘制水平最高，画师技艺娴熟，用线舒展流畅，人物体姿婀娜。宫女群像构图匀称，众人位置参差，排列有序，形貌恭谨但体姿生动，颇显画师技艺水平。女像丰腴适度，体姿匀称，尚无过分肥胖之态。

　　到了玄宗开元、天宝盛世，墓室壁画表现的人物形貌随世风变化，男女侍从人像都向过分丰腴转变，开元十二年（724年）金乡县主墓残存的壁画中，人物形貌均颇显丰腴[102]。同时，一些生活气息浓郁的画面，如宴饮乐舞的场景多有发现。天宝四年（745年）苏思勖墓东壁绘出的胡人舞乐，人物姿想生动，颇富情趣[103]。此后，墓内流行模拟多曲（通常是六典）屏风的壁画，屏面画像先是多种姿态的树下老人画像，见于苏思勖墓。以后花鸟、人物乃至山水等都是屏面画的题材。长安南里王村韦氏墓中屏风壁画屏面以仕女为题材[104]，绘出树下女像，四立二坐，体姿丰腴，正可与日本正仓院藏鸟毛立女屏风相对照，不仅反映唐时风尚，还可证唐日文化交往之密切。富平唐墓屏风壁画，六曲屏面均绘山水[105]，亦可见唐时山水画已开始流行。更迟一些的墓内屏风壁画，流行翔毛题材，高克从墓六曲屏面都画有一对相对站立的鸽子[106]。会昌四年（844年）梁元翰墓和咸通五年（864年）杨玄略墓，均绘六曲云鹤屏风，正反映着当时上流社会上的流行时尚[107]。

除了都城长安附近的陕西地区唐代壁画墓外，在东都洛阳附近的河南地区，以及北京、山西、宁夏、新疆、湖北、广东等省区，都不断发现有唐代的壁画墓，除整体时代风格与都城长安同步发展外，也具有一些不同的地方特点，例如在山西太原一带的唐墓中，就特别流行多曲屏风壁画，屏面绘出不同姿态的树下老人图像。也有些墓中的壁画绘制精细，如北京海淀八里庄唐墓北壁绘的牡丹芦雁，画面长达 290 厘米，是罕见的唐代花鸟壁画[108]。

唐朝覆亡以后，古代中国又出现了分裂割据的局面，史称五代十国时期。五代的壁画墓发现不多，值得重视的是在河北曲阳清理的同光二年（924 年）王处直墓[109]。该墓除壁画外，还有两大幅施彩的浮雕，分别是女伎乐和持物女侍，以及两幅施彩踏兽甲胄镇墓武士浮雕。在前后室都有壁画，前室主要是云鹤和人物花鸟屏风画，后室是牡丹竹石及立屏什物。在两室间封门墙上绘有大幅水墨山水屏障。此外，陕西彬县后周显德五年（958 年）冯晖墓中，除大量施彩雕砖以外，也有部分壁画[110]。王处直墓和冯晖墓所绘侍女，仍是沿袭唐末过分丰腴的造型特征。在十国的诸小朝廷的帝王墓中，有的也有部分壁画或彩绘图案，以吴越国钱氏家族的墓葬中，常绘有天象及四神、十二辰等图像，或以石材浮雕并施彩贴金，以钱元瓘妃马氏康陵的壁画保存较好，色彩尚颇鲜艳[111]。总体来看，五代十国时期的墓室壁画，仍沿袭着唐代墓室壁画的传统，也可以视为唐代墓室壁画之余韵。

隋唐时期在中国绘画史研究中是一个兴盛的时期，但是传流下来的画家真迹仍然很罕见，所以数量较多的隋唐墓室壁画的发现，确为今日了解隋唐绘画提供了重要的参考资料。今后应一方面在弄清隋唐墓仪制度的基础上，进一步深化隋唐墓室壁画的考古学研究。另一方面也应结合有关隋唐绘画史的文献，对照解析，以期将隋唐绘画史的探研，推向新的高度。

六

北宋王朝再次统一全国，但其国力达不到东北、北方和西北的广大地区，契丹族建立的辽和党项族建立的西夏，与北宋形成三个并立的政权，在北宋、辽和西夏的控制区域内，目前都发现有壁画墓。其中以西夏的壁画墓资料最少，但在西夏王陵中发掘的第 8 号陵中，残存的墓门外甬道两侧有擐甲佩剑的武士画像，但保存情况极差，已漫漶不清[112]。

北宋皇陵在今河南巩义市，诸陵的地面遗迹尚存，墓前神道石刻多保存尚好，但地下墓室均未经发掘。只有宋太宗永熙陵祔葬的元德李皇后陵因早被严重盗扰，故曾加清理[113]。墓室内仿木构架上施建筑彩画，室顶及壁面上部原均绘有壁画，但已漫漶不清，仅能辨明墓室顶部原绘天象，涂绘青灰色苍穹，其上以白粉绘出银河及星宿。周壁原绘有建筑、云朵等彩画[114]。由此可以推知北宋帝陵应有墓室壁画。

其余的宋代壁画墓资料，都出自一般平民的坟墓，在河南、山东、河北、山西、陕西等地都有发现，其中以河南地区发现较多，又以河南禹县白沙一号宋墓的壁画最具代表性。该墓所葬死者名赵大翁，葬入时间为元符二年（1099 年）[115]。墓前甬道壁上画背着口袋和钱串的人，来向死者送来钱粮。墓门入口两侧，绘有门卫和兵器。前室壁画以死者夫妇"开芳宴"为主题，西壁绘死者夫妇对座椅上，其间是放有丰盛膳食的高桌，两人背后都放有上绘水纹的立屏，并立有侍仆。与其相对的东壁，绘有女乐十一人，为正在宴饮的死者夫妇演奏。后室壁画表现死者内宅的情景，绘有持物侍奉的男女婢仆，以及对镜戴冠的妇人。绘画的技巧虽不甚出色，但却能生动地表现出当时无官职的一般地主的生活，颇为写实。到北宋末年，又兴起在墓室中绘二十四孝故事图像之风，如嵩县北元村壁画墓[116]，其年代已迟至徽宗时期。

辽代的壁画墓，在从河北到内蒙古至辽东半岛的广大地区都有发现。辽墓壁画内容的变化，显示出当时契丹民族文化与中原文化不断碰撞融合的过程，既反映着时代特征又表现出地区风貌。早期的辽墓壁画，晚唐五代绘画的影响极为明显，目前发现的纪年最早的是内蒙古赤峰阿鲁科尔沁旗宝山辽墓[117]，共有两座，1 号墓中有辽太祖天赞二年（923 年）题记，两墓的墓室及其中的石房内均绘有壁画。墓室内多绘男女侍从和鞍马，石房内则多故事画，1 号墓石房东壁的壁画榜题"降真图"，所绘为汉武帝见西王母的情景，2 号墓南、北两壁的壁画，据考证一为十六国时期苏若兰寄回文锦故事[118]，一为唐杨玉环教鹦鹉故事[119]。画中人物衣饰发式均沿袭唐画风貌，色彩鲜明，女像头饰贴金仍色泽灿烂，使画面更显华美富丽。会同五年（942 年）耶律羽之墓[120]内壁画的艺术风格，也与宝山辽墓相近似，都充分表现出辽代初年绘画艺术与晚唐五代绘画的密切联系。

内蒙古巴林右旗索博力嘎（白塔子）北的辽庆陵，三陵都有壁画，以东陵壁画资料有所保存。东陵为辽圣宗耶律隆绪（983 年～1031 年）和仁德皇后的陵墓，除建筑彩画和装饰图像外，墓道至各墓室、甬道壁面共绘与真人等高的人物 70 余个，有男像也有女像，服饰除幞头袍服外，多圆领窄袖、髡发的契丹装人像。特别是在中室内四壁的大幅山水画，分绘春夏秋冬四季的景色，以及有关的鸟兽，如实描绘出辽皇室四时捺钵之所的景色，极具时代和民族特色[121]。在辽东半岛和内蒙古草原分布的契丹贵族墓葬中，墓室壁画同样大量出现髡发契丹装人物画像，在出行和归来图中又多绘鞍马、驼车，侍卫和婢仆中有髡发契丹装的也有汉族装束的。也常有散乐、马球等题材的画面，生动地反映了当时社会历史的真实面貌。在河北宣化一带的辽墓[122]，被认为是当时汉族人士的墓葬，壁画内容也多见通常的门卫、出行等图像，但更着重家居生活部分，除散乐外，侍仆备酒和备茶的图像，描绘得十分生动具体，有的死者虔信佛教，壁画中还有为其诵颂佛经准备的高桌，上面放置有带题签的经卷。在墓顶的天象图中，除常见的日月等形像以外，还出现了十二宫的图形，值得注意。

此后，金代墓葬中所绘壁画，内容和技法多沿袭宋、辽墓室壁画，但北宋末兴起的绘制孝子故事壁画之风，金代转盛，大量出现二十四孝壁画和雕砖，成为一时风尚。

元代以降，墓室壁画之风转衰。蒙元帝王陵墓不绘壁画，及至明清，已经发掘的明代皇帝陵——定陵内，以及曾被军阀盗掘的清代陵墓内，都不再绘制壁画。至于一般官员和民众的坟墓内，也还有的绘有壁画，考古发掘出的元、明、清时期的壁画墓都有所发现，其中特别值得重视的只有大同发掘的至元二年（1265 年）龙翔观道士冯道真墓的壁画[123]，画面绘出捧茶、焚香、观鱼和论道的图像，特别是墓室北壁绘有大幅"疏林晚照"山水画，山色葱蒙，意境深远，显示出道家的清幽意境。可算是中国古代墓室壁画的落日余晖。

注　释

〔1〕a. 扶风县图博馆罗西章：《陕西扶风杨家堡西周墓清理简报》，《考古与文物》1980年第2期。

　　b. 考古研究所洛阳发掘队：《洛阳西郊一号战国墓发掘记》，《考古》1959年第12期。

〔2〕湖北省博物馆：《曾侯乙墓》，文物出版社，1989年。

〔3〕a. 湖南省博物馆：《新发现的长沙战国楚墓帛画》，《文物》1973年第3期。

　　b. 湖南省博物馆：《长沙子弹库战国木椁墓》，《文物》1973年第3期。

〔4〕熊传薪：《对照新旧摹本谈楚墓人物龙凤帛画》，《江汉论坛》1981年第1期。

〔5〕黄展岳：《汉代诸侯王墓论述》，《考古学报》1998年第1期。

〔6〕云梦睡虎地秦墓编写组：《云梦睡虎地秦墓》，文物出版社，1981年。

〔7〕湖南省博物馆：《长沙象鼻嘴一号汉墓》，《考古学报》1981年第1期。

〔8〕长沙市文物局文物组：《长沙陡壁山西汉曹嬛墓》，《文物》1979年第3期。

〔9〕a. 湖南省博物馆、中国科学院考古研究所：《长沙马王堆一号汉墓》，文物出版社，1973年。

　　b. 湖南省博物馆、湖南省文物考古研究所：《长沙马王堆二、三号汉墓》第一卷，文物出版社，2004年。

〔10〕湖北省博物馆：《云梦大坟头一号汉墓》，《文物资料丛刊》第4期，1981年。

〔11〕同注〔9〕a，第45页。

〔12〕河南省商丘市文物管理委员会、河南省文物考古研究所、河南省永城市文物管理委员会：《芒砀山西汉梁王墓地》，文物出版社，2001年。

〔13〕广州市文物管理委员会、中国社会科学院考古研究所、广东省博物馆：《西汉南越王墓》，文物出版社，1991年。

〔14〕河南省文化局文物工作队：《洛阳西汉壁画墓发掘报告》，《考古学报》1964年第2期。

〔15〕洛阳博物馆：《洛阳西汉卜千秋壁画墓发掘简报》，《文物》1977年第6期。

〔16〕洛阳市第二文物工作队：《洛阳浅井头西汉壁画墓发掘简报》，《文物》1993年第5期。

〔17〕沈天鹰：《洛阳出土一批汉代壁画空心砖》，《文物》2005年第3期。

〔18〕陕西省考古研究所、西安交通大学：《西安交通大学西汉壁画墓》，西安交通大学出版社，1991年。

〔19〕西安市文物保护考古研究所：《西安理工大学西汉壁画墓发掘简报》，《文物》2006年第5期。这座墓中壁画的技法与同时期的其他壁画墓都不相同，值得予以特别关注。

〔20〕《史记·秦始皇本纪》记秦始皇陵内"上具天文，下具地理。"也有人将"上具天文"理解为天象壁画，但由文中尚有"以水银为百川江河大海"，可知"下具地理"中的江河百川应是作成可使水银流淌其中的沟槽形状。所以墓中天象是否为绘画，无确证。

〔21〕洛阳博物馆：《洛阳金谷园新莽时期壁画墓》，《文物资料丛刊》第9期，1985年。

〔22〕《洛阳尹屯新莽壁画墓》，《2003中国重要考古发现》第99页～103页，文物出版社，2004年。

〔23〕洛阳市第二文物工作队：《洛阳偃师县新莽壁画墓清理简报》，《文物》1992年第12期。

〔24〕山西省文物管理委员会：《山西平陆枣园村壁画汉墓》，《考古》1959年第9期。

〔25〕关天相、冀刚：《梁山汉墓》，《文物参考资料》1955年第5期。

〔26〕中国社会科学院考古研究所：《杏园东汉墓壁画》，辽宁美术出版社，1995 年。

〔27〕a. 北京历史博物馆、河北省文物管理委员会：《望都汉墓壁画》，中国古典艺术出版社，1955 年。

　　 b. 河北省文化局文物工作队：《望都二号汉墓》，文物出版社，1959 年。

〔28〕a. 内蒙古自治区博物馆文物工作队：《和林格尔汉墓壁画》，文物出版社，1978 年。

　　 b. 郑州市文物考古研究所、荥阳市文物保护管理所：《河南荥阳苌村汉代壁画墓调查》，《文物》1996 年第 3 期。

〔29〕河南省文物研究所：《密县打虎亭汉墓》，文物出版社，1993 年。

〔30〕河北省文物研究所：《安平东汉壁画墓》，文物出版社，1990 年。

〔31〕郑岩：《一千八百年前的画展——陕西旬邑百子村东汉墓细读》，《中国书画》2004 年第 4 期。

〔32〕郭沫若：《关于晚周帛画的考察》，《人民文学》1953 年第 11 期。

〔33〕郭沫若：《洛阳汉墓壁画试探》，《考古学报》1964 年第 2 期。

〔34〕金维诺先生即从郭沫若先生说法，见《秦汉时代的壁画》，见《中国美术史论集》上册第 86 页～87 页，黑龙江美术出版社，2004 年。

〔35〕孙作云：《长沙马王堆一号汉墓出土画幡考释》，《考古》1973 年第 1 期。

〔36〕孙作云：《马王堆一号汉墓漆棺画考释》，《考古》1973 年第 4 期。

〔37〕孙作云：《洛阳西汉卜千秋墓壁画考释》，《文物》1977 年第 6 期。

〔38〕杨泓：《美术考古半世纪——中国美术考古发现史》第 135 页，文物出版社，1997 年。

〔39〕曹丕：《典论》，见《文选》郭景纯《游仙诗》七首之四李善注引文，中华书局影印胡刻本第 617 页，1977 年。

〔40〕《史记·秦始皇本纪》："齐人徐市等上书，言海中有三神山，名曰蓬莱、方丈、瀛洲，僊人居之。请得斋戒，与童男女求之。于是遣徐市发童男女数千人，入海求僊人。""正义"引《汉书·郊祀志》云："此三仙山者，其传在渤海中，去人不远，盖尝有至者，诸仙人及不死之药皆在焉。"第 247 页。

〔41〕关于中国古代有无天堂地狱观念等问题，曾与老友孙机讨论，多承指教，他将有专文论述，敬请注意参阅。

〔42〕[宋] 朱熹集注：《楚辞集注》第 136 页，上海古籍出版社，1979 年。

〔43〕刘卫鹏、李朝阳：《咸阳窑店出土的东汉朱书陶瓶》，《文物》2004 年第 2 期。

〔44〕甘肃省文物考古研究所：《敦煌祁家湾西晋十六国墓葬发掘报告》，文物出版社，1994 年。

〔45〕《礼记·杂记上》："大夫卜宅与葬日"，孔颖达疏："宅谓葬地。大夫尊，故得卜宅与葬日。"中华书局影印阮刻本《十三经注疏》第 1551 页，1980 年。

〔46〕陕西省博物馆、陕西省文物管理委员会：《陕北东汉画像石刻选集》，文物出版社，1959 年。

〔47〕[东汉] 王充：《论衡·薄葬篇》。

〔48〕《后汉书·王符列传》第 1636 页～1637 页。

〔49〕王仲殊：《汉代考古学概说》，八、汉代的墓葬（上），中华书局，1984 年。

〔50〕夏鼐：《洛阳西汉壁画墓中的星象图》，《考古》1965 年第 2 期。后收入《考古学和科技史》第 51 页～62 页，科学出版社，1979 年。

〔51〕参看贺西林：《古墓丹青——汉代墓室壁画的发现与研究》第 28 页，陕西人民美术出版社，2001 年。

〔52〕目前惟一例外的墓例，是陕西旬邑百子村东汉晚期墓，在甬道前端两壁有墨书题记，东壁为"诸欲观者皆当解履乃得入观此。"这是否意味着绘画完成后没有下葬前曾供人入墓参观？不得而知。该墓的墓主画像榜题"邠王"，但东汉时无邠王，不知何人伪托。墓内壁画绘工拙劣，自非王侯墓

风格。可参看注〔31〕。舍此孤例不计，汉代葬仪中实无葬前让他人入墓随意观看的习俗。

〔53〕《后汉书·赵岐传》第 2124 页。［唐］张彦远《历代名画记》引文云引自《后汉书》，但有改动，为"（赵岐）多才艺，善画。自为寿藏于郢城，画季札、子产、晏婴、叔向四人居宾位，自居主位，各为赞颂。"

〔54〕将卜千秋墓壁画与后来发现的一些被破坏的壁画空心砖相比较，画像颇多相近之处，有些应出自共同的粉本，可参看注〔15〕和注〔17〕。

〔55〕杨泓：《谈中国汉唐之间葬俗的演变》，《文物》1999 年第 10 期。后收入《汉唐美术考古和佛教艺术》第 1 页～10 页，科学出版社，2000 年。

〔56〕李庆发：《辽阳上王家村晋代壁画墓清理简报》，《文物》1959 年第 7 期。

〔57〕甘肃省文物队、甘肃省博物馆、嘉峪关市文物管理所：《嘉峪关壁画墓发掘报告》，文物出版社，1985 年。

〔58〕《中国文物精华》编辑委员会：《中国文物精华 1997》，图版 119，文物出版社，1997 年。

〔59〕甘肃省文物考古研究所：《敦煌佛爷庙湾西晋画像砖墓》，文物出版社，1998 年。

〔60〕a. 辽宁省博物馆文物队、朝阳地区博物馆文物队、朝阳县文化馆：《朝阳袁台子东晋壁画墓》，《文物》1984 年第 6 期。后田立坤将该墓定为北燕墓。

b. 田立坤：《三燕文化墓葬的类型与分期》，《汉唐之间文化艺术的互动与交流》，第 205 页～230 页，文物出版社，2001 年。又，受到三燕文化墓葬壁画的影响，以集安为中心的高句丽绘墓葬的墓室壁画这时也转向繁荣，当另文详述。

〔61〕甘肃省考古研究所：《酒泉十六国墓壁画》，文物出版社，1989 年。

〔62〕大同市考古研究所：《山西大同沙岭北魏壁画墓发掘简报》，《文物》2006 年第 10 期。

〔63〕刘俊喜、高峰：《大同智家堡北魏墓棺板画》，《文物》2004 年第 12 期。

〔64〕南京博物院、南京市文物保管委员会：《南京西善桥南朝大墓及其砖刻壁画》，《文物》1960 年第 8、第 9 期合刊。

〔65〕a. 南京博物院：《江苏丹阳胡桥南朝大墓及砖刻壁画》，《文物》1974 年第 2 期。

b. 南京博物院：《江苏丹阳胡桥、建山两座南朝墓葬》，《文物》1980 年第 2 期。

〔66〕罗宗真：《南京西善桥油坊村南朝大墓的发掘》，《考古》1963 年第 6 期。

〔67〕山西省考古研究所、大同市考古研究所：《大同市北魏宋绍祖墓发掘简报》，《文物》2001 年第 7 期。

〔68〕大同市博物馆、山西省文物工作委员会：《大同方山北魏永固陵》，《文物》1978 年第 7 期。

〔69〕中国社会科学院考古研究所洛阳汉魏城队、洛阳古墓博物馆：《北魏宣武帝景陵发掘报告》，《考古》1994 年第 9 期。

〔70〕徐蝉菲：《洛阳北魏元怿墓壁画》，《文物》2002 年第 2 期。

〔71〕洛阳博物馆：《河南洛阳北魏元乂墓调查》，《文物》1974 年第 12 期。

〔72〕王车、陈徐：《洛阳北魏元乂墓的星象图》，《文物》1974 年第 12 期。

〔73〕洛阳市文物工作队：《洛阳孟津北陈村北魏壁画墓》，《文物》1955 年第 8 期。

〔74〕同注〔70〕，第 91 页。

〔75〕马忠理：《磁县北朝墓群东魏北齐陵墓兆域考》，《文物》1994 年第 11 期。

〔76〕中国社会科学院考古研究所、河北省文物研究所：《磁县湾漳北朝壁画墓》，科学出版社，2003 年。

〔77〕磁县文化馆：《河北磁县东魏茹茹公主墓发掘简报》，《文物》1984 年第 4 期。

〔78〕磁县文化馆：《河北磁县北齐高润墓》，《考古》1979 年第 3 期。

〔79〕杨泓：《南北朝墓的壁画和拼镶砖画》，《汉唐美术考古和佛教艺术》第 97 页，科学出版社，2000 年。

〔80〕郑岩：《魏晋南北朝壁画墓研究》，文物出版社，2002 年。

〔81〕山西省考古研究所、太原市文物管理委员会：《太原市北齐娄叡墓发掘简报》，《文物》1983 年第 10 期。

〔82〕山西省考古研究所、太原市文物考古研究所：《太原北齐徐显秀墓发掘简报》，《文物》2003 年第 10 期。

〔83〕临朐县博物馆：《北齐崔芬壁画墓》，文物出版社，2002 年。

〔84〕杨泓：《山东北朝壁画墓人物屏风壁画的新启示》，《文物天地》1991 年第 3 期。

〔85〕济南市博物馆：《济南市马家庄北齐墓》，《文物》1985 年第 10 期。

〔86〕山东省文物考古研究所：《济南市东八里洼北朝壁画墓》，《文物》1989 年第 4 期。

〔87〕陕西省考古研究所、咸阳市考古研究所：《北周武帝孝陵发掘简报》，《考古与文物》1997 年第 2 期。

〔88〕目前发掘的西魏墓中，只有侯义墓有少量壁画残迹，难审原貌。见咸阳市文管会、咸阳博物馆：《咸阳市胡家沟西魏侯义墓清理简报》，《文物》1987 年第 12 期。

〔89〕宁夏回族自治区博物馆、宁夏固原博物馆：《宁夏固原北周李贤夫妇墓发掘简报》，《文物》1985 年第 11 期。

〔90〕史树青：《从娄叡墓壁画看北齐画家手笔》，《文物》1983 年第 10 期。

〔91〕如顾恺之在瓦棺寺绘维摩诘施寺百万钱事，见《历代名画记》卷五引《京师寺记》。

〔92〕山东省博物馆：《山东嘉祥英山一号隋墓清理简报——隋代墓室壁画的首次发现》，《文物》1981 年第 4 期。

〔93〕罗丰：《固原南郊隋唐墓地》，文物出版社，1996 年。

〔94〕杨泓：《隋唐造型艺术渊源简论》，《汉唐美术考古和佛教艺术》第 156 页～163 页。

〔95〕陕西省考古研究所：《陕西新出土唐墓壁画》，重庆出版社，1998 年。

〔96〕陕西省博物馆、文管会：《唐李寿墓发掘简报》，《文物》1974 年第 9 期。

〔97〕昭陵博物馆：《唐昭陵长乐公主墓》，《文博》1988 年第 3 期。

〔98〕富平县文化馆、陕西省博物馆、陕西省文物管理委员会：《唐李凤墓发掘简报》，《考古》1977 年第 5 期。

〔99〕a．陕西省博物馆、乾县文教局：《唐懿德太子墓发掘简报》，《文物》1972 年第 7 期。
　　b．陕西省文物管理委员会：《唐李贤墓李重润墓壁画》，文物出版社，1974 年。

〔100〕a．陕西省文物管理委员会：《唐永泰公主墓发掘简报》，《文物》1964 年第 1 期。
　　b．人民美术出版社编辑：《唐永泰公主墓壁画集》，人民美术出版社，1963 年。

〔101〕陕西省博物馆、乾县文教局唐墓发掘组：《唐章怀太子墓发掘简报》，《文物》1972 年第 7 期。

〔102〕西安市文物保护考古所：《唐金乡县主墓》，文物出版社，2002 年。

〔103〕陕西考古所唐墓工作组：《西安东郊唐苏思勖墓清理简报》，《考古》1960 年第 1 期。

〔104〕赵力光、王九刚：《长安县南里王村唐墓壁画》，《文博》1989 年第 4 期。

〔105〕井增利、王小蒙：《富平县新发现的唐墓壁画》，《考古与文物》1977 年第 4 期。

〔106〕贺梓城：《唐墓壁画》，《文物》1959 年第 8 期。

〔107〕宿白：《西安地区唐墓壁画的布局和内容》，《考古学报》1982 年第 2 期。

〔108〕北京市海淀区文物管理所：《北京市海淀区八里庄唐墓》，《文物》1995 年第 11 期。

〔109〕河北省文物研究所、保定市文物管理处：《五代王处直墓》，文物出版社，1998 年。

〔110〕咸阳市文物考古研究所：《五代冯晖墓》，重庆出版社，2001 年。

〔111〕杭州市文物考古所、临安市文物馆：《浙江临安五代吴越国康陵发掘简报》，《文物》2000 年第 2 期。

〔112〕宁夏回族自治区博物馆:《西夏八号陵发掘简报》,《文物》1978 年第 8 期。

〔113〕河南省文物考古研究所:《北宋皇陵》,中州古籍出版社,1997 年。

〔114〕郭湖生、戚德耀、李容淦:《河南巩县宋陵调查》,《考古》1964 年第 11 期。

〔115〕宿白:《白沙宋墓》,文物出版社,1957 年。

〔116〕洛阳市第二文物工作队:《嵩县北元村宋代壁画墓》,《中原文物》1987 年第 3 期。

〔117〕内蒙古文物考古研究所、阿鲁科尔沁旗文物管理所:《内蒙古赤峰宝山辽壁画墓发掘简报》,《文物》1998 年第 1 期。

〔118〕吴玉贵:《内蒙古赤峰宝山辽墓壁画"寄锦图"考》,《文物》2001 年第 3 期。

〔119〕吴玉贵:《内蒙古赤峰宝山辽壁画墓"颂经图"略考》,《文物》1999 年第 2 期。

〔120〕内蒙古文物考古研究所、赤峰市博物馆、阿鲁科尔沁旗文物管理所:《辽耶律羽之墓发掘简报》,《文物》1996 年第 1 期。

〔121〕李逸友:《辽庆陵》,《中国大百科全书·考古学》第 277 页,中国大百科全书出版社,1986 年。

〔122〕河北省文物研究所:《宣化辽墓——1974~1993 年考古发掘报告》,文物出版社,2001 年。

〔123〕大同市文物陈列馆、山西云冈文物管理所:《山西省大同市元代冯道真、王青墓清理简报》,《文物》1962 年第 10 期。

A SUMMARY OF THE MURALS
DISCOVERED IN ANCIENT CHINESE TOMBS

Yang Hong

Key Words：China ancient times tombs murals

Based on sorting out the data of murals obtained from ancient Chinese tombs in archaeological surveys and excavations since 1950s, which cover the periods from the Western Han through the Xinmang, Eastern Han, Wei, Ji and Sixteen Kingdoms, Southern and Northern Dynasties, Sui, Tang and Five Dynasties to the Song, Liao, Jin and Yuan, the present paper makes an all-round discussion on the emergence and evolution of ancient Chinese tomb murals, as well as their historical background and artistic origins. Moreover, the author deals with the importance of these data to the study of the history of Chinese painting, their linkage with the change of the funeral institution in various historical periods, and the chalk sketches for their painting.

中国古代的剪刀

杨　毅

关键词：古代　交股剪刀　双股剪刀

剪刀古名铰或铰刀。《释名·释兵》："封刀、铰刀、削刀，皆随时用作名也。"王先谦补注："王启源曰：铰刀本为交刀。剪刀两刀相交，故名交刀耳。"戴同《六书故》"铰刃刀也，判以剪。"孙机先生《汉代物质文化资料图说》：日用杂品，称之为"簧剪"[1]。但随用途的不同，又可有不同的名称。王琦注："铰刀，今之剪刀也。"剪刀是人们生活中不可或缺的日常用具，随着社会生活的不断丰富，剪刀的质地、形制、功能也在不断地发生变化。但到目前为止，还缺乏对古代剪刀的形制及其发展演变的系统研究。据考古发掘资料可知，我国目前发现最早的剪刀为西汉早期，剪刀的演变经历了从交股剪刀到双股剪刀漫长的历史过程。本文拟对目前发现的古代剪刀加以收集和整理并做初步研究。

一　剪刀的类型及年代

考古发现的剪刀，分布地域广袤，迄今在内蒙古、辽宁、黑龙江、吉林、宁夏、陕西、山西、河北、北京、天津、河南、广东、湖南、湖北、江西、安徽、江苏、浙江等10多个省市自治区都有所发现。其中在上百件考古发现的剪刀中，多数质地为铁质剪刀，个别为铜质、银质、铅质和陶质剪刀（见附表）。

（一）铁剪刀

依据剪刀两股中部的连接方式，可分为二型。

A 型：交股剪刀。两股中部无固定连接。依据柄部和刃部的变化，可分为二亚型。

Aa 型："ﾡ"字形。依据柄部和刃部长短的变化，可分为二式。

Ⅰ式：短柄，长刃。广州市淘金坑出土1件M17：25，直背，斜肩，刃部为扁条形，尖端平直。长12.8厘米。为西汉早期[2]（图1—1）。陕西杜陵陵园出土1件K1：18，刃

作者简介：1955年10月出生于北京市。1976年12月起在中国社会科学院考古研究所工作，1978年2月到编辑室工作至今。现任《考古学报》编辑，副研究馆员。编辑过考古杂志社各种考古学期刊和《张家坡西周墓地》等数十部大型田野考古报告。论著有《古代兵器史话》，参与了《20世纪中国百项考古大发现》的编写等。

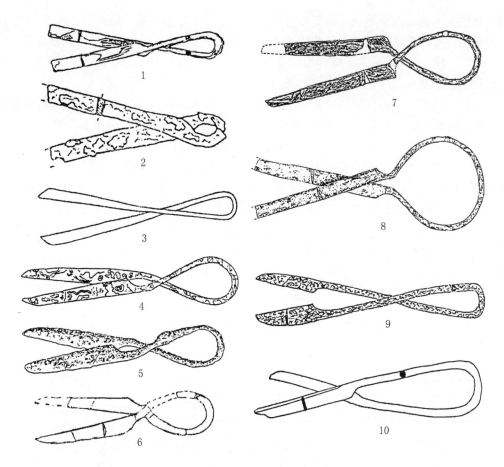

图1　Aa型铁剪刀

1. Ⅰ式（广州淘金坑出土 M17：25）　2. Ⅰ式（陕西杜陵陵园墓出土 K1：18）　3. Ⅰ式（阳
高古城堡墓出土 M15：T6-2）　4. Ⅰ式（河南巩义市新华小区出土 M1：26）　5. Ⅰ式（山
西夏县王村出土）　6. Ⅰ式（河南南阳妇幼保健院出土 M：19）　7. Ⅰ式（辽宁朝阳市十二
台乡出土 M118：1）　8. Ⅰ式（黑龙江海林市羊草沟出土）　9. Ⅱ式（陕西咸阳市马泉镇出
土 M2：3）　10. Ⅱ式（湖南资兴县出土 M385：16）

前端残。长5.7厘米。为西汉早期[3]（图1-2）。阳高古城堡墓出土1件 M15：T6-2，
直背，直刃，整器细长，刀体扁平，尖端斜抹，形制较小。长10.2厘米。为西汉中晚期[4]
（图1-3）。河南巩义市新华小区出土1件 M1：26，椭圆柄，长刃，压式。长17.7厘米。
为东汉中期[5]（图1-4）。山西夏县王村出土1件，刃部锋利。长11厘米，刃长5厘米。
为东汉晚期[6]（图1-5）。河南洛阳市南昌路出土1件 92CM1151：128，刀后双刃并行，
尖端残。长13厘米，刃宽3厘米，股宽3.5厘米。为东汉晚期[7]。陕西商州市陈塬汉墓
出土1件 M1：16，长19厘米，刃长9厘米。为东汉晚期[8]。河南郑州市东史马村出土
1件 M308，长26厘米，刃长12厘米。为东汉晚期[9]。河南南阳市妇幼保健院出土1件
M：19，椭圆柄，折肩，弧背，尖刃。残长17.5厘米。为东晋时期[10]（图1-6）。广东

始兴县出土 9 件。大小不一，形制均为交股回环，出土时多残断。柄椭圆，弧背，折肩，且经锻造。为东晋时期[11]。辽宁朝阳市十二台乡出土 1 件 M118：1，残。长 22 厘米。为十六国[12]（图 1—7）。黑龙江海林市羊草沟出土 1 件，圆柄，折肩，折背，两刃尖端均残。刃部残长 9.2 厘米。为唐代晚期[13]（图 1—8）。

Ⅱ式：长柄，短刃。陕西咸阳市马泉镇出土 1 件 M2：3，直背，短刃，柄断面为圆形，剪已锈蚀。长 9.3 厘米。为西汉中期[14]（图 1—9）。湖南资兴县出土 1 件 M385：16，一端刃部残。刃长 7.5 厘米，股长 13 厘米。为南朝[15]（图 1—10）。

Ab 型："8" 字形。河南洛阳烧沟出土 7 件。M160：038，弧背，圆形柄，刀体较宽，柄较细。长 26.2 厘米，刃部长 11.5 厘米。为东汉晚期[16]（图 2—1）。辽宁朝阳市单店家乡出土 1 件，位于人骨头部。长 19.7 厘米。为十六国[17]（图 2—2）。湖北宜城市皇城村出土 1 件，长 32 厘米，刃长 15.2 厘米。为唐代早期[18]（图 2—3）。河南偃师市杏园墓出

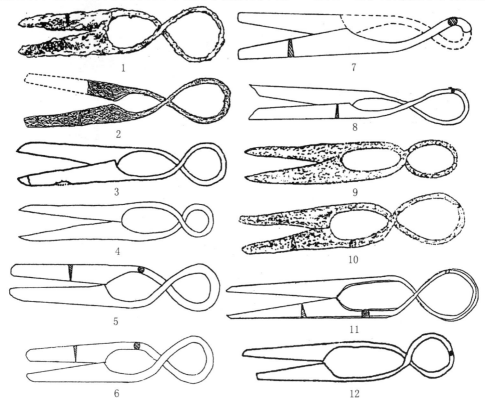

图 2 Ab 型铁剪刀

1. 河南洛阳烧沟出土 M160：038 2. 辽宁朝阳市单店家乡出土   3. 湖北宜城市皇城村出土   4. 河南偃师市杏园墓出土 M1008：16   5、6. 辽宁朝阳市双塔区出土 M2：4、M3：8   7. 江西瑞昌市人民公园出土 M1：11   8. 河北邢台市出土 95QXM47：7   9. 陕西西安市西郊枣园出土 M6：2   10. 天津市蓟县营房村出土 M1：31   11. 辽宁喀左北岭墓出土 M2：4   12. 山东沂水县出土

土 1 件 M1008：16，已残朽。长 24 厘米。为唐代早期[19]（图 2—4）。辽宁朝阳市双塔区出土 2 件。M2：4，锈蚀严重。长 20.4 厘米。M3：8，长 22.4 厘米。为唐代中期[20]（图 2—5、6）。湖南安陆县王子山棺床南部出土 1 件，刀背饰错金花纹，腐蚀严重。长 7.3 厘米。同墓出土银剪刀 1 件。为唐代中期[21]。江西瑞昌市人民公园出土 1 件 M1：11，齐头。长 19 厘米。为唐代中晚期[22]（图 2—7）。河北邢台市出土 1 件 95QXM47：7，环柄曲，环呈扁圆形。锈蚀严重。长 36 厘米。为唐代中晚期[23]（图 2—8）。陕西西安市西郊枣园出土 1 件 M6：2，柄为圆柱体，刃尾相参，斜刃，至端渐尖。长 35.2 厘米，刃长 16.2 厘米，刃宽 3.2 厘米。为唐代晚期[24]（图 2—9）。天津市蓟县营房村出土 1 件 M1：31，出土于草编盒内，两股交叉为弹簧式，短刃呈三角形，中部不用轴心固定，利用铁条本身的弹力开合剪用。刃长 9.6 厘米。为辽代早期[25]（图 2—10）。辽宁喀左北岭墓出土 1 件 M2：4，长 40 厘米。为辽代中晚期[26]（图 2—11）。山东沂水县出土 1 件，尾部相连成环状。长 25.5 厘米，刃长 11.5 厘米。为金代早期[27]（图 2—12）。

B 型：双股剪刀。两股中部用铆钉钉连，双环形把。依据刃部和柄部的变化，可分为三式。

Ⅰ式：长柄，短刃。河南洛阳涧西区墓出土 1 件[28]，刃宽。为北宋时期（图 3—1）。河北省迁安市开发区出土 1 件 M2：1，长柄，弧刃，尖端尖。柄呈弯钩状。为金代[29]（图 3—2）。

Ⅱ式：短柄，长刃。辽宁康平县出土 1 件，直肩，平头。剪把环勾形。长 27 厘米，身宽 2 厘米。为辽代晚期[30]（图 3—3）。

Ⅲ式：柄部和刃部长度大致相同。内蒙古察右后旗种地沟出土 1 件，弧肩，尖端弧。长 22 厘米。为金代晚期[31]（图 3—4）。河北磁县南开河村出土 1 件 M3：9，长 15.8 厘米。为元代早期[32]（图 3—5）。江苏扬州市毛纺织厂古漕河出土 1 件 YCM：26，两片式，剪把勾形。长 25 厘米，刃长 14 厘米，刃宽 1.9 厘米。为元代[33]（图 3—6）。

（二）铜剪刀

仅发现一种形式，形制与 B 型 Ⅲ 式铁剪刀相同。吉林农安县窖藏出 1 件 NAj50，残。长 9.2 厘米。为金代晚期[34]。湖北武昌市龙泉山出土 1 件 LQ 北：36—1，厚背，长直刃，"S"形把。长 8.4 厘米，把宽 4.1 厘米。为明代早期[35]。南京市雨花台区板桥工地墓出土 1 件 M1：4，双环形柄。长 10.5 厘米。为明代[36]。

（三）银剪刀

发现数量不多，但形制多样。湖北安陆县王子山墓出土 1 件 M1：215（图 4—1），形制与 Ab 型铁剪刀相同。直背。长 7.3 厘米。为唐代中期[37]。内蒙古四子王旗红格尔地区出土 1 件，形制与 B 型 Ⅲ 式铁剪刀相同。双环形把。残长 8 厘米。为金代[38]。河北省迁安市开发区出土 1 件 M3：50，形制与 B 型 Ⅰ 式铁剪刀相同。双环形把，刃部较短。长 7.3 厘米。为金代[39]。

另外，国外展览馆收藏的 5 件唐代时期的银剪刀[40]（没有列入附表），形制与 Ab 型

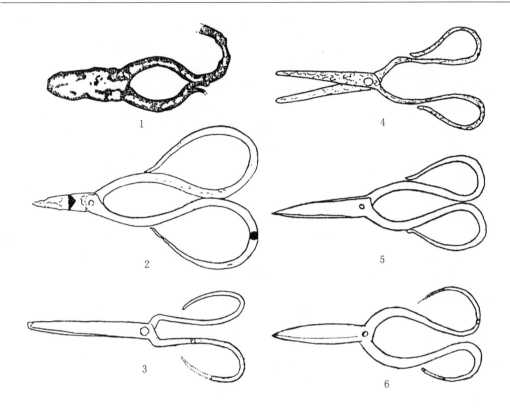

图 3　B 型铁剪刀

1. I 式（河南洛阳涧西区墓出土）　2. I 式（河北省迁安市开发区出土 M2：1）3. Ⅱ 式（辽宁康平县出土）　4. Ⅲ 式（内蒙古察右后旗种地沟）　5. Ⅲ 式（河北磁县南开河村出土 M3：9）　6. Ⅲ 式（江苏扬州市毛纺织厂古漕河出土 YCM：26）

铁剪刀相同。日本国大和文化馆收藏 1 件，两股一股錾刻破式海棠纹，一股錾雀鸟及小回旋式唐草纹。长 14.8 厘米（图 4—2）。拉斐扬莫特德收藏 1 件，两股，一股錾破式海棠，一股錾忍冬卷草，股根均刻飞鸟一只。长 15 厘米（图 4—3）。卡尔凯波收藏 2 件，两股，一股饰破式海棠，一股饰小回旋式卷草，刃尾部錾刻飞鸟一只。1 件长 14.3 厘米，另 1 件长 14.6 厘米（图 4—4）。美国华盛顿佛利尔美术馆收藏 1 件（15.239 号），两股皆饰破式海棠瓣，柄部残留链环一节。长 14.8 厘米，宽 4.3 厘米（图 4—5）。剪刀的做工非常精致，表面刻有精美的花鸟图案。

（四）铅剪刀

仅发现 1 件，其形制与 Aa 型 I 式铁剪刀相同。新疆吐鲁番出土 1 件 79TAM383：11，交股，做工精致。长 11 厘米。为北魏时期[41]。

（五）陶剪刀

形制与 Ab 型铁剪刀相同。北京大兴县青云店出土 1 件 M1：15，泥质灰陶。涅制成

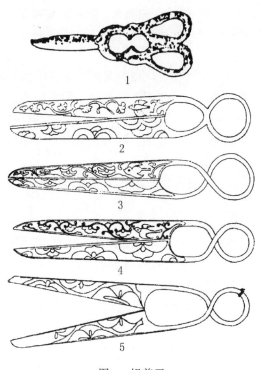

图4 银剪刀

1. 湖北安陆县王子山墓出土 M1：215 2. 日本国大和文化馆收藏 3. 拉斐扬莫特德收藏 4. 卡尔凯波收藏 5. 美国华盛顿佛利尔美术馆收藏 15.239 号

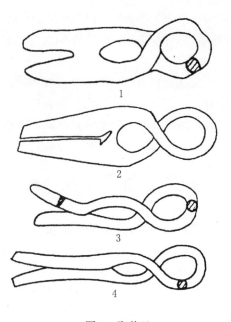

图5 陶剪刀

1. 北京大兴青云店出土 M1：15 2. 河北宣化市出土 M10：52 3. 河北宣化市出土 M5：29 4. 河北宣化市出土 M2：33

仿实物的"8字形柄，圆柄，弧背，弧刃，刃前部呈开口状。通长19.5厘米，宽6厘米。为辽代早期[42]（图5—1）。河北宣化市辽墓出土3件，均为泥质。其中 M10：52，用泥条捏塑而成。长18厘米[43]（图5—2）。M5：29，用泥条盘筑成"8"字形，再将两端压成片状。通长24厘米，宽3.8厘米（图5—3）。M2：33，长18厘米。为辽代晚期（图5—4）。

A 型交股铁剪刀从西汉时期开始流行，经过了东汉、魏晋南北朝时期，至金代早期还在延续使用。Aa 型铁剪刀从西汉早期开始出现，直到宋代还有发现。Ab 型铁剪刀从东汉开始出现，直到金代早期还有出土。B 型双股铁剪刀从北宋时期开始出现，直到明代仍在流行，其形制与现代的剪刀大致相同。

二 剪刀的发展与演变

广州淘金坑发现的铁剪刀时代为西汉早期，是目前考古发现时代最早的剪刀实物，自此以后，剪刀经历了从交股剪刀到双股剪刀的演进。早期的交股铁剪刀为短柄长刃，双刃并行，没有明显的刃部。制作非常简单，仅用长条形铁片弯曲而成。而到北宋时期，双股铁剪刀开始出现。这种形制的剪刀是在剪刀的两股中部用铆钉钉连，双环形把，其结构逐步趋于合理。

交股铁剪刀的出现至少应在西汉早期，由双刀交叉而成，极为简洁。最早的剪刀直背直刃，刃与剪柄之间没有明显的过渡，浑为一体。其后剪刀逐渐突显，形成肩部，并由斜肩渐弧肩，刃部也由直渐弧，剪柄由扁长渐成圆形，形成变化。此类剪刀数量较多，成为中国古代剪刀的主流，其流传时代自西汉直至魏晋南北朝、隋唐、辽金，延续时间较长。

西汉时期的剪刀体现了剪刀较早的形制特点，但随着时代的发展，剪刀形制也稍有变化。

西汉早期流行 Aa 型 I 式剪刀，呈"γ"字形。以广州淘金坑出土 1 件 M17：25 为其代表，刃部为扁条形。到了西汉中期，山东莱西县岱野西汉木椁墓出土 1 件和[44]阳高古城堡墓出土 1 件 M15：T6－2 的剪刀直背，直刃，整器细长，刀体扁平，尖端斜抹，形制较小。保留着此种形制的剪刀还有东汉中期的河南巩义市新华小区所出 M1：26 和河南巩义市新华小区 2 号墓出土 1 件 M2：43[45]。东汉晚期的剪刀，河南商州市陈塬村出土 1 件和河南郑州市东史马村出土 6 件，还有山西省夏县王村出土 3 件和河南洛阳市南昌路出土 1 件 92CM1151：128 的剪刀，为此种形制。在西汉中期，同时存在的另一种形制的剪刀，虽与 Aa 型 I 式剪刀同属交股剪刀。但刃部较短，为 Aa 型 II 式。如陕西咸阳市马泉镇出土 1 件 M2：3。

到了东汉晚期，剪刀已经从"γ"字形演变为交股，趋于"8"字形。形制较原始的"γ"字形有所变化，开始出现突显的刃部，刃口也逐渐增长，剪柄圆形，弧背。此种形制的剪刀出土数量最多，流行的时间从西汉中期直到金代早期还在延续，其形制仍未有太大的变化。如东汉晚期洛阳烧沟出土 7 件，刀体较宽，柄较细。

魏晋南北朝、隋唐时期，流行呈"8"字形的剪刀，如西晋时期，在山东省诸城县出土 1 件 M1：21[46]。到隋代，在河南安阳墓出土 8 件[47]，湖南襄樊市檀溪乡出土 1 件。唐代早期，有浙江余杭市闲林墓出土 1 件[48]和宁夏固原县出 1 件[49]。到唐代中晚期，安徽南陵县出土 1 件 M4：6，柄曲呈环状[50]。在河北邢台市出土 1 件 95QXM47：7[51]，江西瑞昌市人民公园出土 1 件 M1：11，端部平直[52]。到唐代晚期，有湖南益阳市大海圹墓出土 1 件 M2：2 和安徽合肥西郊出土 1 件。同时期还有河南偃师杏园墓出土 1 件 M2901：16。与此同时期还在延续使用 Aa 型 I 式剪刀，此式剪刀仍然保留着原始的形制。如甘肃敦煌出土 1 件晋代早期的剪刀，此剪刀当时在甘肃敦煌首次发现，可能是从内地传去的[53]。南朝时期，在湖南耒阳城关镇出土 1 件 M199：2[54]和福建政和县出土 1 件 M832：9[55]，同时期湖南长沙市南郊出土 1 件[56]。到了唐代，黑龙江省海林市羊草沟出土 1 件 118：1 属于此式剪刀。到了南朝，还有 Aa 型 II 式的剪刀出土，如湖南资兴县 1 件 M385：16 即为此种形式。

宋辽金时期，"8"字形的剪刀还有少部分的发现，此形剪刀还基本保持着早期剪刀形制的特点。如江西昌夏公路广昌段出土 1 件 M9：3[57]和湖北襄樊市油坊岗出土 1 件，厚背薄刃，刃部饰浅浮雕图案，形状与湖北宜城市皇城村出土的剪刀相同[58]。辽代早期，天津市蓟县营房村出土 1 件 M1：31，两股交叉为弹簧式，短刃呈三角形，中部不用轴心固定，利用铁条本身的弹力开合剪用。辽代中期，内蒙古林西县小哈达村出土 1 件 LXM：17[59]。辽代中晚期，辽宁阜新南皂力营子 1 号墓出土 1 件和辽宁喀左北岭墓出土 1 件。金代早期，山东沂水县城南出土 1 件 M2：4，刀后双股交叉，尾部相连成环状。此时期还有个别 Aa 型 I 式剪刀出土。如宋代的南京张家库墓出土 1 件[60]。但 Aa 型 II 式到此时已不复存在。至金代早期以后 Ab 型剪刀也不复出现。

北宋时期开始出现另一种新形制的双股剪刀，即 B 型剪刀。此型剪刀在两股中部用铆钉钉连，双环形把。随着时间的推移，剪刀得柄部出现了从短柄到长柄，刀首从平头到尖头的变化，最后与现代的剪刀形制相同。

北宋时期，河南洛阳涧西区墓出土的 1 件铁剪刀为最早出现的双股剪刀，属于 B 型 I 式，长柄，短刃。两股相交处加轴，双把环勾形[61]。属于此式的剪刀还有金代，河北省迁安市开发区出土 1 件 M2：1。江苏江阴县长泾公社出土 2 件[62]和湖北武昌龙泉山出土 1 件北：36－2[63]为明代早期。此种形式的剪刀到明代晚期还在使用，如江苏徐州市富庶街出土 1 件 L1：1，前端为两个半圆形片状合成圆形稍内凹的刃部，后端弯曲，两两对称[64]。北宋时期与 B 型 I 式同时存在并延续使用的还有 B 型 II 式的剪刀，为短柄，长刃。如河南方城盐店庄村出土 1 件。辽宁康平县出土了属辽代晚期的此式铁剪刀。到金代早期，开始出现了另一种柄部和刃部长度大致相同的剪刀，为 B 型 III 式。如吉林德惠县后屯子乡出土 1 件 F1：23[65]和吉林农安县出土 1 件 NAj50[66]。属于此种形式还有内蒙古察右后旗种地沟墓出土 1 件 M6：1，为金代晚期。辽代晚期的此式剪刀，有辽宁康平县出土 1 件和河北磁县南开河村出土 3 件。内蒙古元上都城南砧子山区出土 1 件 M1：4[67]和江苏扬州市毛纺织厂古漕河出土 1 件 YCM：26，为元代早期。此种形式的剪刀到元代时期还在流行，如四川西昌市杨家山出土 1 件[68]。

中国古代剪刀的发展过程可分为两个阶段，从西汉早期、到东汉直至魏晋南北朝时期，以交股的铁质剪刀为主，其形制有呈"ʏ"字形和呈"8"字形的剪刀。宋代是剪刀发展过程中的转折点，开始出现双股剪刀，剪刀在两股的中部用铆钉钉连，双环形把。此型剪刀一直延续使用到宋辽金至元明时期，成为剪刀形制的主流。目前我们使用的剪刀，就是从古代双股剪刀的形制发展而来。但在生活中也还保留有交股剪刀的痕迹，如长夹、镊子等。

三　剪刀的使用

考古发现的剪刀不仅形制多样，而且有的制作粗糙，有的做工精致。同一时期不同形制的剪刀有着不同的用途。如用于生活中的剪刀有剪裁衣物的和女工修饰的，主要功能是利用锋刃剪裁和修饰。铁剪刀是人们生活中的实用品。一般说来，柄长刃短的铁剪刀是剪裁较硬的物品时使用。柄短刃长的剪刀是剪裁较软的物品时使用的。我国的铁剪刀目前已知最早出现于西汉。到东汉时期，剪刀用铸铁脱碳钢锻制而成，使剪刀的刃部锋利而柄部富有弹性。如郑州市博物馆藏东史马村出土的剪刀最有代表，经金相鉴定观察为锻制品，经柔化处理而成，至今保持一定的弹性[69]。

剪刀是剪裁缝纫的主要工具，实际用途是裁剪衣物的用具，在墓葬中经常与熨斗同时出土。如白沙宋墓的墓室中一幅壁画上就同时出现有剪刀和熨斗[70]。用于缝制剪裁的剪刀，多出于主室中厢。宋尧臣《宛陵集》，《依韵和宣城张主簿见赠》："君方佐大邑，美锦同翦铰。"以铰剪物。陕西西安市杜陵陵园遗址出土的剪刀位置在主室中厢。洛阳烧沟墓出土8件剪刀，其中4件被后世扰乱，其他未经扰乱的4件出土于人头骨左右。浙江余杭市闲林墓出土的剪刀，出土于棺床之北端，反面附有布帛痕迹，可知是棺内的东西。四川昭化县宝轮镇出土4件，柄部双股相连成环状，出土时皆在人头骨附近。江苏徐州市富庶街出土剪刀，前端为两个半圆形片状合成圆形稍内凹的刃部，后端弯曲，应该是剪裁较厚较硬物品的用具。还有柄长刃短的铁剪刀是剪裁较硬的物品时使用。

形体较小型的剪刀应该是女工用具，其多出土于女性墓中，与女性装饰用品同出。王先谦《释名疏证补》引《东宫旧事》："太子纳妃，由龙头、金缕交刀四。"广东淘金坑出土的剪刀与镊子和铜镜锈蚀粘连在一起，上面有绢、绳残留，推知原来用绳缚连，再以绢帛包裹盛于漆盒中，其结构与缝织用的剪刀相同，但实际上是应是美容用具。陕西咸阳市马泉镇出土的剪刀，出土时上粘附竹丝痕迹，其上粘附一层褐底红彩漆皮，剪背面留有细密的布帛类朽痕，可见，铁剪刀是用布帛类织物包裹置于漆盒内，同出的还有镊子、耳勺、铜镜。漆盒为竹胎，外髹褐色漆，又以红漆描绘出精美的图案，应该是作为女工用具随葬于墓中。四川昭化县宝轮镇出土4件剪刀，皆在人头骨附近，同墓出土了髻饰、银环和各种颜色的琉璃珠及炭精饰品。河南南阳市妇幼保健院墓与剪刀同出土的还有手镯、银钗和银指环等饰品，这也是东晋时期大中型墓中常见的饰品。十六国时期辽宁朝阳市出土剪刀的墓主为女性，随葬有铜镜、指环和鎏金饰品等。河南巩义市新华小区M1出土剪刀的墓主是女性，同墓出土了铁镜、漆盒、漆耳杯和水晶琥珀项链等女装用品，同墓还出有一件用纺织物扎束的小扫帚。河北邢台唐墓中与剪刀同出土的还有银钗、骨钗、铜镊和象鼻形铜饰等。湖南襄樊市檀溪乡与铁剪刀同出的有玉簪、丝绸护头、铜镜等女装用品。辽宁阜新南皂力营子1号墓主为女性，墓中同出的随葬品有鎏金的银戒指和银手镯，还有玛瑙管、玛瑙珠和鎏金小铜坠等。从以上可以看出，剪刀的功用与美容装饰有着密切的关系。

铜质、银质和铅质的剪刀，造型美观，线条圆滑，没有锋利的刃部，但和铁剪刀的样式相同。新疆吐鲁番出土铅剪刀，做工精致，与铅质的尺、熨斗同出，虽为冥器，但确是现实生活中一套女工用具的缩影。宣化市出土的陶剪刀圆弧背、圆弧刃，明显是作为冥器随葬于墓中的 。

剪刀虽小，但它作为一种日常生活用品，经历了两千多年的历史，一直延续到今天。古代的剪刀从一个侧面展现了我们祖先的生活。

附表　　　　　　　　古代剪刀统计表　　　　　（长度单位：厘米）

序号	出土地点	时代	件数	质地	尺寸	形制	资料出处
1	广州市淘金坑	西汉早期	1	铁	长 12.8	交股	考古学报 1974.1
2	陕西西安杜陵陵园遗址	西汉早期	1	铁	残长 5.7	交股	汉杜陵陵园遗址
3	山东莱西县岱野墓	西汉中期	1	铁	长 7.3、刃长 4.3	交股	文物 1980.12
4	陕西咸阳市马泉镇	西汉中期	1	铁	长 9.3	交股	文博 2006.6
5	阳高古城堡汉墓	西汉中晚期	2	铁	1 件长 10.6	交股	先秦西汉铁器的考古学研究
6	河南巩义县新华小区	东汉中期	1	铁	长 17.7	交股	华夏考古 2001.4
7	河南巩义县新华小区 2 号墓	东汉中期	1	铁	长 20	交股	华夏考古 2003.3
8	河南商周市陈塬村	东汉晚期	2	铁	长 23、刃长 10，长 1、刃长 9	交股	文博 2003.1
9	河南洛阳市烧沟墓	东汉晚期	7	铁	1 件长 26.2、刃长 11.5	交股	洛阳烧沟汉墓
10	河南郑州市东史马村	东汉晚期	6	铁	1 件长 26、刃长 12	交股	考古学集刊 1
11	山西夏县王村	东汉晚期	3	铁	1 件长 11、刃长 5	交股	文物季刊 1995.1
12	河南洛阳市南昌路兴隆新村	东汉晚期	1	铁	长 13、刃长 3	交股	中原文物 1995.1
13	浙江武义陶器厂	三国晚期		铁	长 22.5	交股	考古 1981.4
14	山东诸城县西公村	西晋	1	铁	长 20、刃长 9	交股	考古 1985.12
15	甘肃敦煌佛爷庙	晋代早期	3	铁	1 件长 21	交股	考古 1974.3
16	河南南阳妇幼保健院	东晋	1	铁	长 17.5	交股	中原文物 1997.4
17	广东始兴县	东晋	9	铁		交股	考古学集刊 2
18	辽宁朝阳市	十六国	2	铁	长 22，长 19.7	交股	北方文物 1986.3
19	湖南耒阳市城关镇	南朝	1	铁	刃长 8.4、股残长 8	交股	考古学报 1996.2
20	湖南资兴县	南朝	1	铁	刃长 7.5、股残长 13	交股	考古学报 1984.3
21	福建政和县	南朝	1	铁	长 20.5	交股	文物 1986.5
22	湖南长沙市南郊	南朝	1	铁	残长 18	交股	考古 1965.5
23	四川昭化县宝伦镇	南北朝	4		1 件长 15.5、刃长 9.3	交股	考古学报 1959.2
24	山东临淄市	北朝	1	铁	长 28.5、刃长 14.3	交股	考古学报 1984.2
25	新疆吐鲁番	北魏	1	铅	长 11	交股	文物 1994.2
26	湖北襄樊市檀溪乡	隋代	1	铁	长 32	交股	江汉考古 2000.2
27	河南安阳市隋墓	隋代	8	铁	1 件长 34、刃长 16.5	交股	考古学报 1981.3
28	浙江余杭市闲林镇	唐代早期	1	铁	长 29	交股	考古通讯 1958.6
29	宁夏固原县	唐代早期	1	铁	残长 24	交股	文物 1993.6
30	湖北宜城市皇城村	唐代早期	1	铁	长 23、刃长 15.2	交股	考古 1996.11
31	吉林永吉县杨屯大海猛	唐代早期	1	铁	长 27	交股	考古 1996.8
32	河南郑州市上街区	唐代早期	1	铁	长 24	交股	偃师杏园唐墓
33	河南偃师市杏园墓	唐代早期	3	铁	1 件长 24	交股	考古学集刊 5

序号	出土地点	时代	件数	质地	尺寸	形制	资料出处
34	湖北安陆县王子山	唐代中期	1	铁	长 9.3	交股	文物 1985.2
35	湖北安陆县王子山	唐代中期	1	银	长 7.3	交股	文物 1985.2
36	辽宁朝阳市双塔区	唐代中期	1	铁	长 20.4、刃长 22.4	交股	文物 1997.11
37	河北临城县	唐代中期	1	铁	长 33.5、刃长 6.5	交股	文物 1990.5
38	安徽南陵县	唐代中晚期	1	铁	长 30.4、刃长 14.4	交股	考古 1994.4
39	河北邢台市	唐代中晚期	1	铁	长 36	交股	考古 2004.5
40	江西瑞昌市人民公园	唐代中晚期	1	铁	长 19	交股	南方文物 1995.3
41	河南偃师市杏园墓	唐代晚期	5	铁	1 件长 24	交股	偃师杏园唐墓
42	陕西西安市西郊枣园	唐代晚期	1	铁	长 35.2、刃长 16.2	交股	文博 20001.2
43	湖南益阳区	唐代晚期	2	铁	1 件长 34、刃长 15	交股	考古 1994.9
44	黑龙江海林市羊草沟墓地	唐代晚期	1	铁	刃长 9.2	交股	北方文物 1998.3
45	安徽合肥市西郊	南唐	1	铁	长 15.5	交股	文物参考料 1958.3
46	江西昌夏公路广昌甘竹镇	北宋	2	铁	1 件长 29	交股	南方文物 1994.4
47	湖北襄樊市油坊岗	北宋	1	铁		交股	考古 1995.5
48	河南洛阳市涧西区墓	北宋	1	铁		交股	考古通讯 1957.2
49	南京市张家库墓	宋代	1	铁		交股	华夏考古 2001.2
50	河南方城县盐店庄村	宋代	2	铁		双股	文物参考料 1958.11
51	天津市蓟县营坊村	辽代早期	1	铁	长 24、刃长 9.6	交股	北方文物 1992.3
52	北京市大兴青云店	辽代早期	1	陶	长 19.5	交股	考古 2004.2
53	辽宁朝阳市前窗户村	辽代早期	1	铁	长 38、刃长 28	交股	文物 1980.12
54	河北宣化市辽墓	辽代早期	1	陶	长 18	双股	宣化辽墓
55	内蒙古林西县小哈达	辽代中期	1	铁	长 30、刃长 15	交股	考古 2005.7
56	内蒙古赤峰市	辽代中期	1	铁	残长 22.5	交股	北方文物 1990.4
57	辽宁阜新县南皂力营子 1 号墓	辽代中晚期	1	铁	长 24、刃长 4.5	交股	辽海文物学刊 1992.2
58	辽宁喀左北岭	辽代中晚期	1	铁	长 40、刃长 17	交股	辽海文物学刊 1986 创刊号
59	内蒙古扎鲁特旗区	辽代中晚期	1	铁	长 22.8、刃长 10.4	交股	考古 2003.1
60	河北宣化市辽墓	辽代晚期	3	陶	长 21.5、长 18、长 12.5	双股	宣化辽墓
61	河北宣化市下八里村	辽代晚期	1	陶	长 18	交股	文物 1995.2
62	辽宁康平县	辽代晚期	1	铁	长 27	双股	北方文物 1988.4
63	吉林德惠县后屯子乡	金代早期	2	铁	1 件长 23、刃长 12.4	双股	考古 1993.8
64	山东沂水县	金代早期	1	铁	长 25.5、刃长 11.5	交股	考古学集刊 11
65	内蒙古四子王旗红格尔地区	金代	1	银	残长 8	双股	内蒙古考古与文物 1981.1
66	河南迁安市开发区	金代	1	铁		双股	北方文物 2002.4
67	河南迁安市开发区	金代晚期	1	银	长 7.3	双股	北方文物 2002.4
68	吉林农安县	金代晚期	1	铜	长 9.2	双股	文物 1988.7

序号	出土地点	时代	件数	质地	尺寸	形制	资料出处
69	内蒙古察右后旗种地沟墓	金代晚期	2	铁	1件长 22	双股	内蒙古考古与文物 1997.1
70	内蒙古元上都砧子山区	元代早期	2	铁	1件长 10	双股	内蒙古考古与文物 1992.1
71	河北磁县南开河村	元代早期	3	铁	2件长 22，长 15.8	双股	考古 1978.6
72	江苏扬州古漕河	元代	1	铁	长 25、刃长 14	双股	考古 1992.1
73	四川西昌市杨家山	元代晚期	1	铁	长 20.9	双股	考古 1992.1 文物资料丛刊 10
74	江苏江阴县长泾公社	明代早期	2	铁	长 10.6，长 11.8	双股	文物 1997.2
75	湖北武昌市龙泉山	明代早期	1	铁	长 5.6	双股	文物 2003.2
76	湖北武昌市龙泉山	明代早期	1	铜	长 8.4	双股	文物 2003.2
77	南京市雨花台板桥墓地	明代	1	铜	长 10.5	双股	华夏考古 2002.2
78	江苏徐州市富庶街	明代晚期	1	铁	长 18.6	双股	考古学报 2004.3

注　释

〔1〕孙机：《汉代物质文化资料图说》第 346 页，文物出版社，1991 年。

〔2〕广州市文物管理处：《广州淘金坑的西汉墓》，《考古学报》1974 年第 1 期第 145 页。

〔3〕中国社会科学院考古研究所：《汉杜陵陵园遗址》第 78 页，科学出版社，1993 年。

〔4〕白云翔：《先秦两汉铁器的考古学研究》第 268 页，科学出版社，2005 年。

〔5〕郑州市文物考古研究所、巩义市文物保护管理所：《河南巩义市新华小区汉墓发掘简报》，《华夏考古》2001 年第 4 期第 33 页。

〔6〕山西省考古研究所、夏县博物馆：《夏县王村东汉墓地的勘查与发掘》，《文物季刊》1995 年第 1 期第 5 页。

〔7〕洛阳市第二文物工作队：《洛阳市南昌路东汉墓发掘简报》，《中原文物》1995 年第 5 期第 17 页。

〔8〕王昌富：《商州陈塬汉墓清理简报》，《文博》2003 年第 1 期第 3 页。

〔9〕郑州市博物馆：《郑州近年发现的窖藏铜、铁器》，《考古学集刊》第 1 集第 177 页，中国社会科学出版社，1981 年。

〔10〕南阳市文物研究所：《南阳市妇幼保健院东晋墓》，《中原文物》1997 年第 4 期第 56 页。

〔11〕广东省博物馆：《广东始兴晋——唐墓发掘报告》，《考古学集刊》第 2 集第 113 页，中国社会科学出版社，1982 年。

〔12〕李宇峰：《辽宁朝阳两晋十六国时期墓葬清理简报》，《北方文物》1986 年第 3 期第 23 页。

〔13〕黑龙江省文物考古研究所：《黑龙江省海林市羊草沟目的的发掘》，《北方文物》1998 年第 3 期第 28 页。

〔14〕咸阳市文物考古研究所：《咸阳马泉镇西汉空心砖墓清理简报》，《文博》2000 年第 6 期第 10 页。

〔15〕湖南省博物馆：《湖南资兴晋朝墓》，《考古学报》1984 年第 3 期第 335 页。

〔16〕中国科学院考古研究所编：《洛阳烧沟汉墓》第 188 页，科学出版社，1959 年。

〔17〕同注〔12〕。

〔18〕张乐发：《湖北宜城市皇城村出土唐代文物》，《考古》1996 年第 11 期第 84 页。

〔19〕中国社会科学院考古研究所编著：《偃师杏园唐墓》第16页，科学出版社，2001年。

〔20〕辽宁省文物考古研究所、朝阳市博物馆：《朝阳双塔区唐墓》，《文物》1997年第11期第51页。

〔21〕孝感地区博物馆、安陆县博物馆：《安陆王子山唐吴王妃杨氏墓》，《文物》1985年第2期第83页。

〔22〕瑞昌市博物馆：《江西瑞昌丁家山唐墓群清理简报》，《南方文物》1995年第3期第17页。

〔23〕邢台市文物管理处：《河北邢台市唐墓的清理》，《考古》2004年第5期第38页。

〔24〕山西省考古研究所：《西安西郊枣园唐墓清理简报》，《文博》2001年第2期第3页。

〔25〕赵文刚：《天津市蓟县营房村辽墓》，《北方文物》1992年第3期第39页。

〔26〕武家昌：《喀左北岭辽墓》，《辽海文物学刊》1986年创刊号第32页。

〔27〕孔繁刚、宋贵宝、秦博：《山东沂水县金代墓葬》，《考古学集刊》第11集第308页，中国大百科书出版社，1997年。

〔28〕蒋若是：《洛阳古墓中的铁质生产工具》，《考古》1957年2期第81页。

〔29〕唐山市文物管理处、迁安市文物管理所：《河北省迁安市开发区金代墓葬发掘清理报告》，《北方文物》2002年第4期第26页。

〔30〕张少清：《辽宁康平发现的契丹、廖墓概述》，《北方文物》1988年第4期第36页。

〔31〕乌兰察布博物馆、乌兰察布博物馆、察右后旗文物管理所：《察右后旗种地沟墓地发掘简报》，《内蒙古考古与文物》1997年第1期第73页。

〔32〕磁县文化馆：《河北磁县南开和村元代木船发掘简报》，《考古》1978年第6期第388页。

〔33〕扬州博物馆：《江苏扬州市毛纺织厂古漕河遗址调查》，《考古》1992年第1期第55页。

〔34〕吉林省博物馆、农安县文管所：《吉林农安金代窖藏文物》，《文物》1988年第7期第74页。

〔35〕湖北省考古研究所、武汉市文物考古研究所、武汉市江夏区博物馆：《武昌龙泉山明代楚昭王墓发掘简报》，《文物》2003年2期第4页。

〔36〕南京市博物馆：《南京市两座明墓的清理简报》，《华夏考古》2001年2期第6页。

〔37〕同注〔21〕。

〔38〕田广金：《四子王旗红格尔地区金代遗址和墓群》，《内蒙古考古与文物》1981年第1期第102页。

〔39〕同注〔29〕。

〔40〕韩伟：《海内外唐代金银器萃编》167页，三秦出版社，1989年。

〔41〕吐鲁番地区文物保管所：《吐鲁番北凉武宣王沮渠蒙逊夫人彭氏墓》，《文物》1994年第2期第75页。

〔42〕北京市文物研究所：《北京大兴区青云店辽墓》，《考古》2004年第2期第18页。

〔43〕河北省文物研究所：《宣化辽墓》，文物出版社，2001年第41页。

〔44〕烟台地区文物管理、莱西县文化馆：《山东莱西县岱野西汉木椁墓》，《文物》1980年12月第7页。

〔45〕郑州市文物考古研究所、巩义市文物保护管理所：《河南巩义市新华小区二号墓发掘简报》，《华夏考古》2003年第3期第25页。

〔46〕诸城县博物馆：《山东省诸城县西晋墓清理简报》，《考古》1985年第12期第1114页。

〔47〕中国社会科学院考古研究所安阳工作站：《安阳隋墓发掘报告》，《考古学报》1981年第3期第369页。

〔48〕牟永抗：《浙江余杭闲林唐墓的发掘》，《考古》1958年第6期第54页。

〔49〕沈仲常：《四川昭化宝轮镇南北朝时期的崖墓》，《考古学报》1959年第2期第109页。

〔50〕石谷风、马人权：《合肥西郊南唐墓清理简报》，《文物参考资料》，1958年第3期第65页。

〔51〕同注〔23〕。

〔52〕同注〔22〕。

〔53〕敦煌文物研究所考古组：《敦煌晋墓》，《考古》1974 年第 3 期第 191 页。

〔54〕衡阳市文物工作队：《湖南耒阳城关六朝唐宋墓》，《考古学报》1996 年第 2 期第 237 页。

〔55〕福建省博物馆、政和县文化馆：《福建政和松源、新口南朝墓》，《文物》1990 年第 5 期第 46 页。

〔56〕湖南省博物棺：《长沙南郊的两晋南朝隋代墓葬》，《考古》1965 年第 5 期第 225 页。

〔57〕江西省文物考古研究所、江西省广昌县博物馆：《昌夏公路广昌段墓葬发掘简报》，《南方文物》1990 年第 4 期第 1 页。

〔58〕襄樊市博物馆：《湖北襄樊油坊岗七座宋墓》，《考古》1995 年第 5 期第 407 页。

〔59〕王刚：《内蒙古林西县小哈达辽墓》，《考古》2005 年第 7 期第 92 页。

〔60〕华东文物工作队、南京博物院：《华东区两年来生产建设中出土文物简介》，《文物参考资料》1954 年第 4 期第 13 页。

〔61〕同注〔28〕。

〔62〕江阴县文化馆：《江阴县出土明代医疗器具》，《文物》1977 年第 2 期第 40 页。

〔63〕同注〔35〕。

〔64〕徐州博物馆：《徐州富庶街明代遗址的发掘》，《考古学报》2004 年第 3 期第 357 页。

〔65〕同注〔34〕。

〔66〕吉林省博物馆、农安县文管所：《吉林农安金代窖藏文物》，《文物》1988 年第 4 期第 74 页。

〔67〕内蒙古文物考古研究所、锡林郭勒盟文物管理站、多伦县文物管理站：《元上都城南砧子山区墓葬发掘报告》，《内蒙古考古与文物》1999 年第 2 期第 92 页。

〔68〕刘世旭、王兆琦：《四川西昌市杨家山墓葬》，《文物资料丛刊》第 10 集第 51 页。

〔69〕韩汝玢：《郑州东史马东汉剪刀与铸铁脱碳钢》，《中原文物》1983 年特刊。

〔70〕宿白：《白沙宋墓》第 27 页，文物出版社，1957 年。

ANCIENT CHINESE SCISSORS

Yang Yi

Key Words：ancient times   "ɤ"-shaped scissors   double-sectioned scissors

The earliest scissors discovered so far in China are products of the Western Han period. Chinese scissors evolved from the "ɤ"-shaped to the double-sectioned type, going through a long historical course. Geographically, they were distributed over a vast territory from Inner Mongolia and Liaoning in the north to Guangdong and Zhejiang in the south, covering more than ten provinces and regions. Up to the present, over one hundred scissors have been unearthed from tombs. They are ironware for an overwhelming majority; only a few examples are copper, silver, lead or pottery products. The early "ɤ"-shaped scissors are made of a long narrow piece of iron and shaped by curving. In the late Eastern Han period, a roughly 8-shaped type came into being. In the Northern Song period, there emerged double-sectioned scissors with the two parts made "b"-shaped each and fastened in the middle by a rivet. Thus scissors got a proper form for their function.

Iron scissors are practical implements necessary for everyday life. Their main function is cutting and trimming with the sharp blade. Longer-handled shorter-bladed scissors are appropriate for cutting harder things, while shorter-handled longer-bladed ones, for cutting softer material. Iron scissors with the handle and blade equal in length are indispensable domestic tools.

汉代临淄铜镜制造业的
考古学研究

白云翔

关键词：汉代　临淄　镜范　铜镜制造业

　　中国古代铜镜自公元前 2000 年前后出现之后，经过商周时期的发展，到汉代（公元前 206 年～公元 220 年）出现了第一个发展高峰。在汉代，随着青铜器更多地应用于人们的日常生活，铜镜作为照容用具迅速普及，成为当时人们的日常生活用品之一，迄今汉代墓葬中出土的铜镜已是数以万计。与铜镜的大量使用相适应，在汉代多民族统一的中央集权国家的政治统治和社会经济、科技和文化高度发达的历史背景之下，铜镜制造业获得了空前发展，成为当时重要的手工业生产之一，铜镜也成为当时广泛流通的一种商品。然而，关于铜镜的生产和流通，当时的文献中几乎未见记载，近人也少有研究。

　　就考古学的发现和研究而言，20 世纪初以来，随着汉代铜镜的大量发现，不少学者涉足铜镜研究，并且取得了丰硕的成果。然而，由于考古发现的不足和文献记载的阙如，有关铜镜制作技术的研究严重滞后，尤其是关于铜镜生产的研究更是长期处于空白状态，既制约了中国古代铜镜的研究，也成为汉代社会生产研究的一个缺环。令人欣喜的是，20 世纪末以来山东省临淄齐国故城内汉代镜范[1]的发现和研究，尤其是铸镜作坊址的调查及其成果，初步揭示了汉代临淄铜镜制造业的基本状况。

　　临淄最初是周代齐国的都城，历时达 638 年之久，并且在战国晚期发展成为当时全国最为繁华的东方大都市。秦统一中国后成为临淄郡的郡治[2]，到了汉代作为齐郡的郡治

　　作者简介：1955 年 12 月生于山东省淄博市，山东大学考古学系毕业，历史学博士。1978 年 8 月进入中国社会科学院考古研究所至今。1978 年 8 月～1982 年 12 月，在商周考古研究室从事田野考古，先后参加甘肃镇原常山遗址、庄浪徐家碾墓地、陕西长武碾子破遗址、河南隋唐洛阳城址等的发掘。1983 年 1 月～2001 年 8 月，在考古编辑室从事学术期刊的编辑和管理，曾担任《考古学报》的责任编辑（1991 年 4 月～1994 年 5 月），先后任编辑室学术秘书、《考古》编辑部主任、考古编辑室副主任和主任、考古杂志社社长、《考古》副主编、《考古》和《考古学报》编辑委员会副主任（2001 年 1 月～）、《中国考古学》（英文版）副主编（2001 年～）等。其间，先后于 1990 年～1991 年在日本筑波大学历史·人类学系、1994 年～1995 年在日本奈良丝绸之路学研究中心、2001 年～2004 年在山东大学考古学系学习和研究。主要学术专长为秦汉考古、产业考古、镜鉴考古学研究等。现为中国社会科学院考古研究所副所长、研究员，研究生院考古系教授、博士生导师。

和汉齐王国的都城所在，工商业依然高度发达，是当时"人众殷富，钜于长安"[3]的东方工商业重镇。从某种意义上说，汉代齐都临淄的手工业及其发展水平从一个侧面反映了当时手工业的发展状况。有鉴于此，这里根据有关的考古发现并结合近年的研究成果，从考古学上就汉代临淄的铜镜制造业进行系统的初步考察，以期推进汉代铜镜生产和流通乃至整个手工业生产的研究。

一　汉代临淄制镜业的有关考古发现

汉代临淄铜镜制造业有关的考古发现，肇始于 20 世纪 40 年代铜镜铸范的发现，但长期未能引起学术界的注意。1950 年以来临淄齐国故城的考古调查、勘探、发掘和研究，不仅初步探明了临淄齐国故城的形制、布局和结构等，同时还发现了大量东周至汉代的手工业作坊遗存[4]。在此基础上，以 20 世纪末临淄齐国故城内汉代镜范的再次发现和专门研究为契机，21 世纪初形成了一个研究的热点，并不断取得重要的进展。

（一）临淄齐国故城内汉代镜范的发现和研究

临淄齐国故城内汉代镜范（指陶质铜镜铸范）的发现，始于 1940 年。1940 年春，日本学者关野雄在临淄齐国故城进行考古调查时在齐国故城大城北部的今傅家庙村从村民手中购得镜范残片 1 件（简称"傅家镜范"），据称出自附近的农田中。关野雄在调查报告中对该镜范进行记述的同时还指出：铜镜铸范在临淄发现的事实，说明属于此种形式的西汉铜镜是在临淄铸造的；这种铜镜在临淄制造，作为显示铜镜纹样之地方特点的一个实例，值得注意[5]。该镜范后来被带到日本，现藏东京大学考古学研究室。

时隔半个多世纪之后的 1997 年秋，临淄齐国故城大城南部今刘家寨村村民在该村东南于地表以下约 50 厘米处挖出镜范残片 1 件，后被齐国故城遗址博物馆收藏并进行了报道[6]。次年，笔者前往临淄对该镜范及其出土地进行了实地调查，并结合与其铸件属于同类的"见日之光天下大明"铭四乳草叶纹镜进行了专门研究[7]。由此，临淄齐国故城的汉代镜范逐渐引起学术界的关注，此后又有不少发现。2000 年秋，地处齐国故城大城东部的今苏家庙村村民在村西一带又挖出镜范残片多件，其中 1 件由当地干部张氏收藏并进行了报道[8]。2001 年，淄博市博物馆收集到一批镜范残片计 8 件，据称出自临淄齐国故城内的刘家寨村一带。对此，我们进行了细致的观察和测量，并结合科技检测和分析进行了综合研究[9]。另外，在两次铸镜作坊址的专题考古调查中也实地采集到镜范标本计 30 件。2004 年冬，在中日合作山东省临淄齐国故城出土镜范的考古学研究过程中，又从当地博物馆和文物收藏者手中收集到镜范 54 件，连同 2004 年之前调查采集和见诸记述的 23 件镜范计 77 件（编号 SLQJF：1～64、SLQJF：66～78）一并进行了细致的考古学观察、测量、记录和研究[10]。

迄今为止，临淄齐国故城出土并见于记述的镜范已达 95 件[11]。

（二）临淄齐国故城内汉代铸镜作坊址的调查

临淄齐国故城汉代镜范的多次发现，表明齐国故城内存在着汉代铸镜作坊址。临淄齐国故城发现的汉代镜范，对于通过镜范研究当时的铜镜制作工艺和技术的确十分重要，但由于这些镜范大都是当地居民在农田建设中偶然发现而后来被收集的，尤其是其出土地点和状况并不明了，无法据此进一步研究当时铜镜的制造和生产。有鉴于此，为了深化临淄齐国故城出土镜范的认识并寻找铸镜作坊址，我们于2003年春前往临淄对齐国故城内的汉代铸镜作坊址进行了专题考古调查，以镜范的发现为线索，调查发现并确认了石佛堂和苏家庙2处铸镜作坊址，并采集到一批镜范实物标本，取得了重要收获[12]。2005年夏，临淄齐国故城大城东北部的今阚家寨村村民在该村村南改建蔬菜大棚过程中发现镜范残片，随后当地文物工作者前往调查和钻探，收集到一批镜范残片并发现有铸铜遗迹，确认该地点为一处汉代铸镜作坊遗址[13]。迄今为止，临淄齐国故城内经调查能够确认的汉代铸镜作坊址已达3处（图1）。

1. 石佛堂铸镜作坊址

该作坊址位于齐国故城大城西北部，南北河道以东，小城东墙正北方，即今齐都镇石佛堂村东南一带（即"石佛堂村东南地点"）。这里地势北高南低，现在辟为农田并建有蔬菜大棚。据称，2001年秋季这一带曾从地下挖掘出大量镜范残片。我们在2003年的实地调查中发现，蔬菜大棚之间的地表上散布有大量东周秦汉时期的砖瓦及陶器残片，在当地村民所称出土有镜范的地方，我们又在瓦砾堆里又翻拣采集到镜范残片，并在其附近采集到不少东周秦汉时期的遗物。实地调查采集到的镜范残片计8件，其中包括四乳弦纹镜范1件、博局草叶纹镜范1件、残镜背范2件以及镜面范4件；其他遗物有树木纹半圆瓦当、花纹砖、多面花纹砖、陶束柄豆、带戳印文字陶豆柄、炉壁残片以及铁渣残块等。根据以往的勘探结果，石佛堂村及村南一带是一处面积较大的炼铁遗址，范围有4万~5万平方米，属于东周晚期；该遗址以东相距不远的今傅家庙村西南一带，还有一处面积达40万平方米的东周时期的炼铁遗址。镜范出土地点，位于上述2处炼铁遗址之间的北部。我们在调查中曾以镜范的出土地点为中心，在东西约100米、南北约200米的范围内进行了间距2米~10米的布孔钻探，得知地下50厘米~120厘米的堆积中含有瓦片、烧土颗粒、灰土等，但未钻探到与铸镜及其他冶铸活动直接相关的冶铸遗迹。以往的勘探和我们的调查表明：石佛堂村东南一带不仅有东周时期的炼铁遗址，而且有汉代的铸镜作坊址。

2. 苏家庙铸镜作坊址

该遗址位于齐国故城大城东部、南北居中处，南北向古道路西侧，东距城墙约900米，即今齐都镇苏家庙村西530余米处。这一带，现在几乎全部建有蔬菜大棚。据称，2000年这一带挖建大棚时曾挖掘出不少镜范，镜范集中发现于方圆4米~5米的范围内，大多为残片，有个别的较为完整。我们在2003年调查时，发现地表散布有大量砖瓦及陶器残片，并采集到镜范残片以及多种东周秦汉时期的遗物。实地调查采集到镜范6件，其中包括四乳草叶纹镜范1件、残镜背范2件，以及镜面范3件；其他遗物有卷云乳钉纹圆瓦当、陶罐、花纹多面砖、花纹砖、陶高柄豆等残片，以及经过锯割加工的鹿角等，均属于东周和汉代遗物。根据以往临淄齐国故城勘探报告，这一带的地下遗迹及堆积情况虽然不甚明了，但其南北两侧均为文化堆积厚的高地，并且北面不远处有一处东周时期

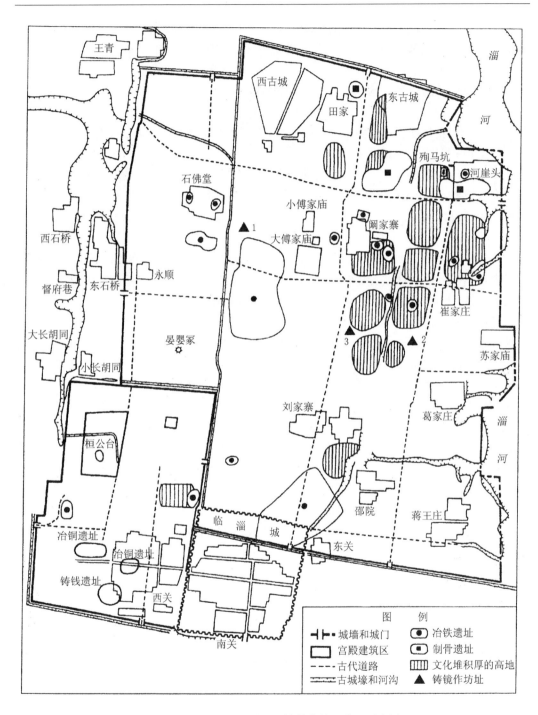

图 1　临淄齐国故城平面及铸镜作坊址位置示意图

的大面积的炼铁遗址。我们在调查中详细进行踏查的同时，还在东西向村路以南的麦田中进行了钻探，发现距地表深约 60 厘米以下的文化层中，包含有红烧土残块及颗粒。结合地表的踏查和采集到的遗物分析，这一带作为东周至汉代的手工业作坊区，其中也包括汉代铸镜作坊址。

3. 阚家寨铸镜作坊址

该遗址位于齐国故城大城东北部、南北向古道路东侧，即今齐都镇阚家寨村南约600米处。这一带地势呈中部隆起、南北两端低下的缓坡台地状，东西两侧有深1米左右的断崖，现在几乎全部建有蔬菜大棚。2005年夏，当地村民在这里挖掘出大量镜范。以此为线索，当地文物工作者进行了调查。调查中发现了4处窑址，并进行了钻探。同时，实地采集到镜范标本和其他遗物。采集的镜范标本计16件（编号"LQKJ：01～16"），其中包括蟠螭纹镜背范3件、四乳龙纹镜背范1件、残镜背范2件，以及镜面范10件；其他遗物有卷云纹圆瓦当、树木纹半圆瓦当、脊瓦、板瓦、筒瓦、花纹砖、陶井圈等建筑材料，陶鬲、簋、豆、盂、盆等日用陶器，以及其他陶质铸范、陶模、坩埚、窑炉残片等金属冶铸遗物，其年代均为战国秦汉时期。以往的调查和勘探表明，镜范出土地点的南、北两侧均为文化层堆积厚的区域，并且向北不远处的今阚家寨村南有西汉"半两钱"铸钱作坊址，其东北方不远处还有铸铜遗址和炼铁遗址等手工业遗存。结合这次调查采集的镜范和其他冶铸遗物以及发现的窑址判断，这里有一处包括其他金属器铸造在内的铸镜作坊址。

临淄齐国故城内的铸镜作坊址，除上述已经得到确认的3处外，根据以往镜范多次发现等情况分析，齐国故城大城南部的大型冶铁遗址北侧，即今齐都镇刘家寨村南一带，也可能遗存有汉代的铸镜作坊址。

（三）关于临淄齐国故城内铸镜遗存的年代

临淄齐国故城内铸镜遗存的年代，主要根据铸镜作坊址的调查资料和镜范的年代进行推定。

铸镜作坊址调查中获得的镜范之外的其他遗物，均为临淄齐国故城内常见的战国至西汉时期的遗物，并且多为战国晚期和西汉早期，但未见东汉时期的遗物。

就临淄镜范的年代而言，根据与其铸件相同或相近的汉代铜镜的比较研究可知，蟠螭纹镜范、四乳弦纹镜范和四乳龙纹镜范的年代为西汉初年和西汉前期；四乳草叶纹镜范的年代为西汉初年至西汉中期；博局草叶纹镜范的年代为西汉中期和后期。

综合铸镜作坊址调查资料和出土镜范的分析，可以认为：临淄齐国故城内的铸镜遗存的年代，主要为西汉前期和中期，早者可早到秦汉之际或西汉初年，晚者可能会晚到西汉后期，但不会晚至东汉时期[14]。

二　汉代临淄的铜镜制作技术与铜镜生产

临淄齐国故城内汉代镜范（简称"临淄镜范"）的大量发现和综合研究，以及铸镜作坊址的调查，为探讨汉代临淄的铜镜制作技术和铜镜的生产提供了可靠的实物资料和相关信息。

（一）铜镜的制作技术及其水平

古代铜镜的制作，其基本的工艺流程是：制范→浇铸→铸件加工。镜范作为铸造铜镜的模具，在整个制镜工艺流程中不仅涉及到制范和浇铸两个最基本和最重要的两个环节，而且与铸件加工也密切相关，是铜镜制作过程的关键要素之一。因此，根据临淄镜范，我们可以初步描绘出汉代临淄铜镜制作的工艺技术及其发展水平。

1. 镜范的制作

临淄镜范的发现及初步研究表明，镜范均为泥土质或夹杂少量细砂，范体内有大量不连续的大小不等的空隙，手感质量一般较轻。据对 77 件镜范标本的质量、体积及其密度的初步测量[15]，其比重值经校正[16]，比重为 1 以及 1 以下者计有 43 件，约占总数的 56％。也就是说，半数以上的镜范放在水中不下沉或浮起，说明镜范的结构并不致密。这是镜范胎土中含有较多的羼杂物所致。据对临淄 JF：08 和当地原生土壤样品进行化学成分分析和比较可知，镜范中的二氧化硅的含量平均为 79.265％，大大高于当地原生土壤硅含量的 66.365％，而制作镜范的原料，"很可能是一种含有较多黏土的细颗粒黄土，……可能系由当地地表下的原生土制成"[17]。至于镜范胎土中的二氧化硅含量高的成因，由于样品中含有大量类型单一、基本上属于稻属植物的颖壳所特有的双峰类型的植硅石，表明镜范在制作过程中在陶土中有意识地羼入了大量的稻壳灰，从而导致了镜范二氧化硅含量高[18]。据对 SLQJF：52（SLQ－HB：28）和 SLQJF：76（SLQ－HB：48）的科学分析，同样发现"镜范的显微结构中含有稻壳硅酸体"[19]。镜范的断面观察不到明显的分层现象，说明采用的是同一种范泥。据此可知，汉代临淄制作镜范的原材料，是当地的一种含有较多黏土的细颗粒黄土，并在其中羼杂有一定比例的稻壳灰，或者是谷物秸秆或草木灰，以降低镜范结构的密度，增加透气性，从而极大地改善其充型能力。此亦表明，我国自春秋时期出现的陶范羼灰技术传统[20]，在汉代临淄的镜范的制作上不仅得到了继承，而且又获得了进一步的发展。

关于镜范的制作过程和方法，根据对镜范特征、遗留的制作痕迹等的观察和综合分析，推测汉代临淄在镜范的制作上采用了以下两种工艺。

一种是"模制法"，即用范模翻制镜范的模制制作工艺。"模制法"制范的根据在于：镜范背面和侧面的加工痕迹，以及多数镜范的型腔表面及其花纹具有明显的模印特征，直接证明了镜范"模制法"的使用；迄今所见"见日之光天下大明"铭草叶纹镜中，有些大小、纹样等非常相近，其铸范难以想象是一件一件用手工刻制而成[21]——即使镜范的刻制出自同一工匠之手，旁证了镜范"模制法"的存在；此外，中国青铜时代"陶范的成型方法主要是模具翻范法"[22]，模制镜范的方法"是我国古代镜范制作常用之法"[23]，现在复制古代铜镜时仍采用模制镜范的制范工艺和方法[24]。汉代临淄镜背范的制作工艺和工序大致是，首先制出模板（范模）。模板的平面形制（如圆首梯形）和大小与所需镜背范相当，其正面四周的表面平整而光滑，一端居中凸起镜模，另一端凸起浇口和冒口模[25]。将调制好的范泥往模板上边堆填边捶实，直到一定的形状与厚度，如厚 3 厘米～5 厘米左右的覆钵状，稍干后从模板上取下略作修整，尤其是对花纹细部进行修整，然后晾干，即成泥质镜背范。关于范模的形制和结构，以往我们做过复原研究，而侯马铸铜遗址出土的战国早期的阳隧范模 T621H23：1（图2），可以作为我们复原研究的佐证[26]。镜面范的制法与镜背范大致相同，只不过镜面范的模板（范模）是一种平面形制和大小与镜面范相当（如圆首梯形）、表面平整光滑的陶质或石质或木质板状物，其平齐的一端之正面居中有楔形凸起作为浇口模。镜背范的厚度与型腔的大小（即铸件的大小）成正比，即型腔大则范体厚，型腔小则范体薄。但是，镜面范一般比镜背范要薄，镜面范的厚度一般在3厘米左右，而镜背范的厚度一般在5厘米左右，这与镜范有无凹下的型腔有直接的关系。

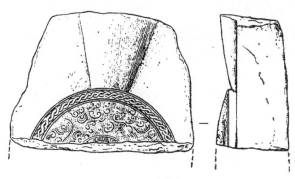

图2　侯马出土陶质阳隧范模

另一种是"刻制法"，即在做好的范坯上雕刻出型腔和镜背纹样的手工制作工艺。"刻制法"制范的根据在于：少数镜范型腔表面的雕刻痕迹[27]，尤其是纹饰的画样放线的圆弧形线条等，直接证明了"刻制法"的使用；汉代铜镜中，有的镜缘内侧存在着一周微微凸起的同心圆铸线但又并非是纹样的现象[28]，旁证了"刻制法"的存在；此外，商周青铜器铸范的制作，也曾采用直接雕刻花纹的方法[29]。镜背范的制作工艺和工序大致是，首先制出与所制镜范形状和大小相当的平面模板，然后将调制好的范泥往模板上边堆填边捶实，直到一定的形状与厚度，如厚3厘米～5厘米左右的覆钵状，稍干后从模板上取下，然后晾晒。待晾晒至半干或近干时（或焙烧后）[30]，在平整的一面手工雕刻出型腔及其纹样、浇口和冒口，即成泥质镜背范。型腔花纹的雕刻，采用的可能主要是"钮下式技法"[31]。镜面范的制法与镜背范大致相同，与采用模制法制作镜面范的工艺也大致相同，只不过浇口是手工刻制而成。

至于汉代临淄镜范"刻制法"和"模制法"并存的原因，主要在于：制作一种新的铜镜产品（包括大小、花纹、乃至铭文有所不同的铜镜），其最初的母范采用"刻制法"直接雕刻其型腔及其花纹和铭文，此后则利用铸出的铜镜作为范模或直接用范泥翻制出范模、采用"模制法"批量翻制镜范[32]。另外，古代镜范的制作，"刻制法"与"模制法"的出现有所先后，"刻制法"在先，"模制法"在后，但后来两者长期并存，并逐步从"刻制法"为主向"模制法"为主演变，从而适应铜镜普遍使用、大量生产的社会需求。

无论是模制法制成的泥质镜范还是刻制法制成的泥质镜范，其型腔表面不仅遗留有雕刻加工的痕迹，更为重要的是有大量大大小小的孔隙，必须进行表面处理，否则浇铸时铜液会注入孔隙中导致铸件产生铸造缺陷。处理的方法，是在型腔之表面涂刷一层细腻的涂料。据对临淄镜范实物的观察，镜背范的型腔表面结构细腻、平滑，一般看不到刻划或修整痕迹和范体中大量存在的大大小小的孔隙，与分型面之表面迥然不同，镜面范的型腔表面与分型面之表面也判然有别，也有不少镜范的型腔表面直接可以观察到有一层薄薄的表层，显然是型腔表面在模制或刻制出花纹后涂刷了一层细腻的涂料[33]。

制成晾干后的泥质镜范，还需将其放入烘范窑进行烘烤或焙烧，方可制成陶质镜范。临淄镜范范体多呈青灰色，说明成型并经晾干后的泥范，采用了还原窑进行烘烤或焙烧。少量镜面范呈橘红色，或许进行烘范时采用的是氧化窑。镜范经过烘烤和焙烧，不仅其硬度增大，而且范体内的气体得以逸出，以避免浇铸时因发气量大而导致缺陷的产生。其烧制温度，据测定临淄 JF：08 为 850±20℃，SLQJF：05 和 SLQJF：25 为 800℃以下[34]，处于方解石分界温度之上而又未达到烧结温度的合理范围之内。

将临淄汉代镜范与侯马东周镜范（包括阳隧范）相比较可以看到，临淄镜范在结构上有不少改进，如：侯马镜范一般不设置排气用的冒口，即使其他铸范设置有冒口，其形制也不规范，并且较细且简单[35]，而临淄镜背范均设有规整的冒口，并且较宽，有利于浇铸过程中所产生气体的排放；侯马镜范有的是外浇口为一个、近型腔处设置一个三角形凸起而将浇道一分为二者[36]，而临淄镜范的浇口形制较为一致；侯马镜范有的镜钮型腔为穿透的钮洞（如 H85：1），而临淄镜范镜钮型腔均为钮坑；侯马镜范有的镜钮型腔上部设置有放置钮孔内范的凹槽（如 F13：64），而临淄镜范的钮坑未见这样的凹槽和凹坑；侯马镜范的分型面上一般设有合范用的三角形凹凸印记，而临淄镜范的分型面均不设合范的印记或凹凸状的隼卯，这与镜面范的型腔为平面直接相关；侯马镜范厚 1 厘米～1.8 厘米，而临淄镜范一般厚 4 厘米以上，甚至达到 8.4 厘米，这当然与铸件大小和厚薄有关，但总体上表现出加厚的特征，不仅增大其抗损坏能力，更重要的是延长其保温时间。总体上说，临淄镜范在结构上更为科学合理而又更为简单、实用，表现出明显的进步特征。

2. 铜镜的浇铸

关于汉代临淄铜镜的浇铸过程，根据镜范所遗留的浇铸痕迹等信息，并参考商周青铜器的范铸工艺，大致可以作如下复原：在已经烧制好的陶质镜背范的镜钮型腔上部放置钮孔内范并用黏接剂（用黏土制成）将其固定，在镜背范和镜面范的型腔表面涂刷脱范剂[37]，然后合范→将合范后的镜范简单地作横向捆绑使两扇范紧密扣合，必要时用草拌泥涂抹两扇范之间的孔隙以避免铜液从两范之间缝隙溢漏→浇铸。

铜镜的浇铸采用的是浑铸的方法，与商周青铜器的浇铸方法大致相同。但是，浇铸时可能不像商周青铜器那样使用浇口杯，因为，迄今未发现浇口杯的遗存，镜范的浇口也未见与浇口杯粘连的痕迹。这可能与铜镜体量小、浇口宽、浇道短有关[38]。

在铜镜的铸造问题上，有一个值得探讨的一个问题，即陶质镜范能否反复多次使用的问题。这也是历来众说不一的一个问题。在日本考古学界，一直存在着"同范镜"——

同一镜范多次反复使用铸造的铜镜和"同型镜"（汉译为"同模镜"）——使用同一镜模翻制出镜范而铸造的铜镜之说。关野雄在论及在齐国故城内收集的傅家镜范时，曾提出了同一镜范数次反复使用的"一范铸多镜"的推论[39]。日本学者三船温尚通过对日本收藏的 4 件草叶纹镜范的考察，多方论证了它们是多次反复使用的[40]。但笔者始终认为，一般情况下一件镜范只能浇铸一次，即"一范铸一镜"。这样立论的根据主要有四：其一，就临淄镜范来看，使用过的镜背范的型腔周围因浇注时接触高温铜熔液形成有一层厚 5 毫米左右的深色表层——"高温变色表层"。假如浇注一次者，镜范的高温变色表层较薄且颜色大体一致；浇注多次者，镜范的高温变色表层增厚且本身的颜色形成分层现象。那么，从目前所观察到的镜范高温变色表层其厚度大致相同且颜色看不到分层现象推断，它们应当是使用一次便因损毁而废弃。其二，镜范经过浇铸使用后，其型腔表面或多或少会有所毁坏，如果再次使用，则必须对其进行修补。但据对临淄镜范的观察，其型腔表面有破损痕迹而未见任何修补的痕迹，说明它们并没有多次使用。其三，据笔者对"见日之光天下大明"铭四乳草叶纹镜进行的系统收集和整理，发现其大小、镜背纹样及其组合以及铭文的布列和写法多种多样，未见其大小、花纹和铭文等完全相同者，但有大致相同者。据此我们判断："见日之光天下大明"铭四乳草叶纹镜的铸造方式并非是"一范铸多镜"，而是一范铸一镜，因而不存在"同范镜"；而用同一范模翻制出镜范而铸造的铜镜——"同模镜"则可能存在[41]。其四，据近年中日学者对山东省出土铜镜的系统考察，在 80 件草叶纹镜中，其形制、花纹和大小（镜面直径差在 0.2 厘米以内）相同者最多可达 13 件[42]。它们显然不是用同一铸范铸造的"同范镜"——同一镜范连续反复使用多达 13 次令人难以置信，而有可能是"同模镜"。基于上述分析，可以认为汉代临淄铜镜的铸造，采用的是"一范铸一镜"的陶范铸镜工艺，而这应当代表了汉代铜镜陶范铸造工艺的一般形态[43]。

3. 铜镜的铸件加工

铜镜铸造成型之后，还要进行对铸造出来的铜镜进行多种"铸件加工"，才能真正使用。铜镜的铸件加工主要包括镜体的热处理、机械加工和镜面的表面处理等。

铜镜铸件的热处理，主要是通过淬火和回火等热处理，提高铜镜的强度和塑性，改善其机械性能，延长其使用寿命[44]。同时，通过对铜镜进行淬火的热处理，还可以使镜面凸起而获得"凸面镜"。

所谓"凸面镜"，是指镜面带有一定的弧度略向外凸起的铜镜，在汉代铜镜中占有相当大的比重。据实物观察和统计，山东省出土的 86 件西汉早期的铜镜中，平面镜 12 件、凸面镜 12 件、镜体发生弯曲者 34 件、因残破而无法测量者 28 件；80 件西汉草叶纹镜和花叶纹镜中，凸面镜 49 件、平面镜 5 件、凹面镜 1 件、不明者 25 件[45]。关于汉代凸面镜的成因和制作技术，以往主要有四种说法：其一，"铸造成型说"，即所谓"战国汉唐时，……铜镜正面的凸起一般应当是铸造出来的，即其面范应当是凹下去的"[46]；其二，"冷却成型说"，即认为是铸造过程中浇注的铜液由于镜体部分薄而冷却较快、镜钮部分厚而冷却较慢形成以镜钮为中心的张力，从而使镜体弧曲而形成凸面镜[47]；其三，"热处理成型说"，即认为有可能是对铸造成型的铜镜进行热处理过程中，利用其冷却收缩时间的细微差异而形成的，即"在镜范阶段，制作出铸造平面镜或微凸面镜的铸范，利用热处理技术的影响使之变形成为凸面镜"[48]；其四，"研磨成型说"，显然不符合实际。就临淄镜范而言，39件镜面范中，经过镜面凹曲度测量的有29件，其中型腔为平面者18件，略凹下者为11件，其凹曲度最大者为800∶8（SLQJF∶56、57），最小者为1000∶5（SLQJF∶37）。另据中日学者对山东省出土的80件汉代草叶纹镜的观察，其镜面的凸曲度明显大于迄今所见镜面范的凹曲度[49]。很显然，用型腔为平面的镜面范铸造的铜镜，其镜面为平面自不待言；即使使用型腔面略凹下的镜面范铸造铜镜，其铸件镜面的凸面程度也远远达不到汉代铜镜镜面的凸面程度。这就充分说明，凸面镜并不是铸造成型的，而有可能是铸后热处理形成的。由此可见，通过对铸造成型后的铜镜进行淬火等热处理，不仅可以改善其强度和塑性，同时也可以获得凸面镜。对铜镜铸件进行热处理，是汉代临淄在铜镜制造过程中铸件加工的重要环节之一。

铜镜铸件的机械加工，主要有两个方面。一方面是对铸件及其表面进行修整和清理，如剪除浇道铜、清除毛刺、填补镜体的气孔和砂眼等铸造缺陷、校正其形制等，主要是在热处理前进行。另一个方面是对镜面进行刮削和研磨加工，使之平整、光亮。

铜镜铸件之镜面经刮削和研磨加工之后，为了提高其映像效果和防锈能力，还需要对镜面进行表面处理。经对汉代铜镜镜面的成分分析和检测，发现镜面表面有一层富锡的表面层，系铜镜铸造成型之后经表面加工处理而形成[50]。同时，古代文献中也有铜镜"粉以玄锡"[51]的记载。说明对镜面进行表面处理是汉代铜镜制作的最后一道工序。至于汉代临淄镜面处理的具体的工艺技术，还有待于进一步探究。

（二）铜镜的生产

临淄齐国故城内大量汉代镜范的发现和多处铸镜作坊址的确认，从考古学上证明了临淄是汉代一个重要的铜镜生产基地，是汉代铜镜制造中心之一。同时，为我们考察当时临淄的铜镜生产状况提供了可能性。

1. 铜镜制造业是汉代临淄的重要产业之一

根据对镜范出土地点的实地调查和钻探，目前临淄齐国故城内能够确认的铸镜作坊址至少有3处，即石佛堂村东南、苏家庙村西和阚家寨村南，集中分布在大城的中部地区，即大城中部偏北处东西向古道路的南、北两侧；据传曾出土有镜范的今傅家庙村西南地点，也位于上述大城中部东西向古道路的西端附近；据传曾发现有镜范的刘家寨村南地点，则位于大城南部的中部地区。由此可见，汉代临淄城内的铸镜作坊，主要集中分布在大城中部偏北的东西向古道路的南、北两侧，而大城南部也可能分布有铸镜作坊。铸镜作坊如此之多，分布如此之密集，表明汉代的临淄城内铜镜制造业规模十分可观，是当时主要的手工业生产之一。调查表明，铸镜作坊址的附近往往发现有与冶铁、铸钱、制骨等有关的遗迹和遗物，说明当时铜镜制造与铸币、铁器冶铸、制骨等手工业作坊相对集中于一地，形成相对集中的手工业作坊区；铜镜制造业是当时临淄城内整个金属冶铸加工业的重要组成部分，是当时重要的产业之一。

从各铸镜作坊址出土镜范的种类来看，石佛堂作坊址发现有四乳弦纹镜范和博局草叶纹镜范;苏家庙作坊址发现有四乳草叶纹镜范;阚家寨作坊址则发现有蟠螭纹镜范 3 件和四乳龙纹镜范等。尽管目前的发现仅限于地面调查且资料有限,但已经反映出各作坊之间所产铜镜的种类有所差异。这种差异,可能与各作坊址的生产年代有关,如阚家寨作坊址的生产年代可能主要在西汉初期而其他两处作坊址的生产年代可能从西汉初年到西汉中后期,但同时也反映出不同作坊其铜镜产品的种类有所不同。

2. 汉代临淄的铜镜生产属于民营

关于汉代临淄各铸镜作坊的性质,即当时铜镜的生产是官营还是民营的问题,尚无直接的证据能够说明,但从各种旁证性材料分析,应当是民营。

首先,在汉代历史文献中,几乎见不到关于铜镜生产及其管理的任何文献记载。这从一个方面说明,当时政府并没有把铜镜制造业纳入官营手工业体系之中。因为,如果铜镜制造业是当时官营手工业的一个基本的生产部门,那么,关于铜镜的生产及其管理是不可能不见于文献记载的。如汉武帝元狩五年(公元前 118 年)实行盐铁官营,当时的文献中关于盐铁官营的记载屡见不鲜[52]。王莽始建国二年(公元 10 年)实行"六筦",包括酤酒、煮盐、冶铁、铸钱等[53],但未包括铸镜。又如,西汉少府属官有"考工室",汉武帝太初元年更名"考工室"为"考工"[54],东汉时"考工"为太仆属官,主作兵器并兼织官绶等[55],似乎也未包括铜镜的制造。由此推知,汉代的铜镜制造业,似乎不在官营之列。就汉代的临淄来说,文献记载中设有铁官主冶铁,设有三服官主织造,但同样未见关于铜镜制造的记述。

其次,从考古发现来看,铜镜的铭文内容虽然十分丰富,但迄今未见有关铜镜产自官营作坊的铭文,与其他有的物品明确标明系官营作坊所生产的情形截然不同。如考古发现的汉代漆器中,经常见到"蜀郡西工"、"广汉郡工官"、"考工"、"供工"等制作漆器的铭文,不仅印证了文献中政府设有制作漆器的工官的记载,而且反映出西汉初年的一些诸侯王国也拥有自己的漆器生产部门[56]。又如,河南灵宝张湾汉墓出土的"永元六年考工所造八石鑗……"铭铜弩机[57],反映出考工主作兵器的史实。而汉代铁器中,铸有铁官标记铭文的铁器更是多有发现[58]。

再者,就当时整个手工业生产来说,西汉初年,政府对于煮盐、冶铸、铸钱等都采取了任其郡国和个人经营的政策,以私营铁器工业为代表的民营手工业获得了空前的发展[59]。因此,"在汉武帝实行禁榷制度以前,无论小型的家庭手工业还是大规模的工场手工业,都是由私人经营的"[60]。西汉前期铜镜的生产也不例外,也应当是民营的。即使汉武帝元狩五年(公元前 118 年)实行盐铁官营之后,政府也只是对制盐业、铁器工业、铸钱等关乎国计民生的重要手工业进行专营,而其他消费品的生产主要仍然是民营,其中当包括铜镜的制造。

当然,汉代的铜镜并非尽系民营作坊所生产。考古发现的汉代博局四神镜中,常见"尚方作镜真大好……"、"尚方御镜大毋伤……"、"尚方作镜四夷服……"等尚方作镜的铭文[61],而两汉少府属官有尚方令[62]。《汉书·百官公卿表》颜注:"少府以养天子","尚方主作禁器物";《后汉书·百官(三)》注曰:尚方"掌上手工作御刀剑诸好器物"。由此可知,汉代少府所属的尚方,作为专门为皇室制作御用物品的官署,其生产的物品中包括铜镜。但应当指出的是，迄今考古发现的"尚方作镜"铭铜镜，非尽系尚方制造，更确切地说并非尚方制造。因为，从铜镜的出土状况看，洛阳烧沟汉墓出土"尚方作镜"铭博局草叶纹镜 1 件[63]，洛阳西郊汉墓出土"尚方作镜"铭博局草叶纹镜 8 件[64]，湖北蕲春罗州城郊汉墓发现"尚方作镜"铭博局镜 8 件[65]，广州汉墓发现"尚方作镜"铭博局四神镜 6 件、"尚方作镜"铭博局禽鸟镜 1 件、"尚方佳镜"铭四神鸟兽镜 1 件、"尚方镜真大好"铭博局禽鸟镜 1 件[66]，其年代自新莽至东汉后期，但上述墓葬均与皇室无关。此其一。从铜镜的铭文来看，"尚方作镜"铭文的内容一方面表现的是阴阳五行思想下做高官、多子孙、长生不老的祈祷和祝福词语，另一方面是宣扬铜镜质量如何之好的广告词语，"尚方作镜"并非其镜为尚方所造，而是借用或冒用"尚方"之名而已，或即"利用尚方铸造的铜镜的精美来吸引顾客"[67]。此其二。因此，汉代的尚方制造铜镜，是一种铜镜的"专供"生产，而不是铜镜生产的官营。实际上，汉代其他的官府手工业生产，除盐铁专营时期的煮盐和冶铁之外，其性质亦当如此[68]。

总之，整个有汉一代，铜镜的制造除了少量的"专供"生产之外，其经营方式实际上是民营而非官营。临淄的铜镜生产，亦当如是。至于临淄各作坊址出土的镜范在材质、形制和结构上的一致性，并不能说明各作坊是统一管理的，而是当时临淄的各铸镜作坊采用了大致相同的铜镜制作工艺技术的一种反映。

3. 汉代临淄制镜业的兴衰及其动因

临淄齐国故城出土镜范所反映出的铜镜类型和铸镜作坊址的调查材料的年代多不晚于西汉中期，而西汉后期开始流行的"日光"、"昭明"等铭文圈带镜以及四乳四虺镜等镜类的铸范尚无任何发现，从而表明汉代临淄的铜镜制造业，主要兴盛于西汉前期和中期，到西汉后期开始迅速走向萎缩。其兴衰的背后，有着复杂的、多方面的历史原因。

汉代临淄之所以成为当时的铜镜制造中心之一，首先在于临淄有着优良的铸镜传统。1963 年临淄商王村出土的战国铜镜，镜体硕大，直径达 29.8 厘米；制作工艺精湛，装饰华丽，镜背错金银并镶嵌绿松石，堪称战国铜镜之精品[69]。到了汉代，传统的制镜业获得进一步发展。临淄大武汉齐王墓随葬器物坑出土的西汉早期的矩形龙纹铜镜，长 115.1 厘米，宽 57.7 厘米，厚 1.2 厘米，重 56.5 公斤[70]，为有汉一代所仅见，也从一个侧面反映出西汉初年临淄制镜业的发达。战国时期优良的铸镜传统，成为汉代临淄铜镜制造业发达的重要的技术基础。

手工业的发达，更是东周至汉代临淄的一个突出特点。战国后期的临淄，已经是城中 7 万户、甚实而富的工商业大都市[71]。到了西汉，更是城中十万户，设有四市，制同京师[72]；"市租千金，人众殷富，钜于长安"[73]；设有铁官，金属冶铸业尤其发达。据考古勘探和调查，临淄齐国故城大城内已发现战国至汉代的冶铁遗址 4 处和铸铜遗址 1 处，其面积大者达 40 万平方米[74]。发达的手工业，成为临淄在西汉时期发展成为当时一个重要的铜镜生产基地的工业基础。

从更大的范围来看，西汉临淄铜镜制造业的发达还与西汉时期齐地富饶、临淄系东方齐地之中心性大都市的地位有关。据史籍载，汉定天下，高祖六年（公元前 201 年）封其子刘肥为齐王，"王七十余城，民能齐言者皆属齐"，齐地"东有琅邪、即墨之饶，南有泰山之固，西有浊河之限，北有渤海之利。地方两千里"[75]。《史记·货殖列传》则称："齐带山海，膏壤千里，宜桑麻，人民多文绵布帛渔盐。临淄亦海岱之间一都会也"。很显然，西汉临淄铜镜制造业的发达，与当时的齐国地大物博、临淄又是其政治和经济中心密切相关。

西汉临淄铜镜制造业的发达，与当时齐国境内的青铜矿产资源也不无关系。李剑农在论及汉代工业生产之地方性时说到："工业生产之基本，在于原料之供给；原料生产，大部分皆有地方性；故工业之发展，亦往往有地方性"[76]。汉代铜的产地有多处，并且汉代齐国之特色不在产铜而在冶铁、渔盐和纺织等[77]，但齐国境内有着较为丰富的青铜矿产资源。据研究，西汉初年的齐国境内，有铜矿 17 处、铅矿 6 处、锡矿 1 处，而临淄附近的今桓台和临朐即有铜矿[78]（图 3）。尽管在今山东境内尚未发现汉代的采矿遗址，但当地的青铜矿产资源，应当是临淄铜镜制造业发达的重要物质基础。

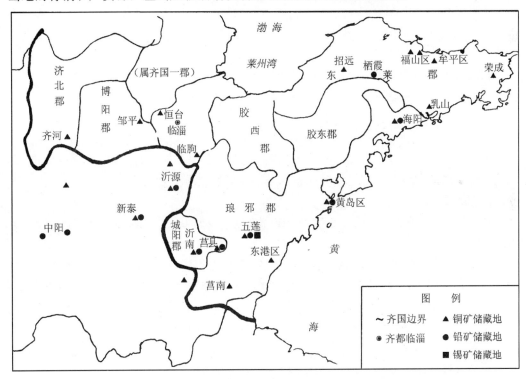

图 3　西汉初年齐国封疆及青铜矿藏分布示意图（引自张光明文）

值得注意的是，迄今临淄齐国故城内发现的镜范尚未见到西汉晚期流行的铜镜类型，新莽及东汉的镜类更未见到，表明临淄的铜镜制造从西汉后期走向了衰弱。如果史实确实如此，那么其原因何在？当然，汉武帝时期，随着"推恩令"的实行，诸侯国的数量不仅大为减少，而且其势力迅速衰微，尤其是汉武帝元封元年（公元前 110 年）齐怀王刘闳死而国除[79]之后，临淄不再作为齐国都城而其政治地位和经济实力随之下降，势必会影响到当地经济的发展，对当地的铜镜制造业也不会没有影响，但又并不尽然。因为，直到新莽时期，临淄仍然是当时东方重要的工商业大都市。王莽于始建国二年（公元10年）实行"张五均"之制，在都城长安和五大城市设五均官，其中就包括临淄[80]，可为证。因此，临淄制镜业从西汉后期开始衰弱，当有更为复杂的历史原因。两汉时期，铜镜产地有多处，铸镜中心多次发生转移，如"东汉北方铜镜的铸造地主要在首都洛阳"[81]。而铸镜中心的转移，一方面与当时社会政治中心的变化、经济重心的转移有关，另一方面则与铜矿的开采直接相关。据文献记载和考古发现，两汉时期，铜矿产地主要集中在今苏北徐州、皖东南的当涂（即丹阳）、川南和云南中南部等地[82]。或可认为，临淄的铜镜制造业在西汉后期及其以后未能持续发展的历史原因，可能与当时临淄政治和经济地位的下降有关，但更重要和更直接的原因应当是当时临淄及其邻近地区铜矿开发的不足而导致的青铜原材料的匮乏。深入探讨并究明汉代临淄铜镜制造业兴衰的历史动因，将会得到许多有益的历史启示。

三 汉代临淄的铜镜产品类型与特色及其流通

临淄齐国故城近百件镜范的发现，初步展示了汉代临淄造铜镜的产品的类型及其特色，并为进一步考察临淄造铜镜的传播和流通提供了可能。

（一）汉代临淄造铜镜的类型

汉代临淄所产铜镜的类型，据迄今发现的镜范及其复原研究可知，计有蟠螭纹镜、四乳弦纹镜、四乳龙纹镜、四乳草叶纹镜和博局草叶纹镜等五种类型。

1. 蟠螭纹镜

匕形缘，主纹区饰蟠螭纹，三弦钮，圆圈钮座。根据主纹区纹样及其布局的差异，分为四型。

A型：缠绕式蟠螭纹镜，以镜范SLQJF：22铸件为代表，直径6.8厘米（图4—4）。镜缘内侧有一周凹弦纹，主纹区纹饰为涡卷形地纹上饰缠绕式蟠螭纹，蟠螭纹较细密，但其形态和缠绕的形式有所不同。临淄商王村出土1件（M49：2），主纹区细密的涡卷形地纹上饰三组缠绕式蟠螭纹，各组蟠螭纹之间饰以变形树木纹，直径9.9厘米[83]（图5）。

B型：菱格蟠螭纹镜，以镜范LQKJ：04铸件为代表。匕形缘，主纹区有菱格和蟠螭纹，蟠螭纹较细密。此型铜镜，临淄一带尚无发现。

C型：四乳蟠螭纹镜，以镜范LQKJ：02铸件为代表，直径10.6厘米（图4—1）。镜缘内侧有一周弦纹，主纹区为稀疏的涡卷形地纹上饰蟠螭纹，有四乳钉凸起，蟠螭纹简单且图案化，大致分为四组并环绕乳钉布列。此型铜镜，临淄一带尚未发现，但临沂金雀山出土1件（M1：43）当属此型。该镜匕形缘，镜缘内侧一周弦纹，主纹区有四个乳钉，乳钉间在涡卷形地纹上饰蟠螭纹，蟠螭纹简单、粗疏，圆圈钮座，三弦钮，直径9.8厘米[84]（图6）。

D型：连弧纹带简化蟠螭纹镜，以镜范SLQJF：29和SLQJF：77等铸件为代表（图4—2、3）。镜缘内侧有一周弦纹，主纹区之外区为十六内向连弧纹带，内区为简化蟠螭

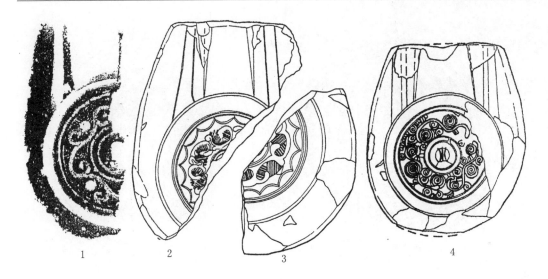

图 4　蟠螭纹镜范

1. C 型（LQKJ：02）　2、3. D 型（SLQJF：77、SLQJF：29）　4. A 型（SLQJF：22）

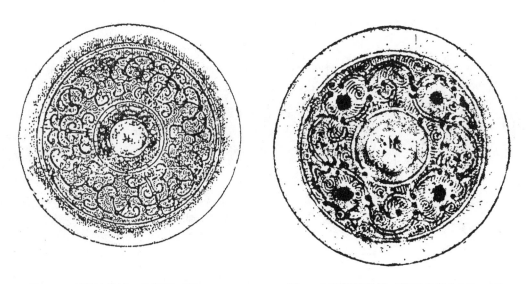

图 5　A 型蟠螭纹镜（临淄商王村 M49：2）　　图 6　C 型蟠螭纹镜（临沂金雀山 M1：43）

纹，地纹为稀疏的斜线或涡卷纹，但蟠螭纹的细部结构多有所差异，直径 8 厘米～8.9 厘米。临淄商王村出土 1 件（M62：1），匕形缘，内侧一周凹弦纹和十六内向连弧纹带，主纹区为四个乳钉和四组简化蟠螭纹，直径 12.5 厘米[85]（图 7—1）。临淄相家新村 21 号墓出土 1 件，也属此型镜，直径 9.13 厘米[86]（图 7—2）。

2. 四乳弦纹镜

以镜范 SLQJF：20 等铸件为代表（图 8—1）。匕形缘，镜缘内侧饰一周弦纹，主纹区之外区为十六内向连弧纹带，内区四个乳钉和两周弦纹，无地纹，圆圈钮座，直径为

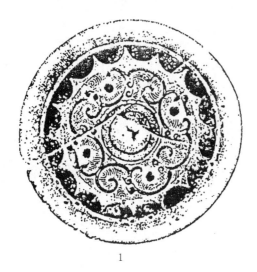
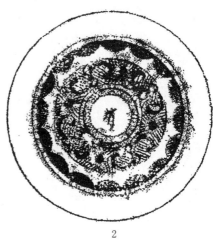

图 7　D 型蟠螭纹镜

1. 临淄商王村 M62：1　2. 临淄相家新村 M21 镜

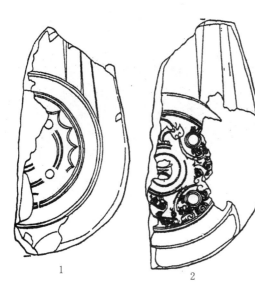

图 8　镜范

1. 四乳弦纹镜范（SLQJF：20）　2. 四乳龙纹镜范
（SLQJF：19）

8 厘米～9.6 厘米。临淄汉墓出土 1 件（临淄 HJ：240），三弦钮，钮外三周凸弦纹和一周宽体凹弦纹，四乳钉，外区饰十六内向连弧纹带[87]（图 9）。

3. 四乳龙纹镜

以镜范 SLQJF：19 等铸件为代表（图 8-2）。乚形缘，镜缘内侧有一周弦纹，主纹区有四个凸起的圆座乳钉，环绕乳钉饰盘绕的龙纹，龙纹用凸线条表现，形象较生动，圆圈钮座，三弦钮，直径均为 10.2 厘米。临淄相家 133 号墓出土 1 件四乳四龙纹镜，乚形缘，镜缘内侧一周凸弦纹，主纹区在涡卷形地纹上环绕乳钉饰四组盘曲的回首龙纹，三弦钮，直径 9.35 厘米[88]（图 10-1）。临淄徐家村 1 号汉墓出土 1 件四乳双龙纹镜（M1：1），环绕四乳盘曲有双龙，龙纹双角、四足、双目凸出[89]（图 10-2）。

4. 四乳草叶纹镜

半球形钮，一般为柿蒂纹钮座，方格框铭文带，有铭文，铭文方格框四内角饰桃形花苞、或斜线方块、或一组三角回纹等，主纹区饰四乳钉、桃形花苞、草叶纹、射线枝叶或枝叶花苞，十六内向连弧纹缘。根据其草叶纹的不同分作三型。

　　A型：单层草叶纹镜，根据铭文方格框四外角装饰的不同分为二式。

　　Ⅰ式：以镜范SLQJF：13、SLQJF：18和SLQJF：78等铸件为代表（图11-1～3）。铭文方格框四外角饰射线枝叶，方格框四边外侧居中饰乳钉和桃形花苞、两侧饰单层草叶纹，方格框内每边有2个字铭文，铭文均为8个字，多右旋读，有"见日之光（见之日光）天下大明（阳）"、"见日之光长毋相忘"等，直径9.6～16厘米不等。临淄商王村出土的1件（M32：1），方格框四内角饰一组三角形回纹，铭文为右旋读"见日之光天下大阳"，直径10.8厘米[90]（图12-

图9　四乳弦纹镜（临淄HJ：240）

图10　四乳龙纹镜
1. 临淄相家M133镜　2. 临淄徐家村M1：1

1）。齐国故城遗址博物馆收藏1件（"齐博藏镜：1"），方格框四内角饰斜线方块，铭文为右旋读"见日之光天下大明"，直径11.5厘米[91]（图12-2）。A型Ⅰ式"见日之光长毋相忘"铭四乳草叶纹镜发现较少，临淄地区尚未见到。

　　Ⅱ式：以傅家镜范之铸件为代表（图13-1）。铭文方格框四外角饰枝叶花苞，方格框四边外侧居中饰乳钉和桃形花苞、两侧饰单层草叶纹，方格框内每边有2个字铭文，铭

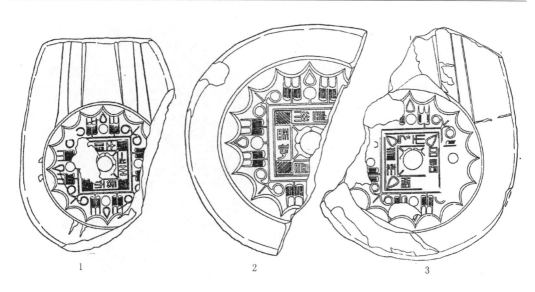

图 11　A 型 I 式四乳草叶纹镜范
1. SLQJF：78　2. SLQJF：18　3. SLQJF：13

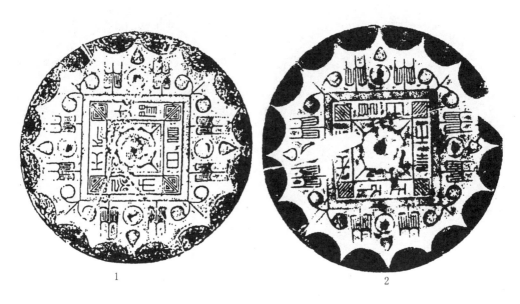

图 12　A 型 I 式四乳草叶纹镜
1. 临淄商王村 M32：1　2. 齐博藏镜：1

文为右旋读，"见日之光天下大明"，铭文字间隔以三条短线装饰，方格框四内角饰斜线方块，乳钉带圆座，直径 14.2 厘米。此式镜临淄地区尚未见到，但安徽淮南市博物馆收藏的 1 件（简称"淮博藏镜"，）其铭文、纹样及其布局与傅家镜范之铸件基本相同，惟铭文字间以一条短线相隔，直径 13.5 厘米[92]（图 13—2）。

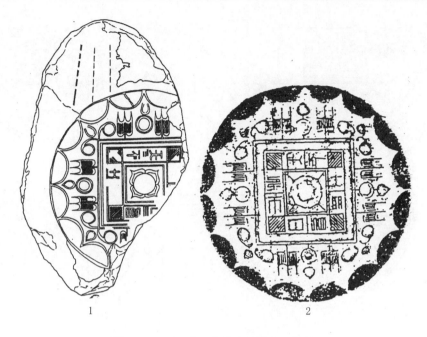

图 13　A 型 II 式四乳草叶纹镜范及铜镜
1. 镜范（傅家镜范）　　2. 铜镜（淮博藏镜）

　　B 型：叠层草叶纹镜。根据铭文方格框四外角装饰等的不同分为二式。
　　I 式：以镜范 SLQJF：21 铸件为代表（图 14－1）。铭文方格框四外角饰射线枝叶，方格框四边外侧居中饰乳钉和桃形花苞、两侧饰叠层草叶，铭文方格框内侧为单线、外侧为双线凹面，四内角饰桃形花苞，铭文为 8 个字铭，每边 2 个字，右旋读"见日之光天下大明"，字间有一短线间隔，直径 11.4 厘米。此式镜在临淄一带尚未见出土。
　　II 式：铭文方格框四外角饰枝叶花苞，方格框四边外侧居中饰乳钉和桃形花苞、两侧饰叠层草叶。根据其铭文内容及其布列方式可以分为两种。
　　II a 式："见日之光□□□□"八字铭镜。如镜范 SLQJF：11 之铸件（图 14－3），铭文每边 2 个字，右旋读，字间以一短线间隔，方格框四内角饰一组三角形回纹，直径 13.6 厘米。日本人关野贞氏收藏的 1 件（"关野藏镜"），其铭文为右旋读"见日之光天下大阳"，直径 14.2 厘米[93]。"见日之光长毋相忘"铭 B II a 式草叶纹镜，齐国故城遗址博物馆收藏 1 件（"齐博藏镜：2"），纹样及其布局与 SLQJF：11 之铸件相同，直径 13.7 厘米[94]（图 15－1）；潍坊市场村遗址出土 1 件（"潍坊市场村镜"），直径 13.5 厘米[95]（图 15－2）；平度界山西汉墓出土 1 件（M1：26），直径 14 厘米[96]。
　　II b 式："日有熹……"十二字铭镜。铭文内容大致相同，但铭文布列方式有异。一种如 SLQJF：12 之铸件（图 14－2），方格框内每边 3 个字，铭文应为"日有熹……"十二字铭，方格框四内角饰一组三角形回纹，直径 18 厘米。此式镜在平度界山汉墓发现 4 件，如平度界山 M1：12，铭文为右旋读，"日有熹宜酒食长贵富乐毋事"，直径 18.4 厘米[97]（图 16）。另一种如 SLQJF：31 之铸件（图 14－4），方格框内每边 3 个字，铭文可

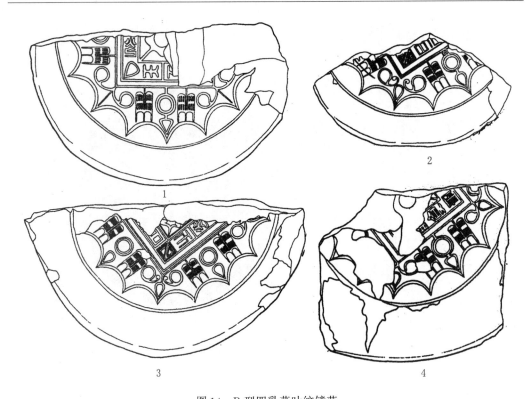

图 14　B 型四乳草叶纹镜范

1. I 式（SLQJF：21）　　2、4. IIb 式（SLQJF：12、SLQJF：31）　　3. IIa 式（SLQJF：11）

能为"日有熹宜酒食长富贵乐毋事"之类的十二字铭，但方格框四内角是用铭文的 1 个字代替纹样装饰，复原直径 12.4 厘米。这种铜镜在临淄西汉墓曾有出土，铭文为右旋读"日有熹宜酒食长贵富乐毋事"，直径 14.2 厘米[98]。

　　C 型：三叠层草叶纹镜，以镜范 SLQJF：15 之铸件为代表（图 17－1）。十六内向连弧纹缘、三叠层草叶和带座乳钉，应当有铭文，直径 27 厘米，是迄今所见直径最大的四乳草叶纹镜。此型镜在平度界山汉墓出土 2 件，其中，界山 M1：13，半球形钮，柿蒂纹钮座，铭文方格框的内外侧均为双线凹面，四内角各饰一组三角形回纹，四外角饰枝叶花苞，四边外侧居中饰圆座乳钉和一组 V 形花瓣、两侧饰三叠层草叶纹，方格框内每边各饰铭文 4 个字，左旋读"日有熹得长熹常宜酒食长贵富乐毋事"十六字铭，直径 27.8 厘米[99]（图 17－2）。

　　5. 博局草叶纹镜

　　十六内向连弧纹缘，方格框四外角饰 V 形纹，四边外侧居中饰 T 形、L 形纹和花苞、两侧饰草叶纹。可分为二型。

　　A 型：单层草叶博局草叶纹镜。如镜范 SLQJF：02 之铸件（图 18－3），单层草叶纹，L 形纹外侧饰桃形花苞，方格框内无铭文，每边外侧饰四个小方格，直径 11.8 厘米。此型无铭文的博局草叶纹镜尚未见到，但带铭文的单层草叶博局草叶纹镜，河北省博物馆

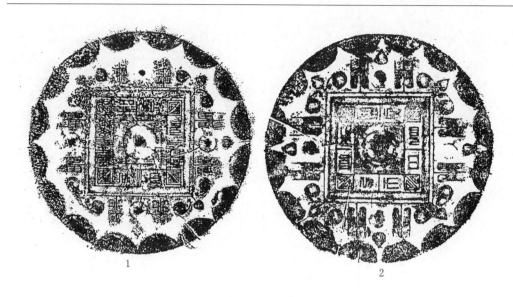

图15　B型Ⅱa式四乳草叶纹镜
1. 齐博藏镜；2　2. 潍坊市场村镜

收藏1件（"冀博藏镜"），L形和V形纹外侧装饰桃形花苞，铭文为右旋读"见日之光天下大明"，直径11厘米[100]（图19-1）；旅顺博物馆收藏1件，铭文为"见日之光长毋相忘"，直径11.5厘米[101]。

　　B型：叠层草叶博局草叶纹镜，以镜范SLQJF：66和SLQJF：74之铸件为代表（图18-1、2）。叠层草叶纹，方格框内有铭文，方格框四内角饰桃形花苞或一组三角形回纹。其中，镜范SLQJF：66之铸件，L形纹外侧饰火焰形花苞，铭文为右旋读"见日之光……"八字铭，直径15厘米左右。此型镜在青州戴家楼95号墓出土1件（M95：2），半球形钮，柿蒂纹钮座，铭文框四内角各饰一乳钉，L形纹外侧为桃形花苞，铭文

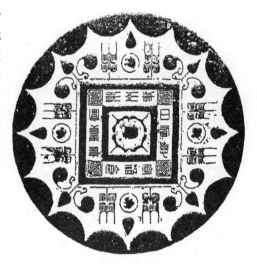

图16　B型Ⅱb式四乳草叶纹镜（平度界山M1：12）

为右旋读"见日之光天下大明"，直径10.2厘米[102]（图19-2）。长安西汉墓出土1件，铭文为右旋读"见日之光长毋相忘"，直径13厘米[103]。

（二）汉代临淄造铜镜的特色

　　综观汉代临淄制造的铜镜，无论在铜镜类型上还是在铜镜的风格上，都具有鲜明的特征，形成了自己的特色。

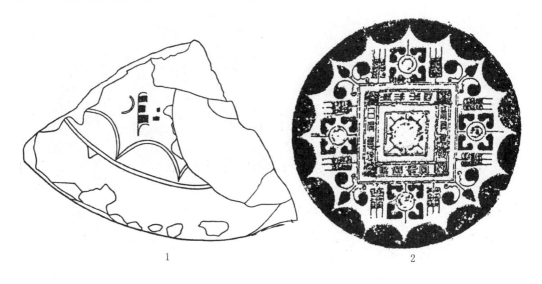

图 17 C 型四乳草叶纹镜范及铜镜

1. 镜范（SLQJF：15） 2. 铜镜（平度界山 M1：13）

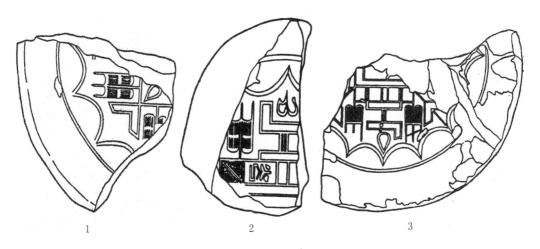

图 18 博局草叶纹镜范

1、2. B 型（SLQJF：74、SLQJF：66） 3. A 型（SLQJF：02）

　　汉代临淄造铜镜的特色，首先反映在其铜镜类型上。汉代临淄造铜镜，在类型上有三个突出的特点。其一，镜类的多样性。目前的资料反映出，西汉时期临淄制造的铜镜至少有各种蟠螭纹镜、四乳弦纹镜、四乳龙纹镜、四乳草叶纹镜、博局草叶纹镜等五类，而每一类又可分为不同的型和式。以四乳草叶纹镜为例，既有单层草叶纹、叠层草叶纹和三叠层草叶纹镜之型的不同，又有细部纹样装饰的差别，更有铭文的多样，如"见日之光天下大明"、"见日之光长毋相忘"、"日有熹……"十二字铭文等；即使同属于"见日之光天下大明"铭单层草叶纹镜，其镜背花纹、铭文的组合配置及布局也还存在着明

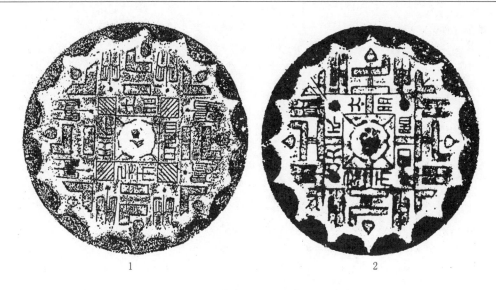

图 19　博局草叶纹镜

1.A 型（冀博藏镜）　　2.B 型（青州戴家楼 M95：2）

显的差异。这一特点的形成，可能与不同时期铜镜的产品类型不同有关，也可能与作坊不同其产品类型不同有关。其二，镜类的一致性。西汉时期临淄生产的铜镜产品尽管类型多样，但从总体上看，主要是蟠螭纹镜和草叶纹镜两大类，尤其是草叶纹镜无论其种类还是数量均十分突出。如果说蟠螭纹镜主要生产于西汉前期、而草叶纹镜的生产自西汉初年直至西汉后期的推论可以成立，那么可以认为，西汉时期临淄所产铜镜主要是各种类型的草叶纹镜，成为当时临淄铜镜产品的一个显著的地域性特征。也正是这种铜镜类型的地域性特色，直接导致了西汉临淄附近及其邻近地区各种草叶纹镜流行之地域性[104]的形成。其三，特有镜类的存在。就目前全国各地发现的西汉铜镜来看，如果说蟠螭纹镜和草叶纹镜是当时各地都流行的镜类，那么四乳弦纹镜和四乳龙纹镜则很少见到，而这两种镜类在临淄都有所制造。或可认为，四乳弦纹镜和四乳龙纹镜是西汉临淄造的特有镜类。

　　汉代临淄造铜镜的特色，还直接反映在铜镜的风格上。就临淄造铜镜的大小（根据镜范铸件直径的复原）来看，一方面以中小型铜镜为主，如蟠螭纹镜 10 件，其直径平均为 8.99 厘米；四乳弦纹镜 3 件，其直径平均为 8.53 厘米；四乳龙纹镜 2 件，其直径均为 10.2 厘米；草叶纹镜 23 件，其直径平均为 13.88 厘米，而直径为 10 厘米～16 厘米者19 件，占总数的 82.6%（图 20）。另一方面，同时也制造少量的大型和特大型铜镜，如 SLQJF：68 草叶纹镜范之铸件直径为 24 厘米，SLQJF：15 草叶纹镜范之铸件直径为 27厘米，是迄今所见直径最大的草叶纹镜。四乳草叶纹镜，既是汉代临淄造铜镜的主要镜类，更集中地表现出临淄造铜镜的独特风格——"临淄风格"，如镜体厚薄适中，制作精良；纹样结构紧凑，布局疏朗；草叶纹清秀、规整、线条流畅；铭文篆书、字体方正等。

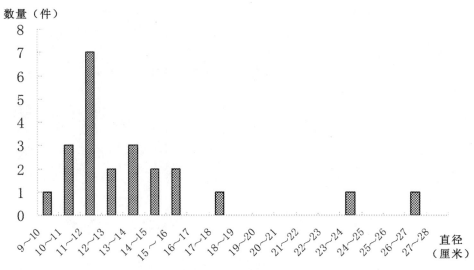

图 20 临淄造草叶纹镜镜面直径（据镜背范型腔复原）分布示意图

（三）汉代临淄造铜镜的传播与流通

汉代临淄造铜镜之类型及其风格的初步究明，使临淄造铜镜传播和流通的探讨成为可能。就全国范围来说，汉代的铜镜产地绝非一处，并且各地所产铜镜会具有大致相同的时代特征。但另一方面，不同产地的铜镜，不仅其铜镜类型会有所不同，而且其铜镜风格更有所差异。如果假设（理论上的假设）各地发现的汉代铜镜中与临淄造铜镜类型相同并且具有"临淄风格"的铜镜其产地为临淄，那么，通过检索各地发现的西汉铜镜中与临淄造铜镜类型相同并具有"临淄风格"者，便可以看到当时临淄所产铜镜的传播和流通情况。鉴于四乳草叶纹镜是西汉临淄造铜镜的主要镜类，并且其"临淄风格"表现的最为突出，这里以四乳草叶纹镜为例进行考察。

临淄及其邻近地区即当时的齐国境内，是临淄造铜镜的主要传播和流通地区。1984年～1985 年间在临淄乙烯生活区汉墓的发掘中，出土两汉时期的铜镜计 133 件，其中草叶纹镜就有 29 件[105]。此外，迄今已经发表的资料显示出，在今山东境内出土四乳草叶纹镜的县市已有寿光、潍坊、青州、昌乐、平度、临沂、莱芜、滕州、巨野、章丘等地[106]（图 21），其中，平度界山 1 号墓即出土四乳草叶纹镜计 19 件[107]。另据对迄今山东省发现的汉代铜镜的系统考察，仅山东省文物考古研究所就收藏有草叶纹镜 80 余件[108]。可以认为，今山东境内发现的四乳草叶纹镜，其产地应当是临淄。

四乳草叶纹镜，在今河南和陕西也多有发现，并且其类型和风格多与临淄造四乳草叶纹镜相同或相似。据对河南和陕西出土西汉铜镜的初步检索，洛阳防洪一段工区 M79镜[109]，洛阳西郊 M3171：8[110]，陕县后川汉墓 M3003：72[111]，以及西安汉墓 YCHM25：5[112] 等，均属于 A 型 I 式四乳草叶纹镜；洛阳防洪一段工区 M89 镜[113] 等属于 A 型 II式四乳草叶纹镜。西安汉墓 YCHM110：1[114] 属于 B 型 I 式四乳草叶纹镜；陕西淳化西关

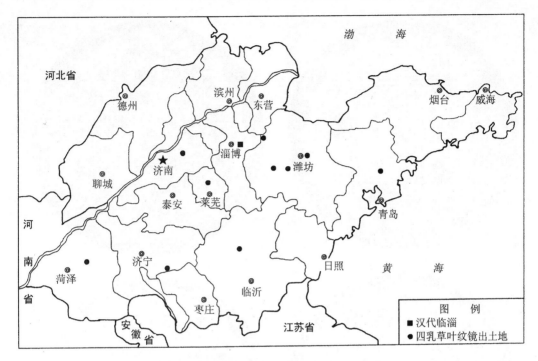

图 21　山东地区"临淄风格"四乳草叶纹镜出土地分布示意图

汉墓镜[115]，属于 B 型 Ⅱ 式"见日之光长毋相忘"铭四乳草叶纹镜；洛阳防洪渠 M49 镜[116]，属于 B 型 Ⅱ 式"日有熹宜酒食长富贵乐毋事"十二字铭四乳草叶纹镜；西安汉墓 YCHM160∶1[117]，属于 B 型 Ⅱ 式"长贵富乐毋事日有熹长得所喜宜酒食"十六字铭四乳草叶纹镜。由此可见，今河南和陕西也是临淄造铜镜的重要传播和流通区域。

　　如果对其他地区发现的西汉铜镜进一步进行检索便可发现，具有"临淄风格"的四乳草叶纹镜的传播和流通地区相当广阔。属于 A 型 Ⅰ 式的"见日之光天下大明"铭四乳草叶纹镜，安徽淮南施湖乡发现 1 件（"淮南施湖镜"）[118]，上海福泉山 M8∶2[119]（图 22-1）、浙江安吉上马山 M9∶2[120]、江西南昌东郊 M14∶13[121]（图 22-2）、河北邯郸彭家寨 M39∶3[122]（图 22-3）、辽宁抚顺刘尔屯汉墓镜[123]、辽宁西丰西岔沟汉墓镜[124]、吉林东辽市彩岚乌桓墓镜[125]（"东辽彩岚镜"；图 22-4）等均属于此式镜。湖南长沙杜家山 M797 镜，属于 B 型 Ⅱ 式"君行卒予心悲久不□□前稀"十二字铭四乳草叶纹镜[126]；广西贺县河东高寨 M3∶25，为 B 型 Ⅱ 式"日有熹宜酒食长富贵乐毋事"十二字铭四乳草叶纹镜[127]（图 23）。河北满城 1 号墓出土的"长贵富乐毋事日有熹常得所喜宜酒食"十六字铭三叠层草叶纹镜[128]（M1∶5224），属于 C 型四乳草叶纹镜（图 24）。

　　实际上，西汉临淄造铜镜的传播地域并不仅限于中国境内，而是还远及海外。仍以草叶纹镜为例，在朝鲜半岛，韩国庆尚北道庆州市林堂遗址出土 1 件"见日之光长乐未央"铭四乳叠层草叶纹镜[129]（图 25），其纹样及其风格与临淄造八字铭四乳叠层草叶纹镜基本一致，其产地当在临淄。在日本列岛，福冈县春日市须玖冈本 D 地点墓葬出土的

图22　A型I式四乳草叶纹镜

1. 上海福泉山 M8:2　2. 南昌东郊 M14:13　3. 邯郸彭家寨 M39:3　4. 东辽彩岚镜

27件汉镜，尽管大多残破[130]，难以进行更深入的研究，但属于中国西汉时期的铜镜则无疑[131]。其中的1件五叠层草叶纹镜（原称"方格四乳叶纹镜"），直径23.6厘米（图26），尤其值得注意。尽管目前中国境内尚未发现这种五叠层草叶纹镜，但基于目前得到确认的汉代草叶纹镜的产地只有临淄一处，并且山东平度界山汉墓中有各种草叶纹镜的大量发现，况且其中不乏直径20厘米以上的大型镜，可以推测冈本D地点墓葬出土的草叶纹镜，其产地有可能在临淄。另外，据传福冈县筑紫郡发现的1件"见日之光长乐未央"铭四乳叠层草叶纹镜（原称"方格草叶纹镜"），直径13.9厘米[132]（图27），判定其产地在临淄当不会大误。据此或可认为，西汉临淄造的铜镜还向东北渡过大海，传播到了朝鲜半岛的东南部和日本的九州地区。

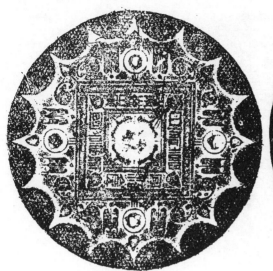 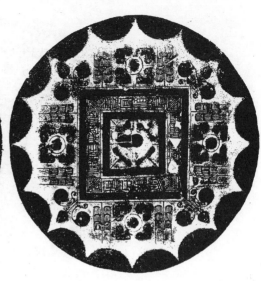

图23　B型Ⅱ式四乳草叶纹镜　　　　　　　图24　C型草叶纹镜

（广西贺县河东高寨M3：25）　　　　　　　（河北满城M1：5224）

 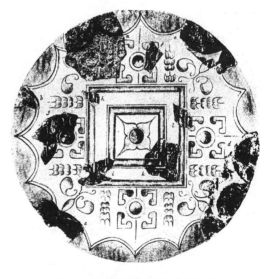

图25　韩国庆尚北道林堂遗址出土的　　　　图26　日本福冈县春日市须玖冈

四乳草叶纹镜　　　　　　　　　　本D地点出土的草叶纹镜

　　如果上述分析无误，那么可以认为：西汉临淄造铜镜在临淄及其邻近地区广为使用的同时，其传播和流通地域（图28），南至长江中下游的今安徽、上海、浙江、江西、湖南等地，乃至岭南的桂东一带，西到当时的首都长安，北达今辽宁乃至吉林的西南部地区，向东北则有可能渡过大海传到了朝鲜半岛和日本的九州岛。至于铜镜的传播方式，一种是商品交换和流通，应当是主要的一种方式；另一种则是随着人们的移动使之流传到他地。正因为

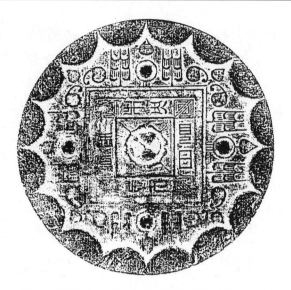

图 27　据传日本福冈县筑紫郡发现的四乳草叶纹镜

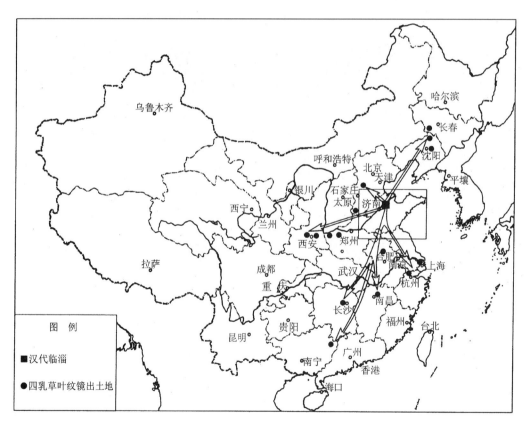

图 28　中国境内"临淄风格"四乳草叶纹镜出土地分布示意图

如此,通过铜镜的流通和传播,可以从一个侧面考察当时的人群移动和文化交流。

　　应当指出的是,在铜镜传播和流通的研究上,不仅要注意铜镜类型的异同,更要关注相同镜类的不同风格。因为,不同的铜镜产地可以生产相同类型的铜镜,但其风格往往因产地不同而异。举例来说,湖北荆州高台汉墓出土的1件西汉中期的草叶纹镜(M25:1),虽然镜缘是十六内向连弧纹缘,主纹区饰乳钉、桃形花苞和叠层草叶,方格框四外角饰枝叶花苞,铭文为"见日之光天下大明",直径13.8厘米[133],从类型上说属于严格意义上的"见日之光天下大明"叠层四乳草叶纹镜,但是,其草叶纹的形态和结构表明,它并非临淄所产。又如,四川成都羊子山西汉墓出土有多种类型的四乳草叶纹镜和博局草叶纹镜[134],尽管其主体纹样以及铭文与临淄造铜镜相似,但其纹样、铭文及其布局等风格特征与临淄造草叶纹镜差异甚大,当另有产地,或许成都是当时的另一个铸镜中心。这也从一个侧面说明,西汉时期的铜镜产地有多处,而铜镜产地的探寻,对于当时铜镜生产和流通的研究,是必不可少的。

四　余　论

　　山东临淄齐国故城汉代镜范的发现和铸镜作坊址的调查,终于在考古学上首次确认了一处西汉时期的铜镜产地,并且对汉代临淄铜镜的制造工艺技术及其发展水平、铜镜的生产经营、临淄造铜镜的传播和流通等有了一个基本的了解和认识。尽管汉代临淄铜镜制造业的考古学研究是初步的,有关的许多问题还有待于进一步深入探讨,但它无论如何是汉代物质文化研究和社会生产研究的一个突破,并且由此我们可以得到许多有益的启示。

　　就汉代铜镜而言,作为当时社会文化的一种重要物质载体,其研究不仅重要,而且必须有科学的思路和方法。两汉时期,一方面随着铁器工业的发展和铁器的普及,青铜不再大量应用于生产工具和兵器的生产,使青铜制品走入日常生活成为可能;另一方面随着社会政治和意识形态的变革,社会生活中不再主要以铜礼器表现人们的社会身份和地位的高低,从而使得青铜制品向生活化和平民化转移。在这样的历史背景之下,铜镜到了汉代作为一种日用器具不再像东周时期那限于贵族和社会上层所使用,而是迅速走向民间,走向平民化,成为普通民众广为使用的一种日常生活用品。汉代的铜镜,在时间上,表现为随着时间的推移不断发展变化,不断推陈出新,有鲜明的时代特色;在空间上,既表现出强烈的统一性,又表现出明显的地域性。汉代铜镜的统一性,主要是当时政治统一、思想文化统一的结果和反映;而其地域性,既与各地的文化传统和社会风尚有关,但更主要和更直接的是与当时铜镜的生产和流通相关。因此,从考古学上考察汉代铜镜的统一性和地域性,最根本的是铜镜产地的寻找及其生产年代和产品类型的确认。如果根据汉代墓葬出土的铜镜资料考察铜镜的统一性和地域性,则必须坚持"共时性"原则,并且应当进行数量的统计和比较。如若不然,把上下四百多年的资料混为一谈[135]——因为不同时期原有的汉墓数量有所不同、经过发掘的汉墓数量局限性很大、已经发表的汉墓资料更是千差万别,尤其是铜镜的类型及其特征更是因年代不同而大相差异，就无法真正究明其统一性和地域性，其结论甚至大谬。

就汉代考古而言，作为历史考古学的一个重要的组成部分，其社会生产的考古学研究，是其重要的任务之一。我们知道，历史考古学作为整个近代中国考古学的两大分支学科之一，是相对于史前考古学根据其研究的年代范围而划分出来的。无论史前考古学还是历史考古学，尽管都是根据古代人类通过各种活动遗留下来的实物以研究和揭示人类古代社会历史，最终目标在于阐明存在于历史发展过程中的规律，但是，由于历史时期有了文献记载，历史考古学相对于史前考古学而言，具有两个最鲜明的特征：其一，是必须与文献记载相结合，此不多论；其二，是主要任务和研究的重点发生转移，即转移到物质文化的研究、精神文化的物化研究和社会生活的具象化、实证化研究[136]。汉代作为中华多民族统一的中央集权国家的形成和第一个发展高峰时期，关于当时的社会政治制度、经济制度、思想文化、军事活动、人物事件等，丰富的历史文献有着翔实的记载，但关于当时的社会生产，文献记载中却寥寥无几。譬如，《史记·货殖列传》中有关于当时商品门类的记载，涉及到冶铁、冶铜、煮盐、纺织、制陶等 18 种手工业门类[137]，但关于这 18 种手工业生产的生产经营情况，几乎没有记述，而铜镜制造作为当时重要的手工业生产之一[138]，更是毫无记述。在这种情况下，依据考古资料并结合文献记载对当时的各种手工业生产进行研究，便历史地落在了考古学家的肩上，而这种研究，对于全面揭示汉代的社会历史具有重要意义，是不言而喻的。实际上，以研究历史上各个时代各种工业生产——包括各种加工业、制造业以及矿业生产的原材料、生产工具与设施、生产技术、生产过程、生产经营方式及其产品的传播和流通为主要内涵的"产业考古学"，将逐步成为现代考古学的一个重要的分支学科，对于考古学基本任务和最终目标的实现、对于人类社会历史的揭示及其发展规律的探寻，都具有极其重要的意义，并且具有广阔的发展前景。

注　释

〔1〕本文所称之"镜范"除注明者外，均为陶质镜范。

〔2〕临淄郡，又称之为齐郡。《汉书·地理志》："齐郡，秦置"。但据王国维考证，"临淄郡，实齐郡之本名"（见《秦会要订补》第 373 页，中华书局，1959 年）。本文从。

〔3〕《汉书·高五王传》：主父偃曾进言汉武帝"齐临淄十万户，市租千金，人众殷富，钜于长安，非天子亲弟爱子不得王此"。

〔4〕a. 山东省文物管理处：《山东临淄齐故城试掘简报》，《考古》1961 年第 6 期。

　　b. 群力：《临淄齐国故城勘探纪要》，《文物》1972 年第 5 期。

〔5〕关野雄：《齊都臨淄の調查》，《中国考古学研究》第 241 頁～294 頁，日本東洋文化研究所，1942年。

〔6〕张爱云、杨淑香、刘琦飞：《山东淄博市临淄齐国故城发现汉代镜范》，《考古》1998 年第 9 期。

〔7〕a. 白云翔：《西汉时期日光大明草叶纹镜及其铸范的考察》，《考古》1999 年第 4 期。

　　b. 白雲翔：《山東省臨淄齊国故城出土の前漢鏡範とその問題について》，（日本）《古代学研究》第149 號，2000 年。

〔8〕张龙海:《临淄齐国故城大城内又出土汉代镜范》,《临淄拾贝》第118页,淄博市新闻出版局,2001年。

〔9〕a. 白云翔、张光明:《山东临淄齐国故城汉代镜范的发现与研究》,《考古》2005年第12期。
b. 刘煜、赵志军、白云翔、张光明:《山东临淄齐国故城出土汉代镜范的科学分析》,《考古》2005年第12期。

〔10〕中国山东省文物考古研究所、日本奈良县立橿原考古学研究所:《山东省临淄齐国故城出土镜范的考古学研究·上编·临淄齐国故城出土镜范资料集成》,科学出版社,2007年。

〔11〕白云翔:《临淄齐国故城汉代镜范及相关问题研究》,《山东省临淄齐国故城汉代镜范的考古学研究》第102页,科学出版社,2007年。按:2007年2月"齐都临淄与汉代铜镜铸造业国际学术研讨会"代表在对临淄齐国故城进行考察时,又在苏家庙村西地点现场采集到一件四乳草叶纹镜范残片。

〔12〕中国社会科学院考古研究所、山东省文物考古研究所:《山东临淄齐国故城内汉代铸镜作坊址的调查》,《考古》2004年第4期。

〔13〕王会田:《临淄齐国故城阚家寨铸镜作坊遗址调查》,《山东省临淄齐国故城汉代镜范的考古学研究》第260~272页,科学出版社,2007年。

〔14〕白云翔:《临淄齐国故城汉代镜范及相关问题研究》,《山东省临淄齐国故城汉代镜范的考古学研究》第118页,科学出版社,2007年。

〔15〕横田胜:《临淄齐国故城出土镜范的密度测定》表1、表2,《山东省临淄齐国故城汉代镜范的考古学研究》第230~233页,科学出版社,2007年。

〔16〕白云翔:《临淄齐国故城汉代镜范及相关问题研究》注〔88〕,《山东省临淄齐国故城汉代镜范的考古学研究》第131页,科学出版社,2007年。

〔17〕同注〔9〕b。

〔18〕关于临淄镜范含硅量高的成因,何堂坤曾提出不排除"选用了高硅黏土的可能性",值得注意(何堂坤:《古镜科学分析札记》第16页,"齐都临淄与汉代铜镜铸造业国际学术研讨会"论文,2007年2月)。

〔19〕崔剑锋、吴小红:《临淄齐国故城汉代镜范和铜镜检测报告》,《山东省临淄齐国故城汉代镜范的考古学研究》第234页,科学出版社,2007年。

〔20〕山西侯马东周铸铜遗址出土的陶范中,长齿植硅石的含量为59%,被认为是羼入植物灰所致(谭德睿、黄龙:《商周青铜器陶范材料研究》,《上海博物馆文物保护科学论文集》第47页,上海科学技术文献出版社,1996年)。

〔21〕同注〔7〕a。

〔22〕谭德睿:《中国青铜时代陶范铸造技术研究》,《考古学报》1999年第2期,第245页。

〔23〕何堂坤:《中国古代铜镜的技术研究》第112页,紫禁城出版社,1999年。

〔24〕据了解,现在复制古代铜镜的方法是:先用已有的铜镜(JM)模制出制作镜模的母范(MF),然后用它浇铸出范模(FM),再用范模翻制出铸造铜镜的铸范(ZF),最后用陶范铸镜(J)。又,如果说汉代铸镜中有的范模(FM)为浇铸制品的话,那么,浇铸范模所用的母范(MF)完全可以采用刻制的方法制作。

〔25〕翻制镜范的范模,也可以使用铸造好的铜镜。如果是用铜镜作范模,可能是将铜镜固定在平面模板的一端居中位置,而另一端制出浇口模和冒口模。

〔26〕侯马铸铜遗址出土陶质阳隧模2件,其中H 247:2,整体近长方形,一端略残,长9.5厘米,宽7.2厘米,厚3.1厘米,其中模底板厚2厘米,阳隧模厚0.6厘米,直径5.3厘米,钮模高0.5厘

米；无浇口，背面不平，有手抹痕迹。H23：1，已残，宽7.2厘米；顶部做出浇口模，口宽3.1厘米，高3厘米（山西省考古研究所：《侯马铸铜遗址》（上）第176页，图九〇之3、4，文物出版社，1993年）。

〔27〕镜范型腔所保留的雕刻加工痕迹，尽管不能一概视为"刻制法"制范的证据，因为采用模制法制作镜范对花纹进行修整，同样会遗留下雕刻加工痕迹，但有些雕刻加工痕迹显然是雕刻镜范所遗留。

〔28〕汉代铜镜中，有的镜缘内侧存在着一周微微凸起的同心圆铸线但又并非是纹样，如洛阳涧西防洪渠49号墓出土的1件"日有熹……"十二字铭草叶纹镜（见《洛阳出土铜镜》图版6），应当是铸范上同样的下凹线条所致，而这样的同心圆线条，应当与镜范制作过程中纹样的设计和雕刻有关，说明当时有的镜范在制作时采用了雕刻的方法。

〔29〕同注〔22〕。

〔30〕在范坯上雕刻型腔及其花纹，也有可能是先对范坯经850℃左右的预烘焙之后再进行。有关学者在对商周青铜器进行的复原试验的实践中，曾发现经过850℃左右烘焙过的陶范"极易雕刻，薄细的线条也不至于崩塌"（谭德睿：《中国青铜时代陶范铸造技术研究》，《考古学报》1999年第2期，第230页）。

〔31〕刻制镜范的一种方式，参见白云翔：《临淄齐国故城汉代镜范及相关问题研究》注［95］，《山东省临淄齐国故城汉代镜范的考古学研究》第132页，科学出版社，2007年。

〔32〕需要指出的是，采用"模制法"批量翻制的镜范，其型腔大小及其纹样应当几乎完全一致，但迄今临淄齐国故城发现的镜范中尚未见到两件基本相同者。这可能与迄今所见镜范出土于多个地点有关，有待于今后铸镜作坊址的发掘。

〔33〕关于型腔细腻的表层，应当是模制并修整或雕刻出花纹后刷涂料以填塞范体表面暴露出的孔隙，以便防止浇注时铜液流入孔隙内。有学者认为，先制成范体的大概形状，在正面涂一层致密的范泥，然后在其上雕刻纹饰。但是，迄今所见临淄之镜范的断面上观察不到与范体不同的范泥层，说明镜范型腔表面的涂料层并不是刻制或模制之前涂刷的，而是之后涂刷的。

〔34〕田贺井笃平、橘由里香：《草叶纹镜范的物质科学研究》，《山东省临淄齐国故城汉代镜范的考古学研究》第250页，科学出版社，2007年。

〔35〕山西省考古研究所：《侯马铸铜遗址》（上）第93页，第177页，第307页，文物出版社，1993年。

〔36〕同注〔35〕，第174页。

〔37〕通过临淄镜范的实物观察可以发现，不少使用过的镜范，其型腔表面泛黑色或呈细腻光亮的黑色，说明浇铸前先在型腔表面涂抹一种细腻的涂料（脱范剂）或经过烟熏以利于脱范，然后合范进行烘烤加热再行浇铸，浇铸时型腔表面因有脱范剂并接触高温而呈细腻的黑色。另外，SLQJF：78镜范型腔上连弧纹和草叶纹的边缘，明显可见黏稠状液体滞积的痕迹，说明型腔表面涂有黏稠状液体的脱范剂。至于脱范剂的物质构成，尚不明了。

〔38〕临淄镜范的浇口，尤其是镜背范的浇口，其宽度一般在3厘米以上，完全可以满足直接浇铸的需要。侯马铸铜遗址出土的浇口杯，有些外口直径仅2.4厘米左右。

〔39〕同注〔5〕，第272页。

〔40〕三船温尚：《日本国内にある草葉文鏡範に関する諸考察》，《鏡範研究》（Ⅱ）第54页，日本奈良景立橿原考古学研究所、二上古代鑄金研究会，2005年。

〔41〕同注〔7〕a.。

〔42〕三船温尚：《从临淄齐国故城汉代镜范和日本收藏的草叶纹镜范考察铜镜制作技术》，《山东省临淄齐国故城汉代镜范的考古学研究》第222页，科学出版社，2007年。

〔43〕湖北鄂州三国时期"同模镜"和"同模改范镜"（指利用范模翻制出镜范后又对其型腔的纹样和铭文进行局部修改者）的发现（董亚巍：《鄂州铜镜·前言》，中国文学出版社，2002年），揭示了当时用范模翻制出镜范、"一范铸一镜"的铸造工艺，应当是汉代铸镜工艺的承袭。

〔44〕同注〔23〕，第172页。

〔45〕小崛孝之、三船温尚、清水克朗：《山东省文物考古研究所所藏青铜镜の工芸の問題と製作技術に関する考察》，《中国出土鏡の地域別鏡式分布に関する研究》第332頁，第337頁，2004年。

〔46〕同注〔23〕，第115页。

〔47〕亀井清：《古鏡の面反りについて》，《阡陵——関西大学博物館学課程創設二十周記念特集》，（日本）関西大学考古学資料室，1982年。

〔48〕清水康二、三船温尚：《草葉文鏡範研究の現状と課題》，《鏡範研究》（Ⅱ）第4頁，（日本）奈良県立橿原考古学研究所、二上古代鋳金研究会，2005年。

〔49〕同注〔45〕，第332頁，第337頁，2004年。

〔50〕中国科学技术大学结构分析中心实验室、中国社会科学院考古研究所实验室：《汉代铜镜的成分与结构》，《考古》1988年第4期，第375页。

〔51〕《淮南子·修务训》："明镜之始下型，朦然未见形容，及其粉以玄锡，摩以白旃，鬈眉微豪，可得而察"。

〔52〕《汉书·食货志》载：在全国各主要产铁地区置大铁官，主鼓铸；"郡不出铁者置小铁官，使属在所县"。

〔53〕《汉书·王莽传》：始建国二年，"初设六筦之令，命县官酤酒、卖盐铁器、铸钱，诸采取名山大泽众物税之"。

〔54〕《汉书·百官公卿表（上）》。

〔55〕《后汉书·百官（二）》：太仆属官有"考工令一人，六百石"。注曰："主作兵器弓弩刀铠之属，成则传执金吾入武库，及主织绶诸杂工"。

〔56〕洪石：《战国秦汉漆器研究》第160页～198页，文物出版社，2006年。

〔57〕河南省博物馆：《灵宝张湾汉墓》，《文物》1975年第11期第81页。

〔58〕白云翔：《先秦两汉铁器的考古学研究》第341页～346页，科学出版社，2005年。

〔59〕同注〔58〕，第340页。

〔60〕傅筑夫、王毓瑚：《中国经济史资料·秦汉三国编》第338页，中国社会科学出版社，1982年。

〔61〕孔祥星、刘一曼：《中国古代铜镜》第75页，文物出版社，1984年。

〔62〕同注〔54〕；《后汉书·百官（三）》。

〔63〕洛阳区考古发掘队：《洛阳烧沟汉墓》第160页，科学出版社，1959年。

〔64〕中国科学院考古研究所洛阳发掘队：《洛阳西郊汉墓发掘报告》，《考古学报》1963年第2期。

〔65〕黄冈市博物馆、湖北省文物考古研究所、湖北省京九铁路考古队：《罗州城与汉墓》第124页，第204页，科学出版社，2000年。

〔66〕广州市文管会、广州市博物馆：《广州汉墓》第345页，第447页，文物出版社，1981年。

〔67〕宋治民：《汉代手工业》第49页，巴蜀书社，1992年。

〔68〕李剑农在论及汉代齐三服官、蜀广汉之工官以及少府之三工官时称："此种官府工场，其规模虽大，若就其性质言，则非以制造商品为目的，而以供给皇室宫廷之需用品为目的"（李剑农：《先秦两汉经济史稿》第177页，中华书局，1962年）。

〔69〕中国青铜器全集编辑委员会：《中国青铜器全集》第16卷《铜镜》，文物出版社，1998年。

〔70〕淄博市博物馆：《西汉齐王墓随葬器物坑》，《考古学报》1985年第2期。

〔71〕《战国策·齐策》苏秦说齐宣王"临淄之中七万户……甚富而实……临淄之途，车毂击，人肩摩，连衽成帷，举袂成幕，挥汗成雨，家敦而富，志高而扬"。

〔72〕王献唐《临淄封泥文字叙目》著录有刘家寨一带出土的"齐采铁印"、"齐铁官丞"等封泥，以及"右市"、"西市"、"左市"、"南市"等半通官印封泥，并云："更知临淄亦有四市，与王都制同"（王献唐：《临淄封泥文字叙目》第25页，第4页，山东省立图书馆编印，1936年）。

〔73〕《汉书·高五王传》。

〔74〕群力：《临淄齐故城勘探纪要》，《文物》1972年第5期。

〔75〕《史记·高祖本纪》。

〔76〕李剑农：《先秦两汉经济史稿》第169页，中华书局，1962年。

〔77〕《史记·货殖列传》。

〔78〕张光明、徐新、许志光、张通：《试论汉代临淄的青铜冶铸业》，《山东省临淄齐国故城汉代镜范的考古学研究》第145页，科学出版社，2007年。

〔79〕《汉书·武帝纪》、《汉书·诸侯王表》。

〔80〕《汉书·食货志》："遂于长安及五都立五均官，更名长安东西市令及洛阳、邯郸、临淄、宛、成都市长皆为五均司市师。东市称京，西市称畿，洛阳称中，余四都各用东西南北为称"。

〔81〕徐苹芳：《三国两晋南北朝的铜镜》，《考古》1984年第6期。

〔82〕夏湘蓉、李仲均、王根元：《中国古代矿业开发史》第54页～62页，地质出版社，1980年。

〔83〕淄博市博物馆、齐故城博物馆：《临淄商王墓地》第79页图六二之2，齐鲁书社，1997年。

〔84〕临沂文物组：《山东临沂金雀山一号墓发掘简报》，《考古学集刊》第1集138页图七，中国社会科学出版社，1981年。

〔85〕同注〔83〕，第80页。

〔86〕韩伟东、王晓莲：《临淄齐国故城遗址博物馆收藏的汉代铜镜》，《山东省临淄齐国故城汉代镜范的考古学研究》第174页，科学出版社，2007年。

〔87〕魏成敏、董雪：《临淄齐国故城的汉代镜范与山东地区的汉代铜镜》，《山东省临淄齐国故城汉代镜范的考古学研究》第166页，科学出版社，2007年。

〔88〕同注〔86〕，第157页。

〔89〕同注〔87〕，第166页。

〔90〕同注〔83〕，第81页。

〔91〕同注〔6〕。

〔92〕徐孝忠：《淮南市博物馆藏镜述略》，《文物研究》第5集，1988年。

〔93〕同注〔5〕，第272页、291页。

〔94〕同注〔86〕，第179页。

〔95〕潍坊市博物馆：《潍坊市古文化遗址调查》，《考古》1989年第9期，第774页。

〔96〕青岛市文物局、平度市博物馆：《山东青岛市平度界山汉墓的发掘》，《考古》2005年第6期第38页图六之5。

〔97〕同注〔96〕，图六之8。

〔98〕山东省文物考古研究所发掘资料。

〔99〕同注〔96〕，图七之1。

〔100〕河北省文物研究所：《历代铜镜纹饰》图24，河北美术出版社，1996年。

〔101〕旅顺博物馆：《旅顺博物馆藏铜镜》第22页，文物出版社，1997年。

〔102〕山东省文物考古研究所：《山东青州市戴家楼战国西汉墓》，《考古》1995年第12期第1080页图

九之 2。

〔103〕孔祥星、刘一曼：《中国铜镜图典》第 204 页，文物出版社，1992 年。

〔104〕日本学者菅谷文则在对山东地区出土的汉代铜镜进行全面调查后指出："山东省代表性的镜类是
　　　草叶纹镜"（菅谷文则：《山東省出土鏡について》，《中国出土鏡の地域別鏡式分布に関する研
　　　究》第 252 頁，2004 年）。

〔105〕菅谷文则：《山東省出土鏡について》，《中国出土鏡の地域別鏡式分布に関する研究》第 252 頁，
　　　2004 年。

〔106〕同注〔87〕，第 169 页。

〔107〕同注〔96〕。

〔108〕同注〔45〕，第 337 頁。

〔109〕洛阳市文物管理委员会：《洛阳出土古镜》图 6，文物出版社，1959 年。

〔110〕中国科学院考古研究所洛阳发掘队：《洛阳西郊汉墓发掘报告》，《考古学报》1963 年第 2 期第 22
　　　页，图版柒之 4。

〔111〕中国社会科学院考古研究所：《陕县东周秦汉墓》第 185 页，图版一○七之 3，科学出版社，1994
　　　年。

〔112〕程林泉、韩国河：《长安汉镜》第 58 页～62 页，图十一之 6，陕西人民出版社，2002 年。

〔113〕同注〔109〕图 3。

〔114〕同注〔112〕，第 58 页～62 页，图十一之 5。

〔115〕淳化县文化馆：《陕西淳化县出土汉代铜镜》，《考古》1983 年第 9 期第 850 页图二之 3。

〔116〕洛阳博物馆：《洛阳出土铜镜》第 3 页，图版 6，文物出版社，1988 年。

〔117〕同注〔112〕，第 58 页～62 页，图十一之 4。

〔118〕徐孝忠：《安徽淮南市博物馆收藏的几面古代铜镜》，《文物》1993 年第 4 期第 88 页图九。

〔119〕王正书：《上海福泉山西汉墓群发掘》，《考古》1988 年第 8 期第 706 页图一一。

〔120〕安吉县博物馆：《浙江安吉县上马山西汉墓的发掘》，《考古》1996 年第 7 期第 56 页图一二右上。

〔121〕江西省博物馆：《南昌东郊西汉墓》，《考古学报》1976 年第 2 期第 180 页，图一一之右。

〔122〕河北省文物研究所：《历代铜镜纹饰》第 22 页，河北美术出版社，1996 年。

〔123〕抚顺市博物馆：《辽宁抚顺县刘尔屯西汉墓》，《考古》1983 年第 11 期第 991 页。

〔124〕孙守道：《"匈奴西岔沟文化"古墓群的发现》，《文物》1960 年第 8/9 期第 34 页图 19。

〔125〕张英：《吉林出土铜镜》第 9 页，文物出版社，1990 年。

〔126〕湖南省博物馆：《湖南出土铜镜图录》第 75 页，文物出版社，1960 年。

〔127〕广西壮族自治区文物工作队、贺县文化局：《广西贺县河东高寨西汉墓》《文物资料丛刊》第 4 集
　　　第 41 页图二五之 1，文物出版社，1981 年。按：《广西铜镜》将此镜称之为贺州市铺门 1 号墓出
　　　土（广西壮族自治区博物馆：《广西铜镜》图版 8，文物出版社，2004 年）。

〔128〕中国社会科学院考古研究所、河北省文物管理处：《满城汉墓发掘报告》（上）第 81 页，文物出
　　　版社，1980 年。

〔129〕李阳洙：《韩半岛的铜镜》，《齐国故城出土镜范和东亚的古镜》（中文版）第 30 页，日本奈良县
　　　立橿原考古学研究所，2007 年 2 月。

〔130〕梅原末治：《頑玖岡本發見の古鏡について》，《筑前頑玖史前遺跡の研究》第 68 頁、图版二○，
　　　（日本）临川书店，1940 年。

〔131〕冈村秀典：《頑玖岡本王墓の中国鏡》，《頑玖岡本遺跡》，（日本）吉川弘文馆，1994 年。

〔132〕小川贵司：《井上コレクション——弥生・古墳時代资料图录》第 19 页，（日本）言叢社，1989 年。

〔133〕湖北省荆州博物馆：《荆州高台秦汉墓》第 110 页图九一之 4，科学出版社，2000 年。

〔134〕四川省博物馆、重庆市博物馆：《四川省出土铜镜》第 28 页～45 页，文物出版社，1960 年。

〔135〕逄振镐：《汉代山东出土铜镜之比较研究》，《考古与文物》1989 年第 4 期。

〔136〕白云翔：《关于历史考古学的若干问题》，2006 年 11 月 25 日在郑州大学历史学院的讲演。

〔137〕同注〔76〕，第 166 页。

〔138〕秦汉史学家陈直先生指出："铜镜为两汉手工业重点之一"（陈直：《两汉经济史料论丛》第 146 页，陕西人民出版社，1980 年）。中国古代工业史专家祝慈寿也称："铜镜为汉代铜镜铸造工业中的重要产品之一"（祝慈寿：《中国古代工业史》第 208 页，学林出版社，1988 年）。

ARCHAEOLOGICAL RESEARCH ON THE INDUSTRY OF BRONZE MIRRORS IN LINZI DURING THE HAN PERIOD

Bai Yunxiang

Key Words: Han period Linzi mirror molds industry of bronze mirrors

So far, thousands of Han period (206BC—AD220) mirrors have been discovered and related studies have obtained rich fruits, but research on the industry of Han mirrors has long been stagnant.

Since 1997, 95 Han mirror molds have been found on the site of Linzi, the capital of the ancient Qi State in present-day Shandong, and three workshop-sites of mirror casting have been confirmed. Researches reveal that the industry of bronze mirrors in Linzi dates mainly from the early and mid Western Han, with the maximum chronological span lying between the Qin-to-Han turn and the late Western Han.

Han bronze mirrors were cast with double-sectional pottery molds, which were made of clayey tiny-grained local loess mixed with rice-husk ash in certain proportion, shaped by molding or cutting, and then baked in kilns. Generally a mold was used once. The coarse casts had to undergo heat treatment, machining and the surface treatment of the obverse, with the common "convex mirror" formed in the course of heat treatment. Mirror industry was one of the important privately operated crafts. Typologically there were five categories of mirrors with the hydra, the four-nipple and bow string, the four-nipple and dragon, the four-nipple and floral, and the TLV and floral designs respectively, of which the floral design mirrors were the most characteristic of the "Linzi style." The products of Linzi mirror industry were distributed in Linzi and its vicinity, i. e. in the Qi State territory, as well as in present-day Henan and Shaanxi; and were spread southward to Zhejiang, Shanghai, Jiangxi and Guangxi, northeastward to Liaoning and Jilin, and even probably to the southern Korean Peninsula and Kyushu of Japan.

The research results make up a gap in the study of the casting technology and production of bronze mirrors in the Han period and bring us the inspiration that industry production archaeology with ancient industrial production as the main research object constitutes an important field of archaeological studies and has broad developments.

略论西汉墓葬中出土的木枕

洪 石

关键词：西汉　墓葬　木枕　漆器

枕是寝具中的一种，也称为"枕头"，躺着的时候，垫在头下使用。许慎《说文解字》云："枕，卧所以荐首者，从木，尤声。"[1]其字从"木"，反映了古人最早应是以木为枕。目前，考古发现年代比较早的木枕属于春秋时期，在安徽青阳龙岗春秋墓[2]中出土。该枕编号为M1：7，厚木胎，由盖、身两部分组成，黑漆脱落殆尽。底面皆平，背弧弓，盖、身以子母口扣合。体中空，下底内镂有三条内凹槽。素面。长46厘米，两端宽12厘米，中间宽13厘米，厚8厘米（图1）。此枕为盒形，可藏物，而且该墓为春秋晚期的吴越墓葬，与《越绝书·外传·枕中》[3]记载的可藏书之枕相合。该墓为单棺单椁墓，墓内另有陪葬棺和边箱，木枕出自边箱。

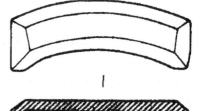

图1　黑漆木枕（安徽青阳龙岗 M1：7）

根据目前收集到的考古资料，战国时期墓葬中尚未见到单纯的木枕出土，而多出土竹木合制的枕[4]。西汉时期[5]的墓葬中出土了一些木枕，其中多数髹漆，有的还有彩绘。从目前的统计看，木枕主要出自山东、江苏、湖北，另外在山西、安徽、湖南等地也有出土，其中以江苏扬州出土最多，木枕的类型最丰富。

一　木枕的类型

根据枕端、枕面的形态差异，可分为二型。

A型：枕端呈马蹄形，枕面呈弧形。根据枕托的有无，又可分为二亚型。

Aa型：无枕托。

作者简介：1972年生于吉林省大安市。1996年毕业于吉林大学考古学系，获历史学学士学位。1999年毕业于吉林大学考古学系，获历史学硕士学位。2002年毕业于中国社会科学院研究生院考古系，获历史学博士学位。7月分配至《考古》月刊担任编辑工作。现为中国社会科学院考古研究所助理研究员，主要研究方向为战国秦汉考古，曾出版专著《战国秦汉漆器研究》，并发表《东周至晋代墓所出物疏简牍及其相关问题研究》、《战国秦汉时期漆器的生产与管理》、《战国秦汉时期漆器上的文字内容探析》等多篇学术论文。

　　山东临沂金雀山周氏墓群 M11∶6，实木枕。为一块整木制成。底为长方形，长 29 厘米，宽 7.7 厘米。自下而上逐渐收缩成圆弧顶。高 11.7 厘米（图 2）。简报未介绍此木枕是否髹漆。葬具为单椁单棺，椁室分棺室和边箱二部分。简报未介绍枕的出土位置，也无墓葬平面图。墓葬年代为西汉[6]。

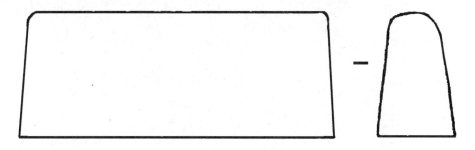

图 2　Aa 型木枕（山东临沂金雀山 M11∶6）

图 3　Aa 型木枕（江苏扬州东风砖瓦厂 M9∶10）

　　江苏扬州东风砖瓦厂 M9∶10，彩绘漆枕。枕端朱地黑绘云气纹和鸟兽纹，边沿绘几何纹。枕表面髹黑漆，两侧朱绘云气纹，夹有彩绘羽人、小鹿、狐狸、鹤、长尾鸟等；边沿用朱褐色绘几何纹。枕长 22.4 厘米（图 3），从发掘简报中的线图比例尺推算，枕底宽约 13 厘米，枕高约 12.6 厘米。该墓为夫妇合葬墓，椁室分棺室、头箱和边箱三部分，棺室内放置两个棺，枕出自头箱。墓葬年代为新莽时期[7]。

　　江苏扬州市郊 M6 为夫妇合葬墓，两棺内各出 1 件枕（M6∶2、13）。男棺出土彩绘漆枕 1 件（M6∶2），枕面呈弧状。枕端髹朱红漆，余髹褐漆。枕端绘青龙、朱雀各一，衬以云气纹，外用四道褐漆线作装饰带。枕面长 17.6 厘米，宽 5.6 厘米，高 12 厘米（图 4）。从发掘简报中的线图比例尺推算，枕底宽约 9.4 厘米。另外，女棺出土漆枕和漆面罩各 1 件。漆枕（M6∶13），已破碎，剖面呈圆形，髹褐漆，枕端髹朱红漆。枕长约 40 厘米，径 4.5 厘米。简报未发表线图和照片。面罩（M6∶8），已破缺，髹漆，无纹。椁室内分棺室和足箱两部分，棺室内放置两个棺，枕均出自棺内头端（人骨朽）。墓葬年代

图 4　Aa 型木枕（江苏扬州市郊 M6∶2）

为新莽时期，但男棺未见新莽钱，其下葬的时间似应早于女棺[8]。

此型枕有 1 例发掘简报介绍是实木，即实心，其余简报均未介绍，推测以实心的可能性为大。另外，对比下文的 Ab 型空心的木枕，此型枕的枕端均无圆形气孔，也可佐证其应为实心。

Ab 型：有枕托。枕托为马蹄形，斜插在枕的侧面中部。

江苏邗江[9]姚庄 M101∶196、242，分别为漆枕、粉彩枕。墓葬为夫妇合葬墓，两棺内各出土 1 件枕。男棺出土的漆枕（M101∶196），枕端各有一圆形气孔。枕通体髹褐漆，上饰彩绘云气禽兽纹，菱形几何纹勾边；枕托髹朱漆，绘褐色云气纹。枕长 40 厘米，底宽 10.5 厘米，高 11 厘米；枕托长 13.7 厘米，宽 16.2 厘米（图 5）。同出的有 1 件漆面罩，彩绘云气、禽兽、羽人等。面罩内上顶及左右壁各嵌铜镜 1 面，四角及边沿有鎏金铜乳丁。女棺出土的粉彩枕（M101∶242），残，发掘简报中报道其形制与男棺内出土的漆枕相同。枕上涂一层灰色粉彩。长 38.8 厘米，底宽 10.7 厘米，高 9.7 厘米。简报没有发表此枕的照片及线图。同出的还有 1 件粉彩木雕面罩，有鎏金四叶铜饰、铜泡钉。椁室分头箱、侧箱、足箱和棺室四部分，每棺内出土的 1 套枕和面罩均放置于棺内头端（人骨朽）。墓葬年代为西汉晚期[10]。

江苏扬州平山养殖场 M4∶61，漆枕。髹褐漆，素面无纹。枕长 38 厘米，底宽 10 厘米，高 8.8 厘米；枕托长 20 厘米，宽 18 厘米（图 6）。同出的 1 件漆面罩 M4∶54，内髹朱漆，外髹褐漆，素面无纹。长 66 厘米，宽 42 厘米，高约 35 厘米。葬具为单椁单棺，椁室内无间隔，棺椁之间有很大空间。枕出自棺内人头骨下，人头骨上有漆面罩。墓葬年代为新莽时期[11]。

江苏邗江姚庄 M102∶15、35，分别为漆枕、彩绘漆枕。墓葬为夫妇合葬墓，两棺内各出土 1 件枕。女棺内出土的 M102∶35，为彩绘漆枕。薄木胎，中空。枕端上各有一圆形气孔。枕通体髹酱褐色底漆，上绘褐红色火焰状云气纹，云气纹中间饰有锦鸡、飞龙、

图 5　Ab 型木枕（江苏邗江姚庄 M101∶196）

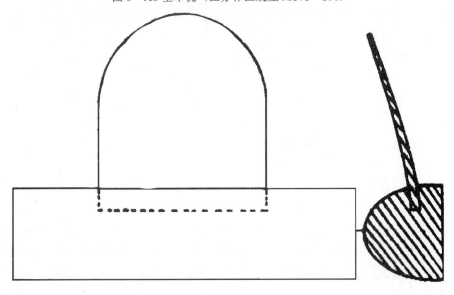

图 6　Ab 型木枕（江苏扬州平山养殖场 M4∶61）

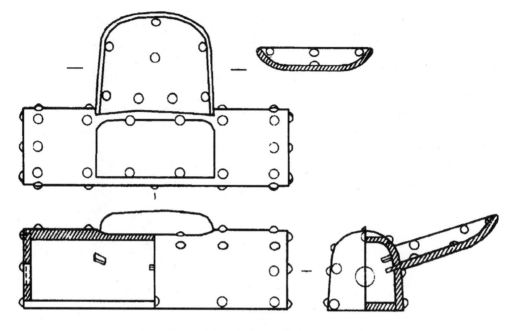

图 7　Ab 型木枕（江苏邗江姚庄 M102：35）

狐狸、羽人、獐、鹿、羚羊等鸟兽，枕的周边饰有 47 颗鎏金铜泡钉，泡钉之间补饰有二方连续菱形纹饰等。枕长 35.6 厘米，底宽 11.2 厘米，高 10.8 厘米；枕托长 13.8 厘米，宽 17.5 厘米（图 7）。同出的 1 件漆面罩上也有鎏金铜泡钉，还有精致的彩绘花纹，如凤、羽人等。另外，男棺内出土的漆枕 M102：15，枕身为马鞍状的长方形。通体髹酱褐色漆，素面无纹。长 24 厘米，底宽 10 厘米，高 10 厘米。同出的 1 件漆面罩上嵌贴金箔和银平脱动物等。简报未发表枕和面罩的线图和照片。椁室分棺室、头箱、足箱、东侧箱、西侧箱五部分，每棺内出土的 1 套枕和面罩均放置于人头骨处。男墓主卒葬时间为西汉晚期，女墓主卒葬时间为新莽时期[12]。

此型枕有实心和空心之分。实心的枕端上无圆形气孔，空心的枕端上有圆形气孔。

B 型：枕端为兽头形，枕面呈平板状。根据组合方式的差异，可分为二式。

B I 式：联体式，兽头枕端与枕面为一整木雕凿而成。

湖北荆州高台 M2：20，髹黑漆地，朱绘纹饰。枕面中间宽、两端窄，中间呈弧形下凹。枕足底部两端向上卷曲，中间内凹，上部作子榫插入枕端的母榫之内。枕身正面与足髹黑漆，枕身背面髹红漆，枕两端内雕成豹头形，并用红漆描绘。豹头突额环眼，长鼻大嘴，口腔内上下各朱绘牙齿四颗，头部及面部尚绘有点状和卷曲状的豹纹。此枕制作精巧，造型别致。通长 62.4 厘米，面宽 16.6 厘米，通高 16.6 厘米（图 8）。葬具为一椁二重棺，椁室分头箱、足箱、边箱、棺室四部分，枕出自边箱。墓葬年代为西汉早期（西汉初年至文帝时期）[13]。

湖北江陵凤凰山 M168：235，简报中将之定名为木双虎头形器，笔者推测可能为枕。

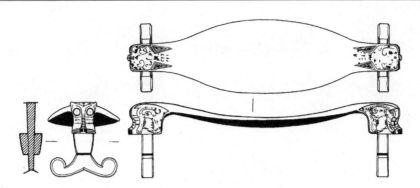

图8　BⅠ式木枕（湖北荆州高台M2∶20）

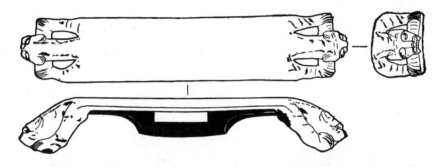

图9　BⅠ式木枕（湖北江陵凤凰山M168∶235）

整体呈扁长形，枕面微呈弧形。枕端各雕一虎头，虎口咬住一横木，两前爪亦抓此横木。背面中部有一把手。整器涂黑漆，虎腹与把手上再涂朱漆，虎前爪、额和颈部有朱漆绘的花纹。长56厘米，宽10.5厘米，高9.3厘米（图9）。葬具为一椁二重棺，椁室分头箱、边箱和棺室三部分，枕出自边箱。墓主为老年男性。墓葬年代为西汉文帝前元十三年，即公元前167年[14]。

　　BⅡ式：分体式，兽头枕端与枕面组合在一起。

　　山西阳高古城堡12号汉墓，为夫妇合葬墓，其中北棺出土了1件木枕和面罩。枕髹漆，彩绘，并嵌有玉片。在枕的两端放置1对木雕涂彩的天禄辟邪，皆面向外放置。枕长34厘米，宽7.5厘米，高约9厘米（图10）。同出的1件面罩，系由厚度为0.5厘米的4块薄板制成，长约60厘米，宽约34厘米。内外髹漆，外黑内红，并施彩绘。面罩的表面镶嵌有玻璃或玉制的璧、璜、菱形饰片，其表面绘有兽云纹和云气纹。面罩长约60厘米。这件面罩被放置于死者的头部及胸部之上，面罩的宽度为34厘米，与放置于死者头部之下的枕的长度相同。葬具为一椁内放置两个棺，棺椁之间有很大空间。北棺中出土刻有"耿婴"二字的小型铜印章，墓主当系耿婴。墓葬的年代当在西汉宣帝时期，即公元前1世纪中叶[15]。

　　江苏东海尹湾M6∶1，木雕虎头，2件，正方形，浮雕，边宽7厘米，厚2.5厘米，疑原饰于木枕两端。木枕前后镶嵌长方形琉璃片，长34.8厘米，厚7.5厘米，高13厘

图 10　B Ⅱ 式木枕（山西阳高古城堡 M12 出土嵌玉木枕）

图 11　B Ⅱ 式木枕（江苏东海尹湾 M6：1）

米[16]（图 11）。同出的 1 件面罩 M6：3，木胎，内外镶嵌琉璃片及玉璧。面罩为长方形，盝顶，长 50 厘米，宽 41.5 厘米，板厚 1.5 厘米。罩内上下正中各嵌璧 1 件，下为琉璃璧，上为玉璧。罩内外镶嵌有不同形状的琉璃片，有长方形、猫耳形、环形、半月形、梯形、三角形等。部分琉璃片面上有内凹的纹饰，并填以金箔。其中长方形琉璃片四角有小孔。该墓为夫妇合葬墓，葬具为一椁内放置两个棺，椁外有足箱，枕和面罩均出自北棺内人头骨处。墓葬年代为西汉晚期，下葬时间为元延三年，即公元前 10 年[17]。

　　木枕除了上述类型外，还有些特殊的个例。年代稍早些的如甘肃天水放马滩秦代墓葬 M4：5，木枕，长条形木块，两端上翘，中间凹平。长 31.5 厘米，宽 7.5 厘米，高 3.5 厘米（图 12）。葬具为一棺一椁，棺椁之间有空间，放置一些随葬品，枕出自棺内一端

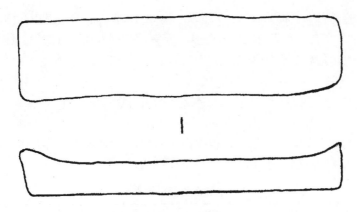

图12　木枕（甘肃天水放马滩 M4：5）

图13　木枕（湖南长沙咸家湖曹嬛墓 78 号）

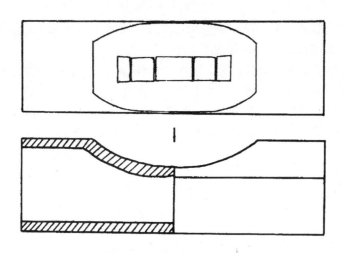

图14　木枕（安徽天长三角圩 M1：11）

（人骨朽）[18]。湖南长沙咸家湖曹嬛墓 78 号，为漆枕。简报中无文字说明，有线图（图13）。葬具为黄肠题凑，椁室分外椁和内椁，外椁包括前室、便房，内椁内放置三重棺，枕出自棺内一端。墓葬年代为西汉中期武、昭、宣时期[19]。安徽天长三角圩 M1：11，木枕，半圆柱形，内凹，中空，枕面嵌青玉片五块。枕长 38.5 厘米，宽 11.4 厘米，根据简报中线图的比例尺推算枕高约 11.4 厘米（图14）。两端似乎应有装饰物，但简报中没有交代。同出的还有1件面罩，长60厘米，高33厘米，根据简报中线图的比例尺推算枕宽可能42厘米左右。此墓为夫妇合葬墓，椁室内并列双棺，有头箱。枕和面罩的出土位置简报未交代，也无墓葬平面图，估计二者应出土于棺内。墓葬年代为西汉中晚期[20]。

二 木枕的年代

上文对木枕进行了类型式划分，根据出土木枕的墓葬年代，可大体推断木枕各类型的出现、流行和消亡时间（表1）。

表1 木枕各类型年代表

类 型		西汉早期	西汉中期	西汉晚期	新莽时期
木枕	Aa		√	√	√
	Ab			√	√
	BⅠ	√			
	BⅡ		√	√	

由此可以看出，Aa型木枕使用时间是西汉中期至新莽时期，Ab型木枕使用时间是西汉晚期和新莽时期；BⅠ式木枕仅在西汉早期使用，BⅡ式木枕使用时间是西汉中晚期。其中A型木枕使用时间较长，出土数量也稍多，应是西汉时期木枕的主要形式。而西汉中晚期木枕的类型较多，表明这一时期应是木枕比较流行的时期。至新莽时期，木枕的类型单一，显示出木枕逐渐走向衰落的态势。

至于木枕的消亡时间，根据目前收集到的资料，东汉时期还有木枕，但鲜有发现。如朝鲜平壤乐浪王根墓出土了木枕，并有黄金玳瑁装饰，发掘报告没有发表线图和照片。墓葬为夫妇合葬，该枕出土于西棺内一端。墓葬年代为东汉初年[21]。文献中也有相关记载，如《北齐书·循吏传·郎基》载："基性清慎，无所营求，曾语人云：'任官之所，木枕亦不须作，况重于此事'"[22]。《新唐书·卓行传·阳城》载："常以木枕布衾质钱，人重其贤，争售之"[23]。可见，汉代以后木枕仍在使用。

三 木枕的形制变化

从考古发掘资料看，有的木枕因保存不好而尺寸不全，还有的是发掘资料中没有介绍，根据对现有材料进行统计的结果（表2）可知，木枕BⅠ式，长56厘米～62.4厘米，宽10.5厘米～16.6厘米，高9.3厘米～16.6厘米；木枕Aa型，长17.6厘米～29厘米，宽7.7厘米～13厘米，高11.7厘米～12.6厘米；木枕Ab型、BⅡ式，长34厘米～40厘米，宽7.5厘米～11.2厘米，高8.8～13厘米。

总的看来，西汉早期的木枕（BⅠ式）较长、较宽、较高，西汉中期至新莽时期的木枕（Aa型、Ab型、BⅡ式）较短、较窄、较矮。其中长度变化最为明显，西汉早期的木枕长约 60 厘米，西汉中期至新莽时期的木枕长 40 厘米以下。而西汉中期至新莽时期的木枕长度也有差别，其中 Aa 型木枕长 30 厘米以下，而 Ab 型、BⅡ式木枕长 34 厘米以上。

表 2　　　　　　　　　　　　　　　　木枕形制一览表

类	型	长（厘米）	宽（厘米）	高（厘米）
木 枕	Aa	17.6～29	7.7～13	11.7～12.6
	Ab	35.6～40	10～11.2	8.8～11
	BⅠ	56～62.4	10.5～16.6	9.3～16.6
	BⅡ	34～34.8	7.5	9～13

四　木枕的造型和装饰

（一）造型

木枕的造型首先当然是从实用性考虑。因为不论是供生者使用的，还是供死者使用的，或是二者均可使用的，木枕都要具有使用价值。如整体呈长条形，枕的长、宽、高都比较适合实际需要等。

值得注意的是，B 型木枕枕端的仿生造型，或为虎头，或为豹头，或为辟邪，均是瑞兽中的猛兽造型，其中应该具有一定的寓意，推测它们可能具有辟邪的作用。文献中也有相关记载，如《旧唐书·五行志》载："韦庶人妹七姨，嫁将军冯太和，权倾人主，尝为豹头枕以辟邪，白泽枕以辟魅，伏熊枕以宜男"[24]。

从木枕的造型上说，端面为马蹄形的 A 型木枕是主流形态。而西汉早期开始出现的 B 型兽头枕，在西汉中晚期也逐渐流行。

（二）装饰

木枕的装饰技法有雕刻、髹漆、彩绘、镶嵌等。

B 型木枕的兽头形枕端均为雕刻而成，一般在雕刻的造型上还用漆描绘。如湖北荆州高台 M2:20，枕两端内雕成豹头形，并用红漆描绘。豹头突额环眼，长鼻大嘴，口腔内上下各朱绘牙齿四颗，头部及面部尚绘有点状和卷曲状的豹纹。湖北江陵凤凰山 M168:235，枕端各雕一虎头，虎口咬住一横木，两前爪亦抓此横木。背面中部有一把手。整器涂黑漆，虎腹与把手上再涂朱漆，虎前爪、额和颈部有朱漆绘的花纹。

木枕上绝大多数髹漆，其中一些还有彩绘。彩绘纹样有云气纹、禽、兽、羽人和几何纹等，均为同期漆器上较常见纹饰。如 Aa 型木枕中的江苏扬州东风砖瓦厂 M9:10，为彩绘漆枕。枕端朱地黑绘云气纹和鸟兽纹，边沿绘几何纹。枕表面髹黑漆，两侧朱绘云气纹，夹有彩绘羽人、小鹿、狐狸、鹤、长尾鸟等；边沿用朱褐色绘几何纹。江苏扬州市郊 M6 男棺出土彩绘漆枕 1 件（M6:2），枕端髹朱红漆，余髹褐漆。枕端绘青龙、朱雀各一，衬以云气纹，外用四道褐漆线作装饰带。Ab 型木枕中的江苏邗江姚庄 M102 女棺内出土的 M102∶35，为彩绘漆枕。通体髹酱褐色底漆，上绘褐红色火焰状云气纹，云气纹中间饰有锦鸡、飞龙、狐狸、羽人、獐、鹿、羚羊等鸟兽，枕的周边饰有 47 颗鎏金铜泡钉，泡钉之间补饰有二方连续菱形纹饰等。

一些木枕上镶嵌有玉片、琉璃片、鎏金铜泡钉等。如 B II 式木枕中的山西阳高古城堡 12 号汉墓出土的 1 件木枕，髹漆，彩绘，并嵌有玉片。江苏东海尹湾 M6∶1，木枕前后镶嵌长方形琉璃片。而安徽天长三角圩 M1 出土的木枕 M1∶11，枕面嵌青玉片五块。Ab 型木枕中的江苏邗江姚庄 M102 女棺内出土的 M102∶35，为彩绘漆枕，枕的周边饰有 47 颗鎏金铜泡钉。

五　木枕的功能和墓主身份

出于墓葬中的木枕有两个功能，一是作为随葬品出土于棺外，一是作为枕尸之具出于棺内墓主头下。根据对目前发表资料的统计，西汉墓葬中如果有木枕出土，一般说来，单人墓是一墓一件，合葬墓是一棺内一件，或只有一个棺内有一件。也就是说，每个墓主最多拥有 1 件木枕。其中 B I 式木枕均出于棺外，是随葬品，年代为西汉早期，木枕较长，长度约 60 厘米，推测此型枕应为实用器。而其余各型式枕均出自棺内，应是作为枕尸之具。值得注意的是，还有 1 件 Aa 型木枕例外，系江苏扬州东风砖瓦厂 M9∶10，为彩绘漆枕。根据简报可知，该墓为夫妇合葬墓，枕出自头箱。而男棺内出土了 1 件漆面罩，却无枕。其原因待考。

概括地说，西汉早期的 B I 式木枕是出于棺外的随葬品，而西汉中期至新莽时期各型式枕均为出自棺内的枕尸之具。至于这些作为枕尸之具的木枕是否为生人所用的实用器，还需要具体分析。

Aa 型木枕一般出自棺内，个别出自棺外，虽不与漆面罩同出，但却是各类型木枕中长度最短者，长 30 厘米以下。据此初步推测，此型枕可能非生人所用之实用器，而是专为死者所用的枕尸之具。

Ab 型木枕均与漆面罩同出。关于漆面罩，《汉书·霍光传》颜师古注引服虔曰："东园处此器，形如方漆桶，开一面，漆画之，以镜置其中，以悬尸上，大敛并盖之"[25]。由此可见，漆面罩是专门为死者制作的。而 Ab 型木枕与漆面罩二者的装饰风格基本一致，推测应是同时制作的一套专为死者所用的枕尸之具。而江苏邗江姚庄 M101 女棺内出土的 1 件此型枕为粉彩枕，与 1 件粉彩面罩同出，从其上涂容易脱落的粉彩推断，二者也是一套专为死者所用的枕尸之具。而此型枕的枕托之作用是否也与枕尸有关，有待进一步研究。

B II 式木枕也均与漆面罩同出。从山西阳高古城堡 M12 出土的面罩与枕的复原图中可以看出二者配套使用情况（图 15），面罩两侧的马蹄形缺口，正好卡在枕上，而将枕两端的辟邪露出。而且面罩与枕都是木胎嵌玉，胎质和装饰风格一致，也应是同时制作的一套专为死者所用的枕尸之具。而江苏东海尹湾 M6∶1，木枕前后镶嵌长方形琉璃片，面罩内外镶嵌琉璃片及玉璧。二者装饰风格也大体一致，也应是一套专为死者所用的枕尸之具。

前文已述，每个墓主最多拥有1件木枕，可见，数量并不是墓主身份等级的象征。从木枕的形制看，长度主要是随时代的不同而有明显变化，也不反映墓主的身份等级。而木枕的造型和装饰则反映了墓主的身份等级或有不同。根据目前收集到的考古资料，BⅡ式木枕不但造型上与汉代诸侯王墓出土的一些铜玉枕[26]相似，而且还装饰有玉片、琉璃片，考察其墓葬的规模，也都较大，随葬品较丰富，故初步推测出土BⅡ式木枕的墓葬墓主应是同期出土木枕的墓葬墓主中身份等级较高者。

图15　山西阳高古城堡M12出土BⅡ式木枕与面罩配套使用复原图

六　出土木枕的墓葬分布

根据目前的考古资料统计，出土木枕的西汉墓葬分布范围较广，南北方均有，包括江苏、安徽、湖北、湖南、山东、山西等地，而以江苏、山东为多。其中Aa型木枕出自山东和江苏；Ab型木枕均出自江苏，而且集中在扬州地区；BⅠ式木枕出自湖北；BⅡ式木枕出自山西和江苏。可见，江苏是出土木枕类型最多的地区，除BⅠ式木枕外，其他各类型木枕均有，表明西汉中期至新莽时期，木枕流行于江苏地区，特别是扬州地区，这一地区也是这一时期出土漆器最多的地区[27]，表明漆器的生产在当地的繁盛，而木枕（多数髹漆）正是在这种条件下流行的。

因为木枕不像陶器、铜器等容易保存下来，再加上考古发掘和发表的资料有限，所以目前的资料可能并不全面，基于此基础之上的研究更待日后田野考古工作的进展而有所补充和深入。

注　释

〔1〕（汉）许慎：《说文解字·木部》，中华书局影印，1963 年。

〔2〕青阳县文物管理所：《安徽青阳县龙岗春秋墓的发掘》，《考古》1998 年第 2 期。

〔3〕《越绝书》，上海中华书局据抱经堂本校刊。

〔4〕关于竹木枕的研究笔者将另文发表。

〔5〕这里的西汉包括新莽时期。

〔6〕临沂市博物馆：《山东临沂金雀山周氏墓群发掘简报》，《文物》1984 年第 11 期。

〔7〕扬州博物馆：《扬州东风砖瓦厂八、九号汉墓清理简报》，《考古》1982 年第 3 期。

〔8〕扬州博物馆：《扬州市郊发现两座新莽时期墓》，《考古》1986 年第 11 期。

〔9〕2001 年撤县设区，隶属扬州市。下同。

〔10〕扬州博物馆：《江苏邗江姚庄 101 号西汉墓》，《文物》1988 年第 2 期。

〔11〕扬州博物馆：《扬州平山养殖场汉墓清理简报》，《文物》1987 年第 1 期。

〔12〕扬州博物馆：《江苏邗江县姚庄 102 号汉墓》，《考古》2000 年第 4 期。

〔13〕湖北省荆州博物馆：《荆州高台秦汉墓》，科学出版社，2000 年。

〔14〕湖北省文物考古研究所：《江陵凤凰山一六八号汉墓》，《考古学报》1993 年第 4 期。

〔15〕东方考古学会：《阳高古城堡》，六兴出版，1990 年。

〔16〕简报描述枕的尺寸时称厚和高，没有线图不知确切所指，根据照片图推测，"厚"可能即宽。

〔17〕连云港市博物馆：《江苏东海县尹湾汉墓群发掘简报》，《文物》1996 年第 8 期。

〔18〕甘肃省文物考古研究所等：《甘肃天水放马滩战国秦汉墓群的发掘》，《文物》1989 年第 2 期。

〔19〕长沙市文化局文物组：《长沙咸家湖西汉曹㛮墓》，《文物》1979 年第 3 期。

〔20〕安徽省文物考古研究所、天长县文物管理所：《安徽天长县三角圩战国西汉墓出土文物》，《文物》
　　　1993 年第 9 期。

〔21〕中村春寿、榧本杜人：《乐浪汉墓》第二册，乐浪汉墓刊行会，1975 年。

〔22〕[唐] 李百药：《北齐书·循吏传·郎基》，中华书局，1972 年。

〔23〕[宋] 欧阳修、宋祁：《新唐书·卓行传·阳城》，中华书局，1975 年。

〔24〕[后晋] 刘昫等撰：《旧唐书·五行志》，中华书局，1975 年。

〔25〕[汉] 班固：《汉书·霍光传》，中华书局，1962 年。

〔26〕a. 中国社会科学院考古研究所、河北省文物管理处：《满城汉墓发掘报告》，文物出版社，1980 年。

　　　b. 狮子山楚王陵考古发掘队：《徐州狮子山西汉楚王陵发掘简报》，《文物》1998 年第 8 期。

〔27〕洪石：《战国秦汉漆器研究》，文物出版社，2006 年。

ON THE WOODEN PILLOWS
UNEARTHED FROM WESTERN HAN TOMBS

Hong Shi

Key Words：Western Han period　tombs　wooden pillows　lacquer

The pillow is a bed implement for the head to rest on when one reclines. The Chinese character for it （枕）consists of "木"（wood）and another component，so the earliest pillows must have been made of wood. The earliest type of wooden pillow discovered so far in archaeology belongs to the Spring-and-Autumn period. It is shaped like a case and can be used for containing something simultaneously. Its examples have been unearthed from tombs of the Wu and Yue states in the late Spring-and-Autumn period. This is conformable to the relevant records in the *Yue Jue Shu*："Wai Zhuan：" "Zhen Zhong"《越绝书·外传·枕中》. According to available archaeological data，no purely wood-made pillows have occurred in tombs of the Warring States period，and the finds are largely lamboo-and-wood made. For the Western Han period，tombs yielded some wooden pillows，which are largely lacquered，with color paintings added in some cases. Present statistics show that wooden pillows come mainly from Shandong，Jiangsu and Hubei，and also from Shanxi，Anhui and Hunan，with those from Yangzhou in Jiangsu coming first in number as well as in the richness of types. The present paper makes a typological study of the available wooden pillows and，on this basis，researches into their date，evolution，form，decoration and function，the status of the tomb-owners and the distribution of the tombs.

论汉代墓葬的文化特点

谭长生

关键词：趋同性　写实性　紧密性

　　汉代的丧葬活动一直是国家政治经济生活的重要组成部分。刘邦击败项羽后不久，即"令士卒从军死者为椟，归其县。县给衣衾棺葬具，祠以少牢，长吏视葬"。此后的各代帝王不断制定和完善有关丧葬的法令条规。到东汉时期，已有了完备的丧葬礼仪制度。据《后汉书·礼仪志》记载，即便是缝制随葬玉衣的丝线都有金、银、铜质的等级之别，并在考古工作中得到了证实[1]。汉代社会盛行"事死如事生"，当时社会的各种因素都客观地反映到墓葬之中。因此，汉代留存下来的墓葬资料，是研究汉代历史、揭示汉代社会本来面目最珍贵、最可靠的实物资料之一。新中国成立以来半个多世纪的考古工作中，已发掘清理汉代墓葬数万座。随着这些墓葬的发掘清理而展现在我们面前的各种遗迹、遗物，无不带上时代的烙印。比较集中地、全局性地观察这些烙印，我们可以看到它具有文化面貌的趋同性、文化内涵的写实性、家庭家族关系的紧密性等几个主要的文化特点。

一　文化面貌的趋同性

　　春秋战国以来，各诸侯国有较大的独立性，尤其是与周王室关系比较疏远的秦、楚等国，战国时经济文化发展比较快，在墓葬文化习俗方面均有了各自的特色。秦统一后因持续的时间很短，还没来得及在政治版图内完全形成秦文化墓葬习俗，原东周传统文化区域和楚地及楚文化影响区域仍有较强的自身特点。汉王朝继秦之后，形成了疆域辽阔的统一国家。由于初期阶段不同地域政治、经济、文化发展的差别，以及地理环境和历史传统的不同，而由各种文化因素自然构成的墓葬习俗，呈现出了地域性和阶段性差异相互交错共存的状况。这种状况是动态的、发展的，它既有同一性又有区别。这种区别若从地域性来区分的话，主要有两汉京都的长安和洛阳及其周边地区，包括现在的陕西和河南两省的大部，是两汉时期的中心区域；还有中心区域以外先后并入统一的汉王

　　作者简介：1953 年出生于湖南省茶陵县。1982 年毕业于北京大学历史系，获历史学学士学位，同年进入中国社会科学院考古研究所编辑室，先后担任《考古》、《考古学报》的编辑工作，现为副编审。主要代表作有《中国境内石构墓葬形式的演变略论》、《西藏高原石构墓葬的初步研究》、《辽宁东南部的石棚与大石盖墓及其关系》等。

朝版图且交流比较频繁密切的次区域；以及边远区域。

（一）中心区域

1. 西汉早期的长安地区

西汉早期（约当汉立至武帝元狩初年），长安所处的关中地区人口构成比较复杂。关中地区早为秦人所据。秦始皇时曾"徙天下豪富于咸阳十二万户"。项羽、刘邦的队伍虽以楚人居多，但因转战各地，来源籍地已非常庞杂。西汉建立后，朝廷曾多次组织向关中地区移民。汉高祖九年，"徙贵族楚昭、屈、景、怀，齐田氏关中"。景帝阳陵、武帝茂陵等陵邑规划和建设中，也曾多次组织移民。因此，在关中地区逐渐形成了"五方杂厝，风俗不纯"的极其特殊的人文环境。这种人文环境反映到墓葬习俗中，即形成了长安地区西汉早期墓葬的多种文化因素和习俗糅合在一起的局面。

（1）墓葬形制

西汉的帝陵均在首都长安附近。从目前的考古调查和研究情况来看，除文帝霸陵为"凿山为藏"大型崖墓外，其余均为大型"黄肠题凑"墓。虽然目前还没有发现保存完好的汉以前的大型"题凑"类墓例，但"题凑"一词已见于战国末秦国成书的《吕氏春秋》，此类墓葬形制应有秦文化因素。研究者认为，汉代陵寝很多方面都因袭于秦始皇陵[2]。

西汉早期长安地区中小型墓形制主要有三类。一是竖穴或斜坡土圹墓；二是竖穴墓道洞室墓；三是斜坡墓道洞室墓[3]。竖穴或斜坡土圹墓是东周及秦时此类墓型的延续。竖穴墓道洞室墓在战国晚期至秦时的秦墓中多有发现。斜坡墓道洞室墓也可以在秦墓中找到它的原型。因此，中小型墓葬的形制基本上承继了周秦习俗。

（2）葬具、葬式、随葬品

长安地区西汉早期墓葬比较普遍地使用棺椁葬具。应属周秦时期"棺椁"制度的沿袭和承继。也有个别墓葬使用足箱，可能是楚墓"边箱"习俗的异地表现[4]。

葬式则以仰身直肢葬为主，一改关中地区秦墓以屈肢葬为主的习俗。这是原东周及楚人坚持旧时葬俗的反映。

随葬品有陶、铜、铁、铅、玉、石、骨、牙、漆器等，以陶器为大宗。陶器主要包括鼎、盒、钫、壶等仿铜陶礼器，以及生产、生活用品罐、盆、瓮、盘、豆、釜、甑、缶、灶、仓、钵、熏炉等，还有人物俑、动物俑、凤鸟龟座俑、翼兽、编钟、编磬等。铜器有镜、鍪、盆、勺、铃、环、刷、带钩、耳杯、弦枘等，以及车马器和钱币。铁器有刀、剑、凿、臼、灯、釜、带钩、棺钉、铺首等。玉、石器有印、蝉、猪、璧、塞、珠、研磨器及其他玉饰。漆器有盘、盒、奁、耳杯等。

长安地区西汉早期墓葬无论是墓葬形制、葬具葬式，还是随葬品的种类和形式，不仅有东周遗风，也有秦时习俗，还包括楚及其他风格，充分体现了"五方杂厝"的文化风貌。甚至在单座墓中也是如此。如西安东南郊的新安机砖厂汉初积炭墓是带有一个斜坡墓道的竖穴木椁墓[5]。其"井椁"葬具继承了楚制遗风；墓道及墓室构造，特别是棺椁的平面布局，则与"西周凤雏宗庙建筑基址"相似；随葬品中的陶牛、陶羊等动物俑，又反映了牧区经济成分的内容。

2. 西汉早期的洛阳地区

洛阳是东周时期的都城所在地。西汉时，一直被视为"天下咽喉"，"天下冲厄，汉国之大都"。西汉早期的洛阳地区主要有单棺空心砖墓和单棺土洞墓[6]。空心砖墓最早出现于战国晚期郑州一带的韩地，西汉早期广泛分布于以洛阳、郑州为中心的十多个县市。西汉空心砖墓是在战国韩地空心砖墓的基础上吸收其他文化因素，如秦时竖穴墓道土洞墓等，结合改进而发展起来的[7]。葬式均为仰身直肢。随葬陶器的基本组合是鼎、敦（盒）、钫、小壶，或鼎、敦、壶、小壶等仿铜陶礼器。铜器有带钩、镜和钱币。铁器有刀、剑等。还有铅质车马饰等。

西汉早期的洛阳地区主要是延续战国以降的东周传统，与以长安为中心的关中地区既有差别，也有共同点，但差别多于共同点。

3. 西汉中期以后的演化

两汉的帝陵由于没有发掘，对其内部结构及随葬情况还不是十分清楚。但从长安和洛阳地区已发掘的汉代中小型墓葬中可以看到墓葬形制及主要随葬器物的基本情况及演变轨迹（表1）。

西汉中期（约当武帝元狩年间至宣帝时期）开始，长安和洛阳地区差别多于共同点的局面逐渐向趋同方向发展，其集合点之一就是建筑材料的小砖被引入墓内构造之中。

汉之前关中地区已有小砖引入墓内的少数先例。临潼县宴寨、刘庄三座战国末年墓已出现砖椁，秦始皇陵一号兵马俑坑底部均用青砖墁铺。西汉中期的武帝至宣帝初期，长安汉墓的墓室中出现用条砖封门[8]。宣帝后期，条砖封门逐渐占据主导地位，并出现砖土结构单室墓、单砖室墓和长条砖砌壁券顶砖室墓。西汉晚期，条砖封门成为主要形式，条砖砌壁券顶砖室墓逐渐增多，还出现子母砖券顶砖室墓。王莽至东汉早期，前后室均为券顶的双砖室墓开始出现并逐渐流行。东汉中期，前室穹隆顶、后室券顶的双室墓普遍流行，前室穹隆顶、后侧室券顶的三室或多室墓也开始出现。东汉晚期，虽然仍可见到单、双、多室土洞墓和砖土结构的双、多室墓，但双室或多室砖墓则成为这一时期的主流[9]。

西汉中期的洛阳地区，小砖作为辅助材料也开始被引入墓室中，如土洞墓中用小砖铺地，有的空心砖墓用小砖发券。西汉晚期，墓门、门额、封门仍保留空心砖，墓室则全用小砖砌筑的现象比较常见。后段开始出现前室穹隆顶、后室券顶的小砖券墓。王莽前后，开始流行前室穹隆顶、后室券顶的小砖墓。至东汉中期，出现前后室平面近方形并筑成穹隆顶、前后室以甬道相连的双穹隆顶墓和以横置的平面长方形墓室为主体、开一至数个长方形后侧室的前堂横列墓。东汉晚期则流行前堂横列墓，及多人合葬[10]。

西汉中期长安地区中小型墓中的随葬品仍以仿铜陶礼器鼎、盒、钫（壶）为主，另有罐、仓、灶、灯、熏炉等生活用具类明器，新出现奁、小陶釜等，西汉早期流行的缶和方缸趋于消失。西汉晚期仿铜陶礼器鼎、盒、钫（壶）组合退居次要地位，而以罐、奁、仓、灶等生活用具类明器为主，钫消失。新莽至东汉早期，随葬品组合仍以壶、罐、奁、仓、灶等生活明器为主，鼎、盒、壶完整的仿铜陶礼器组合已极为少见，井等模型器悄然出现。东汉中期，除壶、罐、奁、仓、灶、井等的形式有所发展外，开始出现案、耳杯、勺等祭奠器，以及猪、狗、牛、鸡等家禽家畜模型器。东汉晚期的随葬品种类和组合变化不大，主要是数量有所增多，主要为壶、罐、奁、仓、灶、盘、盆、斗、井、案、耳杯、勺、猪、狗、牛、鸡等陶器和陶质明器。

表1　　　　　汉代长安、洛阳地区中小型墓葬主要形制及随葬陶器一览表

	长　安		洛　阳	
	墓葬形制	随葬陶器	墓葬形制	随葬陶器
西汉早期	斜坡土圹木椁墓，竖穴土圹墓，竖井、斜坡墓道洞室墓，以竖井墓道洞室墓为主	鼎、盒、钫（壶）、罐、仓、灶；罐、灶、熏炉等组合	单棺空心砖墓，单棺土洞墓	鼎、敦（盒）、钫、小壶；鼎、敦、壶、小壶；土洞墓一般随葬2～4个陶罐
西汉中期	竖穴土圹墓，竖井、斜坡墓道土洞墓，主要流行墓道等于或窄于墓室的土洞墓，新出现斜坡墓道单砖室墓	鼎、盒、钫（壶）、罐、仓、灶；罐、灶、钫等组合；新出现奁、小釜等	单棺空心砖墓，单棺土洞墓，双棺空心砖墓，出现竖井墓道小砖券墓，弧顶土洞墓	鼎、敦（盒）、壶、仓、灶、罐、瓮；有的伴出洗、盆、碗等。仿铜陶礼器已不按严格数目配套
西汉晚期	竖井、斜坡墓道洞室墓，斜坡墓道单砖室墓	以罐、奁、仓、灶等为主，鼎、盒、壶等退居其次，钫消失	竖井墓道小砖券墓，弧顶土洞墓，后段出现前室穹隆顶后室券顶小砖墓	陶器种类有所增加，除鼎、敦、壶、仓、灶、罐、瓮外，还有井、釜、甑、灯、盘、熏炉、酒樽等
新莽时期	竖井、斜坡墓道洞室墓，竖井、斜坡墓道小砖券顶墓	以罐、奁、仓、灶等为主，鼎、盒、壶等完整的仿铜礼器组合极为少见	竖井墓道单穹隆顶砖、土墓，流行前室穹隆顶后室券顶小砖墓	除鼎、敦、壶、仓、灶、罐、瓮、井、釜、甑、灯、盘、熏炉、酒樽等外，还增加了案、勺、方盒、耳杯等
东汉早期	竖井、斜坡墓道单砖室墓，前后室券顶双砖室墓	壶、罐、仓、灶为主，出现井等及陶釜、陶甑组合	前室穹隆顶后室券顶的前后室墓为主要形式	仓、灶、罐、瓮、井、釜、甑、灯、盘、案、勺、熏炉、酒樽、方盒、耳杯等，鼎、敦骤然减少，成套鼎、敦、壶组合已不存在
东汉中期	斜坡墓道单砖室墓，斜坡墓道前室穹隆顶后室券顶双砖室墓，前室穹隆顶后侧室券顶三室砖墓，斜坡墓道砖、土双室墓	壶、罐、仓、灶、井为主，出现案、勺、耳杯等，以及猪、狗、牛、鸡等模型器	斜坡、竖井墓道砖、土单穹隆顶墓，斜坡、竖井墓道双穹隆顶砖墓，抛物线顶土洞墓，前堂横列墓	除仓、灶、罐、瓮、井、釜、甑、灯、盘、案、勺、熏炉、酒樽、方盒、耳杯等陶器，还流行家禽、家畜模型及奴仆俑等，鼎、敦等礼器近于消失
东汉晚期	斜坡墓道土洞墓，斜坡墓道砖、土双室墓，斜坡墓道砖、土多室墓，斜坡墓道前横堂砖墓	壶、罐、仓、灶、盆、盘、井、奁、斗、案、勺、耳杯等，以及猪、狗、牛、鸡等模型器	斜坡、竖井墓道砖、土双穹隆顶墓，斜坡、竖井墓道横前堂墓，流行前横堂多人合葬墓	除灶、罐、瓮、井、釜、甑、灯、盘、案、勺、熏炉、酒樽、方盒、耳杯等陶器，还流行家禽、家畜、作坊模型及奴仆俑、舞乐百戏俑等

洛阳地区西汉早期随葬品沿用旧礼制传统较多的习俗到西汉中期发生了变化，仿铜陶礼器虽然仍占重要地位，但已不是按严格数目配套，首都长安的影响明显增强，日常生活用器增多，普遍出现仓、灶等模型器。西汉晚期，随葬的陶壶、陶仓数量大增，原来作为礼器的陶壶已赋予了盛贮物品的新作用，陶井、熏炉、酒樽、釜、甑、灯、盘等也普遍出现。新莽至东汉早期，成套的鼎、敦、壶组合形式已不复存在，祭奠器增加了方盒、案、耳杯、勺等。东汉中期，以鼎、敦为标志的礼器近于消失，随葬器物的种类和数量明显增多，家禽家畜模型和奴仆俑流行。东汉晚期，除了习见的模型明器外，还有乐舞、百戏俑和作坊模型。

洛阳地区在西汉中期随着小砖被引入墓室造构和随葬陶器中日常生活用器增多，仓、灶等模型器的普遍出现，墓葬习俗逐渐与长安地区基本趋于一致，逐步形成了以长安、洛阳地区为代表的汉代墓葬中心区域文化风貌，并影响到全国各地。

（二）次区域

1. 黄淮地区

黄淮地区主要指黄河下游和淮河流域，包括山东、苏北、皖北和豫东地区等。在这一区域内，汉代曾先后分封过多个诸侯王国，迄今已发现或清理汉代诸侯王墓数十座。这些诸侯王墓西汉时主要有大型崖洞墓和黄肠题凑墓，东汉则为大型砖室墓。多数诸侯王与皇室关系密切，墓葬习俗主要模仿帝陵，因此其演变轨迹应与中心区域是基本相似的。西汉早中期的中小型墓葬，一些地方仍保留着原有葬俗，墓葬形制有土坑或岩坑墓、木椁墓、砖椁墓、石椁墓等。西汉晚期出现砖室墓，也有砖石混筑，东汉时则广泛流行。西汉晚期至东汉早期多为单、双室，东汉中晚期则常见三室或多室墓。西汉早期的随葬器物，鲁南、苏北地区有一定的楚文化影响，鲁北则延续了一些齐和土著文化遗风。西汉中期以后，则与中心区域保持基本相似的发展轨迹。

2. 长江中游及下游江南地区

长江中游的江汉地区东周时是楚国的政治中心区域，战国末成为秦势力较早进入的地区之一。西汉初期，墓葬习俗除保留相当多的楚文化因素外，还可见到浓厚的秦文化遗风。西汉中晚期出现夫妇合葬，随葬品中出现陶井和木质家禽家畜俑。东汉时期以砖室墓为主，与中心区域趋于一致。

湖北东部和长江下游的江南地区与湖南中部的长沙地区有些相似。长沙地区战国时为楚国疆域，西汉早期保留了很多楚文化遗风。盛行土坑木椁墓，椁室内设棺室和椁箱。随葬品以陶器为主，有鼎、盒、钫、壶，还有甑、罐、勺、熏炉、镭壶等。漆器大量流行。西汉后期出现前后室土坑木椁墓，末期出现砖室墓，逐渐融入中心区域的演变序列。随葬陶器中的鼎、盒、壶、钫组合已不严格，大量出现碗、樽、盆、釜、博山炉等生活用器，以及屋、井、仓、灶、猪等模型明器。东汉时期主要流行砖室墓，后期盛行多室砖墓，或用砖石混筑。随葬器物中以陶器为主，礼器趋于消失，祭奠器和模型器占多数。后期出现瓷器。

3. 西南和岭南地区

西南地区的成都、重庆一带在战国晚期因秦势力的进入，原有墓葬习俗中加入了一些秦文化因素。西汉早期，传统特色的船棺葬和狭长形土坑墓逐渐消失。随葬品中铜兵器减少，生活用具增加。以生产工具为主的铁器增多。陶器的种类和数量大增，开始流行釜、罐、钵、甑、井、灶、小罐等中原地区习见的生活用具和模型明器。西汉中期以后，无论是墓葬形制还是随葬品，除隐约有一些原巴蜀文化的影子和地方特色外，其余都亦步亦趋地跟上中心区域的发展步伐，成为汉文化大家庭的一个组成部分了[11]。

西汉早期以前，滇、黔及川西地区墓葬具有明显的本地文化特征。汉武帝元封二年（前109年），滇王辖区并入汉朝版图。此后的西汉中、晚期时，地方特色的青铜兵器和生活用具逐渐减少，内地输入或模仿内地而制作的器物大量出现。东汉以后，流行砖室墓、石室墓和崖墓等，地方特色的器物近于消失，随葬陶器主要有釜、甑、壶、罐、碗等生活用具和井、仓、灶、屋、鸡、狗、侍俑等模型明器，与中原和邻近地区的墓葬区别不大了[12]。

岭南地区在汉武帝平定南越赵氏王国以前，主要有土坑墓和木椁墓。随葬陶器有两类：一类是中原汉墓常见的鼎、盒、壶、钫；另一类是富有地方特色的瓮、罐、瓿、三足罐、三足盒等。西汉中期，仍流行土坑墓和木椁墓，椁室多分上下两层。随葬陶器中，内地常见的鼎、盒、壶、罐、盆大量出现，制作技术比以前进步，且多施釉，带有地方特色的瓿、三足罐、小盒、三足盒等硬陶器减少，井、仓、灶、屋等模型明器普遍出现，与中原地区的共同点愈来愈多。西汉后期，土坑墓近于消失，流行双层木椁墓。随葬器物的造型风格与中原内地已无太多区别，地方色彩的器物几近消失。东汉前期，开始出现砖室墓。东汉后期，砖室墓流行，随葬品中还出现水田、碉楼、船只等模型器[13]。

4. 长城沿线地带

从河西走廊到辽东的长城沿线地带，两汉时期是与匈奴和其他少数民族政权对峙的前沿地区。随着各时期各个地方汉匈势力的消长，人口构成不时变化，墓葬习俗也有些许区别。这一地区的居民主要有三部分：一是原有居民；二是戍边屯垦的将士和实边的移民；三是安置留居的匈奴和其他少数族人群。前两部分居民的墓葬除保留了一些原有因素和地区特色外，基本上沿袭了中原内地墓葬习俗的传统和演化轨迹。第三部分人群的墓葬则有不同的情况。宁夏同心县发掘的属于西汉时期安置匈奴降人范围的倒墩子墓地，西汉中、晚期墓葬主要有长方形竖穴墓，以及偏洞室墓和石椁墓。随葬品中既有匈奴特点的陶罐、铜带饰、透雕铜环，以及殉葬牛、羊头和蹄，还普遍发现来自中原地区的陶器、漆器、铁器和五铢钱[14]。离其不远的李家套子墓地东汉早期墓则出现砖室，随葬品中透雕带饰减少，而与汉人随葬品相似的铜车具、剑、漆奁、耳杯等大量增加[15]。陕西神木大保当墓地的几座东汉墓，在基本沿袭汉文化墓葬习俗的同时，还保留了一些北方少数族遗风，如匈奴特色的陶罐，用动物杀殉，画像石画面中头戴胡帽、身着异服的人物等[16]。青海东部的上孙家寨墓地东汉晚期乙 M1 "汉匈奴归义亲汉长" 墓，不论是墓葬形制还是随葬器物，已与中原汉墓几乎没有多大区别[17]。

（三）边远区域

新疆地区古代称为西域，汉武帝时取得对匈奴的胜利后，汉朝于宣帝神爵二年（前

60 年）始设西域都护。此后，西域与内地的经济、文化联系得以加强。20 世纪在新疆多处发现了两汉时期的简牍，如楼兰汉简、于阗汉简、尼雅汉简等，洛浦县山普拉古墓中出土的汉简是已知汉简西传最远地点[18]。位于民丰县沙漠的尼雅遗址东汉时期墓葬中曾出土了数批织有汉字"万世如意"、"延年益寿大宜子孙"、"五星出东方利中国"等的锦袍、锦袜和织锦。遗址中还采集到汉"司禾府印"印范、铜镜残片和东汉五铢钱等。沙雅县于什格提遗址还发现了"汉归义羌长"铜印。

两汉时期通过与匈奴的数次战争，东北地区已没有了严格意义的政治集团，方便了内地汉文化与东北地区的交流。内蒙古满洲里市札赍诺尔东汉时期墓葬的随葬品中，可见到当时中原地区的铜镜、"如意"字样织锦和陶罐等。吉林榆树县老河深西汉末至东汉初墓群的随葬品中，有多种铜镜、铜带钩、环首铁刀、铁镬、铁锸等属于中原地区的制品。位于汉辽东郡长城之北的辽宁西丰县西岔沟西汉时期墓地，出土了大量汉文化风格的铁镬、铁斧、绳纹陶器、各式刀剑、鎏金马具、铜镜、佩饰、半两和五铢钱币等随葬品，反映了汉文化的深刻影响。

（四）趋同之由

汉王朝建立以后，以首都长安及洛阳为核心的中心区域，在汉代墓葬文化习俗的形成过程中起到了引领作用。以黄河、长江两大流域为主的中原文化区域则是汉代墓葬习俗形成的主要因素。这个区域西汉早中期的墓葬形制和随葬品风格主要来源于三地。一曰秦，二曰楚，三则原东周传统区域。西汉中期开始，随着小砖被引入墓内，以及随葬品中仓、灶等明器的普遍出现，中心区域比较快地形成了基本相同的墓葬习俗，其他地区又相继受到其倾覆性的影响。尽管不同地区不同民族受影响的方式和时间先后有所区别，但其强烈的文化面貌趋同性如同滚滚潮流，势不可挡。当然，在趋同的大势下，各个地区在不同时期中仍保有一些地方特点。在一些边远地区，政治壁垒消除以后，不少少数族也相继不同程度地受到中原汉文化影响。这充分证明了一种强势文化形成后，她所具有的巨大凝聚力和向心力。汉代墓葬习俗这种文化面貌的趋同性原因有几点。

1. 汉代皇帝对自己的陵墓非常重视，继位不久即开始组织规划修建，并设有隶属于少府的东园匠，专营陵内器物。帝陵的形制和随葬器物的式样，则成为分布在各地的王侯及官吏的参考样板，"好恶取舍"，"随君上之情欲"，尽管规模不能同日而语。

2. 皇帝制定统一的葬埋制度。《汉书·成帝纪》载，永始年间曾下诏，对公卿列侯亲属近臣"车服嫁取葬埋过制"的，要"申敕有司，以渐禁止"。《汉书·平帝纪》载，元始三年，"安汉公奏车服制度，吏民养生、送终……之品"。据《后汉书·礼仪志》记载，东汉时期，从帝王到各级官吏，其丧葬用品都有明确规定。违制者要受处罚。《后汉书·朱穆传》载，东汉桓帝时，冀州宦者赵忠的父亲死后归葬，私自使用"玉匣"入葬，被刺史朱穆发现，"下郡案验"，"遂发墓剖棺，陈尸出之，而收其家属"。

3. 皇帝的恩宠赏赐。《汉书·霍光传》记载，宣帝地节二年（前 68 年），霍光去世，受皇帝赏赐"梓宫、便房、黄肠题凑各一具，枞木外藏椁十五具"。《后汉书·梁商传》记载，梁商死后，皇上"赐以东园朱寿器、银缕、黄肠、玉匣、什物二十八种"。

4. 汉武帝时开始的独尊儒术，排除和阻止了其他思想意识行为对墓葬习俗的影响。

5. 朝廷任命派遣到各地的官吏，尤其是高级官吏，把汉文化中心区域的基本葬俗带到全国各地，甚至边远地区。

6. 在统一的汉王朝版图内，民众的交流和迁徙变得更加容易和频繁，促进了墓葬习俗的模仿和趋同。

二　文化内涵的写实性

儒家所推崇的中国传统文化中"孝"的最高标准是"事死如事生，事亡如事存"[19]。因此，"大象其生以送其死"，"如死如生，如亡如存"，始终如一，就成为汉代墓葬制度的一大原则。目前考古资料和研究成果表明，汉代墓葬无论是形制，还是随葬品的种类和形式，以及其他遗存等，都充分体现了这一原则。这些汉代墓葬遗存的文化内涵就像是展现在我们面前的当时社会生活的写实性画卷。

（一）墓葬形制的写实

1. 墓上建筑

汉代帝陵及诸侯王陵一般都建有寝园。西汉帝陵的寝园设于"墓侧"，包括寝殿和便殿。寝殿是寝园中的主体建筑，是仿造天子的大朝之殿而建的"正殿"。便殿是仿造皇帝生前的生活区而建的"休息闲晏之处"，由小型殿堂、储藏室、居室和庭院等多种建筑物组成。其主要功能是：保存皇帝生前的衣物用器；进行一些祭祀活动[20]。寝园的设置形象地保证着皇帝像生前一样有处理朝政和享用生活的场所。河北满城西汉刘胜夫妇墓陵山顶上有祠庙一类建筑物遗存，推测为木构建筑，屋顶铺瓦，刘胜绝祠之前可能曾数经修葺。有一定规模的汉代墓葬可能都有类似建筑，由于木构建筑不易保存，目前能见到的实物资料只有用石材构筑的属东汉时期的山东长清县孝堂山石祠和嘉祥县武氏石祠。这些用于祭祀的建筑基本仿造于当时生人的居室屋宇。

2. 墓室构造

不论是大型还是中小型汉代墓葬的墓室构造，均以生人居住的宫殿或房屋为蓝本而仿造。大型墓葬主要有两类。一是凿山为藏的崖洞墓，二是构筑"黄肠题凑"的竖穴坑墓。

凿山为藏的崖洞墓有两种形制。一种是开山凿洞，将整个墓葬全部穿凿在山中，形成规模宏大的横穴式洞穴墓。另一种是在山顶上开凿竖穴石圹，再在石圹内用方木或石块构建墓室。横穴式洞穴墓可见到两种情形。一是在洞室内再构筑木构瓦顶建筑，如河北满城中山靖王刘胜墓[21]；二是直接将山体凿成墓室，如徐州北洞山楚王墓[22]。北洞山楚王墓这座规模宏大、结构复杂、功能齐备的地下陵墓，是西汉时期最具代表性的凿山为藏大型诸侯王陵之一。其主体墓室均凿山为室，附属墓室为开凿石圹后再用块石和石板砌筑，所有墓室都是仿造当时的宫殿建筑。墓室顶部有平顶、人字顶、两坡顶或四坡顶。墓道中有象征宫殿门阙的石墩。主体墓室象征生活起居场所，耳、侧室象征中府，附属墓室象征其他府库仓厨之所（图1）。

大型"黄肠题凑"墓也是仿造宫殿的象征性建筑。如1973年发掘的属西汉中期的河北定县中山怀王刘修墓[23]。墓室呈"凸"字形，分成墓道、前室、后室三部分，各部分又区隔出不同功能的墓室。前室分隔成三室，放置车马及陶器。后室又分前堂、后室和左右室。前堂放置铜器等，左右室放置丝织品、漆器和竹简等，后室放置五层套棺。

汉代中小型墓葬的墓室也是以生人居住的房屋庭院为蓝本而构造的。西北和关中地区长期流行的洞室墓，与窑洞建筑的存在是分不开的。岭南流行的双层木椁墓，干栏式建筑即是其样本。砖室和石室墓，其格局就像仿造的庭院（图2），券顶和穹隆顶的最主要功能是防止墓室坍塌。

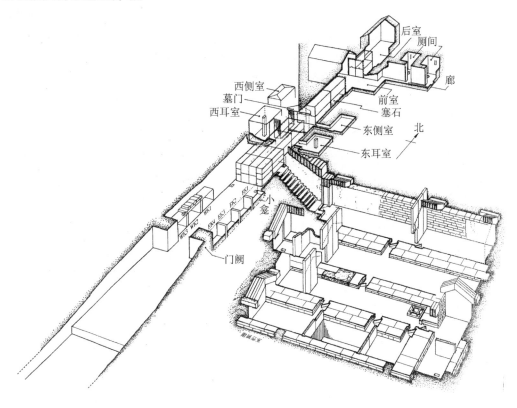

图1　徐州北洞山楚王墓透视图
（引自《徐州北洞山西汉楚王墓》）

（二）随葬品的写实

汉代墓葬中的随葬品，在承继战国及秦时遗风后，不断有所出新和变化，形成了特有的时代风貌，是当时社会生活的真实写照。

1. 礼器到生活用器的变化

汉代墓葬随葬品礼器到生活用器的变化主要体现在两点。一是礼器的减少直至消失；

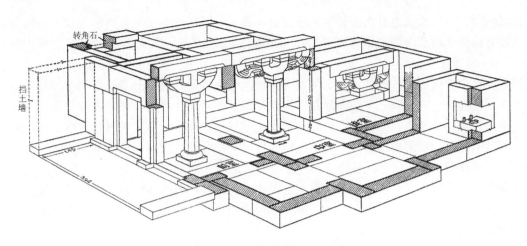

图2　山东沂南古画像石墓鸟瞰
（引自《沂南古画像石墓发掘报告》）

二是礼器性质变为生活用器。

西汉早期墓葬沿袭了东周及楚秦遗风，大型墓葬一般都有铜礼器，或仿铜漆礼器，以及仿铜陶礼器随葬，中小型墓则随葬仿铜陶礼器，一般组合为鼎、盒、钫、壶，或鼎、敦、盒、壶等。西汉中期开始，礼器的组合就不那么严格按数量配套了。西汉晚期到东汉时期，作为礼制的器物逐渐减少直至消失了。取而代之的是罐、仓、灶、井等生活用器或模型器。西汉中期以前，铜壶或仿铜陶壶一直作为礼制器物存在于随葬品中。洛阳烧沟西汉中晚期墓葬中出土的陶壶，上有"白米"、"稻米"、"将"（酱）等字样的题记。相当多的陶壶里满藏着小米、薏苡米等。说明原先作为礼器的性质发生了变化，而是作为盛贮食物或副食品的普通生活用器存在的。随葬礼器的制度先是在战国晚期的秦国遭到冲击。秦国经商鞅变法后，废井田，开阡陌，承认土地私有权，允许土地买卖。奖励耕战，废除世卿世禄制度。以礼制为依托的贵族身份地位已不是恒久不变的了。人们获得财富的途径和显示财富的方式发生了变化，社会生活的准则也发生了变化。战国末的秦国以及秦势力影响所及地区，礼制器已不是严格配套使用，而普遍出现罐、仓、囷、灶等生活用器随葬。在先前秦势力区域西汉中期时礼器随葬风气有复苏迹象。然而，随着社会发展的步伐，西汉晚期以后，随葬礼器逐渐少见，到东汉中期，作为社会等级身份标志的礼器随葬制度已寿终正寝了。

2. 实用器到模型明器的变化

中国传统文化一直有厚葬之风。战国末有"国弥大，家弥富，葬弥厚"之说，到汉代此风依然不减。西汉时皇帝陵墓几乎用掉了天下贡赋的三分之一。平民百姓也不甘示弱，倾其所能来安葬死者。"生者无担土之储，而财力尽于坟土"，以至于"厚葬以破业"。为了解决这死者"享用"与生者生存的矛盾，造价较低的替代品——"神明之器"就越来越多地出现在随葬器物的行列之中。据说汉文帝"治霸陵，皆瓦器，不得以金银铜锡为饰"，可能有很多陶质明器随葬。先秦时期，比较大型的墓葬均在墓旁设坑，用真车马殉葬。西汉初期也有在墓旁设坑埋置真车真马，以后逐渐移至墓内，专设车马库陈放，并盛行于西汉中期的诸侯王墓[24]。如满城中山靖王墓、北京大葆台燕王墓等。据《汉书·成帝纪》记载，竟宁元年，有人奏请"乘舆车、牛马禽兽，皆非礼，不宜以葬"，得到了皇帝的认可。目前的考古资料表明，西汉晚期以后，特别是东汉时期，一般都用木质或陶质、个别铜质的车马模型和偶像来代替了[25]。中小型墓葬中，西汉早期则随葬仿铜陶礼器，以及仓、灶等模型明器。西汉中期以后，并随着时间的推移，模型明器的种类越来越多，规模也越来越大。仿造器及模型明器的广泛使用，既满足了当时社会的厚葬心理和需求，又保证了社会生活不会受到大的冲击和破坏。与先秦时期随葬品的绝大部分是实用器相比，汉代墓葬随葬品的手法具有更多的务虚成分，但它反映的社会心理和社会生活状况却是实实在在的，即虚中求实，实中用虚，这正是汉代社会文化风貌的独特表现。

3. 日常用品到财富象征的变化

西汉早期不论大型还是中小型墓葬中的随葬品，均以日常生活用品及工作用具为主。属于列侯级且随葬品丰富的马王堆一号汉墓，主要有陶器、帛画、纺织品和衣物、漆器、木俑、乐器，以及内盛衣物和丝织品、食品、中草药、木质象牙和泥质钱币的竹笥，其中又以食物和衣物众多而引人关注。食物有粮食类、瓜果蔬菜类、兽禽肉类、鱼类等，以及各种调味品和已烹调好的成品，可以说是无所不包，应有尽有。衣物有绵袍、单衣、单裙、鞋、袜、手套等，以及大量成幅的绢、纱、罗、绮、锦和刺绣等丝织品。金属品则有铜镜，以及锡铃形器等。陶器的种类有鼎、盒、壶、钫、豆、熏炉等[26]。这些器物主要是日常生活用品，表达的是尽力满足死者即时生活需要的一种愿望。在一些男性墓葬中，还可以见到武器、工具等用品。到西汉中期，一些中小型墓葬中壶、仓的数量开始增加，说明追求象征财富众多的观念出现了。西汉晚期，不仅壶、仓等器物的数量大增，还出现了井、屋等象征重要资产财富的模型器。东汉时期，特别东汉后期，普遍出现成套的家禽家畜模型、奴仆俑、大型房屋甚或碉楼模型（图3），还有水田、船只等模型。这些变化表明，汉代经济社会已经从初期的只求满足日常生活需要，向以普遍实现广其财富，众其牛羊，多其屋厦为目标的比较富裕型社会发展。

（三）画像的写实

汉代墓葬中所见到的画像主要以墓中的绢帛、墓砖、墓石、墓壁为载体，用雕刻、模印、绘制等手法制作出来的图案和画作，习惯称为帛画、画像砖、画像石、壁画等。目前发现的各类载体的画像，其分布都有各自比较集中的地区[27]。随着考古工作的发展，发现的资料越来越多，分布范围越来越广。这些画作是当时的艺术家和工匠们留下的时代记录，是汉代社会政治经济状况和思想方法的如实反映。

1. 写实历程

属西汉早期的长沙马王堆一号汉墓出土的帛画，绘有精美的彩色图像，形象地表达了冀望死者人在黄泉之下、魂在九天之上仍然享受荣华富贵的美好愿望。马王堆三号墓除有类似一号墓帛画的《非衣》外，还有两件精美的彩绘帛画。1件《车马仪仗图》，取

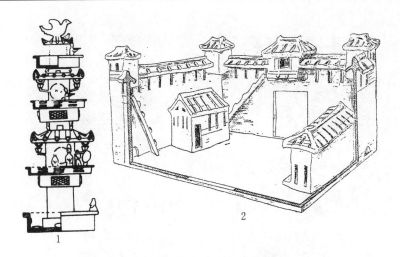

图 3　东汉墓出土陶楼模型器

1. 陕西东汉司徒刘崎家族墓出土（M1：184）（引自《考古与文物》1986
年 5 期）　 2. 广州汉墓出土陶城堡内部剖视图（M5043：1）（引自《广
州汉墓》428 页）

材于现实生活，用写实的手法真实地记录了当时军队的建制、军阵的排列方法和装备情
况（图 4）。1 件《行乐图》，虽然破损严重，还是能见到奔马骑射、划船等场面[28]。西汉
中期的一些墓壁上出现过比较简单的花纹或云气图案。如广州南越王墓等。西汉晚期洛
阳的壁画墓，以及南阳地区的画像石，除承继了早期帛画的一些传统外，还出现了"二
桃杀三士"、"孔子见老子"等历史故事，以及伏羲、女娲、西王母等神话人物图像。新
莽时期的墓葬壁画有坞壁和农耕图画面。这一时期的画像石内容则主要是车骑出行、历
史和神话故事等。东汉时期不仅有壁画墓和画像石墓，还出现了模印的画像砖，以及在
崖墓中刻画图像等更多形式。画像中已经没有了西汉早期那种升仙画面，更多的是描绘
现实社会中农耕、纺织、放牧等生产活动和墓主仕宦经历等，以及庖厨、宴饮和乐舞百
戏等生活场面。

　　2. 共性中的个性

　　汉代墓葬中各类载体的画像相同时期的题材和内容基本是相同或相近的[29]。主要包
括描绘生产活动的，如牛耕图、纺织图、牧羊图、狩猎图、井盐生产图等；反映地主贵
族生活及仕宦经历的，如重楼高阁内宴饮棋乐、主人经历组图等；表现技艺的，如奏乐
图、百戏图等；反映社会生活的，如讲经图、赈济图、酒肆图、收租图等；介绍历史故
事的，如泗水捞鼎图、孝子图等；描述神话传说的，如伏羲、女娲、东王公、西王母等。
但不同地区或不同的墓主又会有不同特点的画面。陕西米脂东汉画像石墓中的石刻画像，
狩猎是主要内容之一[30]。《汉书·地理志》云："安定、北地、上郡、西河皆迫近戎狄，修
习战备，高上气力，以射猎为先"。汉代米脂隶属上郡，地近匈奴。画像中的猎虎、搏熊、
射羊、逐兔等狩猎画面，形态逼真，生动地表现了以射猎作为战争演练的精彩场面。四
川地区出土的东汉画像砖中的井盐生产、酿酒等画面，真实地记录了这一地区当时社会

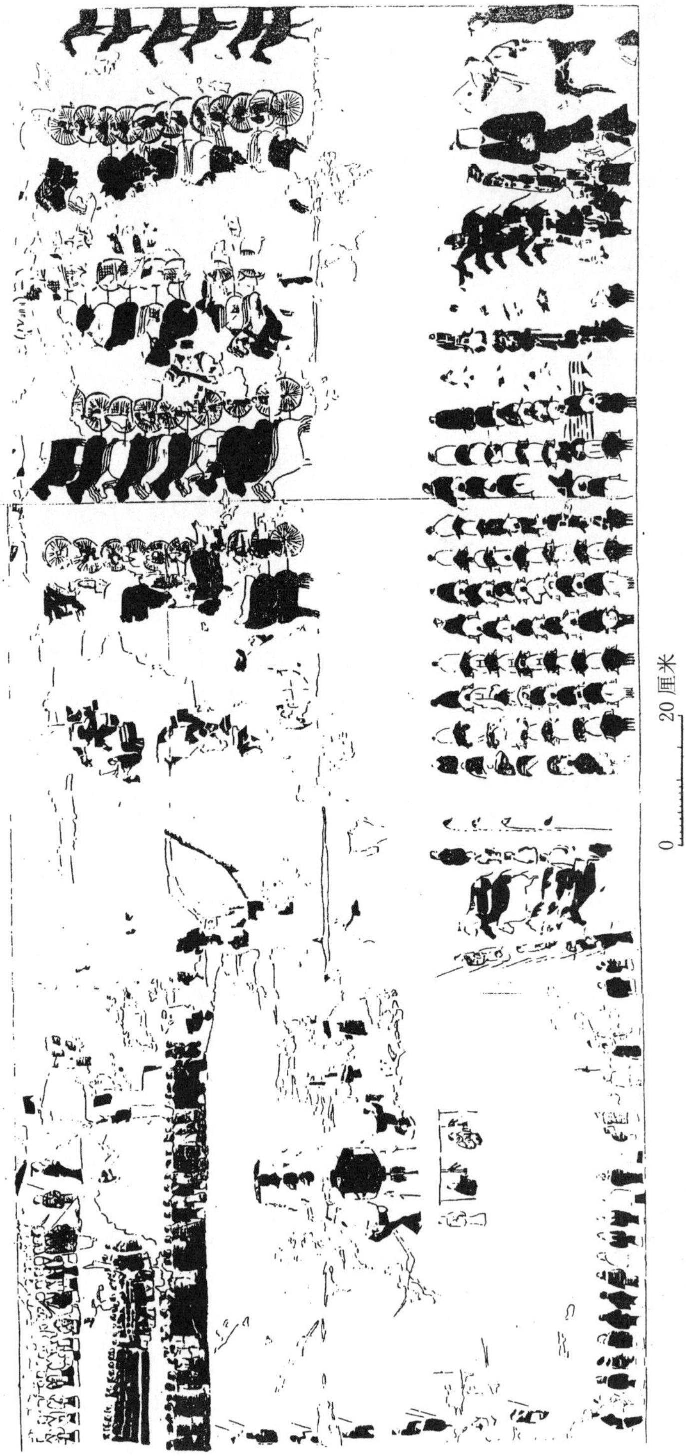

图 4　长沙马王堆三号汉墓出土《车马仪仗图》帛画
（引自《长沙马王堆二、三号汉墓》）

0　　　　　20 厘米

的生产生活情况。和林格尔东汉壁画墓中的牧羊图则特具当地草原风貌,壁画还用了很大篇幅来表现墓主人从"举孝廉"开始,到官至"使持节护乌桓校尉"的一生主要经历。

三 家庭、家族关系的紧密性

合葬的方式很早就已出现,不同时期的不同形式又有不同的含义。汉代以前的墓葬曾发现少量的夫妻异穴或同椁室合葬形式。西汉早期开始,合葬墓数量大幅增加,且以夫妻并穴合葬为主要形式。西汉中期开始出现向夫妻同穴合葬转变,而且合葬墓数量占很大比重。有人对洛阳西郊的汉墓进行过统计。西汉中期单葬墓13座,占48.1%;夫妻合葬墓14座,占51.9%。西汉晚期单葬墓28座,占48.3%;夫妻合葬墓30座,占51.7%[31]。西汉晚期至东汉时期,同穴合葬则成为主要形式,夫妻双双或一家数口,甚至几代人合葬一墓。家庭合葬墓及单葬墓再以血缘为链条串联起来,规整地排列在家族墓地内,形成家族聚葬区。这些现象充分展示了汉代社会家庭、家族关系越来越明显的紧密性。

(一)并穴合葬到同穴合葬

1. 并穴合葬

西汉早期的合葬墓数量比秦时大为增加,并以夫妻并穴合葬为主要形式。西汉帝陵均采用这种形式[32]。诸侯王、列侯级别的墓一般也是这种形式。1968 年发掘的河北满城西汉中山靖王刘胜与夫人窦绾墓,两墓南北并列坐落在陵山主峰的东坡,墓门向东,两墓门相距约 120 米(图 5)。从随葬品方面观察,两墓存在较大差别。窦绾墓随葬品不仅种类较少,质量也远不如刘胜墓。说明诸侯王与王后的身份地位有所不同。并穴合葬更紧密一点的形式则是地面的封土堆连在一起,或是两个墓穴共一个封土堆。列侯级别的西汉早期长沙马王堆轪侯利苍夫妇墓,两墓封土东西毗邻,但中间相连,呈马鞍状。也属西汉早期的安徽阜阳双古堆汝阴侯夫妻墓,在同一封土堆下并列两个墓室,但封土堆上仍存有两个尖顶[33]。

2. 分隔合葬

西汉中期开始,家庭、特别是夫妻关系有进一步密切化趋势。反映到墓葬当中即出现了夫妻同墓室埋葬但中间有分隔,或异墓室埋葬中间以通道相连等既是合葬又有分隔的形式。属西汉中期的洛阳烧沟双棺室空心砖墓 M2,较大墓室中加筑中墙一道,平分为左右二室,分别葬置一男一女。在中墙前端留有通道,起沟通两室之为。同属西汉中期的洛阳烧沟平顶两次造空心砖墓 M312,右棺室为先造之墓,后来营建合葬的左棺室时,将右棺室原来的墓壁向内挪移,作为两棺室之中墙[34]。属汉武帝元狩五年之前的陕西临潼骊山床单厂基建工地 M5 有两个墓室,两墓室口相距 1.32 米,但有头龛相通,右墓室主为男性,左墓室主为女性(图 6),应属夫妻分别单独埋葬又以头龛相通的分隔合葬墓[35]。西汉中期以后,在土圹木椁墓流行的地区,同坟异穴形式的夫妻合葬墓数量明显增多。广西合浦风门岭属西汉后期的 M23 为同一封土堆下两墓室各自有独立墓道以生土

图 5 河北满城汉中山靖王夫妇墓位置示意图

（引自《满城汉墓发掘报告》）

1. 刘胜墓 2. 窦绾墓

矮墙分隔的合葬墓。从随葬器物分析，M23A 墓主人应为男性，下葬时间早。M23B 墓主人应为女性，是若干年后从 M23A 一侧掘土圹，与 M23A 形成合葬形式[36]。数对人的合葬也有"隔山葬"的形式。如《洛阳烧沟汉墓》中属东汉中期的 M1009B 双棺室附侧室砖室墓即以甬道与属东汉早期的双棺砖室墓 M1009A 相通（图 7）。属东汉早期的两座双棺砖室墓 M28A、M28B，虽然相距 7.8 米，仍凿出甬道连通。这种形式的墓葬可能是同一家庭的不同夫妻、甚至不同代人的合葬。

3. 同穴合葬

西汉中期的一些小型墓葬中可以见到两棺共置一墓室内的情况，如《洛阳烧沟汉墓》中的土圹墓 M167、M177、M307 等，两次造的土圹墓放置两棺而中间不分隔的则有 M8 等，随葬品均较简单稀少。人们可能觉得这种形式更能体现夫妻间的亲密无间。因此西汉晚期以后，随着砖室墓的流行而方便墓室的开启，男女同置一个墓室，或者说夫妻

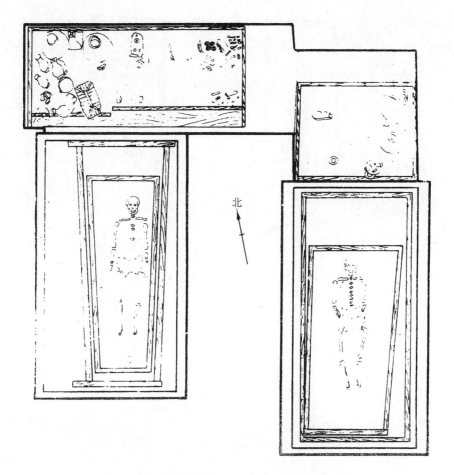

图 6　陕西临潼骊山床单厂 M5 平面图
（引自《陕西临潼骊山床单厂基建工地古墓葬清
理简报》，《考古与文物》1989 年 5 期第 29 页）

同穴合葬遂成风气。在一个墓室中，有一夫一妻两棺的、一夫两妻三棺的，也有夫妻死亡时间相距较远而与后死者合葬一处的，还有预留下位置后未入葬的。东汉中期以后，合葬墓中的墓室数量增加，在保证夫妻同置一个墓室的基础上，能让数对夫妻甚至几代人容纳在一座墓内，充分表现了家庭关系的一体性。如《洛阳烧沟汉墓》中的 M1035，为横前堂双后室砖券墓，葬棺六具。陕西净水厂东汉中晚期墓 M18，为一堂三室墓，葬八人（图 8），从随葬器物流行的年代分析，至少包括两代人[37]。

（二）合葬的社会背景

（1）战国时期秦商鞅变法，"家富子壮则出分，家贫子壮则出赘"，强制推行小型化家庭，这样做的结果有利于生产积极性的提高。一直到西汉时期，家庭成员一般为五六人，形成以夫妻为核心，上养父母，下长子女的以至爱亲情和血缘关系为纽带、生产生

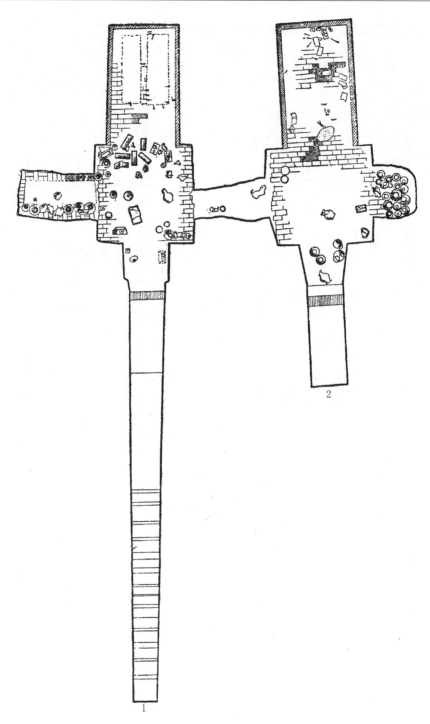

图 7 洛阳烧沟东汉墓

（引自《洛阳烧沟汉墓》）

1. M1009B 2. M1009A

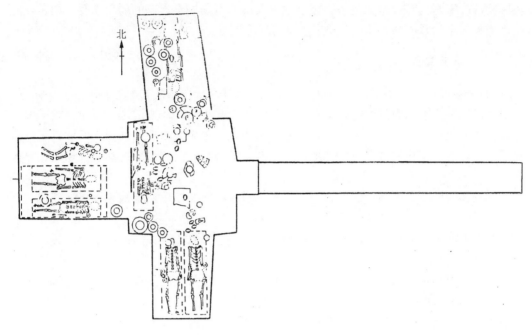

图 8　西安净水厂 M18 平面图

（引自《西安净水厂汉墓清理简报》，《考古与文物》1990 年 6 期第 48 页）

活为一体的经济利益单元[38]。

（2）西汉中期以后，由于先进农业生产技术的推广以及金属生产工具的广泛应用，劳动生产率得到很大提高，粮食生产除食用外已有节余，家禽家畜得以普遍饲养。女性不仅从事原来的织绩业，还可饲养家禽家畜和照顾庭院经济，以及料理家政等，经济地位逐渐上升。江苏仪征胥浦西汉晚期墓出土的《先令券书》证实，女性不仅可以数度再婚，还有家庭财产的处置权和继承权[39]。随着女性在家庭经济生活中地位的提高，为夫妻能完全平等地安放在墓室中奠定了基础条件。

（3）春秋战国时期各诸侯国相继进行了变法之后，土地私有形式逐渐稳定。到西汉时期，土地私有制已基本确立。在以家庭为生产和生活基本单元的状态下，家庭成员的经济利益具有绝对一致性。在汉代这样的社会生产力条件下，家庭财产所有者的稳定性是农业生产者生存和发展的必要条件之一。因此，家庭的核心—夫妻关系生前需要和谐与稳固，死后也须象征性地持续前缘，让后人仍能继续维系家庭生存条件的稳定发展。西汉末到东汉时期，道德舆论也渐渐要求女性从一而终，说明社会已经有了维持这种生存单元稳定性的强烈需求。现有资料表明，汉代家庭的家长有财产的处置权，遗产也可由子女共同继承。然而，财产分散后抗风险能力缩小。因此，维持家产的集中使用往往被传为美谈。这也是西汉晚期以后庄园经济逐步发展的原因之一，也是一座墓内有几对可能是同辈夫妻合葬的原因之一。

（4）土地私有与封建政治相结合，导致了土地兼并的加速，逐步形成了地主豪强的庄园经济，家庭也有大型化趋势。但这时的大型化不是先秦形态的简单重复，而是建立在以夫妻关系为核心的、多组或数代人相聚的形式上。

（三）家族聚葬

西汉中期以后，特别是东汉时期，士人通过察举、征辟出仕。举主、府主与被举、被辟之人往往结成牢固的政治利益联盟。曾有时言描述士人状况说，"选士而论族姓阀阅"。门阀大族的子弟在察举、征辟中会得到照顾和优先，久而久之的恶性循环，形成了一些在政治、经济和文化领域具有特殊地位，甚至累世公卿的门阀大族。如弘农杨氏，自杨震之后，四世皆为三公。这些门阀大族不仅需要以家族聚葬来标示和巩固其身份地位，还要以此来作为维持集团利益的凝合剂。再者，西汉中晚期以后，土地兼并更加剧烈，以血缘关系联结成一定的利益集团，在经济利益的争斗中会占有优势，这是现实的需要。还有，西汉晚期出现、东汉时期流行的谶纬之学，促进了家族聚葬的广泛采用。一些豪强权势之家，往往占据着所谓形胜吉地，数代聚葬，绵延百余年。历年的考古工作清理和发掘了不少家族聚葬墓群，比较典型的有陕西华阴东汉弘农杨氏墓群[40]，陕西华阴东汉司徒刘崎家族墓群[41]，安徽亳县曹操宗族墓群等[42]。家族聚葬墓的排列方式主要取决于墓地的地形地貌以及家族墓葬的数量。潼关吊桥杨氏墓群一字形纵列顺排的方式主要是便于祭奠，大多数家族聚葬墓地都能见到这种排列方式。也有研究者认为，中原地区普遍流行的家族墓排列形式，大约脱胎于长辈居前的排列方式，到东汉晚期形成，但河西地区还有坟院式排列的地方性特征存在[43]。家族聚葬也存在其他排列方式。安徽濉溪县古城村1993年发掘了两座东汉墓。两座墓在同一座封土堆下。一号墓为砖室墓，盝顶，石门，2个甬道，2个前室，2个中室，2个后室。2个中室之间有两道小门相通。从残存的漆棺和人骨判断，应是合葬墓。二号墓为画像石墓，以大石条为框架，顶部及墙体用花纹砖砌筑，盝顶，石门，1条墓道，2个甬道，2个前室，2个后室，8个耳室。虽然葬具及人骨已腐烂，痕迹难辩，但从墓葬形制分析，也应是一座合葬墓。这同一封土堆下的两座合葬墓应为不同时期建造的，很可能是家族聚葬墓[44]。

注　释

〔1〕卢兆荫：《试论两汉的玉衣》，《考古》1981年第1期。

〔2〕袁仲一：《秦始皇陵兵马俑研究》，文物出版社，1990年。

〔3〕西安市文物保护考古所：《西安龙首原汉墓》，西北大学出版社，1999年。

〔4〕郑洪春：《陕西新安机砖厂汉初积炭墓发掘报告》，《考古与文物》1990年第4期。

〔5〕同注〔4〕。

〔6〕中国社会科学院考古研究所：《新中国的考古发现和研究》，文物出版社，1984年。

〔7〕叶小燕：《洛阳汉墓之管见》，《洛阳考古四十年》，科学出版社，1996年。

〔8〕西安市文物保护考古所等：《长安汉墓》，陕西人民出版社，2004年。

〔9〕陕西省考古研究所：《白鹿原汉墓》，三秦出版社，2003年。

〔10〕洛阳区考古发掘队：《洛阳烧沟汉墓》，科学出版社，1959年。

〔11〕蒋晓春：《从重庆地区考古材料看巴文化融入汉文化的进程》，《文物》2005 年第 8 期。

〔12〕宋世坤：《贵州汉墓分期》，《中国考古学会第五次年会论文集》，文物出版社，1988 年。

〔13〕广州市文物管理委员会等：《广州汉墓》，文物出版社，1981 年。

〔14〕宁夏文物考古研究所等：《宁夏同心倒墩子匈奴墓地》，《考古学报》1988 年第 3 期。

〔15〕宁夏文物考古研究所等：《宁夏同心县李家套子匈奴墓清理简报》，《考古与文物》1988 年第 3 期。

〔16〕陕西省考古研究所等：《神木大保当》，科学出版社，2001 年。

〔17〕青海省文物考古研究所：《上孙家寨汉晋墓》，文物出版社，1993 年。

〔18〕王博等：《洛浦县山普拉古墓发掘报告》，《新疆文物》1989 年第 2 期。

〔19〕《礼记·中庸》。

〔20〕中国社会科学院考古研究所：《汉杜陵陵园遗址》，科学出版社，1993 年。

〔21〕中国社会科学院考古研究所等：《满城汉墓发掘报告》，文物出版社，1980 年。

〔22〕徐州博物馆等：《徐州北洞山西汉楚王墓》，文物出版社，2003 年。

〔23〕河北省文物研究所：《河北定县 40 号汉墓发掘简报》，《文物》1981 年第 8 期。

〔24〕高崇文：《西汉诸侯王墓车马殉葬制度探讨》，《文物》1992 年第 2 期。

〔25〕黄展岳：《汉代诸侯王墓论述》，《考古学报》1998 年第 1 期。

〔26〕湖南省博物馆等：《长沙马王堆一号汉墓》，文物出版社，1973 年。

〔27〕《中国大百科全书·考古学》，中国大百科全书出版社，1986 年。

〔28〕湖南省博物馆等：《长沙马王堆二、三号汉墓》，文物出版社，2004 年。

〔29〕徐州博物馆：《论徐州汉画像石》，《文物》1980 年第 2 期。

〔30〕陕西省博物馆等：《米脂东汉画像石墓发掘简报》，《文物》1972 年第 3 期。

〔31〕同注〔7〕。

〔32〕刘庆柱等：《西汉十一陵》，陕西人民出版社，1987 年。

〔33〕安徽省文物工作队等：《阜阳双古堆西汉汝阴侯墓发掘简报》，《文物》1978 年第 8 期。

〔34〕同注〔10〕。

〔35〕陕西省考古研究所配合基建考古队：《陕西临潼骊山床单厂基建工地古墓清理简报》，《考古与文物》1989 年第 5 期。

〔36〕广西壮族自治区文物工作队：《合浦风门岭汉墓》，科学出版社，2006 年。

〔37〕陕西省考古研究所配合基建考古队：《西安净水厂汉墓清理简报》，《考古与文物》1990 年第 6 期。

〔38〕《汉书·食货志》。

〔39〕扬州博物馆：《江苏仪征胥浦 101 号西汉墓》，《文物》1987 年第 1 期。

〔40〕陕西省文物管理委员会：《潼关吊桥汉代杨氏墓群发掘简记》，《文物》1961 年第 1 期。

〔41〕杜葆仁、夏振英等：《东汉司徒刘崎及其家族墓的清理》，《考古与文物》1986 年第 5 期。

〔42〕安徽亳县博物馆：《亳县曹操宗族墓》，《文物》1978 年第 8 期。

〔43〕韩国河：《秦汉魏晋丧葬制度研究》，陕西人民出版社，1999 年。

〔44〕宫希成：《濉溪古城发掘东汉画像石墓》，《中国文物报》1993 年 6 月 13 日。

ON THE CULTURAL FEATURES OF HAN PERIOD TOMBS

Tan Changsheng

Key Words：convergence   realism   intimacy

In the Han society，people "treated the dead as living men，" so all things were objectively reflected in burials. The tens of thousands of so far excavated Han tombs show their major cultural features，i. e. convergence in cultural aspect，realism in reflecting cultural contents and intimacy in family relationship.

Rising after the Qin Dynasty，the Han Empire became a united country with a vast territory. In the burial custom，diversity existed along with identity for differences in political，economic and cultural development as well as in geographical environment and historical tradition remained between different regions at successive stages. In spatial aspect，the Han tombs fall into the central region round the capitals of the Western and Eastern Han dynasties，the sub-central region，and the peripheral region.

In the early Western Han，differences existed between and even within regions. From the mid Western Han，as small-sized bricks were brought into the construction of tombs and model granaries and cooking ranges were commonly used as funeral objects，a roughly identical burial custom was sooner formed in the central region，and the other regions were involved into its overwhelming influence after each other. Although the nationalities of the latter regions were diverse in the manner and time of adopting the influence，intensive cultural convergence was surging forward irresistibly. Of-course，in the general trend of convergence，some local features were still kept in various regions and periods. In peripheral areas，a number of ethnic groups were also influenced to different extents by the Han culture of the Central Plains.

Han tombs well demonstrate the principle of "dealing with the dead as living men " in their shape，the type and form of their funeral objects，and the cultural content of other remains，as if exhibiting before us a realistic picture of the then social life.

In the early Western Han，joint burials began to increase in number. They were largely married couples' pit-by-pit burials，which were gradually transformed into married couples' single-pit ones in the mid Western Han. From the late Western Han，single-pit joint burial became a prevailing practice，and this type of tomb accounted for a great proportion. The single and joint burials of a family were combined to form a large family's burial ground. These phenomena reflect distinctly an intimate relationship between the family's members in the Han society.

承前启后的东汉魏晋南北朝玉器

卢兆荫

关键词：东汉　魏晋南北朝　玉器

一　东汉（公元 25 年～公元 220 年）的玉器

公元 1 世纪初，南阳豪强集团首领刘秀（即汉光武帝）获得了农民战争的果实，重新建立了汉朝的统治。因为他建都在西汉国都长安城之东的雒阳（洛阳），所以史家称他所建立的汉朝为东汉王朝。

东汉承袭西汉的制度，儒家"贵玉"的思想也得到继承和发展，特别在玉的道德化方面，达到了成熟的地步。早在春秋战国时期，儒家及先秦诸子认为玉具有许多美德。《礼记·聘义》记载，孔子告诉子贡说，玉有仁、智、义、礼、乐、忠、信、天、地、德、道十一种美德。《管子·水地》记载，玉有仁、智、义、行、洁、勇、精、容、辞九种美德。《荀子·法行》记载，玉有仁、智、义、行、勇、情、辞七种美德。西汉刘向《说苑·杂言》记载，玉有德、智、义、勇、仁、情六种美德。到了东汉时期，许慎《说文解字》解释"玉"字时说："玉，石之美有五德者。"所谓"五德"，即仁、义、智、勇、洁。可见从东周到两汉时期，玉德思想有一个发展演变的过程，总的趋势是从繁杂到逐步精简，形而上学的内容也相对地逐渐减少。"五德说"是汉人在先秦玉德思想的基础上，进行总结归纳得来的，突出了玉德的基本内容，集中表现了汉代贵玉的观念。"五德"概括了玉的质感、质地、透明度、敲击时发出的声音以及坚韧不挠等物理性能。五德中最重要的德是仁，是"润泽以温"的玉的质感。"仁"是儒家思想道德的基础，所以儒家学派用"仁"来代表玉的本质。

古人辨别玉时，"首德而次符"。所谓"德"，是指玉的质地或本质；所谓"符"，是指玉的颜色。辨别玉的真伪，主要是依据玉的质地或质量，而不是依据它的颜色。但从

作者简介：1927 年出生于福建省莆田市。1949 年毕业于福建协和大学历史系。1985 年起任中国社会科学院考古研究所研究员。1978 年调入编辑室，曾任编辑室主任、《考古》杂志副主编，兼研究生院教授。1958 年开始从事汉唐考古发掘和研究工作，先后参加或主持过陕西西安唐长安城大明宫、兴庆宫和西市遗址以及河北满城汉墓的发掘工作。曾主编《西安郊区隋唐墓》、《满城汉墓发掘报告》及《中国玉器全集》秦·汉——南北朝卷。发表过有关汉唐考古、汉代玉器和唐代金银器的学术论文数十篇。

文献记载考察，贵德不贵符的思想，从东周到东汉有一个发展变化的过程。在玉被道德化的初期，例如《礼记》的"十一德"、《管子》的"九德"、《荀子》的"七德"，基本上是以儒家学派的道德信条附会于玉的各种物理性能，也就是玉的质地，而都未涉及玉的颜色、玉的外观美。到了汉代，玉德思想发展到成熟的阶段；同时在玉的质地与玉的外观美的关系上，也就是玉德与玉符的关系上，也有明显的变化。西汉刘向著《说苑》，说"玉有六美"，不云"六德"，而称"六美"，说明西汉时期人们已认识到玉的"德"与"美"是一致的，也就是玉的本质和玉的外观美是统一的、不可分割的。到了东汉时期，玉的外观美进一步被认识。许慎在《说文解字》中提出，"玉"之所以不同于"石"者，有两个必要的条件，第一个条件是"美"，第二个条件是"有五德"。这说明当时已将玉的外观美提高到与玉德并重的地步，人们既重"德"又重"符"。

关于玉符，东汉文献已有具体的阐述。王逸《正部论》记载："或问玉符，曰：赤如鸡冠，黄如蒸栗（一作'粟'），白如脂肪，黑如淳漆，此玉之符也。"魏文帝曹丕为太子时，得到钟繇的玉玦，他在《与钟大理书》中说："窃见玉书，称美玉白如截肪，黑譬纯漆，赤拟鸡冠，黄侔蒸栗。"[1]王逸和曹丕论玉，只叙玉符，不谈玉德，指出美玉有白、黑、赤、黄诸色，对玉的颜色美给予很高的评价。可见东汉后期在玉德与玉符的关系上有了更为明显的变化，人们论玉已离不开玉的颜色，也就是离不开玉的外观美，所以在某种意义上说，重"符"已更甚于重"德"。

东汉玉器基本上继承西汉玉器的作风，但在种类和数量上都比西汉少。东汉玉器中与西汉相同的器类，在造型和纹饰上有的有新的发展和变化。同时，东汉时期也出现一些新的器类。礼仪用玉进一步简化；丧葬用玉继续存在，葬玉中的玉衣还规定了明确的分级使用的制度。玉佩的组成也比较简单，还出现了带吉祥语铭文的装饰性玉璧以及一些辟邪用玉。东汉的玉器可分为以下六类。

（一）礼仪用玉

根据文献记载，东汉的礼仪用玉有玉圭和玉璧。皇帝祭祀天地时执圭、璧。公、侯等朝贺时用璧。《续汉书·礼仪志》记载："每岁首正月，为大朝受贺。其仪：夜漏未尽七刻，钟鸣，受贺。及贽，公侯璧。"又《续汉书·百官志》载："（大夫）掌奉王使至京都，奉璧贺正月，……列土、特进、朝侯贺正月执璧云。"可见当时诸侯王、列侯等每年元旦朝贺，都执玉璧。按规定，诸侯王所执的璧是由少府发给的。《后汉书》曾记载这样一个故事，汉章帝建初七年，东平王刘苍正月朔旦入贺，当时少府卿阴就贵骄，少府主簿竟不发给刘苍玉璧，因而刘苍的部属朱晖只好从主簿手中骗取玉璧交给刘苍[2]。皇帝纳聘皇后也用璧。《后汉书·皇后纪下》记载，桓帝纳梁皇后，"悉依孝惠皇帝纳后故事，聘黄金二万斤，纳采雁璧乘马束帛，一如旧典。"《集解》引惠栋曰：《汉杂事》云："以黄金二万斤、马十二匹、玄𬘘谷璧，以章典礼。"《周礼·冬官考工记》载："谷圭七寸，天子以聘女。"汉帝纳皇后，不用谷圭，而改用谷璧。

考古发掘出土的东汉礼仪用玉，主要是玉璧，多数出于诸侯王墓中。河北定县北庄中山简王刘焉墓，出土玉璧23件，其中有的为素面；有的雕琢蒲纹、谷纹或涡纹；有的纹饰分为内、外两区，内区为涡纹或蒲纹，外区为龙纹或凤鸟纹。在涡纹璧中，有一件外缘侧面刻有铭文"百九十五"4个字，应是该璧的编号，说明当时中山国玉璧的数量是相当可观的[3]。

（二）丧葬用玉

东汉沿袭西汉的丧葬制度，皇帝、诸侯王等高级贵族也以玉衣作为殓服。《续汉书·礼仪志》记载，皇帝死后使用金缕玉衣，诸侯王、列侯始封、贵人、公主使用银缕玉衣，大贵人、长公主使用铜缕玉衣[4]。在考古工作中，尚未发掘东汉皇帝的陵墓，因而也未发现东汉时期的金缕玉衣。

在已发掘的东汉诸侯王墓葬中，中山简王刘焉使用鎏金铜缕玉衣；还有洛阳四座东汉墓出土的玉衣，其中三座为鎏金铜缕，一座为鎏金铜缕和银缕混合使用[5]。刘焉的玉衣为鎏金铜缕，有的学者认为"或系当时皇帝所特赐（鎏金铜缕或与银缕相当）"[6]。洛阳的四座玉衣墓，发掘者认为"墓主可能是王侯或大贵人一类身份的人物"。从其中一座为银缕、鎏金铜缕混用的现象判断，鎏金铜缕和银缕可能属于同一等级。其他东汉诸侯王，如中山穆王刘畅[7]、陈顷王刘崇[8]、彭城王[9]、下邳王[10]等，都用银缕玉衣。安徽亳县董园村1号墓所出的银缕玉衣[11]和山东邹城东汉墓出土的银缕玉衣片[12]，可能属于始封的列侯。至于铜缕玉衣，应是属于嗣位的列侯或诸侯王、列侯的妻子。从上述情况可以看出，东汉时期玉衣分为金缕、银缕、铜缕三个等级的制度已经确立，考古发掘出土的实物资料与文献记载基本相符[13]。

曹魏黄初三年（公元222年）曹丕（魏文帝）作《终制》，以避免陵墓被人盗掘为理由，下令禁止使用玉衣[14]。汉代皇帝和高级贵族葬以玉衣的制度，从此被废除了，在考古工作中迄今也未发现东汉以后的玉衣。

东汉的葬玉除玉衣外，还有玉九窍塞、玉琀和玉握。出土的玉九窍塞有眼盖、耳瑱、鼻塞、肛门塞等，其器形与西汉同类葬玉相类似。中山简王刘焉墓所出的玉眼盖，形如人眼，正面微鼓起，背面较平，两端各有一小孔；耳瑱作八角柱状。玉琀都作蝉形，一般呈扁平状，双眼突出，用阴线刻出头部、腹部、背部及双翅，造型简朴，而形象逼真。玉握均为猪形，多数作长条形卧伏状，双耳、四肢等细部以阴线琢出，线条简单，一般头部、尾部有穿孔。亳县董园村1号墓出土四件玉猪，其中一件作站立状，造型较为特殊。

（三）日常用玉

东汉的玉制日用品主要有玉枕、玉案、玉印、玉带钩、玉带扣、玉砚滴等。

玉枕有用玉片拼合而成的，也有用整块玉料雕琢成的。中山简王刘焉墓所出的玉枕，用整块青玉雕成，枕的中部略下凹，枕面及两侧饰阴刻双线勾连云纹，重达13.8公斤，在玉枕中实属罕见（图1）。玉案在河北蠡县汉墓中出土一件，案面长方形，下有四个矮足[15]。玉印在东汉墓葬中出土不多。山东梁山柏木山汉墓出土的两方玉印，印文字迹不清，印钮为小兽，并有用于穿系佩带的小孔[16]。江苏邗江甘泉2号汉墓所出的玛瑙印，印钮雕作虎形[17]。玉带钩都由整块玉料雕琢而成。中山简王刘焉墓所出的一件玉带钩，器形细长，钩首作龙头形，钩尾为虎头状，钩身饰阴线勾连云纹及花叶形图案，刻工精细，纹饰简洁流畅。洛阳东关汉墓出土的一件玉带钩，钩首作龙头形，钩身状似琵琶，颈部饰三道凸弦纹，腹部有两道三角形突起，背面有一椭圆形

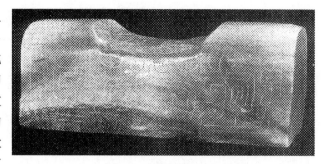

图1　中山简王刘焉墓出土的玉枕

钮。该墓还出土一件玉带扣（原报告称"玉佩饰"），前端弧形，有一月牙形孔。表面浮雕大小两龙及龙翼状纹饰，边缘环绕着十对穿线用的小孔[18]。山东嘉祥范式墓所出土一件玉带钩，钩首雕成鸭头状[19]。玉砚滴出于江苏邗江甘泉老虎墩汉墓，作飞熊跪坐的形状，右前掌托一灵芝，左前掌下垂，后双掌收拢在身躯下；背部有双翼和卷曲的尾巴；腹部中空，头上有圆形小银盖；雕琢精致，造型奇特、生动，既是实用器，又是优美的工艺品[20]。

（四）装饰用玉

东汉时期用于装饰的玉器，可以分为人身上的佩玉和剑上的玉饰两大类。

佩玉的种类和数量都较西汉时期减少，主要有玉环、玉璜、玉觿、扇形玉佩、玉舞人以及带铭文的小型玉璧等。玉环的造型较为多样化，除平素的玉环外，还有不同纹饰的透雕玉环。中山穆王刘畅墓所出的两件玉环，透雕盘龙纹，并以阴线刻饰细部。甘泉老虎墩汉墓出土的玉环，采用透雕、浮雕和浅刻的技法，雕琢成环绕的大小蟠螭纹饰。玉璜和玉觿在东汉墓葬中发现不多。陈顷王刘崇墓和中山穆王刘畅墓都出土玉璜、玉觿各两件。刘崇墓所出的玉璜，一件透雕一螭一凤，另一件透雕双龙卷云纹；玉觿都透雕螭纹、卷云纹。刘畅墓所出的玉璜，透雕双龙相戏纹，以阴线刻饰细部，造型优美，线条流畅柔和，是东汉玉璜中难得的佳品；玉觿透雕双龙纹，顶部有一供穿系佩带的小孔。扇形玉佩略呈椭圆形，中部有圆角长方形或椭圆形孔，周围为透雕的纹饰。刘畅墓出土的扇形玉佩，主体为一横置的鲽形佩，一端圆弧，另一端呈三角形尖状，中部有一圆角长方形大孔；主体的周围为透雕的独角怪兽及流云纹，纹饰优美生动，玲珑剔透，是东汉玉器中的佼佼者（图2）。陕西华阴东汉司徒刘崎墓所出的一件扇形玉佩，器形与刘畅墓所出者基本相同，透雕螭虎等动物纹，雕琢也较精致[21]。湖南零陵汉墓出土的一件扇形玉佩，器形稍有差异，全器及中部的穿孔略作椭圆形，透雕蟠螭纹，发掘者称之为"羡璧"[22]。东汉的扇形玉佩应是从西汉的鲽形玉佩演变来的，鲽的主体部分尚有痕迹可寻，只是由竖置改为横置，当中的圆孔演变为圆角长方形或椭圆形，原来鲽形佩两侧的附饰发展成为环绕全器的透雕附饰，纹样主要为动物纹，形象比鲽形佩更为繁缛而优美。

东汉的玉舞人，只出在诸侯王墓中。陈顷王刘崇墓所出的一件玉舞人，雕琢最为精美，舞人长袖折腰，舞姿翩翩。中山穆王刘畅墓出土两件玉舞人，其形象与西汉玉舞人

相类似。

此外，一些带吉祥语铭文及透雕附饰的小型玉璧，可能也是用于佩挂的玉饰。例如甘泉老虎墩汉墓所出的"宜子孙"玉璧，璧身透雕对称的螭虎纹，璧的上方有透雕的凤鸟纹附饰，附饰及璧身有铭文"宜子孙"三个字，全器小巧玲珑，应为人身上的佩玉（图3）。

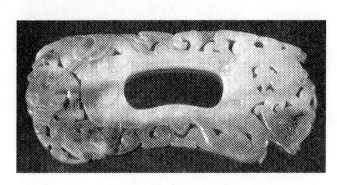

图2　中山穆王刘畅墓出土的扇形玉佩

图3　甘泉老虎墩汉墓
出土的玉璧

东汉承袭西汉的习俗，也制作安装玉饰的"玉具剑"。《后汉书》中亦有关于"玉具剑"和"玉具刀剑"的记载[23]。东汉玉剑饰的造型和纹饰基本上继承西汉玉剑饰的风格，但出土的数量较少，也未见四种玉饰齐备的玉具剑，有些剑饰则用玛瑙琢成。

东汉的玉剑饰也分为剑首、剑格、剑璏、剑珌四种。玉剑首和玉剑格安装在剑上，玉剑璏和玉剑珌安装在剑鞘上。玉剑首为圆形，表面纹饰分为内外两区，例如甘泉老虎墩汉墓所出的玉剑首，内区饰云气纹，外区为突起的涡纹。玉剑格作菱形，其纹饰有的为卷云纹，如中山穆王刘畅墓所出的玉剑格；有的为高浮雕的蟠螭纹，如老虎墩汉墓出土的玉剑格。玉剑璏为长方形，纹饰多数是兽面卷云纹。洛阳烧沟汉墓所出的一件玉剑璏，表面一端为兽面纹，其余部分满布卷云纹[24]。老虎墩汉墓出土的剑璏则用玛瑙雕琢而成，表面饰蟠螭云气纹。玉剑珌出土很少，中山穆王刘畅墓所出一件作梯形，沿边刻阴线两周，内饰勾连云纹。湖南零陵汉墓出土一件玛瑙剑珌，造型较特殊，略作菱形，饰以高浮雕的螭纹，雕琢中采用俏色技法，巧妙地利用了原材料上的红色、淡红色等自然颜色。

（五）玉艺术品

东汉的玉制艺术品，以中山穆王刘畅墓所出的玉座屏最为杰出。玉座屏由四块玉片组成，两侧的支架为连璧形，象征西王母所戴的"胜"，饰以透雕龙纹；上、下层玉屏片透雕"东王公"、"西王母"以及人物、鸟兽和神化动物等的形象，是一件罕见的汉代玉雕艺术品（图4）。徐州土山汉墓出土的一件绿松石饰物，雕琢成大鸽喂小鸽的形状，刻工细致，形象生动、逼真，是十分难得的汉代微雕艺术品[25]。

外缘有透雕附饰的玉璧，形体较大、不宜于佩带者，也应属优美的工艺品。中山简王刘焉墓所出的一件谷纹璧，上方的附饰为透雕的双螭卷云纹（图5）。中山穆王刘畅墓出土的一件谷纹璧，上方和两侧各有一组透雕的附饰，上方的附饰为螭、龙共衔一环，两侧附饰各为一龙（图6）。在这类玉璧中，有的还有透雕的吉祥语铭文。山东青州出土一件带铭文的这类玉璧，璧的内区为谷纹，外区为蟠螭纹，上方透雕的双螭纹附饰中有铭文"宜子孙"三字[26]。故宫博物院收藏的玉器中，也有这类带铭文的玉璧。其中有一件谷纹璧，上方的透雕附饰为双螭云气纹，两螭之间有篆体铭文"长乐"二字[27]。另一件谷纹璧，上方的透雕附饰为一螭一龙共托"益寿"二字[28]。东

图4 中山穆王刘畅墓出土的玉座屏

汉带有透雕附饰的玉璧，是从西汉发展来的，附饰中有吉祥语铭文者，应是东汉时期流行的玉璧。

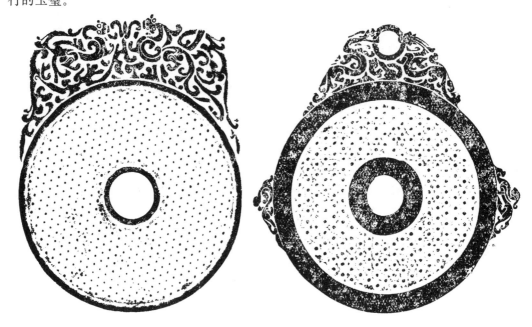

图5 中山简王刘焉墓出土的玉璧　　　　　图6 中山穆王刘畅墓出土的玉璧

（六）辟邪用玉

东汉的辟邪用玉，主要是玉刚卯和玉严卯。除见于著录的传世品外，考古发掘出土的刚卯、严卯为数不多。安徽亳县凤凰台汉墓出土玉刚卯、玉严卯各一件，都作小方柱

形，中有穿孔，可穿系佩带，刚卯四面共刻铭文三十四字，严卯共刻铭文三十二字，铭文内容与《续汉书·舆服志》所载基本相同[29]。《续汉书》称刚卯和严卯为"双印"，是供皇帝和贵族们佩带用的，规定皇帝、诸侯王、公、列侯的双印用白玉琢成，其他官僚佩带的双印用犀角或象牙制成。从所刻铭文的内容可以看出，玉刚卯和玉严卯是用于驱疫逐鬼的辟邪用玉，至迟在西汉后期即已有之。刚卯"以正月卯日作"，故名。西汉末年，王莽阴谋篡汉，认为汉朝皇室姓"刘"，"刘"（劉）字由"卯"、"金"、"刀"构成，和刚卯有关联，为了"革汉而立新"（革除"汉朝"而立"新朝"），因而下令禁止佩带刚卯[30]。看来新莽覆灭后，东汉时期刚卯继续流行。

此外，东汉墓葬中出土的圆雕辟邪等动物形玉饰，可能也起辟邪的作用。

二　魏晋南北朝（公元 220 年～公元 589 年）的玉器

三国两晋南北朝是中国历史上处于分裂、动乱的时期。东汉末年，群雄割据，战乱频仍，出现了"白骨露于野，千里无鸡鸣"（曹操《蒿里行》）的凄惨景象。社会的动荡不安，使经济上出现了停滞状态，从而直接影响了玉器制造业的发展。东汉覆亡之后，经过三国鼎立到西晋时期，中国由分裂进入了短期的统一。西晋司马氏政权统一全国后，实行了一些符合当时人民利益的政治措施，在一定程度上恢复了久遭破坏的社会生产力，使西晋前期出现了一些繁荣的景象，玉器制造业也有所发展。湖南安乡刘弘墓所出的玉器，是西晋时期玉器制造业发展的突出代表[31]。该墓的玉器，无论从质量或数量上看，在这个时期都是首屈一指的。

西晋以后的东晋南北朝时期，又处于分裂、割据状态，玉器制造业虽然还继续存在，但已是抱残守缺，没有什么重大的发展了。

考古发掘出土的魏晋南北朝玉器，有些器物的造型和纹饰仍然具有汉代的遗风；但从总体上看，和两汉玉器有较明显的差异，多数玉器的工艺制作水平也远逊于汉玉。同时这个时期也出现了一些新的器形，具有明显的时代风格。这时期的玉器也可分为礼仪用玉、丧葬用玉、日常用玉、装饰用玉和辟邪用玉等五类。

礼仪用玉与东汉时期一样，主要也是玉璧。南京幕府山 1 号六朝墓所出的素面玉琮，应是墓主生前收藏的旧玉，死后被用于随葬[32]。玉璧也只发现于少数墓葬中，安乡西晋刘弘墓共出土 4 件玉璧，其中两件饰谷纹，一件饰突起的涡纹，还有一件透雕夔龙纹。南京光华门外石门坎乡六朝墓所出的一件玉璧，虽然通体抛光，但无任何纹饰，应是汉代玉璧的简化形式[33]。在十六国时期，也有用玉璧装饰殿堂者。例如后赵的皇帝石虎，迁都邺城（今河北省临漳县西南）后，在太武殿悬大绶于梁柱，缀玉璧于绶[34]。汉代画像石中所刻以组绶编联的玉璧，多为谷纹璧的形象[35]；编缀在绶带上的玉璧，可能也是谷纹璧。

丧葬用玉已进一步简化，这和当时统治者主张薄葬有关系。曹魏黄初三年魏文帝曹丕下令禁止使用玉衣，已如上述。在考古工作中，迄今也未发现魏晋及其以后的玉衣。随着玉衣的消失，魏晋以后也未发现完备的玉九窍塞。玉琀和玉握在魏晋南北朝墓葬中仍有出土。玉玲作扁平蝉形。南京石门坎乡六朝墓和北郊郭家山东晋墓所出的玉蝉[36]，雕琢简朴，双眼突出，和东汉的玉蝉区别不大。南京新民门外象山7号东晋墓出土的玉蝉，头部圆弧，两眼不大突出，形状稍有差别[37]。玉握皆为猪形。西晋刘弘墓所出的玉猪，作卧伏状，造型简练。郭家山东晋墓出土的玉猪，作长条形卧伏状，猪头较长，四足前曲。

日常用玉的种类较多，考古发掘出土的有玉杯、玉卮、玉樽、玉盏、玉印和玉带钩等。

洛阳涧西魏正始八年（公元247年）墓所出的玉杯，其器形虽与广西贵县罗泊湾西汉墓出土的玉杯基本相同，但通体平素无纹饰[38]。西晋刘弘墓出土玉卮、玉樽各一件。玉卮的器身为圆筒形，一侧有环形扳手，下有三矮足。卮身以谷纹为地，饰浅浮雕的两龙、两凤纹，口沿及近底处各有一周卷云纹带，近足处为兽面纹（图7）。这件玉卮的造型和纹饰风格，与故宫博物院收藏的一件汉代玉卮基本相同，只在纹样上略有差别。玉樽也作圆筒形，上腹部有铺首及环形双耳，底部有三个熊形足；器身饰浮雕的纹饰，有三道凹弦纹带，将纹饰分为上下两部分，上、下部都是夔龙卷云纹，云间还有不同神态的羽人；樽内残存墨迹，可能是墓主生前作为笔洗用的（图8）。这件玉樽的器形与汉代漆樽十分相似，纹饰也具有汉代的遗风，雕琢精美，纹饰流畅、生动，是晋代玉器中难得的珍品，也有学者认为此樽是汉代的遗物。玉盏发现于辽宁北票十六国时期北燕冯素弗墓中，盏似浅碗，口沿饰弦纹一周[39]。玉盏是这个时期新出现的器类。

图7　西晋刘弘墓出土的玉卮　　　　　　图8　西晋刘弘墓出土的玉樽

玉印出土不多，印钮有桥钮、龟钮、螭虎钮三种。南京郭家山东晋墓出土两件玉印，一件为龟钮，另一件为螭虎钮，而螭虎的形象远不如西汉螭虎的矫健有力。西晋刘弘墓所出的玉印为扁平方形，双面刻印文，印文篆体阴刻，正面印文为"刘弘"二字，背面印文为"刘和季"三字，印的侧面有一穿，可用于系挂。玉带钩的器形一般不大，钩首作龙头、兽头或鸭头形。湖北汉阳蔡甸1号西晋墓[40]和江西南昌京山南朝墓[41]所出玉带钩的钩首都为龙头形。刘弘墓出土大、小玉带钩各一件，大带钩的钩首作兽头形，小带钩的钩首作鸭头形。南京象山 7 号东晋墓所出的玉带钩，正面浮雕凤鸟纹，雕琢较为精致。

装饰用玉可分为玉佩和玉剑饰两类。玉佩主要有珩、璜、蹀形佩和龙凤纹佩等。东汉末年，由于连年战乱，周秦以来的佩玉制度曾一度废弛。《三国志·魏书·王粲传》载："时旧仪废弛，兴造制度，粲恒典之。"注引挚虞《决疑要注》曰："汉末丧乱，绝无玉佩。魏侍中王粲识旧佩，始复作之。今之玉佩，受法于粲也。"由此可见，魏晋以后的玉佩和两汉的玉佩可能有所不同。

玉珩是魏晋南北朝时期流行的玉佩，多数为云头形，或称飞蝶形、蝙蝠形，上部作弧形鼓起，正中有一小孔；下部有两个或三个小孔，用于系挂佩饰。与玉珩相配的是玉璜，珩在上，璜在下。西晋刘弘墓出土两件玉珩、一件玉璜。玉珩都作云头形，其中一件下部有两小孔，另一件下部有三小孔，而上部皆为一孔。玉璜的一端有一小孔，另一端有两个小孔。该墓还出土一件玉饰，略作梯形，上部正中有一小孔，下部无孔，当为悬挂在下端的佩玉。太原南郊王郭村北齐娄睿墓出土玉珩一件、玉璜十二件，珩和璜的周缘都以黄金镶边，显得富丽美观[42]。南昌京山南朝墓出土玉珩、玉璜各两件。这两座墓所出的玉珩，都作云头形或近似云头形，玉璜也都在两端有小孔，其中京山南朝墓的玉璜，一端有一孔，另一端有两孔。上述这些玉璜都是两端有小孔，而中部无孔，佩挂时可能是两端朝上，类似商周时期玉璜的挂法；也可能是一端朝上、另一端朝下，类似西周晋侯墓所出玉佩中，那种竖立佩挂玉璜的方法。战国以后，尤其是汉代的玉璜，中部上方一般都有孔，佩挂时两端朝下。魏晋南北朝时期的玉璜，在佩挂方法上不继承汉代的传统，反而模拟商周的形制，似为一种复古现象。这可能是由于王粲"复作"玉佩时系依据商周"旧佩"的缘故。

蹀形玉佩只出于少数墓中。西晋刘弘墓出土两件蹀形玉佩，其中一件器形与西汉蹀形佩相似，两侧有透雕的附饰，而当中的圆孔较大，主体两面的纹饰与西汉蹀形佩也有明显的差别，正面圆孔的上方为兽面纹，下方为浅浮雕的龙纹，背面在圆孔的上、下方都饰谷纹；另一件造型独特，在蹀形的上方有一长方形框，两侧的透雕附饰为对称的双龙，当中圆孔的下方以阴线刻出兽面纹，其器形和纹饰在蹀形佩中是罕见的。南京郭家山东晋墓出土的一件双螭纹玉佩，当中有椭圆形孔，周围透雕大小二螭，玲珑别致。这件玉佩与东汉的扇形玉佩一样，也是从西汉的蹀形玉佩演变而来的，蹀形玉佩的心形主体虽然尚有形迹可寻，但如不细心观察，已不易识别；两侧的透雕附饰，已发展成为环绕四周的透雕纹饰。南京邓府山 3 号六朝墓出土的龙凤纹玉佩，透雕作环状，龙卷曲成环形，龙首弯曲，背上立一凤鸟，作回首状，全器造型优美[43]。

玉剑饰也发现不多。北燕冯素弗墓出土的玉剑首，雕琢流云纹，纹饰简略，工艺水平远逊于汉代玉剑首。玉剑璏的形制，有的已经简化，有的与汉代剑璏相同，而纹饰多为兽面卷云纹。湖北宜昌东吴墓出土的玉剑璏，器形已简化成长方形銎状，纹饰亦为简化的兽面卷云纹[44]。镇江东吴墓[45]和南京板桥镇石闸湖西晋墓[46]所出的玉剑璏，其形制和汉代剑璏相同，表面纹饰都是兽面卷云纹。兽面卷云纹在西汉后期的玉剑璏上即已有之，东汉及魏晋时期成为剑璏流行的纹饰。

　　辟邪用玉常见的是雕琢成兽形的玉辟邪。南京郭家山东晋墓所出的玉辟邪，腰部横穿一小孔。镇江东晋墓出土一件墨玉辟邪，作蹲坐状，头部双角后卷，张目圆唇，前肢举起[47]。这类玉辟邪的器形，一般都较小。

　　魏晋南北朝时期的玉器，基本上继承东汉玉器的传统，但也有所创新，出现了一些具有明显时代特征的器类。在短暂统一的西晋时期，玉器制造业还一度相当繁荣，创造出一些工艺水平相当高的玉雕珍品。但从总的情况看，魏晋南北朝的玉器只是中国古典玉器的余波，礼仪用玉和丧葬用玉更趋衰微，成为新旧交替的过渡时期。隋唐以后的玉器逐渐转变为以装饰玉器和观赏玉器为主体，从器物造型、纹饰题材以至于社会功能等，都有明显的变化和发展，具有悠久历史和优秀传统的中国玉器又进入一个新的发展时期。

注　释

〔1〕《文选》卷四十二。

〔2〕《后汉书·朱晖传》："正月朔旦，（东平王刘）苍当入贺。故事，少府给璧。是时阴就为府卿，贵骄，吏傲不奉法。苍坐朝堂，漏且尽，而求璧不可得，顾谓掾属曰：'若之何？'晖望见少府主簿持璧，即往绐之曰：'我数闻璧而未尝见，试请观之。'主簿以授晖。晖顾召令史奉之，主簿大惊，遽以白就。就曰：'朱掾义士，勿复求。'更以它璧朝。"

〔3〕河北省文化局文物工作队：《河北定县北庄汉墓发掘报告》，《考古学报》1964 年第 2 期。

〔4〕《续汉书·礼仪志下》："大丧……金缕玉柙如故事。""诸侯王、列侯始封、贵人、公主薨，皆……玉柙银缕；大贵人、长公主铜缕。"

〔5〕洛阳市文物工作队：《洛阳发掘的四座东汉玉衣墓》，《考古与文物》1999 年第 1 期。

〔6〕史为：《关于"金缕玉衣"的资料简介》，《考古》1972 年第 2 期。

〔7〕定县博物馆：《河北定县 43 号汉墓发掘简报》，《文物》1973 年第 11 期。

〔8〕周口地区文物工作队等：《河南淮阳北关一号汉墓发掘简报》，《文物》1991 年第 4 期。

〔9〕a. 江苏省：《文博简讯》，《文物》1972 年第 3 期第 76 页。

　　b. 吴山菁：《江苏省文化大革命中发现的重要文物》，《文物》1973 年第 4 期。

〔10〕睢文等：《江苏睢宁县刘楼东汉墓清理简报》，《文物资料丛刊》第 4 期，1981 年。

〔11〕安徽省亳县博物馆：《亳县曹操宗族墓葬》，《文物》1978 年第 8 期。

〔12〕胡新立等：《邹城抢救发掘东汉墓葬》，《中国文物报》1998 年 2 月 4 日，第 1 版。

〔13〕a. 卢兆荫：《试论两汉的玉衣》，《考古》1981 年第 1 期。

　　b. 卢兆荫：《再论两汉的玉衣》，《文物》1989 年第 10 期。

〔14〕《三国志·魏书·文帝纪》。

〔15〕河北省文物研究所：《蠡县汉墓发掘纪要》，1983 年第 6 期。

〔16〕苏文锦：《山东梁山柏木山的一座东汉墓》，《考古》1964 年第 9 期。

〔17〕南京博物院：《江苏邗江甘泉二号汉墓》，《文物》1981 年第 11 期。

〔18〕洛阳市文物工作队：《洛阳东关夹马营东汉墓》，《中原文物》1984 年第 3 期。

〔19〕嘉祥县文化馆：《嘉祥发现的东汉范式墓》，《文物》1972 年第 5 期第 64 页。

〔20〕扬州博物馆：《江苏邗江县甘泉老虎墩汉墓》，《文物》1991 年第 10 期。

〔21〕杜葆仁等：《东汉司徒刘崎及其家族墓的清理》，《考古与文物》1986 年第 5 期。

〔22〕湖南省文物管理委员会：《湖南零陵东门外汉墓清理简报》，《考古通讯》1957 年第 1 期。

〔23〕《后汉书·冯异传》："车驾送至河南，赐以乘舆七尺具剑。"注："具，谓以宝玉装饰之。《东观记》作玉具剑。"《后汉书·南匈奴传》："四年，遣耿夔即授玺绶，赐玉剑四具、羽盖一驷。"《集解》刘攽曰："按玉剑四具非是，当云玉具剑四。"又："赐青盖驾驷、鼓车、安车、驸马骑、玉具刀剑、什物。"

〔24〕洛阳区考古发掘队：《洛阳烧沟汉墓》，第 208 页，科学出版社，1959 年。

〔25〕同注〔9〕。

〔26〕青州市文物管理所魏振圣：《山东省青州市发现东汉大型出廓玉璧》，《文物》1988 年第 1 期。

〔27〕《中国玉器全集》第 4 卷，图二六六，河北美术出版社，1993 年。

〔28〕同注〔27〕，图二六七。

〔29〕亳县博物馆：《亳县凤凰台一号汉墓清理简报》，《考古》1974 年第 3 期。

〔30〕《汉书·王莽传中》："今百姓咸言皇天革汉而立新，废刘而兴王。夫刘之为字，卯、金、刀也。正月刚卯，金刀之利，皆不得行。博谋卿士，佥曰：天人同应，昭然著明，其去刚卯，莫以为佩。"

〔31〕安乡县文物管理所：《湖南安乡西晋刘弘墓》，《文物》1993 年第 11 期。

〔32〕华东文物工作队蒋缵初：《南京墓府山六朝墓清理简报》，《文物参考资料》1956 年第 6 期。

〔33〕李鉴昭等：《南京石门坎乡六朝墓清理记》，《考古通讯》1958 年第 9 期。

〔34〕〔晋〕陆翙：《邺中记》，丛书集成初编，商务印书馆。

〔35〕傅惜华：《汉代画象全集》初编，图六三至七〇，中法汉学研究所，1950 年。

〔36〕南京市博物馆：《南京北郊郭家山东晋墓葬发掘简报》，《文物》1981 年第 12 期。

〔37〕南京市博物馆：《南京象山 5 号、6 号、7 号墓清理简报》，《文物》1972 年第 11 期。

〔38〕李宗道等：《洛阳 16 工区曹魏墓清理》，《考古通讯》1958 年第 7 期。

〔39〕黎瑶渤：《辽宁北票县西官营子北燕冯素弗墓》，《文物》1973 年第 3 期。

〔40〕湖北省博物馆：《湖北汉阳蔡甸一号墓清理》，《考古》1966 年第 4 期。

〔41〕江西省博物馆：《南昌市郊南朝墓》，《考古》1962 年第 4 期。

〔42〕山西省考古研究所等：《太原市北齐娄睿墓发掘简报》，《文物》1983 年第 10 期。

〔43〕南京博物院：《南京邓府山古残墓二次至四次清理简介》，《文物参考资料》1955 年第 11 期。

〔44〕湖北省博物馆：《宜昌市一中三国吴墓清理简报》，《江汉考古》1983 年第 2 期。

〔45〕镇江博物馆：《镇江东吴西晋墓》，《考古》1984 年第 6 期。

〔46〕南京市文管会：《南京板桥镇石闸湖晋墓清理简报》，《文物》1965 年第 6 期。

〔47〕镇江博物馆刘建国：《镇江东晋墓》，《文物资料丛刊》第 8 期，1983 年。

JADES OF THE EASTERN HAN AND THE WEI, JIN AND SOUTHERN AND NORTHERN DYNASTIES PERIODS: LINKS BETWEEN EARLIER AND LATER TIMES

Lu Zhaoyin

Key Words: Eastern Han period Wen, Jin and Southern and Northern Dynasties period jades

In jade working, the Eastern Han Dynasty inherited the Western Han tradition. But in the moralization of jades, this period saw further development and reached a more mature stage, with the importance of the formal beauty of articles put on a par with that of their moral symbolism. Eastern Han jades can be classified into six categories of ritual, funeral, everyday, decorative, aesthetic and evil spirit exorcising uses respectively.

In the Wei, Jin and Southern and Northern Dynasties period, the country suffered from repeated splits and social upheavals, which greatly affected the development of jade working. Some articles kept survivals from Han jades in shape and decoration, but most products were far inferior to the latter in craftsmanship.

Chinese classical jades with ritual and funeral objects as the main body went away roughly in the Eastern Han period. The Wei, Jin and Southern and Northern dynasties were a transitional period of the new replacing the old. From the Sui-Tang period onward, decorative and aesthetic jades gradually became the main body, and Chinese jade working entered again a new stage of development.

新罗的历史·文化及都城的形制

王仲殊

关键词： 新罗　高句丽　百济　庆州都城

一

据《三国史记·新罗本纪》记载，早在奈勿尼师今二十六年，新罗便向中国的前秦遣使朝贡。对照《晋书·苻坚载记》及《资治通鉴·晋纪》的记载，朝贡之年相当东晋孝武帝太元二年（公元 377 年）或七年（公元 382 年）。《苻坚载记》所记"薛罗"，便是《通鉴》中的"新罗"。与百济于简文帝咸安二年（公元 372 年）向东晋遣使朝贡相比，在时间上相差不过 5 年至 10 年。但是，经太元八年（公元 383 年）的淝水之战，前秦的势力迅速瓦解，从而可说新罗的朝贡是出于对国际形势的误判，其欲与中国通好的企划以失败告终。或许是由于初次的重大外交活动遭受意外的挫折，教训深刻，此后新罗乃长期蛰居在朝鲜半岛东南隅，不涉足于中国内地。

据好太王碑碑文所记，从 4 世纪末开始，新罗受到倭国的侵攻，不得不依附于高句丽的好太王，而 5 世纪前期的新罗仍然需受好太王及其继承者长寿王的庇护。新罗都城庆州附近壶杆冢古坟的筑造年代虽推定在 5 世纪末至 6 世纪初，但出土的青铜碗（壶杆）在底部铸有"乙卯年国冈上广开土地好太王壶杆"的铭文（图 1），可证其为以 5 世纪初期去世不久的高句丽好太王名义所制作[1]。同在庆州附近的瑞凤冢古坟亦大约筑造于 5 世纪末至 6 世纪初，而出土的银盒（合杆）分别在底部和盖上记有"延寿元年太岁在辛，三月中太王教造合杆"和"延寿元年太岁在卯，三月中太王教造合杆"的铭文，经考证，"延寿元年"为长寿王在位的第三十九年（公元 451 年），其干支为辛卯，故可判

作者简介：1925 年出生于浙江省宁波市。1950 年毕业于北京大学历史系。历任中国社会科学院考古研究所研究员、副所长、所长、学术委员会主任，兼中国社会科学院研究生院教授、博士生导师，并被授予中国社会科学院荣誉学部委员称号。曾任《考古学报》和《考古学集刊》主编、《中国大百科全书·考古学》编委会副主任兼《秦汉考古》主编，又任《辞海》编委会委员兼分科（考古学）主编至今。国际上受聘为秘鲁库斯科大学名誉教授、德国考古学研究院通讯院士、日本亚洲史学会常务理事，获福冈亚洲文化奖大奖。主要研究领域为中国汉唐时代考古学，兼及日本考古学和日本古代史。著有发掘报告集（合著）3 部、考古学专书（独著或合著）8 种、考古学和古代史论文（独著）100 余篇。

定此盒为 5 世纪中叶长寿王在位时所制作[2]。这 2 件高句丽的重要文物在新罗的古坟中存在，说明 4 世纪末至 5 世纪中叶之时新罗与高句丽关系之密切，而好太王和长寿王皆号称"太王"，可见当时的新罗实际上是高句丽的从属之国。1979 年在韩国忠清北道发现的高句丽"中原碑"碑文记"新罗寐锦"与"高丽太王"相比，"高丽太王"显然居优位，而"新罗寐锦"则居下位，亦可说明问题[3]。

5 世纪中叶以后，新罗的国策一变，主要是联结西邻百济，以求从北方大国高句丽的势力范围脱身而出。只因国力微弱，加之交通不便，虽欲与中国的南朝或北朝通好，却难以实现。因此，中国方面以新罗为化外之邦，不加任何支持和援助。更有甚者，为了满足倭国的要求，中国南朝宋的皇帝于元嘉二十八年（公元 451 年）开始授倭王以"都督新罗诸军事"的名号，力图扩张势力的倭王乃据以视新罗为其藩国。当时的新罗文化滞后，制度欠备，其国名除"新罗"以外，或称"薛罗"、"休罗"，或称"斯罗"、"斯卢"，颇显杂乱，没有定规。

图 1　韩国庆州壶杅冢出土铜碗

5 世纪末至 6 世纪初，新罗的国力终于渐见充实。据《三国史记·新罗本纪》记载，智证麻立干于即位的第四年（公元 503 年）正式定国名为"新罗"，并废除"尼师今"、"麻立干"等旧称，正其国的君主名号为"新罗国王"。从中国《魏书·世宗纪》的记载看来，智证王于北魏景明三年（公元 502 年）、永平元年（公元 508 年）先后遣使洛阳，向宣武帝朝贡，也足以显示新罗国势增强的趋向。只是由于事属其国遣使远赴中国参与国际政治、外交活动之伊始，两次朝

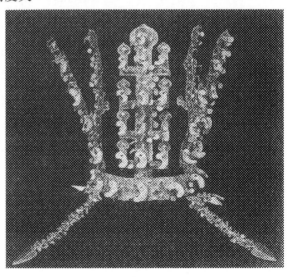

图 2　韩国庆州天马冢出土金冠

贡皆未受到北魏的重视，而《魏书》仍记其国名为"斯罗"，亦在某种程度上反映了相关的情况。

但是，必须指出，从考古学的立场出发而言，新罗都城庆州附近被判定为 5 世纪后

期至 6 世纪前期筑造的"金冠冢"、"金铃冢"、"天马冢"以及前已述及的"壶杆冢"和"瑞凤冢"等诸多古坟的调查发掘则充分表明当时新罗在政治、经济乃至工艺技术等许多方面已达到相当高的水平。出土的遗物与同时期日本古坟中的随葬品相比，不仅毫无逊色，反而可证新罗的工艺技术其实是居日本之上位。就冠服和马具之类的形制、规格而论，新罗对倭国具有一定的影响力，这是显而易见的（图 2）。

二

到了 6 世纪前期的法兴王在位期间（公元 514 年～公元 540 年），新罗的国势突然趋向隆盛。由于其父智证王向北魏遣使朝贡未有功效，法兴王乃求善邻百济作媒介，与中国江南的梁王朝通交。普通二年（公元 521 年），在百济武宁王所遣使者的伴同下，新罗的使者终于首次来到向往已久的建康城，在朝堂上觐见威名远扬的梁武帝。于是，自此以后，新罗开始进一步摄取中国的制度、文化，而佛教亦随之传入新罗。

作为新兴之邦的新罗，大力实行国家体制的整顿、改革，以求国力的大幅度上升和强化。据《三国史记·新罗本纪》记载，法兴王于其即位的第七年（公元 520 年）便正式颁布律令，可谓政治上的重大创举。众所周知，1988 年在韩国庆尚北道蔚珍郡凤坪里发现有"甲辰年"纪年铭的石碑，称为"凤坪新罗碑"[4]。碑文记法兴王十一年（公元 524 年）制定的执行法律的具体规则，正表明新罗的国家体制、机能有了长足的改善和提高。与倭国相比，虽说是起步稍迟，而如今的新罗却大有凌驾于倭国之上而阔步前进之势。随着国力的充实，制度的完备，法兴王于在位的第二十三年（公元 536 年）采用中国式的年号而称此年为"建元元年"。这与倭国于 7 世纪中期始用"大化"的年号相比，要早出100 余年之久。

特别值得注意的是，《三国史记·新罗本纪》记法兴王十一年（公元 524 年）新罗向国境南方地区扩展势力，占据伽耶诸国。倭国称伽耶之地为"任那"，长期设置称为"任那日本府"的管理机构，实施统治[5]。新罗军事力量的扩张对"任那日本府"的存在构成威胁，乃使朝鲜半岛南部形势高度紧张。据《日本书纪》记载，倭国朝廷于继体天皇二十一年（公元 527 年）命近江毛野臣率大军征讨新罗。征讨军的行进至筑紫（今日本福冈县）之地因当地豪族的军事动乱而受阻，这便是有名的所谓"盘井之乱"。动乱虽于次年（公元 528 年）平息，却使倭国的军事力量遭受一定的打击，甚至可据以认为新罗势力的影响已及于日本九州地方的北部。

真兴王即位（公元 540 年）以后的新罗，先是联合百济以讨高句丽，在取得不少战果之后，又转而将矛头指向久为同盟之国的百济，将百济北部从高句丽夺还的旧都汉城之地纳入自国的版图。当时的百济已自熊津（公州）迁都于泗泚（扶余），励政图治、力求复兴的君主圣明王在与新罗的战斗中阵亡。从此以后，百济遂处于高句丽、新罗两国的夹击之下，境况艰难。圣明王在位期间（公元 523 年～公元 554 年），百济与倭国结成同盟，但结盟的成果主要表现在倭国自百济传入经书、佛教、历法、医术等，却无从改变两国在军事上对新罗的弱势状态。百济圣明王战死之后，新罗的军事力量进一步处于强劲的优势，难以与之抗衡，终于使倭国于钦明天皇二十三年（公元 562 年）被迫放弃"任那日本府"，从而使其国的势力彻底从朝鲜半岛撤出。真兴王巡视各地，抚慰人民，鼓励军政官员，并多建石碑以为纪念，而远在今咸镜南道所建"磨云岭碑"碑文则记新创的"太昌"年号，且以"真兴太王"的名号自称，显示了长期以来其与"高丽太王"抗衡的雄心壮志[6]。

在此之前，在中国的南朝，陈武帝于永定元年（公元 557 年）即位，取代梁王朝的统治。不久，高句丽、百济、新罗的使者接踵而至，向陈王朝的嗣君朝贡，前后达 20 余年之久，而高句丽、百济同时亦向北朝的北齐、北周朝贡。开皇元年（公元 581 年）隋文帝建立隋王朝，高句丽、百济迅速遣使前来，分别接受"辽东郡公"、"带方郡公"的封号，长期以来只与江南的陈通交的新罗亦于开皇十四年（公元 594 年）遣使来向隋王朝进贡，受封为"乐浪郡公"。

倭国自 6 世纪中叶以来在朝鲜半岛因新罗的崛起而丧失势力，故忙碌于国政的整顿、改革，无意与朝鲜半岛诸国相竞而向中国皇帝求册封。6 世纪末至 7 世纪前期推古天皇在位时，执政的圣德太子于隋炀帝的大业三年（公元 607 年）向早已统一全中国的隋王朝遣使，使者小野妹子所呈国书称"日出处天子致书日没处天子无恙"云云，决意实行不执臣礼的所谓"对等外交"。隋炀帝览国书不悦，称其为"无礼"，却不加任何处分与制裁。

三

6 世纪后期，以朝鲜半岛北部为根本的高句丽领有辽河以东的广大地域，国力强大。高句丽与中国境界交接，争端不绝，特别是其向辽西地区的攻略为中国方面所不容。开皇十八年（公元 598 年）隋文帝征讨高句丽，因战况不利，难以取胜，不得不撤兵而返。大业七年至十年（公元 611 年～公元 614 年），隋炀帝倾全国之力，再度发动对高句丽的战争，并按"远交近攻"的策略，联络百济、新罗，对通过小野妹子呈递无礼国书的倭国亦采取宽容的态度以求友好。但是，当时的百济以新罗为主要的敌国，有意与高句丽相依，表面上对中国的出兵表示支持，实际上却持旁观态度，在隋军与高句丽冲突之时按兵不动，不加任何支援。结果，隋炀帝的远征以大失败告终，隋王朝不久亦随之覆灭。

贞观二十年（公元 646 年），唐太宗亲自率大军征伐高句丽，因对方防守坚强，抵抗有力，不能取胜。在此期间，百济义慈王加强与高句丽合作，趁机夺取东邻新罗的许多城市、乡镇，并一反往常，以敌对的态度面向中国，不留余地。因此，中国方面决定采取先灭百济以孤立高句丽的战略方针。考虑到倭国与百济的关系十分亲密，唐王朝特于高宗显庆四年（公元 659 年）十二月暂时扣留正在东都洛阳访问的津守吉祥等倭国遣唐使者，以免泄漏军事机密[7]。显庆五年（公元 660 年）三月，唐将苏定方受朝廷派遣，率大军进入百济熊津江地区，新罗武烈王（金春秋）亦统军前来配合作战。同年八月，百济都城泗沘陷落，义慈王被俘。龙朔三年（公元 663 年）八月，倭国为支持义慈王之子丰璋的复国之战，特派海军船队赴援，却在白村江口受唐海军猛击，大败而退（图 3）。乾

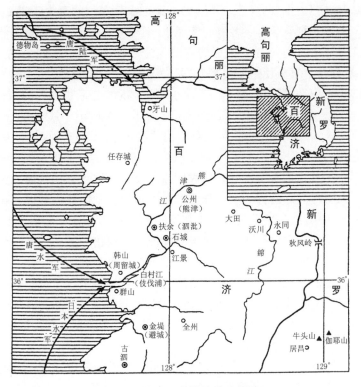

图 3　白村江口会战关系示意图

封元年（公元 666 年）九月，唐高宗趁高句丽内乱，发大军征讨，新罗文武王亦出兵与唐军组成联合战线，遂于乾封三年（668 年）九月攻陷高句丽首都平壤，宝藏王遭拘捕。这样，继百济之后，高句丽终告灭亡。

此后不久，高句丽遗民奋起抗战，新罗亦为本国的利益而与唐军发生冲突。新罗的对唐战争延续到文武王十六年（676 年），其结果是唐朝的军政势力不得不从朝鲜半岛撤出。这样，几乎领有朝鲜半岛全域的、称为"统一新罗"的强大王朝乃以全新的姿态登上东亚的历史舞台，影响巨大。

四

长期以来，新罗的都城始终在于今韩国庆尚北道的庆州市地区，至统一新罗时期而不变。据《三国史记》记载，其最初的王宫为新罗的始祖赫居世在位第二十一年（公元前 37 年）时所建的"金城"。其后，婆娑尼师今于其在位的第二十二年（公元 101 年）移居筑造于金城东南方的称为"月城"的王宫。此类传说虽不能尽信，但照知麻立干于其在位的第九年（公元 487 年）七月"葺月城"，并于翌年正月从明活城"移居月城"的记载则应该是确实的。"月城"的位置被比定在今庆州街市区东南方的丘陵地，因丘陵的平面形状呈半月形而得名。

据《三国史记》记述，创立统一新罗的文武王于其在位的第十四年（公元 674 年）在宫内"穿池、造山，种花草，养珍禽、奇兽"。记述中的"池"，无疑是指位于月城东北方的"雁鸭池"。以"海"喻池，池旁的宫殿称为"临海殿"。《三国史记》记孝昭王六年（公元 697 年）九月"宴群臣于临海殿"，是"临海殿"之名在史书中的初见，从而可以推知临海殿的建置应在雁鸭池造成之后不久。"雁鸭池"是后世相传的俗称，其当初的原名为"月池"，这是研究者们参照《三国史记·职官志》所记"月池典"、"月池嶽典"等东宫官名推定的。1975 年和 1976 年，对雁鸭池遗迹进行调查发掘，多有收获。

唐高宗龙朔二年（公元 662 年），建于长安城东北部的新宫大明宫落成，其规模视太极宫有过之而无不及。皇帝于次年移居大明宫，使此宫取代太极宫而成为京师长安政治中枢之所在。大明宫内穿凿称为"太液池"的大水池，池中耸立着以"蓬莱山"为名的岛屿。近年以来，中国社会科学院考古研究所的研究者们发掘太液池遗址[8]，不禁使我联想到新罗庆州都城宫内之设雁鸭池是否与对太液池的模仿有关。太液池面积广大，远非雁鸭池之可比，却不能以此为由否定后者的设置有仿自前者的可能性。应该指出，雁鸭池面积虽小，但池中有岛，可视为其与太液池的重要相似之点，决非牵强附会。

据《三国史记·新罗本纪》记述，文武王六年至九年（公元 666 年~公元 669 年），新罗遣金庾信之子三光与金天存之子汉林入唐任宿卫，又遣大奈麻汁恒世入唐进贡献，并遵唐朝皇帝之命遣祇珍山级湌等入唐献磁石（"奈麻"、"级湌"等皆为新罗职官名称），等等。担任宿卫的贵族、权臣的子弟及前往朝贡、奉献的使臣皆进入大明宫，是在大明宫内完成其使命的。在此前真德王在位（公元 647 年~公元 654 年）之时，以金春秋（以后的武烈王）之子文注为先例，金仁问等亦曾在太极宫为唐朝皇帝任宿卫。文武王六年（公元 666 年）金三光等改在大明宫任宿卫，故能详知大明宫内的各种情状。尤其是文武王十四年（公元 674 年）正月，在唐大明宫任宿卫的大奈麻金德福期满归国，来到庆州都城，而文武王恰于此年二月开始在宫内整备池苑，可推想德福所传大明宫太液池的景观正好作为参考。这似乎是偶然的巧合，却属无可置疑的事实。要之，作为唐长安城宫殿对新兴的统一新罗庆州都城宫殿建制所加影响之一例，我试就雁鸭池与太液池之间的关系作如上的论说。

如《三国史记·地理志》所记述，月城作为王居所在的宫城而有"在城"的别称，延至 8 世纪以后的时期仍然如此，而遗址上发现的瓦片则有"在城"的铭文，可证史书记述之不虚。文武王十九年（公元 679 年）创建的东宫指雁鸭池·临海殿所在之处的宫殿，则可以从遗址发掘出土的木简及有墨书铭文的陶器上所见"洗宅"、"龙王典"等东宫官署之名得到证实。因雁鸭池原名为"月池"，东宫之有"月池宫"的别称亦见于《三国史记》的记载。此外，应该特别指出的是，称为"北宫"的宫殿之名见于《三国遗事》所记惠恭王（公元 765 年~公元 780 年）在位时期，而在《三国史记》的相应记载中则称"王庭"。1939 年调查发掘的城东里遗址位于月城的正北方，经过对遗迹、遗物的考察，研究者强调其为北宫遗址的可能性甚高。

五

如所周知，据《三国史记》记述，真德王三年（公元649年）新罗采用唐朝的衣冠，次年又使用唐高宗的"永徽"（公元650年～公元655年）年号。据考古学者们的调查发掘，庆州市将军路第1号坟、蔚州郡华山里第34号坟、釜山市华明堂第3号坟、公州邑熊津洞第29号坟、金海郡礼安里第49号坟等韩国的许多古坟以及庆州市普黄洞皇龙寺遗址、庆州市仁旺洞雁鸭池遗址等庆州都城内重要遗址皆曾出土铜质的带扣、铊尾与方形或半圆形的銙饰，它们的制作年代可判定为7世纪中叶至末年[9]，在雁鸭池遗址的调查发掘中还发现"仪凤四年"（公元679年）的纪年铭平瓦和"调露二年"（公元680年）的纪年铭砖[10]。要之，直到统一新罗时期，以衣冠、服饰与年号的使用为代表的中国唐朝规章制度之被新罗王国接受、容纳不仅见于史籍的记载，而且亦为考古调查发掘工作所证实。这样，认为统一新罗的庆州都城在形制上的改造、更新是出于对中国唐王朝京师长安城的仿效，可谓是理所当然的。

据《三国遗事》记载，新罗全盛之时，京城中有178936户、1360坊、55里、35金入宅（富润大宅）。这是见于《三国遗事》卷第一的《辰韩》条中的记载，但如在紧接其后的《四节游宅》条中所明示，所记实为包含宪康王（公元875年～公元886年）在位期间在内的8世纪初至9世纪末的统一新罗时代的状况。特别是卷第五《念佛师》条中的"360坊、17万户"，确为对于8世纪中叶景德王（公元742年～公元765年）时期实况的记述无疑[11]。当然，无论是怎样不可一世的"全盛之时"，多达17万余的户数对新罗的都城来说，显然是被夸张了的。但是，"1360坊"应为"360坊"的笔误，而非故意的捏造。与《三国史记·地理志》所见新罗始祖赫居世于中国西汉宣帝五凤元年（公元前57年）开国时都城内有"35里"的古远难信的记载相比[12]，《三国遗事》所记"55里"之数的正确程度是相当之高的。

要而言之，根据上述《三国遗事》的记载，统一新罗时代的庆州都城全域首先是划分为55个"里"，然后又可细分为360个"坊"。"里"与中国唐长安城、日本平城京等都城内的"坊"相当，"坊"则相当于日本平城京内的"坊"进一步细分而成的"町"或"坪"。

2002年12月，我应邀在日本京都就新罗都城作演讲时曾引用韩国著名学者绘制的"庆州王京平面复原图"（图4），却对此图提出个人独自的解析[13]。我认为，《三国遗事》所记虽为"360坊"，但除去月城的王宫、月池的东宫以及其后新建的北宫（城东里遗址）所占的面积，复原图中的方格形区划共约330个，它们便是以上所说的"坊"。330个"坊"被55个"里"所均分，每个"里"包含6个"坊"。必须注意，从复原图和我对此图的解析看来，"坊"的平面为正方形，而"里"的平面则为东西横长方形，长与宽的比率为3∶2。这样，若将"南北大路"以东和以西的京域分别称为"左京"与"右京"，则左京的幅度相当于2个"里"的长度，而右京的幅度倍增，相当于4个"里"的长度。据1976年至1983年对遗迹的调查发掘，作为规模宏伟的伽蓝，皇龙寺的位置在

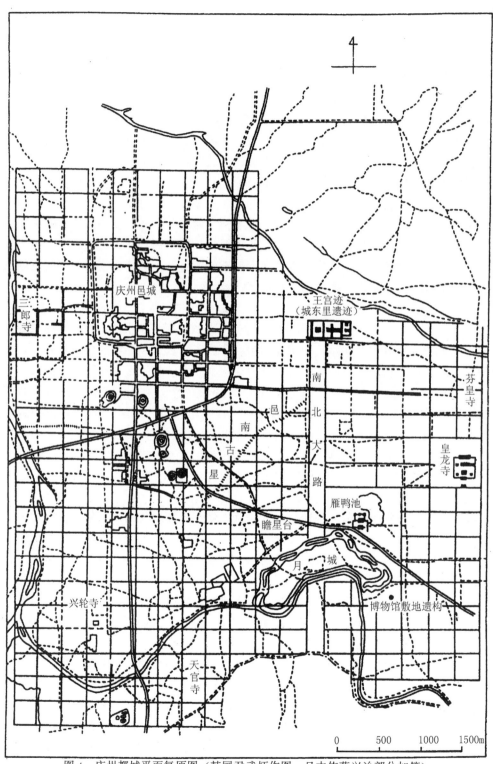

图 4　庆州都城平面复原图（韩国尹武炳作图，日本佐藤兴治部分加笔）

于左京中部的东侧边缘，全寺面积相当于 4 个"坊"，即三分之二个"里"。

应该说明，由于我所引用的"庆州王京平面复原图"本身未必准确[14]，我对此图的解析当然是有不切实之处的。然而，如前所述，我坚持认为，与《三国史记》所记"35里"相比，《三国遗事》所记"55 里"是可信的，而后者《辰韩》条所记"1360 坊"则为《念佛师》条所记"360 坊"之误，这是可以确信无疑的。

统一新罗庆州都城的改造虽说是以唐长安城的形制为模仿对象，但从上古的原初时代开始，直到新的所谓律令制的统一新罗时代，新罗的都城始终在于庆州的原址，历代相继，前后延续，建筑物纷乱、错落、甚至互相重叠，改造是十分困难的，所以不能如日本的平城京、平安京那样成为左右对称的、整然有序的所谓"条坊制都城"。在庆州都城的周围，有明活山城、南山城、仙桃山城等山城可担当首都的防卫任务，故无须特意筑造围绕首都全域的城墙。尽管如此，按照我个人的一贯主张，与日本的平城京、平安京一样，没有城墙围绕的庆州亦可称为"都城"[15]。

注　释

〔1〕此青铜碗（壶杆）出土于 1946 年，收藏于韩国首尔市中央博物馆。底部所铸铭文为凸起的阳文，在韩国初期金石文字中可称罕见的特例。铭文中的"乙卯年"相当公元 415 年，在好太王逝世之后 3 年。

〔2〕此银盒（合杆）出土于 1926 年，收藏在韩国首尔市中央博物馆。关于铭文所记"延寿元年（太岁在辛卯）"的年次虽曾有各种不同见解，要以主张为长寿王三十九年（公元 451 年）干支属"辛卯"之说为妥切。对此，朝鲜学者孙永鍾、韩国学者李丙焘等早在 20 世纪 60 年代、70 年代发表有关论文，详加论证。

〔3〕a. 上田正昭、田边昭三编：《高句麗の中原碑》，《埋まれた邪馬台国の謎》第 232 頁～233 頁，（日本）旺文社，1981 年。

b. 武田幸男著：《高句麗「太王」の用例》，《高句麗史と東アジア》第 259 頁，（日本）岩波書店，1989 年。

〔4〕日本学者井上秀雄对"凤坪新罗碑"碑文的内容作简要的叙述，对书体的特点作确切的评论，并在所录碑文全文中标明何者为受损之字，何者为有异议之字，何者为出于推测之字。参见井上秀雄著：《五～六世紀の主要な金石文》，《古代東アジアの文化交流》第 349 頁～351 頁，（日本）溪水社，1993 年。

〔5〕倭国之改用"日本"国号始于 7 世纪后期，《日本书纪》所记"任那日本府"的名称是不适当的。考虑到成书于 8 世纪 20 年代的《日本书纪》往往称古代的倭国为"日本"，故可推定所谓"任那日本府"其实是"任那倭府"，亦即所谓"任那之官家"。参见王仲殊著（桐本东太译）：《新羅の强盛》，《中国からみた古代日本》第 130 頁，（日本）学生社，1992 年。

〔6〕关于"磨云岭碑"碑文中的"真兴太王"的名号，学术界有持怀疑态度的。但是，研究高句丽史的日本专家武田幸男则坚信碑文中的"真兴太王"是指刻石立碑的新罗真兴王本人。参见武田幸男著：《東アジアの「太王」号》，《高句麗史と東アジア》第 271 頁，（日本）岩波書店，1989 年。

〔7〕《日本书纪》齐明天皇五年己未（公元 659 年）条记遣唐使"以陆奥虾夷男女二人示唐天子"句下注引《伊吉连博德书》所述其年十二月唐朝敕旨称"国家来年必有海东之政，汝等倭客不得东归，

遂逗西京,幽置别处,闭户防禁,不许东西,困苦经年".参见国史大系本《日本書紀》(后篇)第271頁,(日本)吉川弘文馆,1982年。

〔8〕中国社会科学院考古研究所、日本奈良文化财研究所联合考古队:《唐长安城大明宫太液池遗址考古新收获》、《唐长安城大明宫太液池遗址发掘简报》,《考古》2003年第11期。

〔9〕伊藤玄三:《統一新羅の鎊帯金具》,《律令期鎊帯金具の調査研究》第14頁~39頁,(日本)法政大学文学部,1998年3月。

〔10〕韩国文化部文化财管理局编(西谷正等译):《雁鸭池發掘調査報告書》本文编第86頁,图20—443,第87頁,图31—552,(日本)学生社,1993年。

〔11〕参阅《三國遺事》卷第一《辰韓》条及《四節遊宅》条、卷第五《念佛師》条,分别见韩国精神文化研究院姜仁求等《譯注·三國遺事》Ⅰ,第216頁,第221頁;Ⅳ,第364頁,(韩国)以会文化社,2002年。

〔12〕《三國史記》卷第三十四,《雜志》第三,《地理》一,朝鲜史学会编辑发行,1928年。

〔13〕王仲殊:《唐長安城および洛陽城と東アジアの都城》,《東アジアの都市形態と文明史》(千田稔编)第411頁~420頁,(日本)国際日本文化研究センター发行,2004年1月。

〔14〕韩国学者尹武炳的"庆州王京平面复原图"是根据现今地面上隐约察见的道路、里坊的不确切的形迹推测复原的。1987年,尹氏本人改变了思路,又按《三国史记》所见"35里"的记载,重新绘制庆州都城平面复原图,方方正正,非常整整。但是,2002年、2003年以来,韩国国立庆州文化财研究所等学术单位和学者们发表多篇新的有关庆州都城遗迹的调查发掘报告和论文等,说明历时数百年之久的庆州都城在形制、布局上的变迁甚为复杂,不能简单地对里坊的区划作完全整然的复原。参见黄仁镐《新羅王京の変遷》,《東アジアの古代文化》126号(2006·冬)第2頁~19頁,(日本)大和书房,2006年2月。

〔15〕20世纪70年代以来,日本学者创"宫都"一词以称日本的藤原京、平城京、长冈京、平安京,理由是它们的周围皆无城墙围绕,故不能以"都城"称之。我举《日本书纪》天武天皇十二年(公元683年)十二月"凡都城宫室非一处,必造两参"及《续日本纪》桓武天皇延历三年(公元784年)六月"经始都城,营作宫殿"的记载,指出藤原京、平城京、长冈京、平安京等皆应按上述《日本书纪》、《续日本纪》的记载称为"都城",而"宫都"之词不见于任何古籍,不宜采用。

THE HISTORY AND CULTURE OF SILLA AND THE ARCHITECTURAL FORM OF ITS CAPITAL CITY

Wang Zhongshu

Key Words: Silla Koguryo Paekche Gyeoungiu Capital City

Silla was situated on the southeastern Korean Peninsula, adjoining Koguryo in the north and Paekche in the west. In the fourth century to the earlier fifth century, its national might was still weak. But gradually it grew in strength, and in the mid 6th century it exceeded Paekche and matched Koguryo. In the 660s it conquered the two kingdoms successively in alliance with the Tang Dynasty of China. From the mid 670s it occupied almost the whole Korean Peninsula, hence the name "United Silla." In institution and culture, Silla often followed the Tang Dynasty, even reformed Gyeoungiu Capital City of United Silla after the architectural model of Tang China's capitals. It is understandable that Gyeoungiu Capital City looks not so regular in architectural form in comparison with ancient Japanese capitals because Silla all along retained its capital in Gyeoungiu for several hundred years, many traditions were handed down from generation to generation, and various structures, new and old, coexisted with each other, which brought a series of difficulties to the rebuilding of the city.

论同仁一期文化与奈费尔德
类型的关系
——兼谈陶斜口器的功能与名称

林秀贞

关键词：同仁文化　奈费尔德类型　黑水靺鞨　陶斜口器

同仁遗址于 1973 年发掘，不久提出"同仁文化"[1]，遗址发掘报告于 2006 年发表[2]（以下简称"同仁报告"）。同仁文化引起国内外考古学家的关注，在同仁报告未发表前，已经有多位学者引用及论著。经过对报告的重新编写后，我认为同仁文化的含义，应专指同仁遗址的下层（F3、F2），称同仁一期文化；同仁遗址的上层（F1），称同仁二期文化。同仁一期文化根据遗物及碳十四数据测定，可分成一期早段和一期晚段。同仁二期文化所代表的文化内涵，不仅时间较晚，其房址的建筑风格及出土遗物与同仁一期文化完全不同，他们应是女真族的物质文化，不在本文的讨论范围内。总之，同仁遗址的发掘，对靺鞨文化的分期研究具有标识性的意义。同仁一期文化代表了中原地区唐朝时期生活在黑龙江中游一带的黑水靺鞨人的物质文化。同仁一期文化与俄罗斯境内的奈费尔德类型[3]（或称其为布拉戈斯洛文宁——奈费尔德类型）是同一种考古学文化。

属于同仁一期文化的遗迹，已经发掘和试掘的还有黑龙江省绥滨县四十连遗址(1978年)[4]、萝北县团结墓地（1983 年）[5]、佳木斯市郊凤凰山（2002 年）[6]等。自 20 世纪 60年代以来俄罗斯考古学家在阿穆尔河（中国称黑龙江）地区、滨海地区发掘了奈费尔德墓地（1960 年）[7]、布拉戈斯诺文宁斯克遗址（1970 年）[8]、科奇科瓦特卡遗址（1970年）[9]（图1）。上述遗迹均归入奈费尔德类型，经碳十四年代测定，划分三个阶段，第一段为公元 5 世纪～7 世纪；第二段为公元 8 世纪～9 世纪；第三段为公元 10 世纪～13 世纪。其中第一、二段与同仁一期文化相当[10]。中外考古学家大多认为同仁一期文化与奈费尔德类型是我国历史文献记载中的黑水靺鞨的文化遗存。

作者简介：1940 年出生于哈尔滨市。1964 年毕业于北京大学考古专业。1964 年～1978 年在黑龙江省博物馆工作，1978 年调入中国社会科学院考古研究所编辑室。编审，享受国务院政府特殊津贴。从事《考古》、《考古学报》、《考古学集刊》及《夏鼐文集》编辑工作。主要研究辽金考古及古代玺印学。代表作有：《黑龙江古代官印集》、《金代猛安谋克官印的研究》等。曾是《中国科普博览》的作者之一（撰写"风云辽代"），荣获联合国"2005 年世界信息峰会大奖"。

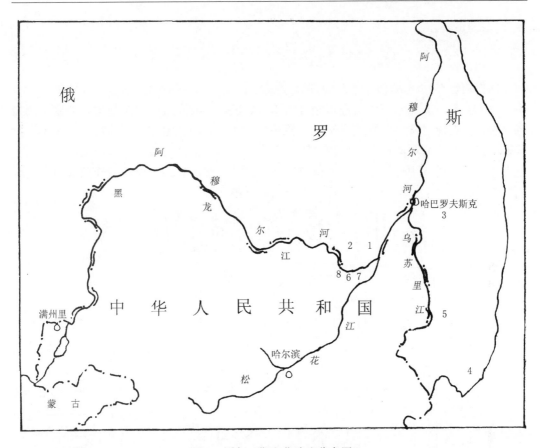

图 1 同仁一期文化遗迹分布图

1. 奈费尔德 2. 科奇科瓦特卡 3. 布拉戈斯洛文宁斯克 4. 奥西诺夫卡 5. 库尔库尼哈 6. 同
仁 7. 四十连 8. 罗北团结（1～5. 参照：《滨海地区的靺鞨遗存》第168页图一绘制）

一 同仁一期文化的年代及文化特征

（一）年代

同仁遗址坐落于黑龙江省绥滨县福兴乡同仁村。经 1973 年发掘完整的三座房址，有明确的地层关系，房址结构具有鲜明的特征，陶器及遗物有自身特色。同仁遗址从地层看，F3、F2 为下层，F1 为上层。F3 代表同仁一期早段，F2 代表一期晚段。F1 为同仁二期，因 F1 与 F3、F2 差别较大，故不在本文所议之内。据碳十四年代测定如下：F3 距今 1420±80 年，树轮校正 1380±80 年（公元 599 年～公元 684 年）；F2 距今 990±80 年，树轮校正 960±80 年（公元 994 年～公元 1186 年）；F1 距今 845 年±80 年，树轮校正 820±80 年（公元 1131 年～公元 1277 年）[11]，属同仁二期文化。

（二）房址特征

以同仁遗址F3、F2和四十连遗址F3三个房址为例介绍如下。

同仁遗址F3：木结构。平面为方形，每边约5.8米，半地穴，有基槽。四周是宽窄不等（6厘米~26厘米）的用圆木竖劈的木板做墙壁。有先进的建筑技术，墙壁里侧加竖立柱，两立柱之间加横梁（圆木），屋椽搭于圆木上，因此增加了墙体直接承受屋顶荷载的强度。有内外两圈柱洞。屋顶呈四面扇形。居室地面铺大块地板用以隔潮。灶址呈近方形，设于居室中央，屋顶中部留有出烟孔。东壁南段有门，但未发现门道遗迹，推测门道设在地面上。室内需设矮梯，以便出入（图2）。

图2 同仁F3顶部及四壁木板遗迹图（图中圆圈为木梁及立柱位置，并非柱洞）

同仁遗址F2：木结构，与F3大同小异。半地穴，有基槽。平面近方形，边长6米。此屋毁于大火，木柱及梁全部烧成木炭，但其形态及结构均可判明。木板壁，有内外两圈柱洞。屋室地面上留有倒塌的梁架，分内外两圈，内圈梁架由四根炭化圆柱构成近方形的框架，是房架中最高一层的横梁，还有从四角通往中心的条形木炭，是屋顶的斜脊，屋顶由四个扇面组成。灶位于居室中心，方形，灶框用柳条编成后再抹泥。门设于东墙，居住面铺地板。F2 可以复原成一个由四个扇面搭成的地棚式的茅草屋，四壁有木板，有房柱，并有御寒功能的门道及门，出烟孔在屋顶中央处（图 3）。

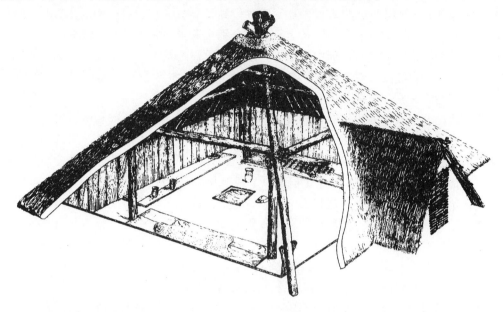

图 3　同仁 F2 复原图

绥滨县四十连遗址房址特点。遗址坐落于黑龙江省绥滨县二九〇农场东 17.5 公里蜿蜒河西岸的台地上。发掘的几处房址都是木结构的半地穴式房屋，仅以 F3 为例：平面呈方形，边长 5 米。有基槽，四面立板壁，有横向的板条固定立板。有柱洞 4 个，均在四角，地面未经加工，不平整，灶设于室中央偏北。有门道。居室内摆放有 12 件陶器，有盘口罐、碗、陶斜口器等。

（三）墓葬形制

以团结墓群为代表。墓地坐落在黑龙江省萝北县团结砖厂西部沙岗上。共发掘 10 座墓葬。墓约半数为火葬墓，仰身直肢单人葬，也有二次双人合葬墓。都属土圹穴墓，未见明显的葬具痕迹。墓室规模不大，大墓如 M1，长 2.8 厘米，宽 1.16 米；小墓如 M5，长仅 1.6 厘米，宽 0.8 米。在 10 座墓中，半数的墓室一侧或一隅设有土台，台上放置随葬陶器，一般在 2 件～4 件，多则 8 件，少则 1 件。

（四）同仁一期文化遗物特征

1. 陶器

（1）陶质及纹饰：同仁遗址陶器的陶质以夹砂黑灰陶、红褐陶为主，少量泥质红陶。

陶色斑驳不均，罐类的颈、腹内壁多有泥条盘筑的痕迹，外表亦有刮削和抹平的痕迹，局部经慢轮修整。小型器皿多捏塑而成。绝大部分陶器上有纹饰，多见于罐的肩与腹部。纹饰有篦纹、刻纹、拍印纹和附加堆纹等。

四十连遗址陶器的陶质，以夹砂红褐陶为主，有少量的夹砂黄褐陶和夹砂黑灰陶。陶质显粗糙，并且火候较低，只有夹砂红褐陶火候高，器壁厚，质地较硬，其他夹砂陶火候偏低，质地疏松。陶器多采用泥条盘筑法，个别小陶器为捏塑成形。腹壁内亦常见泥条盘筑与手捏结合的痕迹。陶器中素面少，纹饰一般饰于器腹以上及颈、肩部。常见纹饰有附加堆纹、水波纹、斜条篦纹、刻划纹和极少量的"之"字纹。以附加堆纹和水波纹最多。多为平底器，个别器形有圈足。

萝北团结墓地陶器的质地有夹砂黄褐和泥质黄褐两种，其中小罐和钵为泥质陶，火候不均匀。大罐中有夹砂与泥质两种。陶器纹饰有梳齿印纹、附加堆纹、斜线印纹、指甲纹、水波状划纹和乳丁纹等，多为工具戳印、滚印、刻划或以手戳印、堆塑而成。这些纹饰多饰于大罐（盘口罐）和小罐肩部，个别施及颈或腹部。陶器均手制，分部套接，在套接部位，内外涂抹泥，使之牢固。敞口碗都是素面。典型陶器主要是盘口罐、附加堆纹罐和敞口碗三种。未见陶斜口器。其他随葬品有：铁器、铜器、料珠和石珠等，其中铁器最多，有矛、削、刀、甲片、带卡等。墓地年代与同仁一期文化相当。

（2）陶器器型：多以日常饮食器皿为主。有罐类如盘口罐（也称花瓶式罐）、双唇罐（有领直腹罐）、敞口罐等，还有碗、杯及斜口器（或称斜口罐）。

罐类。盘口罐，盘口，直唇，宽沿，有颈，上腹鼓，下腹斜收成小平底。宽沿上多刻出齿形花纹，肩、腹均饰篦纹（图4—1）。双唇罐（有领罐），夹砂黑陶，圆唇敞口，下腹斜收成小平底，口沿下有一周附加堆纹（图4—6、7）。鼓腹罐，多为红褐陶，敞口，束颈，腹微鼓，平底。口沿下有一周附加堆纹，腹饰小方格纹。直口罐，双唇，短颈，筒形腹，个别有假圈足。

壶，夹砂黑陶。口微敞，高领，鼓腹，小平底。领下部与腹上部饰凹弦纹和斜线纹（图4—10）。

碗，夹砂陶，制作较精。敞口，斜壁，口下有指甲纹，器壁刻斜短线组成的"人"字纹，底边亦有刻花边者（图4—14）。

斜口器，F3、F2各出土1件。均为夹砂黑灰陶。此类器，形似箕，可立置亦可平放（图4—18）。

其他陶器。坠形器，多为夹砂红褐或浅红褐陶。形状多样，均有穿孔。纺轮，夹砂红褐陶。一面平，一面凸起，中部有穿孔。弹丸，夹砂红褐陶。圆球状，直径1.3厘米。

兽状筒形器，夹砂黑灰陶。捏制而成。器身成圆筒状，上端兽头折转前伸成嘴。额头微隆，头顶两侧似有耳的装饰。器物厚重，可平放，亦可立置。两件相同的兽状器，出土位置在F3西墙靠近室内窖穴处，两兽头相对，不知其用途是否与宗教崇拜有关（参见"同仁报告"图版捌，2）。

动物陶塑。共有3件，均出自F3内。1件似猪，1件似羊，1件似马。

四十连的典型器物是盘口罐、扁身斜口器、双唇罐（带附加堆纹），及侈口鼓腹罐、

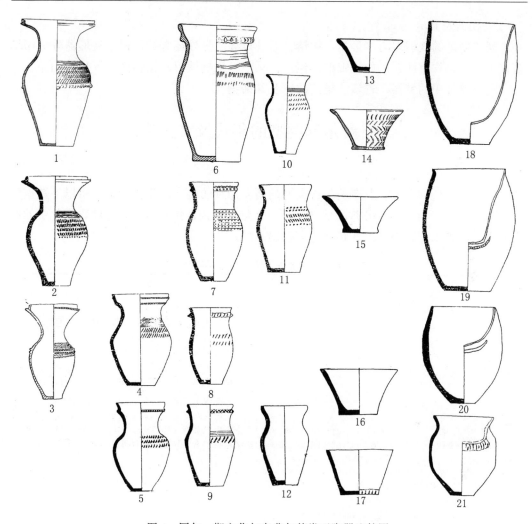

图4 同仁一期文化与奈费尔德类型陶器比较图

盘口罐: 1. 同仁 2. 布拉戈斯洛文宁斯克—2房址 3. 萝北团结 4、5. 四十连

双唇罐: 6. 同仁 7. 布拉戈斯洛文宁斯克—2房址 8、9. 四十连

壶: 10. 同仁 11. 布拉戈斯洛文宁斯克—2房址 12. 四十连

碗: 13. 奈费尔德 14. 同仁 15. 布拉戈斯洛文宁斯克—2房址 16、17. 四十连

斜口器: 18. 同仁 19. 布拉戈斯洛文宁斯克—2房址 20、21. 四十连

碗等。四十连的典型陶器从陶质、花纹等几方面均与同仁一期文化极相似。盘口罐的喇叭口外扬不明显,颈部较粗,最大腹径在肩部 (图4—4、5)。双唇罐、壶、碗与同仁一期文化同类器相比无大差别 (图4—8、9、16、17)。斜口器的开口靠上部,口沿下有花纹装饰 (图4—20、21),而同仁一期文化的同类器开口靠下更像簸箕 (图4—18)。

萝北团结的典型器有盘口罐,其形体较同仁同类器更显修长,喇叭口加高,颈部变细 (图4—3),纹饰均饰于肩部。泥质双唇罐与同仁同类器大体相似。未见斜口器。

2. 铁器及其他

同仁遗址的铁器多为工具类，如锛、刀、钉等。另外还有针、钗、夹形器等。团结墓葬中，各墓均有铁器，如铁带卡、铠甲、马衔、铜柄铁刀、错金铁刀等日常用品。同仁遗址中的骨器，有镞、锥、纺轮及其饰物。

二 奈费尔德类型的年代及文化特征

（一）年代

通过对同仁一期文化及奈费尔德类型的诸多遗址的碳十四年代测定，将以下数据列表如下（表1），再结合其分布的地域与历史文献相印证，我看是可以将靺鞨文化中的两个分支，即黑水靺鞨与粟末靺鞨文化区别出来的。

表 1   **同仁一期文化与奈费尔德类型 ^{14}C 年代比较表**

	黑水靺鞨	粟末靺鞨
同仁二期文化	同仁 F1 距今 820±80 年，AD1131～1277 年	振兴五期距今 1040～1240 年，AD910 年 绥滨中兴墓地、永生墓地、三号墓地（无 ^{14}C）
同仁一期文化（晚）	同仁 F2 距今 960±80 年，AD994～1186 年 乌斯季－塔拉坎 F2 距今 1190±20，AD760 年 沙普卡墓地（公元 9～10 世纪）	科尔萨沃墓地（晚）AD940 年 特罗依茨墓地距今 1120±100 年 石场沟（相当 780 年） 科尔萨沃墓地（早）AD570 年

同仁一期文化（早）	同仁 F3 距今 1380±80，AD599～684 年
	萝北团结墓地（年代相当同仁 F3）
	四十连 F3 距今 2060±80 年，BC199～AD24 年
	      F2 距今 2020±85 年，BC168～AD62 年
	      F1 距今 1670±80 年，AD257～526 年
	乌斯季－塔拉坎 F1 距今 1650±40，AD300 年
	科奇科瓦特卡距今 1560±60 年
	库尔库尼哈距今 1560±60 年
	布拉戈斯洛文宁斯克 F2 距今 1600±20，AD370±20
	奈费尔德墓地距今 1895±30，AD55 年
		榆树老河深上层墓葬距今 1550±10 年，AD420 年
		永吉杨屯大海猛距今 1440±85 年，AD415 年
		永吉查里巴墓地（类型）距今 1440±85，AD415 年
		莫纳斯特尔卡 3 号墓（属查里巴类型）

（二）居址与墓葬的地理位置

1. 奈费尔德墓地

1960 年～1961 年发现。该遗址位于犹太自治州内的毕拉河与阿穆尔河（黑龙江）汇合处以北的奈费尔德村。1975 年～1976 年还发现村南的杜鲍沃耶遗址。

2. 布拉戈斯洛文宁斯克－2 号房址

1970 年发现。遗址位于滨海地区的哈巴罗夫斯克（伯力）以西的诸多支流之一的大萨马卡河口附近的布拉戈斯洛文宁斯克村。靠近我国的同江县的乌苏里江，与之隔江相望。

3. 科奇科瓦特卡遗址

1970 年～1971 年发现。遗址位于犹太自治州境内的科奇科瓦特卡村。与我国黑龙江省绥滨县同仁遗址隔黑龙江相望。

4. 沙普卡墓地

20 世纪 80 年代发现[12]。遗址坐落在阿穆尔河（黑龙江）左岸的基姆河和扎维塔河之间的河滩地，位于沙普山之北。总共发现 180 个墓坑，发掘 41 座墓。墓的布局为并行排列，沿着东北—西南线延伸。墓的方向大多为东南—西北方向。除 1 座直肢葬和 1 座火葬墓外，其余墓葬都是二次葬。随葬器物包括陶器和日常用品，摆放位置不一样，一种是把它们放置在墓穴附近的地面上，另一种是放在墓穴里。埋葬仪式的特点是，故意把随葬品弄坏或是利用日常生活中损坏了的器物。这 41 座墓是古墓中比较晚的。陶器在 36 座墓中都有发现。

5. 乌斯季—塔拉坎居址[13]。

遗址坐落在阿穆尔州内，1993 年发掘两座房址。2 号房址有基坑，形制与同仁 F2 大体相同，年代与同仁一期晚段相当。所出陶器有典型的奈费尔德双唇陶罐，还有青铜垂饰。^{14}C 年代测定为距今 1190±20，AD760 年（表1）。乌斯季—塔拉坎 F1 的 ^{14}C 测定年代为距今 1560±60，AD390 年[14]。其年代与同仁一期文化早段相当。有的学者认为乌斯季—塔拉坎遗址应单独成为一种类型，但多数学者认为它应归到奈费尔德类型中。

（三）奈费尔德类型房址和墓葬特征

房址为半地穴式，有基槽（或叫基坑）的柱架结构，平面多为长方形。椭圆形灶址偏向南侧，没有作任何加固。室内有木柱。门开在屋顶的一个斜面（或叫"扇面"）上，无门道。内部在人字斜梁或斜屋顶下面安有支柱。以大西米奇 2 号房址为例（图5、图6）。它被俄罗斯学者划归米哈伊洛夫卡类型，其居室建筑形式与奈费尔德类型很相近。

地上构架的锥体形建筑物，屋顶斜面用可拆卸的桦树皮或皮革覆盖，这样的建筑物，主要用作狩猎场上的季节性住房。

同仁一期文化与奈费尔德类型房址的比较见表2，从表中可见相同之处大于差异，尤其是可以清晰地看出同仁一期文化的房址与奈费尔德类型中 A 型房址基本相同。

表 2　　　　　　　　　同仁一期文化与奈费尔德类型房址比较表　　　（长度单位：米）

	遗址名称	结构	形状	柱洞	灶	门	居住面	备注
同仁一期文化	同仁 F3	半地穴有基槽木板壁	方形5.8×5.8	两圈（内、外）	方形居中央	朝东	铺木板	
	同仁 F2	半地穴有基槽木板壁	方形5.1×5.1	有 两 圈（内、外）	方形中心有边框	朝东	铺木板	
	四十连 F3	半地穴有基槽木板壁	方形5×5	四角有	居中心偏北	朝东	无加工	
奈费尔德类型	A 型	半地穴有基槽	长方形	柱洞；梁架		门开在扇形屋顶的一个面上		以乌斯季—塔拉坎 1 号房址为代表
	B 型以锡卡奇—阿梁、沙普卡古城为代表	地面式	长方形					有"∩"形火炕
	C 型乌斯季—塔拉坎的 F2 为代表	地面式，由四个三角形（扇形）组成的锥体，其上覆盖桦树皮或皮革						应为狩猎场上的季节性住房

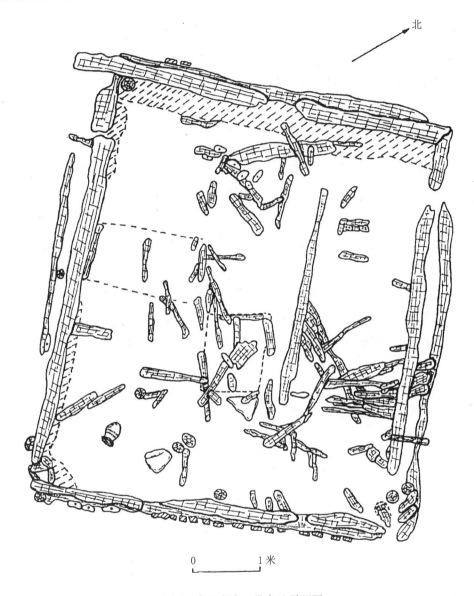

北

0 　　　 1 米

图 5　大西米奇 2 号房址平面图

　　同仁一期文化的墓葬与奈费尔德类型墓葬有许多相同处,但也存在一些差异(表3)。在已发掘的小型墓葬中,我们以萝北团结墓、奈费尔德墓、沙普卡(帽儿山)墓地为例。其相同处为,前两者墓葬形制均为土坑长方形墓,有二层台,有单人也有双人葬。团结墓地无明显葬具,奈费尔德墓穴底铺有木板。区别之处在于奈费尔德 B 型墓葬中多为二次葬,尸体先露天停放一段时间,然后将剩余的尸骨入葬。而在沙普卡(帽儿山)所发掘的 180 座墓葬中,墓穴多呈不规则形,墓葬成行排列,十分有序,方向亦为东南—西北向,多为土葬,极少见火葬墓。因此,共性大于差别,三处墓地的葬俗大同小异。

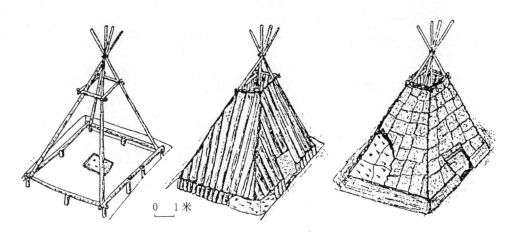

0　1米

图 6　基坑式住房的结构复原

表 3　　　　　　　　　　　　同仁一期文化与奈费尔德类型墓葬比较表

遗址名称		形　　状	葬　　具	葬　　式
萝北团结（共 10 座）		长方形竖穴半数有二层台	无明显葬具痕迹	一半是火葬，有单人葬 一半是土葬，亦有双人合葬
奈费尔德	A 型	长方形土穴墓有二层台	有葬具，木板仅铺在墓底	
	B 型	二次葬，先露天，后收集尸骨再葬		有单人葬，或多人葬
沙普卡墓地	发现 180 座发掘 45 座	不太规则，但墓地成排分布，呈东南—西北向		火葬少，仅 1 座，其余均为二次葬

（四）奈费尔德类型与同仁一期文化陶器之比较

最具典型性的陶器是盘口罐（花瓶形罐）、双唇罐、壶、碗和斜口器。布拉戈斯洛文宁斯克-2 房址与同仁 F3 所出盘口罐完全相同（图 4—1、2）。双唇罐中四十连遗址的同类器与奈费尔德类型的也十分相近（图 4—7~9；图 7）。壶，同仁、四十连与布拉戈斯洛文宁斯克-2 房址同类器完全相同（图 4—10~12）。碗，外观大同小异，仅奈费尔德墓所出碗有假圈足（图 4—13~17）。同仁遗址多见腹及足底有花纹装饰。斜口器，皆为簸箕形，多素面，口沿下或有附加堆纹作装饰。四十连有 1 件，口下部微束（图 4—18~21）。

三　同仁一期文化与奈费尔德类型的关系

关于靺鞨文化的发现与研究，历经 80 余年。20 世纪 20 年代，在俄罗斯哈巴罗夫斯克（伯力）博物馆里，曾陈列过靺鞨文物。1937 年~1943 年旅居中国的俄国人 K.A. 热

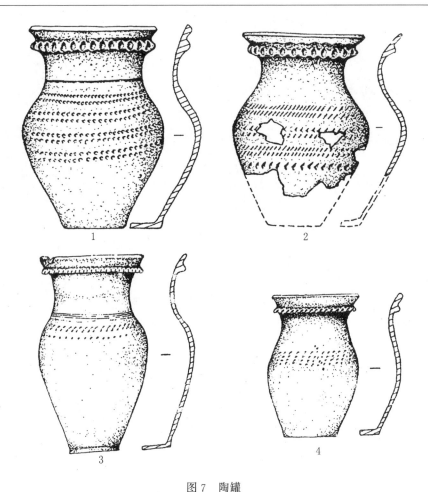

图 7　陶罐
1、2. 布拉戈斯洛文宁斯克－2 房址出土　　3、4. 奈费尔德古墓地出土

兹雅科夫在黑龙江省阿什河下游河湾地带的黄家崴子[15]进行过小规模的试掘，得到一批完整的靺鞨文物。前苏联考古学家 A. П. 奥克拉德尼科夫为领导的远东考古考察队 1953年在奥西卡遗址上层发现了靺鞨文物[16]。奥克拉德尼科夫率先提出"靺鞨文化"这个概念，这也是前苏联远东中世纪考古中最重要的考古学文化概念之一。之后，有 A. П. 杰列维扬科院士、E. B. 杰列维扬科博士、C. П 涅斯捷罗夫和 O. B. 季娅柯娃，以及 Э.B. 沙弗库夫、C. B. 阿尔金等一大批学者，他们对靺鞨文化的研究十分重视，发掘了大量的墓地和少量遗址，发现了几座古城，撰写大量的论文和专著。我国的考古学者除了翻译出版有关论文外，近年又出版了十分重要的译著，如冯恩学《俄国东西伯利亚与远东考古》[17]，杨志军主编《东北亚考古资料译文集》[18]等许多专论，为我们研究靺鞨文化提供更多的便利条件。

　　1957 年黑龙江省博物馆赵善桐在宾县老山头遗址发现一件完整的靺鞨式陶罐[19]。特别是 1973 年黑龙江流域考古队（由黑龙江省博物馆与中国科学院考古所共同组成）在黑龙江省绥滨县福兴乡同仁遗址发掘，有十分重要的发现，此次发掘获得完整的有明确地层关系的靺鞨文化的居住址。杨虎等先生在全国第一次考古学年会上的论文中提出了"同仁文化"[20]。以后，许多学者发表了关于"靺鞨文化"的专著与研究报告[21]。日本学者菊池俊彦发表的《黑龙江省萝北县的靺鞨遗迹》[22]论文中，将萝北团结墓地与奈费尔德类型出土的陶器进行对比，认为两者均归入同仁一期文化中。从 20 世纪 80 年代以来，已有多篇关于"靺鞨文化"的论著发表。如谭英杰等人《黑龙江中游铁器时代文化分期浅论》[23]和《再论黑龙江中游铁器时代文化晚期遗存的分期》[24]，及《靺鞨故地上的探索——试论黑水靺鞨与粟末靺鞨物质文化的区别》[25]。以上论著均对靺鞨文化进行年代、分期及族属的分析研究。

俄罗斯学者将靺鞨文化，从地域及文化特征将其分为五个类型：米哈伊洛夫卡、格拉德科夫卡、特罗依茨基、布拉戈斯洛文宁斯克、奈费尔德。其中前三种类型分布在结雅—布列亚河地区，布拉戈斯洛文宁斯克和奈费尔德类型在哈巴罗夫斯克边区、滨海地区。在结雅—布列亚河地区有个别的奈费尔德类型的遗存，如沙普卡、新彼得罗夫卡古墓（在阿穆尔河）、乌斯季—塔拉坎村落遗址（在布列亚河）。O.B. 季娅科娃认为，之所以划分出靺鞨文化几个遗存类型，第一，在陶器组合之间有差别，在年代序列上有先后；第二，所在的地理环境不同；第三，起源各不相同。从 C. П. 涅斯捷罗夫所著的《早期中世纪时代阿穆尔河沿岸地区的民族》的文章中，我们可以看出，米哈伊洛夫卡型中的居室形式，例如大西米奇与布金泉遗址中的房屋结构（见图 5、图 6）与同仁一期文化中的 F3、F2 基本相同（见图 2、图 3）。

在上述 5 种类型中，特罗伊茨基类型与其他类型的陶器风格皆大不相同。根据人骨的测定与人类学研究，民族成分很复杂，这里皆不一一赘述。C. П. 涅斯捷罗夫则缩小靺鞨文化的分布范围，推测出米哈伊洛夫卡和格拉德科夫卡类型接近室韦文化。总之，他们对靺鞨文化的类型与地域及族属目前没有达成一致的看法。

我认为俄罗斯境内的靺鞨文化暂可分为三种类型：即米哈伊洛夫卡、特罗伊茨基、奈费尔德。

同仁一期文化的分布范围，从目前考古发现的遗存看应包括同仁、四十连、萝北团结及布拉戈斯洛文宁斯克、奈费尔德、乌斯季—塔拉坎和沙普卡墓地。其中，同仁、四十连出土遗物与布拉戈斯洛文宁斯克的典型器物完全一致，特别是斜口器。目前可以得出这样的结论，居住址中出有斜口器，墓地中均未见到。布拉戈斯洛文宁斯克类型应包括在奈费尔德类型内。米哈伊洛夫卡与格拉德科夫卡两个类型应合为一个类型。

同仁一期文化与俄罗斯的奈费尔德类型在许多文化特征，如房址、墓葬形制和出土遗物等有许多相似性。俄罗斯许多学者将奈费尔德类型划归同仁一期文化的范畴。从地理位置上看，中、俄两地的这些同类遗址，仅有黑龙江（阿穆尔河）一水之隔。从碳十四年代测定数据看，也相当接近，并各自有分期。同仁一期年代与奈费尔德类型一段十分相近，大约在唐至北宋时期，与史籍记载的黑水靺鞨的时间及分布范围相符合。我们认定同仁一期文化与奈费尔德类型均属黑水靺鞨的文化遗存。

同仁一期文化的盘口罐，目前只出现在同仁、四十连、萝北团结遗址中。这种盘口风格在我国南北朝瓷器上广为流行。另一种典型器称为斜口器（即陶簸箕），早在仰韶文化晚期的大地湾文化，及北方地区的沈阳新乐文化下层、红山文化、富河文化及小河沿文化中较普遍地出现。我们考虑同仁一期文化在某些方面受中原文化的影响。

四　关于陶斜口器的功能与名称

自 20 世纪 60 年代以来，考古学家在北方地区的内蒙古、辽宁、吉林、黑龙江省陆续发现一种形制特殊的陶器，其外形如簸箕状，一侧有一个斜口的扁圆形的直腹罐，底部也呈椭圆形，可以立置亦可以平放。多数学者称为斜口器（斜口罐），有的考古报告也称为偏口罐，有的称为"簸箕形异形器"。

从时代上看，最早的斜口器是沈阳新乐下层出土的一件，最晚的是黑龙江省绥滨同仁房址中出土完整的两件。这类斜口器发现数量不多，多出在新乐下层、红山、富河沟门和左家山等四种考古文化中。斜口器的用途与功能早已引起学者们的关注，其说不一。我们据所见资料，就斜口器的分布与功能也谈谈自己的粗浅看法。

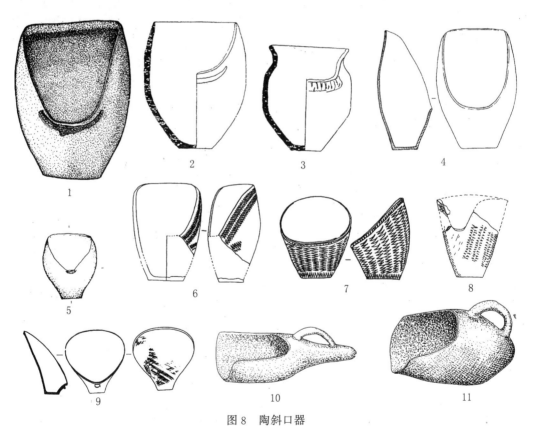

图 8　陶斜口器

1. 布拉戈斯洛文宁斯克 F2　2、3. 四十连　4. 同仁　5. 佳木斯凤凰山　6. 新乐下层　7. 四水泉
8. 四棱山　9. 牛河梁第五地点　10、11. 大地湾　（8. 为陶窑出土，余均房址出土）

（一）斜口器的发现与分布

从地域上看，在我国北方地区的内蒙古、辽宁、吉林、黑龙江均有发现。在甘肃省秦安县仰韶文化大地湾遗址中，出土了两件带柄的陶簸箕形斜口器，报告中称为异形器。这两件陶器与北方地区带之字纹或更晚时期同仁一期文化的同类斜口器，从外形看差异很大，严格上讲不应当归入斜口器之内，称为陶簸箕更贴近（图 8-1~11）。

在俄罗斯境内，在滨海地区和奈费尔德类型的遗址，如布拉戈斯洛文宁 2 号房址和兴凯湖以西的库尔库尼哈遗址中可见少量复原的斜口器，形制与同仁一期出土的两件完全相同（图 8-1）。

从时间上看，从距今 6000 年~1300 年的各类遗址中均有斜口器发现。如沈阳北部的新乐下层（距今 6145 年）[26]、甘肃秦安县仰韶晚期文化大地湾（距今 5300 年）[27]、吉林农安县左家山（距今 4870 年）[28]、牛河梁第五地点红山文化（距今 4830 年）[29]、赤峰市红山文化西水泉（距今 4500 年）[30]、内蒙古巴林左旗富河文化（距今 4500 年）[31]、内蒙古昭乌达盟白斯朗营子小河沿文化（距今 3500 年）[32]。属于同仁一期文化的遗址有黑龙江绥滨县同仁 F3（距今 1380 年）和同仁 F2（距今 990 年）[33]、四十连 F3（距今 2060 年）[34]、佳木斯凤凰山遗址（时间与同仁 F3 相当）[35]。属于同仁一期文化的俄罗斯境内的奈费尔德类型的遗址有：布拉戈斯洛文宁斯克 F2（距今 1600 年）[36]、库尔库尼哈（距今 1560 年）[37]（表 4）。

表 4　　　　　　　　　　　　斜口器出土地点一览表

序号	遗址名称		地　点	年代（距今）	纹饰
1	同仁	F3 F2	黑龙江绥滨县 黑龙江绥滨县	1380±80 990±80	无 无
2	四十连 F3		黑龙江绥滨县	2060±80	口沿下有附加堆纹
3	佳木斯凤凰山		佳木斯市郊	年代相当同仁 F3	口沿下有鸡冠耳
4	布拉戈斯洛文宁斯克 F2		俄罗斯哈巴罗夫期克（滨海地区）	1600±20	口沿正月附加堆纹
5	库尔库尼哈		俄罗斯兴凯湖西（滨海地区）	1560±20	不详
6	四棱山		内蒙古白斯朗营子小河沿文化	3500~	器身有之字纹
7	富河沟门		内蒙古巴林左旗富河文化	4500~3500	器身之字纹
8	西水泉		赤峰市西水泉红山文化	4500~3500	器身之字纹
9	牛河梁第五地点		辽宁省凌源市红山文化	4830	口沿下有附加堆纹 器底有网格划纹
10	左家山		吉林省农安县左家山文化	4870	可复原 2 件，无之字纹
11	大地湾		甘肃秦安县仰韶文化晚期	5300±135	1 件无纹饰，1 件有小方格纹
12	新乐下层		沈阳市北郊新乐文化	6145±120	口沿下有 2~4 行之字纹

注：1~5. 均属同仁一期文化。

（二）斜口器的形制及纹饰特点

属于早期即新石器时代的新乐文化、红山文化、富河文化及小河沿文化的斜口器，器身或口沿下数行均饰以编织纹，特别是这四种文化的陶器所流行的之字纹都出现在斜口器上（图8－6～9）。在南北朝至唐时期的黑水靺鞨的同仁一期文化中，同仁遗址的斜口器均以素面为主（图8－4）；而四十连、佳木斯凤凰山以及布拉戈斯洛文宁斯克2号房址中出土的斜口器通体亦为素面，仅在口沿下有附加堆纹的装饰或简化为一个鸡冠耳（图8－1、3、5）（附表4）。

（三）斜口器的功能与名称

在考古报告中，对斜口器有称为用途不详者[38]，多数学者称作撮箕或陶簸箕[39]，还有学者认为是水器[40]。都兴智先生则在他《关于之字纹陶器的几个问题》中，将早期和晚期斜口器共同分成三式（Ⅰ、Ⅱ、Ⅲ式）[41]，我们过去多将同一个遗址或相同时代的同类器进行排比研究，但将不同时代的同类陶器进行比较也未尝不可，因为斜口器确实是一种特殊器物，而且它们都是出土于房址。富河沟门的遗址中，斜口器发现在灶址附近，同仁遗址的斜口器均发现于居室靠墙的一侧。将它们看作一种日常生活用具，但都不如陶罐、陶壶及陶碗等炊饮具使用的频率高，其功能，如同现代人使用的簸箕。当时生产力和生活水平较低，同仁文化虽已属铁器时代，但铁器的生产成本高，铁矿石属稀少物，不如陶器制造容易。我们在内蒙古白斯郎营子四棱山（属小河沿文化）陶窑遗址中发现了斜口器及其若干陶残器片，这也是一个例证。在吉林农安左家山一、二、三期文化遗址中都发现了斜口器残片，在吉林通榆县的敖包山、元宝沟遗址都发现了斜口器，它的用途主要是当簸箕用，此类陶器不是什么特殊器皿，应正名为簸箕。

附记：杨虎先生发掘同仁遗址并提出"同仁文化"。他于20世纪80年代主笔写成同仁发掘报告，惜该文尚未面世时，先生于2004年不幸辞世。当年由我改编报告，最后由张长寿先生改定，刊《考古学报》。我阅读了他遗留的有关资料和杞记，吸纳中外学者的观点，提出一些新的看法，写成此文，完成他多年想写一篇有关靺鞨文化论述的夙愿。又，本文得到中国社会科学院老年科研基金赞助。

注　释

〔1〕杨虎、谭英杰、张泰湘：《黑龙江古代文化初论》，《中国考古学年会第一次年会论文集》，文物出版社，1979年。

〔2〕黑龙江省文物考古研究所、中国社会科学院考古研究所：《黑龙江绥滨同仁遗址发掘报告》，《考古学报》2006年第1期。

〔3〕О.В.季娅科娃著、裴石译：《滨海地区的靺鞨遗存》，俄罗斯·科学出版社，1998年。

〔4〕黑龙江省文物考古研究所：《绥滨县四十连遗址》（待刊）。

〔5〕黑龙江省文物考古研究所：《黑龙江萝北县团结墓葬发掘》，《考古》1989年第8期。

〔6〕佳木斯市文物管理站：《佳木斯市郊凤凰山遗址调查》，《北方文物》2005年第1期。

〔7〕А.П.奥德拉德尼科夫、А.П.杰列维扬科：《犹太自治州奈费尔德镇的靺鞨古墓地》，《西伯利亚考古论文集》，新西伯利亚，1977年。

〔8〕О.В.Дьякова раннесредневековая керамика Дальнего востока ссср как историческцй источник Ⅳ-х вв.

москва 1984.

〔9〕A. П. 杰列维扬科：《阿穆尔河沿岸地区的早期铁器时代》，新西伯利亚，科学出版社，1973 年。

〔10〕a. 杨志军主编：《东北亚考古资料译文集⑤》，北方文物出版社，2004 年。

b. 冯恩学：《俄国东西伯利亚与远东考古》，吉林大学出版社，2002 年。

〔11〕中国社会科学院考古研究所：《中国考古学中碳十四年代数据集（1965－1991 年）》，第 95 页～96 页，文物出版社，1999 年。

〔12〕C. П. 涅斯捷罗夫著、王德厚译：《早期中世纪时代阿穆尔河沿岸地区的民族》，俄罗斯科学院西伯利亚分院考古与民族研究所出版社，1998 年。

〔13〕O. B. 季娅科娃著、裴石译：《滨海地区的靺鞨遗存》，俄罗斯·科学出版社，1998 年。

〔14〕同注〔13〕。

〔15〕K. A. 热兹雅科夫：《阿什河下游河湾地带考古调查收获》，《哈尔滨自然科学家与民族志学会会刊》第 3 卷，考古学分册哈尔滨，1946 年。

〔16〕A. П. 奥克拉德尼科夫：《1955 年夏在滨海边疆区的考古考察报告》，俄罗斯科学院档案 P－1，No. 1189，第 5 页～10 页。

〔17〕同注〔10〕b。

〔18〕同注〔10〕a。

〔19〕赵善桐：《黑龙江宾县老山头遗址探掘简报》，《考古》1962 年第 3 期。

〔20〕同注〔1〕。

〔21〕a. 同注〔10〕a、b。

b. 干志耿：《靺鞨族及黑龙江流域的靺鞨遗存》，《北方文物》1985 年第 1 期。

c. 乔梁：《靺鞨陶器分期初探》，《北方文物》1994 年第 2 期。

d. 谭英杰、赵虹光：《靺鞨故地上的探索——试论黑水靺鞨与粟末靺鞨物质文化的区别》，《北方文物》1990 年第 2 期。

〔22〕[日]菊池俊彦著、于建华等译：《黑龙江省萝北县的靺鞨遗迹》，《北方文物》1992 年第 2 期。

〔23〕谭英杰、赵虹光：《黑龙江中游铁器时代文化分期浅论》，《考古与文物》1993 年第 4 期。

〔24〕谭英杰、赵虹光：《再论黑龙江中游铁器时代文化晚期遗存的分期》，《北方文物》2000 年第 2 期。

〔25〕同注〔21〕d。

〔26〕a. 沈阳市文物管理办公室：《沈阳新乐遗址试掘简报》，《考古学报》1978 年第 4 期。

b. 沈阳新乐遗址博物馆、沈阳市文物管理办公室：《辽宁沈阳新乐遗址抢救清理简报》，《考古》1990 年第 11 期。

〔27〕甘肃省文物工作队：《甘肃省秦安县大地湾居址 901 号房址发掘报告》，《文物》1986 年第 2 期，图版贰 3、4。

〔28〕吉林大学考古教研室：《吉林左家山新石器时代遗址》，《考古学报》1989 年第 2 期。

〔29〕辽宁省文物考古研究所：《辽宁凌源市牛河梁遗址第五地点 1998－1999 年度的发掘》，《考古》2001 年第 8 期。

〔30〕中国社会科学院考古研究所内蒙古工作队：《赤峰西水泉红山文化遗址》，《考古学报》1982 年第 2 期。

〔31〕中国科学院考古研究所内蒙古工作队：《内蒙古巴林左旗富河沟门遗址发掘简报》，《考古》1964 年第 1 期。

〔32〕李恭笃、高美璇：《辽宁敖汉旗小河沿三种原始文化的发现》，《文物》1977 年第 12 期。

〔33〕同注〔2〕。

〔34〕同注〔4〕。

〔35〕佳木斯市文物管理站：《佳木斯市凤凰山遗址调查》，《北方文物》2005 年第 1 期。

〔36〕同注〔10〕a。

〔37〕同注〔10〕a。

〔38〕同注〔2〕。

〔39〕C.B. 阿尔金、A.B. 格列宾希科夫著，姚凤译：《关于阿穆尔河沿岸地区靺鞨陶器中"独一无二"的一件容器》，《历史与考古信息》1997 年第 1 期。

〔40〕同注〔23〕。

〔41〕都兴智：《关于之字纹陶器的几个问题》，《北方文物》2006 年第 4 期。

ON THE RELATIONSHIP BETWEEN THE TONGREN I CULTURE AND THE NAIFELD TYPE: ALSO ON THE FUNCTION AND NAME OF THE SLANTING-MOUTHED POTTERY OBJECT

Lin Xiuzhen

Key Words: Tongren culture　Naifeld type　Heishui Mohe Tribes　Slanting-mouthed pottery object

Since its establishment in the 1970s, the Tongren culture has drawn extensive attention in Chinese and foreign archaeological circles. This culture is similar to the Naifeld type in Russia in a lot of aspects, such as house structure, tomb form and the character of objects. Most of the Russian researchers assigned the latter to the former scope. Geographically these similar remains are distributed in the Heilongjiang (Amur in Russian toponym) River valley; chronologically, they are also rather close to each other as ^{14}C dating shows. The two cultural complexes have been independently studied in periodization. The date of the early Tongren I culture is very close to that of Naifeld I, both going back roughly to the Tang to Northern Song period and, in both temporal and spatial scopes, corresponding to the Heishui Mohe Tribes described in Chinese historical records. We believe them to be remains of the Heishui Mohe culture.

The slanting-mouthed object is also called slating-mouthed jar and so on. These vessels are commonly seen on dwelling-sites of five archaeological cultures in northern China. On their function as well as their name, no unanimous conclusion can be drawn at present. As they were used in ancient everyday life as a sort of basket for dust or grain, I think, they can all be called pottery dust- or grain-pans.

明路晔及路升墓志考略

徐元邦

关键词：明代　路晔　路升　墓志

河北省饶阳县城南 8 公里，深（深县）饶（饶阳）公路东，路同岳乡路同岳村南 700 米处，原为路晔及路升墓地。

1964 年前尚存封土及神道两侧之石望柱、石羊、石人等。由于当时平整土地运动，路晔墓被当地村民掘毁，后仅征集回路晔墓志 1 方，现存饶阳县文化馆。墓志刻字细浅，曾被暂置于街道，至本世纪因施工，志石被铲车铲至垃圾堆中，经发现后，又用铲车将志石移回文化馆院内。经两次挪移，志石文字已基本面目不清，难于辨识了。

当年志石出土时，饶阳文化馆的刘玉杲先生曾作了初拓及录文，保留了仅存的资料。

一　路晔墓志

路晔墓志无盖，青石质，高 64 厘米，宽 89 厘米，厚 20 厘米。志文共 67 行，满行 50 字，全文共约 2906 字（图 1）。

据志文记载，路氏家族祖居河北真定府（今正定），因避元朝末年战乱，举家迁居饶阳。其先祖路伯达善于致力农事，伯达子遵承父业仍以务农为生，而家境日渐富足，于是路遵子路渊捐纳得官爵，路氏自此步入仕宦行列。

路渊之子路富为七品散官；富之子珍为詹事府丞；路珍之子路絅入太学后，丞于山西赵城；路絅之子路晔授明经，初任山西平阳府倅，再任太原府通判，后擢升为淮安海州知州，任期中因病辞归故里。路晔子路升，初令山东新泰，再令山东阳信；并晋吏部稽勋司主事，后以侍养辞归。崇祯丁丑（1637 年），又被擢升为南京大理寺卿，甫匝月以疾卒于位。

关于路氏之家世，路晔和路升墓志的记载大体相同，其中只是对路晔之父、路升之

作者简介：1930 年出生于北京市。1956 年毕业于北京大学历史系考古专业，同年到中国科学院考古研究所编辑室工作。1956 年始至 1990 年退休，历任见习编辑（1956 年～1964 年）、助理编辑（1964 年～1978 年）、编辑（1978 年～1982 年）、副编审（1982 年～1986 年）、编审及编辑室副主任（1986 年～1990 年）。在编辑室工作期间，编辑了《考古通讯》双月刊及《考古》月刊，并兼做编务工作。1980 年筹备创办《考古学集刊》，并任责任编辑。

图 1　路晔墓志拓片

祖父的记述略有繁简之差。路晔墓志志文为"珍生绹，公（路晔）父也，博学能诗，繇诸生入太学，屡试不遇，谒选人[1]丞赵城，惠政沦洽，以公贵赠承德郎太原府通判，再以常伯贵，赠官如常伯。"路升墓志所记为"子绹学成补博士弟子员，既入太学丞于赵城，非其意也。义训子晔，殖学洁行，授明经牧海州"。记载得较简略。

路氏家族由真定迁居饶阳定居后，自路伯达之孙路渊开始捐纳得官，将务农为本之家转变为缙绅之家，而其后几代人的社会地位也随之发生变化。按墓志的记载可以作出一个简单的勾勒。

路伯达（始迁饶阳务农）→路遵（务农）→路渊（捐纳得官爵）→路富（七品散官）→路珍（詹事府丞）→路绹（山西赵城丞）→路晔（山西平阳府倅、太原府通判、淮安府海州知州）→路升（山东新泰县令、山东阳信县令、吏部稽勋司主事、南京大理寺卿）。

由上可以看出，路氏家族自明成化初，路渊纳粟为官开始至明崇祯，其后六代均有官位。但除路升曾为南京大理寺卿之外，其他诸人均是低级官吏，如路富的七品散官，在明代也称为阶官，实际是一种有名无实的官吏称号。丞，也只是官署处理日常事务的佐官，所以路绹加紧培养其子路晔，以使其能得到更高的官职。然而路晔屡试不中，不得已谒选受山西平阳府倅，在职期间曾条陈十事，故而疏改路晔为太原府通判。明代通判在各府均设此职，位在知府和同知之下，正六品，既无定员也无定职，只是和同知分管事务。路晔在任通判的 3 年时间内，将原所陈十事付诸实施，故 5 年后又被升迁为海州知州。

明代海州为淮安府所辖，故郯子国地，在今山东省郯城县西南，为江苏、山东两省接壤处，南与江苏省新沂相邻，西为沂水东岸，东临沭河西岸，地处两河之间[2]。当地人民其俗逐渔盐之利，盖因靠水吃水，因地制宜，这是地理环境所使然，而对初到此地曾世代务农出自于河北的路晔来说，自然会认为此乃捨本逐末之举，因而条陈兴利除弊之法。但尚未实施，即因病重而辞职还乡了。

路晔在海州任职只满 9 个月，但能兴利除弊，奖借后学，通沟渎，督农桑，慨然以教养为己任。由墓志所记载来看，路晔职位虽然不高，但也并非是饱食终日，碌碌无为，长年蜗居于官署的庸官。路晔返乡后，除与其兄共同操理家事外，则闭门谢客，公府清休，不预世事了。

路晔，《明史》无传，据清乾隆十四年（1794 年）出版的《饶阳县志·乡贤传》所记："路晔字奕奄，贡生，任山西太原府通判，升海州知州，廉明有惠政，致仕[3]家居四十年，杜门静坐不预世事"的情况基本相符。

二 路升墓志

1966 年"文化大革命"开始，于当年 12 月在"破四旧"的声浪中，路升墓又被作为"四旧"而掘毁，出土棺木及银质玉带，均被出售。后征集回路升墓志 1 方，印章 8 方。墓志现存于饶阳县文化馆，印章现存于衡水市文物处。

路升墓志无盖，青石质，73 厘米见方，厚 29 厘米，志石周边阴刻卷草纹饰。志文共 42 行，满行 40 字，全文累计约 1238 字，墓志保存基本完好（图 2）。

据墓志记载，路升于万历丁未年（1603 年）成进士后，即任山东新泰县令，又任山东阳信县令，其间因革火耗、歼衙蠹、建社学和置义仓而取得政绩。在户部任职时，管大军仓，清除了长期盗粮的积棍李宁，于是又晋升为吏部稽勋司主事。见于朝政腐败，宦官魏忠贤势倾朝野，故而以侍养为由，辞官回归故里。

明代万历在位时，贪腐盛行，中枢瘫痪，上下解体，政令不行，宦官专权为祸，党争延绵不断，国库匮乏，加以欠发军饷，导致军队哗变。据《明史·神宗本纪》："四十年夏四月丙寅，南京各道御史言：'台省空虚，诸务废堕，上深居二十余年，未尝一接见大臣，天下将有陆沉之忧。'不报。"[4]对时弊不满的不少官员相继辞官而去，路升是借侍养为由而辞官，还有一种则是挂印而去。如："冬十月丁卯户部尚书赵世卿释疏自去。""四十年春二月癸未，吏部尚书孙丕扬释疏自去。""九月庚戌李廷机拜疏自去。"鉴于官吏不断拜疏自去，在"夏五月己巳谕吏部都察院：'年来议论混淆，朝廷优容不问，遂益妄言排陷，致大臣疑畏，皆欲求去，甚伤国体，自今仍有结党乱政者，罪不宥。'"尽管如此，"庚辰，吏部尚书赵焕拜疏自去。""秋八月甲午，礼部右侍郎孙慎行拜疏自去。"因皇帝的怠政，便产生了政怠宦成，言论混淆，妄言排陷，致大臣疑畏，皆欲求去。中国

图 2 路升墓志拓片

历史记载的宦官擅权，祸国殃民并不鲜见，但明代则可谓登峰造极，由于皇帝的怠政，当时的宦官魏忠贤实际是代理皇帝执政。路升借侍养为由而辞官，实是因魏珰窃柄[5]。

路升辞归后，立家庙，于乡邑建宗学，延师教同姓之子弟，并著《拳石山房文集》。至崇祯丁丑（1637 年）三月，又被起用为南京大理寺卿加白云右辖，到任后甫满 1 个月，便死于任上。

路绹、路晔死后被诰赠太常寺卿，当地流传路氏祖孙三代官居太常，明天启年间建存"三氏秩宗坊"。路绹墓原可能在杨君道村附近，但墓葬及秩宗坊已湮没不存了。

路升死后 7 年（1644 年），明朝由于乱自上作，倒行逆施，养贪成患，积重难返，致使政权土崩瓦解，李自成率领的农民起义军攻陷北京，朱由检自缢于煤山，明朝灭亡。

　　路升，《明史》无传，清乾隆十四年版的《饶阳县志·乡贤传》卷下一记载，"路升，字天衢，晔子。年四十举于乡，成进士。初令新泰，继调阳信，报最擢户部主事，寻改吏部迁员外郎。丰裁矫矫，人不可干以私，归养里门，建青藜阁以造后学，起为文选司郎中，迁太常寺少卿，晋正卿，改南京大理寺卿，未逾月卒，赠刑部侍郎。升博学能文，居亲丧一遵古礼，无子。著有《拳石山房文稿》。"和墓志所记相同。又，饶阳县姚庄村南1里许，现存重修永济桥碑两统，碑文有"永济桥原名万缘桥，明嘉靖年间由李百仓所修，万历年间由路升、郭如阳重修，……"等记载。

　　乾隆版《饶阳县志·选举下》卷下一中，对路升先人也有简略记载，"路珍任詹事府主簿"；"路絅任赵城县知县。"此外，据《县志》所载，路姓在明朝为官者还有数人，但都官卑职小，如路举成化时任鸿胪寺鸣赞，路琇弘治时任沂水县丞，路琏任河南武安知县等。至于这些人和路升一家有何关联，限于资料则无从查考了。

　　路晔墓志纪年为"皇清康熙五年（1666年）岁次丙午上浣之吉"，卒于天启丙寅（1626年）正月十五日，同年十二月葬，并迁元配杨淑人祔葬。路晔继室刘淑人十七年后卒于崇祯十五年（1642年），至康熙丙午年（1666年）祔葬。从墓志中的"后公十七年卒于崇祯壬午年二月二十四日……康熙丙午九月二十九日祔葬"等镌刻字迹来看，明显为死后补刻。此时已为清代故而纪年为皇清康熙五年。

　　路升死于崇祯十年，早于其继母刘淑人五年，墓志纪年只写"戊子十二月十六日"，此戊子当为清顺治五年（1648年），同时也是南明桂王朱由榔永历二年，墓志纪年并无"皇清"字样，这是否意味着尚抱有复明的想法？

三　出土印章

　　1."路升之印"2方，1方为篆刻阳文，玉质，方形，长、宽均3.5厘米，厚4.4厘米。另一面篆刻阴文"鸿渐父"3字。另一侧面楷书阴文"梁衮合刻"（图3，图4，图5）。另1方也为玉质，方形，长、宽均3.3厘米，厚1.5厘米，兽钮，高1.5厘米。篆书阳文"路升之印"（图6）。

　　2."鸿渐"印1方。玉质，方形，长、宽均3.3厘米，厚1.5厘米。兽钮，高1.5厘

图3　陆升之印　　　　图4　鸿渐父　　　　图5　梁衮合刻

图6　路升之印

图7　鸿渐

图8　青黎阁图书

米。篆书阴文"鸿渐"2字(图7)。路升
字鸿渐，号天衢，此印应为路升之印。

3."拳石山房"印1方。篆书阳
文，长方形，石质。长5.5厘米，宽
2厘米，厚2.6厘米。一侧楷书阴文
"千秋"2字。路升曾著有"拳石山
房"文稿，故此印应为路升所用。

4."青黎阁图书□"印1方。篆
书阳文，石质，长5.2厘米，宽2.9厘
米，厚3.2厘米(图8)。印背面楷书

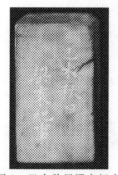

图9　已未秋日梁袠纪事

图10　旧平阳倪城之长

阴文"已未秋日梁袠纪事"8字(图9)。青黎阁是路升辞官后，教书时的书房名称。

5."旧平阳倪城之长"印1方。水晶石质，弧形钮，长3厘米，宽2.9厘米，厚2.4
厘米。篆书阴文(图10)。路晔曾"谒选授平阳府倅，督□武关储"，此印为路晔所用。

6."星聚堂印"1方。篆书阴文，石质，方形，长、宽均2.7厘米，厚5.6厘米。一
侧篆书"千秋氏篆"4字。路晔辞官后，杜门静坐，不预世事并自草年谱。此印可能为路
晔所用。

7."旧度支使"印1方。篆书阴文，石质，长、宽均3.3厘米，厚5.4厘米。一侧
楷书阴文"已未九日梁袠篆"7字。路升曾三任户部管大军仓，应为路升之印。

这些印章中，多见梁袠的名字。梁袠字千秋，江苏扬州人，久居南京，为明万历时
篆刻家，师承著名篆刻家何震。印章中凡见有梁袠及千秋款者，均应为梁袠所篆刻。

四　茔　地

据饶阳县文化馆所作调查记录，路晔及路升墓地封土坐落于农田区。墓西250米有
南北向小路1条，路东侧有钦赐谕祭碑1件。墓南160米东西两侧原有石人(图11，图

图 11　神道之石人正面　　　　　　　　图 12　神道之石人背面

12）、石马、石羊（无头）及石猪各1，下部均淤于土中。石人南100米有小土丘1个，面积约50平方米，土丘北15米有方形石望柱2，东西相距6米，高出地表约20米。土丘上有裸露于地表的石狮子及刻有花卉的石构件（图13）。

　　按照上述文字记录来看，此处原为茔地的神道，小土丘上所见之残石构件，原为秩宗坊，坊后自南向北东西两侧原有石望柱、石人、石马、石羊、石猪等排列于神道两侧，封土前为神道碑。现在农田中仅存被砸成三段的石碑及碑座，其他遗物均已不知去向。

　　《明史》五《碑碣》所记，"五品以上用碑，龟趺螭首。六品以下用碣，方趺圆首。"关于坟茔之制为"洪武三年定。一品茔地周围九十步，坟高一丈八尺。二品八十步，高一丈四尺。三品七十步，高一丈二尺。以上石兽各六。四品四十步。七品以下二十步，高六尺。五年重定。……一品、二品石人二，文武各一，虎、羊、马、望柱各二。三品四品无石人，五品无石虎，六品以下无。"[6]

　　路绗、路晔均被诰赠为正三品官员，但原茔地及封土面积均未做记录，故已无法推算。而神道两侧仅存石望柱2件，石人（文官）、石马、石羊及石猪各1件。按照《明史·碑碣》所记定制，三品官神道无石望柱及石人，这似乎已超越《明史》所记的定制。

　　《明史·碑碣》："明初，文武大臣薨逝，例请于上，命翰林官制文立神道碑。"并对碑的高、宽及座均有规定。路晔墓之神道碑为青石质，通高3.2米，宽0.91米，厚0.21

图14 钦赐谕祭碑碑首

图13 路升墓陵园石秩宗坊残件

米。碑额两侧为二龙相对，均张口，各伸出一爪托一宝珠，圭首上端有涡云纹，中刻篆体"钦赐谕祭"4字（图14）。赑屃座，头部已于2006年被砸掉。碑文见附录。

《明史》五《赐祭葬》"隆庆六年十二月，礼部议上恤典条例。凡官员祭葬，有无隆杀之等，悉遵〈会典〉。……〈会典〉，凡一品官，祭九坛。父母加祭，或二坛、一坛，或妻止一坛者，恩难预拟，遇有陈乞，酌拟上请。……。三品祭葬，在任、致仕俱一坛，兼学士赠尚书者二坛，未及考满病故者一坛减半。造葬悉如归例。"

据谕祭碑文的记载，路晔死后路升为父陈乞上恤报礼部后，"该太子太保本部尚书来宗道等覆，奉圣旨路升父路晔，准照例与祭，一坛减半，造葬。母杨氏列名并祭，祔葬。"礼部并就此事下达至真定府照扎办理，由真定支出公款购办一切致祭用品。除此而外，还要将治办祭品等所用款项开支，上报户部及礼部以备查考。一坛减半的祭品，即如碑文中所列的"猪一口、羊一腔、馒头五分、……焚祝纸□□□□□一封、□□二瓶止。"以上由"直隶真定府准此，天启七年（1627年）七月十二日对同，都吏沈时煃扎付，祠祭清吏司郎中孙际可看讫。"

从碑文记载来看，这套程序是相当严格和完备的。由于石碑已被砸毁，碑文一面伏于地表，已无法核对碑文。就碑首和碑座来看，也不是一般三品官的神道碑规格，而是皇帝所钦赐谕祭，故而是高规格的。

饶阳县文化馆的资料中，还记录有1936年《重修饶阳县志》对路升封诰的文字记载，但此书未能出版（封诰文见附录）。

本文对明代的官制，参考了张政烺先生主编的《中国古代职官大辞典》一书。路晔墓志拓片及谕祭碑文录文，由饶阳县文化馆提供，路升墓志拓片及出土印章、茔地遗物照片，由衡水市文物处提供，深表感谢。

路晔、路升墓茔地，于2001年2月7日曾被河北省人民政府公布为省级文物保护单位。2006年9月去此地时，已只残存被砸毁墓碑及碑座，其他地表遗物，均已不见。

注 释

〔1〕《唐书·选举志》："其后三数岁一集，选人猥至，文薄纷杂，吏因得以为奸利，士至蹉跌或十年不得官，而缺亦累岁不补。"

〔2〕谭其骧主编：《中国历史地图集》第一册，地图出版社，1982年。

〔3〕《公羊传》宣元年"古之道不即人心，退而致仕。"注："致仕，还禄位于君。"指古人之正常退休。

〔4〕所引《明史》均为中华书局标点本。不另作注。

〔5〕《后汉书·朱穆传》："穆深疾宦官，上疏曰：'案汉故事常侍参选士人，建武以后乃悉用宦者，自延平以来，浸益贵盛，假貂珰之饰，处常伯之任。"注："珰以金为主，当冠前，附以金蝉也，《汉官仪》曰：'中常侍奉官也，汉兴或用士人，银珰左貂，光武以后，专任宦者，右貂金珰。'魏珰，当指魏忠贤。

〔6〕"四品四十步。"以下有脱文，"据洪武三年十月实录，当作四品六十步，五品五十步，高八尺，以上石兽各四，六品四十步。"据黄云眉著《明史考证》二第441页，中华书局，1980年。

附录1　　　　　　　　　　　谕祭碑文

礼部为臣父叨承三品祭葬例有可援谨披沥恭陈伏乞

圣慈俯赐查给以光泉壤事今在籍路升奏乞伊父路晔伊母杨氏恤典缘由该太子太保本部尚书来宗道等覆奉

圣旨路升父路晔准照例与祭一坛减半造葬母杨氏列名并祭附葬该部知道钦此钦遵拟合就行为此合扎该府照扎事理即便转属支给官钱买办祭品香烛就遣本府掌印官一员前去致祭仍将用过官钱开报户部并本部查考行须至扎付者

计开

一祭文

维天启七年岁在丁卯九月甲子朔越二十四日丁亥

皇帝遣真定府知府蔡官治

谕祭原任直隶淮安府海州知州赠通议大夫太常寺卿路晔并妻赠淑人杨氏文曰惟尔品格端醇操修卓亮贤科振秀剧郡宣猷永蘗著声一尘莫

染襦袴腾颂仁政千里皆春方兴何暮之歌己著归来之赋韦经传后启麟趾之元宗□□立高钦

凤鸣之瑞世司衡天部典礼容高台睠嘉猷于清卿遹式縠于严父德仪己邀义圳常留惟尔赠淑人杨氏静贞闺德圣贤母仪老敬以承□□□□□族谢温华而不御□□□□之廉躬俭朴以自

持式肇梦熊之庆鼎钟未逮鸾鹤遽迎匪锡俎豆之光曷慰风封之痛爰按彝典并需闵章祭以□□营其吉兆双灵不昧尚克同歆

　　　　一祭品　猪一口　羊一腔　馒头五分　□□汤五分　□果子□色腐五分　按酒五盘　凤鸡一只　炸鱼一尾　炸骨一块　酥饼酥锭各四个　鸡汤一分　鱼汤一分　降真香一□　焚祝纸□□□□□一封　□□二瓶止

　　天启七年十月十二日对同都吏沈时燧

　　扎付

　　　　祠祭清吏司郎中孙际可　　看讫

附录2　　　　　　　　　　　　　　路升封诰

　　　　　　奉

　　天承运

皇帝制曰国家光抚发教洽殊方象胥修官鞮泽无旷而柔远之邸莅在清卿尔惟重礼乐备之臣
　　在干羽来格之化矧联大宝初尝九夷八蛮通道懋乃陈力可靳崇褒尔翰林院提督四夷馆
　　太常寺少卿路升伟抱情明雅操介亮才随试而辄效誉扬厉而弥芳既炳耀于郎星旋高披
　　于天镜执心平当铨品公清凡迄八阅月之苦心顿破十余年之郁象爰从舆望特涉容台而
　　尔奉宣德意修举彝章益坚冰玉之贞用副华裔之慕俾献琛执贽调九泽于古人斯发政戎
　　索笆八荒于王度惟废条之覃布迓懋绩之方新兹受尔中宪大夫锡之诰命于戏明王若效
　　于咸宾兴邦亦资乎外惧迩者边尘犹耸志向教或阅朕心恒廪廪焉眷念韦韝毳幕之众实
　　烦长驾远抚之图尔既驯鳞介以冠衣裳亦自裕折衡于樽俎往若予训宁责异物于远人式
　　固尔猷庶北卒获于长道岂惟赤车提扇光兮

　　河海之华永赖奋武文坐收柔能之烈饮哉

制曰盖闻禀朔解辫之化每怀德于良臣兮猷共念之劳亦作述于善匹虽缰外与佐内家国不同
　　而宣勩均焉斯疏荣一视之矣尔翰林院提督四夷馆太常寺少卿路升妻封宜人薛氏蔚为
　　女英嫔于髦士鸣环俪读爰成题雁之名曳缟从官更毗悬鱼之节高堂爱日奉怡色于白华
　　笾簟推恩逮惠降于樛木尔夫兼夷夒之任擢冰条惟尔踵鸾瞱之芳虔恭玉案宜从进律以
　　凤闱型兹封尔为恭人克承卿月之光益励明星之徼

　　天启三年五月二十四日

ON THE LU YE AND LU SHENG EPITAPHS
OF THE MING PERIOD

Xu Yuanbang

Key Words: Ming period   Lu Ye   Lu Sheng   epitaphs

The cemetery of Lu Ye and his son Lu Sheng of the Ming period lies to the east of the Shenxian—Yaoyang Highway, Hebei Province, 8 km to the south of the seat of Yaoyang County, and 700 m to the south of Lutongyue Village. The two tombs were successively damaged in 1964 and 1966 when villagers dug in the cemetery. The original stone sculptures and columns are missing, only a broken stone stele remains on the ground. Either tomb yielded an epitaph, and eight seals were unearthed from the Lu Sheng tomb. The present paper studies the epitaphs, as well as the stone sculptures of the cemetery by referring to the *Ming History*. In addition, the inscription of the "Stele on the Sacrifice by Imperial Order" and the text of "Title Granted to Lu Sheng" are also published here as appendixes for readers' reference.

考古杂志社（考古研究所考古编辑室）大事记

1951 年

12 月，《中国考古学报》第 5 册出版，同时成立"中国考古学报编辑委员会"，主任委员郑振铎，常务委员梁思永，委员夏鼐、郭宝钧、黄文弼、苏秉琦。

1953 年

12 月，《中国考古学报》更名为《考古学报》，同时成立"考古学报编辑委员会"，主任郑振铎，委员尹达、王振铎、向达、范文澜、梁思永、夏鼐、徐炳昶、郭宝钧、黄文弼、张政烺、陈梦家、裴文中、翦伯赞、苏秉琦。

1954 年

9 月，楼宇栋调入编辑室。

1955 年

1 月 10 日，《考古通讯》创刊，主编夏鼐、副主编陈梦家。同时成立编辑委员会，召集人郑振铎，委员尹达、王振铎、王冶秋、向达、李文信、夏鼐、郭宝钧、黄文弼、张政烺、陈梦家、张珩、曾昭燏、冯汉骥、贾兰坡、裴文中、翦伯赞、苏秉琦。

考古编辑室成立。

1956 年

《考古学报》改为季刊。

1 月，徐保善调入编辑室。

12 月，徐元邦毕业分配至编辑室。

1957 年

考古研究所编辑出版了建所以来的第一部田野考古报告《辉县发掘报告》。

1958 年

《考古通讯》改为月刊。

8 月，周永珍调入编辑室，任编辑组副组长。

9 月，杨泓调入编辑室。

1959 年

《考古通讯》更名为《考古》，并由 32 开本改为 16 开本。

8 月，莫润先调入编辑室。

1960 年

《考古学报》改为半年刊。

1961 年

6 月，楼宇栋调离编辑室。

1966 年

"文化大革命"开始，《考古》（第 5 期后）、《考古学报》停刊。

1951 年～1966 年间，曾在编辑室工作过的还有潘孟陶、陈作良、苏垂昌、许景元、蒋树成、赵铨、饶惠元等。

1971 年

夏，周恩来总理批准了郭沫若院长的报告，《考古》和《考古学报》筹备复刊，夏鼐、王仲殊、安志敏组成编辑领导小组，安志敏、张长寿、金学山、黄展岳、曹延尊等调入编辑室（张长寿、金学山等至 1973 年），安志敏任组长。

1972 年

《考古》和《考古学报》复刊。《考古》为双月刊，《考古学报》出版 1 期。

夏，郭地、冯敏（普仁）调入编辑室，赵信协助编辑室工作（至 1973 年秋）。

1973 年

《考古学报》恢复为半年刊。

1974 年

10 月，刘勋协助编辑室工作（至 1975 年 5 月）。

1975 年

5 月，刘勋调入编辑室，任学习组长。

5 月，美国古人类学考察组张光直、吉德炜等 4 人访问考古研究所，并与《考古》编辑部人员座谈。

8 月，苏华调入编辑室，任组长。

1976 年

3 月，莫润先调离编辑室。

6 月，冯敏（普仁）调离编辑室。

12 月，张智彦调入编辑室（至 1978 年）。

1978 年

夏鼐任《考古》、《考古学报》主编。

《考古学报》恢复为季刊。

1 月，苏华调离编辑室。

1 月，卢兆荫、黄展岳调入编辑室，分别任组长、副组长。

春，林秀贞、黄纪苏、杨毅调入编辑室。

8 月，卢兆荫任编辑室主任，黄展岳任副主任，刘勋任学术秘书兼《考古学报》责任编辑。

1980 年

11 月，阎中雄调入编辑室。

1981 年

《考古学集刊》创刊，王仲殊任主编，徐元邦任责任编辑。

1982 年

2 月，张静毕业分配至编辑室。

7 月，谭长生毕业分配至编辑室。

夏，夏鼐任《考古学报》主编，安志敏任《考古》主编，王仲殊任《考古学集刊》主编。

11 月，新一届所领导任命卢兆荫任编辑室主任，黄展岳任副主任。

11 月，郭地离休。

1983 年

《考古》恢复为月刊。

白云翔调入编辑室。

1984 年

冯时调入编辑室。

1985 年

6 月，彭菊如调入编辑室。

7月，王仲殊任《考古学报》主编。

1986 年
刘勋入选《编辑家列传》第一卷（中共中央宣传部出版局编、中华书局出版）。

1988 年
1月，周永珍退休。
5月，杨泓调离编辑室。
卢兆荫退休，并返聘继续工作。
6月，刘勋任编辑室主任，徐元邦任副主任，白云翔任学术秘书。
徐元邦入选《编辑家列传》第二卷（中共中央宣传部出版局编、中华书局出版）。

1989 年
徐苹芳任《考古》和《考古学报》主编，卢兆荫、黄展岳分别任副主编。
1月，曹延尊病逝。
7月，顾智界调入编辑室。
9月，《考古》编辑部组织召开中国文明起源学术座谈会。

1990 年
1月，黄纪苏调离编辑室。
9月，徐元邦退休。

1991 年
4月，白云翔主持编辑室日常工作（至1992年3月），并负责《考古学报》的责任编辑（至1994年5月）。
11月，《考古》编辑部再次组织召开中国文明起源学术座谈会。

1992 年
2月，徐保善退休。
3月，温明荣任编辑室副主任，兼《考古》编辑部主任。
5月，谢仲礼调入编辑室。

1993 年
7月，杨晖毕业分配至编辑室。
9月，温明荣任编辑室主任。
10月，任式楠任《考古学报》主编，黄展岳任副主编；乌恩任《考古》主编，卢兆荫任副主编。

1994 年

10 月，刘勋退休，并返聘继续工作。

12 月，谢仲礼调离编辑室。

杨焕新调入编辑室。

1995 年

4 月，白云翔任编辑室副主任，兼《考古》编辑部主任。

7 月，苗霞毕业分配至编辑室。

丁晓雷借调至编辑室（至 1996 年）

12 月，阎中雄退休。

12 月，《考古》获"'95 优秀社科学术理论期刊奖"及"中国社会科学院优秀期刊奖"。考古研究所举办《考古》创刊 40 周年暨'95 优秀社科学术理论期刊奖学术座谈会，国家文物局、中国社会科学院科研局、北京大学考古学系、中国社会科学出版社、《中国社会科学》杂志社的领导，以及考古研究所的领导和专家、学者等，共计 50 余人参加座谈。

1996 年

5 月，赵信调入编辑室（至 1997 年 8 月）。

7 月，施劲松、新华毕业分配至编辑室。

温明荣荣获"全国百佳出版工作者"称号（中宣部和新闻出版署委托中国出版工作者协会评选）。

1997 年

1 月，温明荣退休。

1 月，冯时任《考古学报》责任编辑。

7 月，张建锋借调至《考古》编辑部（至 1999 年 1 月）。

8 月，考古杂志社成立，白云翔任社长（法人代表）、编辑室主任。

卢兆荫被聘为杂志社学术顾问，刘勋被聘为杂志社编辑顾问。

《考古》编辑部成员为施劲松、杨晖、苗霞、新华、张建锋。

《考古学报》编辑部成员为冯时（主任）、林秀贞、谭长生、杨毅。

《考古学集刊》与专刊编辑部成员为张静（主任）、顾智界。

综合部成员为杨焕新（主任）、赵信（副主任）、彭菊如，章佩芳（聘用，至 2003 年 6 月）。

1998 年

1 月，《考古》被国家新闻出版署评为"全国百种重点社科期刊"。

2 月，张子明聘用至杂志社综合部（至 2002 年 10 月）。

5 月，曹楠调入杂志社。

6 月，16 日～18 日召开"中国前期新石器文化学术研讨会"。

6 月，施劲松任编辑室学术秘书、《考古》编辑部主任。

7 月，李学来毕业分配至杂志社《考古》编辑部。

1999 年

1 月，刘庆柱任《考古学报》主编，冯时任副主编；王巍任《考古》主编，白云翔任副主编；刘庆柱任《考古学集刊》主编，张静任副主编。

1 月，施劲松任编辑室副主任，兼《考古》责任编辑。

8 月，郭晓涛借调至杂志社《考古》编辑部（至 2000 年 9 月）。

9 月，《考古》获首届"中国社会科学院优秀期刊奖"。

2000 年

3 月，林秀贞退休。

6 月，巩文调入杂志社《考古》编辑部。

12 月，曹楠任编辑室学术秘书。

2001 年

1 月，《考古》、《考古学报》成立新一届编辑委员会，主任刘庆柱，副主任王巍、白云翔，委员王仲殊、仇士华、朱凤瀚、任式楠、安志敏、李伯谦、李学勤、张长寿、陈星灿、袁靖、徐苹芳、高崇文、伦福儒（英国）、樋口隆康（日本）。

1 月～3 月，组织举办"中国 20 世纪 100 项考古大发现"评选活动。

4 月，彭菊如退休。

4 月，段志学聘用至杂志社综合部。

5 月，编辑出版《考古研究所编辑出版书刊目录索引及概要》。

8 月，白云翔调任考古研究所副所长，兼任考古杂志社社长。

8 月，施劲松主持杂志社日常工作。

10 月，16 日～18 日召开全国"考古出版物学术规范研讨会"。

《中国考古学》（英文版）创刊，刘庆柱任主编，白云翔任副主编，曹楠任编辑部主任兼英文编辑，刘勋（聘用）任中文责任编辑。

《考古》被中宣部和国家新闻出版总署授予"双百期刊"称号。

2002 年

1 月，组织召开"中国考古新发现学术报告会·2001"。

1 月，白云翔荣获"全国百佳出版工作者"称号（中宣部和新闻出版署委托中国出版工作者协会评选）。

5 月，《二十世纪中国百项考古大发现》出版。

5 月，巩文调离杂志社。

7 月，洪石毕业分配至杂志社《考古》编辑部。

9 月，《考古》荣获"中国社会科学院第二届优秀期刊奖一等奖"。

10 月，冯浩璋调入杂志社，任编辑室副主任，兼任综合部主任。

2003 年

1 月，组织召开"中国考古新发现学术报告会·2002"。

1 月，《考古》获"第二届国家期刊奖百种重点社科期刊奖"。

6 月，施劲松任《考古》副主编。

6 月，朱树婷聘用至杂志社综合部（至 2004 年 3 月）。

11 月，乔玉调入杂志社《中国考古学》（英文版）编辑部（至 2004 年 12 月）。

2004 年

1 月，组织召开"中国考古新发现学术论坛·2003 年中国考古新发现"。

3 月，王延红聘用至杂志社综合部。

2005 年

1 月，承办"中国社会科学院考古学论坛·2004 年中国考古新发现"。

3 月，施劲松任编辑室主任，主持杂志社日常工作。

7 月，谢礼晔毕业分配至杂志社《考古》编辑部（至 2006 年 4 月）。

11 月，《20 世纪中国百项考古大发现》被评为 2002 年全国文博考古十佳图书。

2006 年

1 月，承办"中国社会科学院考古学论坛·2005 年中国考古新发现"。

2 月，《考古》获"中国社会科学院第三届优秀期刊奖一等奖"。

3 月，考古研究所组织召开《考古》获奖座谈会。

9 月，杨晖任《考古》编辑部副主任、《考古》责任编辑。

2007 年

1 月，承办"中国社会科学院考古学论坛·2006 年中国考古新发现"。

1 月，《考古学报》2005 年第 1 期被北京质量协会印刷分会评为"2006 年度国家新闻出版总署一等品"。

3 月，高月宏调入考古杂志社，任综合部主任。

说明：本《考古杂志社（考古研究所考古编辑室）大事记》由白云翔和施劲松根据各方提供的材料编写而成。因条件所限，其中定有错漏之处，敬请有关人士指正并谅解。

编　后　记

　　世纪之交，我国社会主义市场经济的初步建立和考古学事业的迅猛发展，为考古学术出版社物的编辑出版提出了新的、更高的要求。面对新的形势和新的任务，中国社会科学院考古研究所于 1997 年 8 月以考古研究所考古编辑室为基础组建成立了考古杂志社。转眼之间，考古杂志社已经走过了 10 年的道路，而从其前身考古编辑室成立算起，则已经是半个多世纪的岁月。为了庆祝考古杂志社成立 10 周年，同时也是为了回顾和纪念考古编辑室 50 多年的历程，我们组织编辑了本《探古求原——考古杂志社成立十周年纪念学术文集》。

　　本文集共收入学术论文 17 篇。论文的作者，无论是年逾 80 高龄的老一辈考古学家，还是年富力强的中青年学者，他们都与考古研究所各种学术期刊和专刊的编辑出版有着不解之缘，并为此倾注了心血。他们或者曾经长期担任考古研究所各学术期刊的主编和领导、长期在编辑岗位工作；或者正在主持和领导着各学术期刊、奋斗在编辑出版的第一线。对于各位作者能在百忙之中提供论文，我们表示衷心的感谢！对于因时间关系等种种原因未能提交论文但对本学术文集的编辑出版表示赞成并给予大力支持的各位前辈和在职编辑人员，我们同样表示诚挚的谢意！

　　本文集的编辑出版得到了中国社会科学院考古研究所党委书记齐肇业、所长王巍等所领导的大力支持。本文集由白云翔、施劲松主编，冯浩璋、顾智界共同编辑。论文提要由莫润先先生翻译。在编辑出版过程中，还得到了考古研究所考古科技中心李淼、刘方、考古杂志社综合部高月宏等同志的积极协助，以及科学出版社文物考古分社闫向东社长、宋小军等同志的支持和帮助。

　　"学者办刊"是考古杂志社的优良传统之一，也是办好学术期刊的必然要求。时代在前进，事业在发展，考古学术出版物的编辑出版任重而道远。本学术文集的编辑出版，是"学者办刊"这一优良传统的展现，更是使这一优良传统发扬光大的一种实践、一种期待。只有在继承和发扬优良传统的基础上，不断开拓、不断创新、不断奋进，作为考古学办刊人，我们才能够不辱使命。

　　值此庆祝考古杂志社成立 10 周年暨本学术文集出版之际，我们谨向长期以来给予考古杂志社和考古研究所的编辑出版工作以正确领导和大力支持的各级领导，向长期以来给予各期刊和专刊以关心、爱护和帮助的各兄弟单位、海内外专家学者、作者和读者朋友们，一并表示衷心的感谢！谨向长期为各期刊和专刊的编辑付出心血和汗水的前辈们，向正在编辑出版一线默默奉献的同志们，一并表示崇高的敬意！

编　　者

2007 年 6 月

ISBN 978-7-03-019681-1